U0839991

法学文库　主编　何勤华

20 世纪比较法学

李秀清等　著

商務印書館

2006年·北京

图书在版编目(CIP)数据

20 世纪比较法学/李秀清等著.—北京:商务印书馆,2006

(法学文库)

ISBN 7-100-04627-0

Ⅰ.20… Ⅱ.李… Ⅲ.比较法学—世界—20世纪—高等学校—教学参考 Ⅳ.D908-53

中国版本图书馆 CIP 数据核字(2005)第 088673 号

本书得到上海市重点学科建设项目资助(编号 T1001)

法学文库

ÈRSHÍ SHÌJÌ BǏJIÀO FǍXUÉ

20 世纪比较法学

李秀清等 著

商 务 印 书 馆 出 版
(北京王府井大街36号 邮政编码 100710)
商 务 印 书 馆 发 行
北京瑞古冠中印刷厂印刷
ISBN 7-100-04627-0/D·374

2006年3月第1版　　开本 880×1230 1/32
2006年3月北京第1次印刷　　印张 17¾
印数 5 000 册

定价:28.00元

总　　序

商务印书馆与法律著作的出版有着非常深的渊源，学界对此尽人皆知。民国时期的法律著作和教材，除少量为上海法学编译社、上海大东书局等出版之外，绝大多数是由商务印书馆出版的。尤其是一些经典法律作品，如《法律进化论》、《英宪精义》、《公法与私法》、《法律发达史》、《宪法学原理》、《欧陆法律发达史》、《民法与社会主义》等，几乎无一例外地皆由商务印书馆出版。

目下，商务印书馆领导高瞻远瞩，加强法律图书出版的力度和规模，期望以更好、更多的法律学术著作，为法学的繁荣和法治的推进做出更大的贡献。其举措之一，就是策划出版一套“法学文库”。

在当前国内已出版多种法学“文库”的情况下，如何体现商务版“法学文库”的特色？我不禁想起程树德在《九朝律考》中所引明末清初大儒顾炎武(1613—1682)的一句名言。顾氏曾将著书之价值界定在：“古人所未及就，后世所不可无者。”并以此为宗旨，终于创作了一代名著《日知录》。

顾氏此言，实际上包含了两层意思：一是研究成果必须具有填补学术空白之价值；二是研究对象必须是后人所无法绕开的社会或学术上之重大问题，即使我们现在不去触碰，后人也必须要去研究。这两层意思总的表达了学术研究的根本追求——原创性，这也是我们编辑这套“法学文库”的立意和目标。

具体落实到选题上，我的理解是：一、本“文库”的各个选题，应是国内学术界还没有涉及的课题，具有填补法学研究空白的特点；二、各个选题，是国内外法学界都很感兴趣，但还没有比较系统、集中的成果；三、各选题中的子课题，或阶段性成果已在国内外高质量的刊物上发表，在学术界产生了重要的影响；四、具有比较高的文献史料价值，能为学术界的进一步研究提供基础性材料。

法律是人类之心灵的透视，意志的体现，智慧的结晶，行为的准则。在西方，因法治传统的长期浸染，法律，作为调整人们生活的首要规范，其位亦尊，其学亦盛。而在中国，由于两千年法律虚无主义的肆虐，法律之位亦卑，其学亦微。至目前，法律的春天才可以算是刚刚来临。但正因为是春天，所以也是一个播种的季节，希望的季节。

春天的嫩芽，总会结出累累的果实；涓涓之细流，必将汇成浩瀚之大海。希望"法学文库"能够以"原创性"之特色为中国法学领域的学术积累做贡献；也真切地期盼"法学文库"的编辑和出版能够得到各位法学界同仁的参与和关爱，使之成为展示理论法学研究前沿成果的一个窗口。

我们虽然还不够成熟，

但我们一直在努力探索……

何 勤 华

于上海·华东政法学院

法律史研究中心

2004年5月1日

General Preface

It's well known in the academic community that the Commercial Press has a long tradition of publishing books on Legal science. During the period of Republic of China (1912—1949), most of the works and text books on legal science were published by the Commercial Press, only a few of them were published by Shanghai Edition and Translation Agency of Legal Science or Shanghai Dadong Publishing House. Especially the publishing of some classical works, such as on *Evolution of Laws*, *Introduction to the Study of the law of the constitution*, *Public Laws and Private Laws*, *the History of Laws*, *Theory of Constitution*, *History of the Laws in European Continents*, *Civil Law and Socialism* were all undertaken by the Commercial Press.

Now, the executors of Comercial Press, with great foresight, are seeking to strengthen the publishing of the works on the study of laws, and trying to devote more to the prosperity of legal science and the progress of the career of ruling of law by more and better academic works. One of their measures is to publish a set of books named "Jurisprudential Library".

Actually, several sets of "library" on legal science have been published in our country, what should be unique to this set of "Jurisprudential Library"? It reminded me of Gu Yanwu's(1613—1682) famous saying which has been quoted by Cheng Shude(1876—1944) in *Jiu Chao Lv Cao* (*Collection and Complication of the Laws in the Nine Dynasties*). Gu Yanwu was the great scholar of Confucianism in late Ming and early Qing Dynasties. He defined the value of a book like this: "the subject covered by the book has not been studied by our predecessors, and it is necessary to our descendents". According to this principal, he created the famous work *Ri Zhi Lu* (*Notes on Knowledge Accumulated Day by Day*).

Mr. Gu's words includes the following two points: the fruit of study must have the value of fulfilling the academic blanks; the object of research must be the significant question that our descendants cannot detour or omit, that means even if we didn't touch them, the descendants have to face them sooner or later. The two levels of the meaning expressed the fundamental pursuit of academy: originality, and this is the conception and purpose of our compiling this set of "Jurisprudential Library".

As for the requirement of choosing subjects, my opinion can be articulated like this: I. All the subjects in this library have not been touched in our country, so they have the value of fulfilling the academic blanks; II. The scholars, no matter at home and or abroad are interested in these subjects, but they have not published systematic and concentrated results; III Al the sub-subjects included in the subjects chosen or the initial results have been published in the publication which is of high quality at home or abroad; IV. The subjects chosen should have comparatively high value of historical data, they can provide basic materials for the further research.

The law is the perspective of human hearts, reflection of their will, crystallization of their wisdom and the norms of their action. In western countries, because of the long tradition of ruling of law, law, the primary standard regulating people's conducts, is in a high position, and the study of law is also prosperous. But, in China, the rampancy of legal nihilism had been lasting for 2000 years, consequently, law is in a low position, and the study of law is also weak. Until now, the spring of legal science has just arrived. However, spring is a sowing season, and a season full of hopes and wishes.

The fresh bud in spring will surely be thickly hung with fruits; the little creeks will coverage into endless sea. I hope "Jurisprudential Library" can make great contribution to the academic accumulation of the area of Chinese legal science by it's originality; I also heartily hope the colleagues in the area of legal study can award their participation and love to the complication and publication of "Jurisprudential Library" and make it a wonderful window showing the theoretical frontier results in the area of legal research.

We are not mature enough

We are keeping on exploring and seeking

He Qinhua

In the Research Center of Legal History

East China University of Politics and Law, Shanghai, P. R. C.

May 1st, 2004

目　录

Contents

导　论

法学领域也好，其他领域亦然，若要以某一重要事件的发生、某一权威论断的做出等特定时间节点作为一个学科形成或兴起的标志，或多或少都带有主观上的天真成分和思维上的理想色彩。但是，学说史的探讨却又常常需要这种人为的断言。就比较法学而言，1900 年第一届国际比较法大会于法国巴黎的召开，无疑就是这样一个划时代的事件。自此以后，比较法学渐渐兴起，更确切地说，比较法学的发展由隐性转为显性，它引起了越来越多学者的关注，学术研讨会的召开趋于经常，专门的研究机构相继设立，相关的论著不断问世，研究的课题逐渐拓展，而且，比较法学在法学教育、法学研究及法律实践中的地位也日渐彰显。一个世纪之后的 2000 年 11 月，国际法律学协会在美国新奥尔良市专门主办了题为"国际比较法学一百周年纪念大会"的国际学术会议。

故而，20 世纪这一时间纬度，对于比较法学而言，较对于其他法学领域更具有特殊的跨越性意义。这一百年间，比较法学有哪些重要事件、著名人物和论著，有哪些极有影响的研究机构、期刊及研讨会，不同时期的研究热点集中在哪些方面，现今所面临的问题主要有哪些，今后的发展趋势将会怎样，等等，都有必要进行总结和探讨。本书就是以比较法学中的上述要素为切入点，集中对于比较法学在 20 世纪各主要国家的演变和发展作一系统的回顾和阐释，以期以点涉面，以史带论，勾勒出比较法学在这一个世纪中的演进图，从而总结得失，展望未来。

一

法律比较的方法自古有之，古希腊的立法如斯巴达的来库古(Lykurgos)立法和雅典的梭伦(Solon)立法、古希腊的著作如柏拉图(Plato，前427—前347)的《法律篇》和亚里士多德(Aristotle，前384—前322)的《政治学》等均运用了比较研究。在古代罗马，其第一部成文法——《十二表法》，也是基于派遣起草法律的委员们赴希腊考察法制回来后才完成并颁布的。随着罗马法的日渐丰富和完善，它为其他法律的研究提供了模式和进行比较的参照体系，它为世界各国的法律发展提供了许多超民族超国家的原则制度，但是在罗马帝国，由于罗马法学家们对于罗马法律制度和国家制度的优越性过于自信，盲目低估和忽视其他外国法律，因此，虽然罗马的法学人才辈出，法学论述的丰富也达到了古代法学史上的鼎盛，但法学研究中比较方法的运用却并未得到与此相称的发展。

在继罗马法之后、在西方法律史上的另一重要阶段，即日耳曼法时期，成文法的不严谨及法学理论的阙如，使其称为“蛮族法时期”的重要因素，但是，从各主要日耳曼人，如哥特人(Goths)、法兰克人(Franks)、勃艮第人(Burgundians)、盎格鲁—撒克逊人(Anglo-Saxons)、伦巴德人(Lombards或Langobards)等所制定的各王国成文法典的体例及内容的相似性，可以明显看出立法过程中实际上也运用了比较和借鉴。[①]

不过，“纵观古代，法之比较虽发轫早而源远流长，然仍显稚嫩。其

① 关于各日耳曼王国的立法概况，参见李秀清：《日耳曼法研究》，商务印书馆2005年版，“第一章”。

零散而缺系统，偶然而非恒常，实用而欠学理，自发而无筹划，难于自成一体、独立一门。”①

在中世纪欧洲大陆，盛行共同法的思想，而且罗马法和教会法的近乎排他性的权威致使学者们对于其他法律都不感兴趣。直到16世纪，欧洲所有的大学里，法学都只是指罗马法、教会法，并且只教授这些内容，尽管在各个国家的法学教育中，此两者并非占有同样的比重，但它们都是具有普遍性的法。同时，作为这一时期大学的共同语文的拉丁文，也对欧洲法律的统一性起到了重要的作用。此外，当时的经院主义法学对于与其异质的法律制度不仅无能为力，而且也漠不关心。当然，我们不能就此断言中世纪欧洲并不存在比较法学，但这些都阻碍了比较法学的发展则是无庸讳言的历史事实。

17世纪，自然法兴起，一些启蒙思想家投身于此领域的研究和著述，西欧各主要国家都有一些代表人物，他们对于比较法学的形成均起了奠基的作用。这现已成为一种学术共识。只是在现代比较法学兴起早期，因受法学的民族狭隘性的影响，在英国的著述中，人们主张培根(F. Bacon，1561—1626)是比较法学的奠基人；在荷兰，则将之归功于格劳秀斯(H. Grotius，1583—1645)；按照德国文献的说法，第一位提出比较法观念的人是莱布尼茨(G. W. Leibniz ，1646—1716)；意大利学者，则认为是维科(G. B. Vico，1668—1744)；在法国著述中，则把比较法学的源头追溯到孟德斯鸠(C. L. Montesquieu，1689—1755)。

18世纪以后，欧洲法的统一性日益衰退。由于民族国家的建立，法典编纂活动也相继进行，于是以民族主义为基础的多样的实定法律秩序形成。欧洲普通法的分裂，法明显成为民族法，及法学走向国家化，这些都为比较法学的形成提供了前提。

---

① 引自高鸿钧、贺卫方：《比较法学丛书》总序，清华大学出版社。

19世纪，因受德国萨维尼（F. C. Von Savigny，1779—1861）为代表的强调法的民族精神的历史法学派的影响，欧洲比较法学的发展曾一度受阻，不过，并未完全停滞。即使在德国，与历史法学派相抗衡的是以蒂堡（A. F. J. Thibaut，1772—1840）为代表的法典编纂派，他们主张德国应该模仿法国编纂民法典以达到民族统一，重视运用法律的比较研究。同时，著名法哲学家如费尔巴哈（P. J. A. Von Fauerbach，1775—1833）、黑格尔（G. W. F. Hegel，1770—1831）及耶林（R. Von Jhering，1818—1892）等对于当时德国法学的现状及对历史法学派的批判，客观上也为德国比较法学开创了道路。加上莱茵和巴登地区对《法国民法典》的继受，也引发了德国学界对于外国法的比较研究，在此方面起引领作用的学术中心是海德堡大学。此外，第一个旨在研究外国法的《外国法学与立法评论》也在此背景下于1829年创刊。

在法国，19世纪初期因反对法律比较的法国注释法学派的形成也曾使比较法学的发展一度面临不利的局面，但是，法兰西学院（Collège de France）"比较立法通史与哲学讲座"的开设（1831年）、《外国立法与政治经济评论》的创刊（1834年）、巴黎大学法学院比较刑法讲座的开设（1846年）等都体现出法国对于外国法研究的重视。而1869年法国比较立法学会的成立及其会刊的发行，则不仅是法国，而且也是世界比较法学史上的重要事件。

在英国，谈到19世纪的比较法学，必然会提及梅因（H. S. Maine，1822—1888）。1861年，法律史及比较法学史上不容忽视的他的力作《古代法》问世，而且巧合的是，在法国比较立法学会成立的同年，梅因还开始在牛津大学担任历史比较法的教授。同时，其他的如戴雪（A. V. Dicey，1835—1922）等著名法学家也很重视运用法律比较。此外，英国比较立法学会也于1895年成立。这些都表明了比较法学的兴起已不仅只是囿于欧陆国家。

二

进入 20 世纪，国际社会发生了令人瞩目的变化，如经济的日益国际化、国际贸易的发展、资本输出的进展和殖民主义的扩张，等等。在此背景下，仅专注于国内法的视野的狭隘及其导致的弊端更为醒目，努力要在认识上超越本国法也就自然成为了一种趋势。这首先在私法领域得到体现。而在作为 19 世纪自然科学的三大发现之一的进化论的影响下，自然科学领域广泛应用比较方法，这也开始推动包括法学在内的社会科学领域的比较研究。上述国际社会的大环境及科学领域的成果，加上此前欧洲国家比较法学的发展的积累，都为进入新的一个世纪的比较法学的发展提供了契机，比较法学不仅在法国、德国、英国呈现深入发展的趋向，而且开始走出欧洲国家的藩篱，得到了世界各国的普遍关注，并在一些国家取得了可喜的进展。

1900 年首届国际比较法大会在巴黎召开，在此会议上，法语是大会的官方语言，起主导作用的是来自巴黎大学的萨莱伊（Reimond Saleilles, 1855—1912）和里昂大学的朗贝尔（Édouard Lambert, 1866—1947）。1903 年，朗贝尔的《比较民法的作用》问世，它对于比较法的本质与作用等重要问题的大胆论证引起了法学界的广泛争论。1920 年，里昂大学成立由朗贝尔主持的比较法研究所。受其影响，法国及其他国家的比较法研究机构纷纷设立，比较法学开始呈现蓬勃态势。与此同时，法国比较法学的研究指向有所改变，关注领域开始从欧陆法转向对大陆法与英美法的比较、从外国国别法逐渐转移到"法系"的理念上。二战后，曾一度沉寂的法国比较法学重新活跃，研究者们不再将精力花费在那些徒劳的方法论之上，而是认真地对现行的各国实在法体系的结构和功能进行谨慎、细致的考察，涌现了一些世界级的比较法学家，其中达维德（René David，1906—1990）就是为我们熟知的代表人物，其代表作《当代主要法律体系》自1964年初版问世以来广为流传。

在德国，19世纪末20世纪初，比较法学也迎来了发展的转折性变化，即从历史的比较法转向以现行外国法为基础的现代比较法。1916年，慕尼黑大学成立了拉贝尔（Ernst Rabel，1874—1955）比较法研究所。一战之后，受德国内外因素的影响，对于外国法和比较法的关注具有越来越重要的意义。1925年，拉贝尔的关于比较法学理论的第一部基础著述《比较法的任务与必要性》出版。在此前后，具有国际性影响的比较法研究机构不断成立，若干学术期刊也相继面世。这些都是德国比较法学崛起于世界的标志。但是紧接着的纳粹统治时期，包括拉贝尔在内的一批比较法学家流亡海外，尽管他们中有的在他国找到了安身之地并延续着专业研究，但对于德国现代比较法学史而言，这一时期无疑是一个充满了悲情并留下深深遗憾的阶段。相对而言，二战之后德国比较法学的迅速勃兴则更为醒目。重要的研究机构，如马普外国法和国际私法研究所、马普外国法和国际法研究所等都充满了活力，它们承担完成国际性课题，出版大型的权威丛书。而茨威格特（Konrad Zweigert，1911—1996）与克茨（Hein Kötz，1935— ）合著的《比较法总论》不仅堪称当代德国比较法学的典范之作，而且在世界上也获得了非同凡响的成功。

早在首届国际比较法大会上，与会者就聆听到了来自英国的声音。当时参加会议并作主题报告的惟一一位来自英语国度的学者就是英国法学家波洛克（Sir Frederick Pollock，1845—1937），尽管他在报告中提出“我们今天所理解的比较法是一门最现代的科学。今天活在世上的人亲眼目睹了它的诞生”的断言未必被学界所有人认同，但被广为引证却是不争的事实。20世纪上半叶，一些比较法学家活跃在各自的研究领域，其中，格特里奇（H. C. Gutteridge，1876—1956）所取得的成就尤为突出。自1930年起直至去世，他担任剑桥大学比较法学教授，一直致力于比较法学的教学和著述，并在私法和国际私法的统一领域也做出了贡献。格特里奇的比较法观点和理论在其代表作《比较法》一书中得到完整的展现，因其理论的系统和观点的新颖，使他的这一论著不仅在英美国家比较法领域具有很高的权威，而且在大陆法系国家，乃至世界范围内也有相当影响，并持续至今。这同时也为英国比较法学赢得了国际声誉。在此之后，英国成立了多个比较法研究团体，比较法学教育、比较法学研究等都有了发展，英国比较法学所取得的进展有目共睹。

相对于欧洲国家而言，美国比较法学的起步并不早，发展却甚为迅速。首届国际比较法大会召开时，美国虽然派员与会，但没有留下重要的信息。但在时隔四年之后，当国际比较法大会于美国圣路易大学举行时，美国比较法学的实力就已经初步展现。一战之后，特别是威格摩尔（J. H. Wigmore，1863—1943）发表《世界法系概览》，美国学者在国际比较法学界的地位已远非昔比。而一批外国（尤其欧洲）学者在二战期间到美国定居，从学术视野和研究深度上都直接促进了美国比较法学的发展。20世纪50年代，庞德（R. Pound，1870—1964）担任了国际比较法学会的主席长达七年，这也是美国比较法学隆起的侧面写照。而当今的美国，积聚的世界级比较法学家之多，学术论著影响之广，学术活动之活跃，恐怕还没有别国可与其相竞。

比较法学的兴起和发展也并非只是在欧美国家。在日本，明治维新之后开始的法律近代化过程，法律的比较得到了广泛的运用，这便开启了日本比较法学发展的帷幕，穗积陈重（1856—1926）被认为是日本比较法学的鼻祖。进入20世纪，日本的比较法学渐趋成熟。特别是二战结束以后，随着日本法制的现代转型，比较法学也获得了长足的进展。1950 年，日本比较法学会成立，此后，多种比较法学术研究机构也相继设立。此外，还出版了一批有质量的比较法学论译著，涌现出了若干有影响的比较法学家。其中，大木雅夫(1931—)不仅将达维德及茨威格特、克茨的比较法论著译介引入日本，而且他自己撰写的《比较法讲义》也可称为国际比较法学领域的力作。正是由于包括大木雅夫在内的日本比较法学学者的不懈努力，为日本、也为亚洲争得了在国际比较法学界的地位。

再来叙说我们中国。相较于前述各国，我国的比较法学肇端也晚，发展也曲折。在列强压力下，清末修律过程中的一个主要措施就是“参酌各国法律”，与之相随的是法律比较的广泛运用。民国时期，若干比较法学的论译著出版，东吴大学法学院等机构的比较法学教育受到重视，比较法学会成立，因此这一时期中国的比较法学有所发展。1949 年后，比较法学曾一度衰退甚至几乎销声匿迹，这一状况持续了 30 多年。其后，比较法学逐渐得以恢复并发展。国际比较法学领域的重要著作被相继译为中文，而沈宗灵的《比较法总论》，则是当今我国这一领域的代表作品。1990 年，中国法学会比较法学研究会成立，自此之后，由其主办的比较法学的年会及其他学术研讨会始趋于正常并日渐频繁，这是我国比较法学前辈们共同努力的结果，也是比较法学已受到学界重视的象征。目前，我国的比较法学无论从学术质量还是从影响范围看，仍只是处于爬坡阶段，但广大学者同仁十数年的耕耘无疑使 20 世纪末期的中国比较法学开始跻身于国际比较法学的潮流之中，从而也丰富和拓展了国际比较法学。

为更清晰地理解 20 世纪比较法学在上述法、德、英、美、日、中六国的发展轨迹，特以时间为序罗列重要事件如下：

1900 年，在法国巴黎召开第一次国际比较法大会。

1901 年，法国法学家萨莱伊专任巴黎大学比较法讲座的教授。

1903 年，法国法学家朗贝尔的《比较民法的作用》出版。

1906—1907 年，朗贝尔任埃及开罗总督大学法学院院长。

1913 年，中国的第一个比较法学组织——比较法学会在上海成立，王宠惠当选为首任会长。

1916 年，德国慕尼黑大学设立拉贝尔比较法研究所。

1920 年，法国里昂比较法研究所成立。

1924 年，国际比较法学会成立。

1924 年，德皇威廉外国公法和国际法研究所（即后来的马普外国法和国际法研究所）成立。

1925 年，德国法学家拉贝尔的《比较法的任务与必要性》发表。

1926 年，德皇威廉外国法和国际私法研究所（即后来的马普外国法和国际私法研究所）成立。

1927 年，德国《外国法和国际私法杂志》创刊。

1927—1940 年，德国外国法和国际私法研究所的《比较法辞典》（6 卷）出版。

1928 年，美国法学家威格摩尔的《世界法系概览》出版。

1929 年，德国《外国公法和国际法杂志》创刊。

1933 年起，一批德国比较法学家被迫流亡至美、英等国。

1935 年，中国东吴大学法学院定名，直至 1949 年，其对外一直使用英文名"The Comparative Law School of China"。

1936 年，德国法学家拉贝尔的《货物买卖法》初版。

1937 年，国际比较法学会在海牙召开第二次世界大战前的最后一次大会。

1946 年，英国法学家格特里奇的《比较法》初版。

1949 年，法国比较立法学会的新会刊《国际比较法杂志》创刊。

1949 年，日本中央大学成立日本比较法研究所。

1950年,隶属于联合国教科文组织的国际比较法委员会成立。
1950年,德国比较法学会成立。
1950年,日本比较法学会成立。
1951年,法国比较法研究中心成立。
1951年,英国国家比较法委员会成立。
1952年,《美国比较法杂志》创刊。
1958年,英国国际法与比较法研究会成立。
1958年,日本早稻田大学比较法研究所成立。
1961年,日本比较法学会所编的《比较法研究》创刊。
1964年,法国法学家达维德的《当代主要法律体系》初版。
1969年,在法国比较立法学会成立一百周年之际,该学会会长安塞尔发表了名为"法国比较法一百年"的论文。
1969年,美国法学家梅里曼的《大陆法系》出版。
1971年,德国法学家茨威格特和克茨的《比较法总论》初版。
1971—1997年,德国马普外国法和国际私法研究所主持的《国际比较法百科全书》(17卷)陆续出版。
1972—1974年,法国法学家康斯坦丁内斯库的《比较法概论》出版。
1974年,美国法学家沃森的《法律移植与比较法》出版。
1976年,法国法学家达维德的《英国法与法国法》初版。
1980年,美国法学家埃尔曼的《比较法律文化》出版。
1984年,美国法学家梅里曼的《大陆法系》中译本(顾培东、禄正平译)出版。
1984年,德国法学家格罗斯菲尔德的《比较法的力量与弱点》出版。
1984年,法国法学家达维德的《当代主要法律体系》中译本(漆竹生译)出版。
1987年,中国法学家沈宗灵的《比较法总论》出版。

1987 年，中国政法大学《比较法研究》创刊。

1990 年，美国法学家埃尔曼的《比较法律文化》中译本（贺卫方、高鸿钧译）出版。

1990 年，中国法学会比较法学研究会成立。

1992 年，德国法学家茨威格特和克茨的《比较法总论》中译本（潘汉典等译）出版。

1992 年，日本法学家大木雅夫的《比较法讲义》出版。

1999 年，日本法学家大木雅夫的《比较法讲义》中译本（更名为《比较法》，范愉译）出版。

三

因受阅读范围和所掌握资料的限制，本书探讨主要以前述六个国家为限。实际上，在 20 世纪，对于比较法学的承认和关注在各国已很普遍。

比如，关于欧陆国家，我们只论及法国、德国，而在欧陆法律史上极为重要的意大利，比较法学的演进也十分有特色。11 世纪末，伊纳留斯（Irnerius，约 1055—1130）开始在波洛尼亚（Bologna）大学教授法律，比较法的历史也许最早可以追溯至这一时期。[①] 至 16 世纪早期，政治统治的不统一及文明与传统文化的多元性一直是意大利显著的历史特征，法律自然也呈现复杂性和多元性，近代欧洲法律的各种重要因素几乎都可以追溯至发端于此时期意大利的各种法律。故法律的比较被广泛运用。此后三个多世纪，意大利虽然不再是欧洲法律文化的中

① Rudolf B. Schlesinger, "The Past and Future of Comparative Law," *American Journal of Comparative Law*, Summer 1995, pp. 477—481.

心，但仍延续着法律的多元格局，因受制于外国的统治，从西班牙的法律规则，到奥地利皇帝的改革措施，及法国的法典，都相继进入意大利。其中，尤其以法国拿破仑法典的影响最为广泛，而且最为深远。

19 世纪后半期，统一以后的意大利王国的各个新法典，都是来自意大利各地、分属不同法律传统的法律家们集体努力的结果，也可以说是他们经过激烈争论，进行比较和妥协的产物。以 1882 年新商法典为例，是下列这些专家经过数年的起草并最终完成的：托斯卡纳的学者、公司法改革家 Tommaso Corsi，热那亚的律师 Antonio Caveri 和 Cesare Cabella，皮埃蒙特的法律专家 Matteo Pescatore，伦巴德人 Giuseppe Zanardelli 和 Ercole Vidari，威尼斯人 Felice Lampertico、Francesco Piccoli 和 Giovanni Battista Varè，罗马人 Luigi Maurizi，那不勒斯人 Pasquale Stanislao Mancini、Nicola Alianelli 和 Giuseppe Carnazza Puglisi。这些专家在参与起草时，势必带来各自所在地区的习惯和制度。此外，还参考借鉴了外国的立法经验，具体而言，其中的基本规则主要是来自德国的旧商法（1861 年），票据制度来自德国的 1848 年《票据法》，公司制度来自比利时的 1873 年法律，海商法内容来自法国的 1807 年商法典，破产制度来自法国的 1838 年法律。①

政治上的统一，促进了法学学术的发展。因早期受法国法学影响较深，后又因与德国法律文化的接触并受其影响，故自此之后，在意大利的法学中，法国模式和德国模式并存，学术研究中常常试图将法国学者的宽容博爱与德国学者的抽象深奥有机地结合起来。这样的学术氛围必然会促进比较法学的兴起。1900 年首届国际比较法学会召开时，意大利就派员参加，那不勒斯大学的里奥（Diodato-Lioy）教授还是主

---

① 参见 *The Progress of Continental Law in the Nineteenth Century*, by various authors, Little, Brown, and Company, Boston, 1918, p. 341。

题报告人之一。1932 年国际比较法大会海牙会议召开时，学会分成 4 个研究小组，担任拉丁组主席的即为来自罗马的狄昂尼西奥·安切洛蒂(Dionisio Anzilotti)。还应提及基亚罗亚(Vittorio Scialoja，1856—1933)，他既是一位享有盛名的导师，培养了若干罗马法和私法领域的专家，同时还是这一时期积极借鉴德国法律文化，在比较法学领域颇有建树的代表人物。而 20 世纪中期，与法国的达维德、德国的茨威格特齐名的意大利比较法学家是高理拉(Gino Gorla)，他以比较的视野研究契约法，并将新的更为精密的方法引入比较法研究。[①] 在当代，最有影响的意大利比较法学家当是鲁道夫·萨科(Rodolfo Sacco，1923—)。他被认为是在意大利"创造"比较法的重要人物，全意大利有约 20 名教授曾是他的学生，这些教授大多是比较法学课程的担当者。萨科的代表作是《比较法导论》(*Introduzione al Diritto Comparat*)，他的"法律共振峰"学说就是在此著作中系统得到阐述的，[②]其他的还有关于契约法、占有、非洲法、苏联法等论著。现在，萨科的数部论著已被翻译为英语和法语，从而为他赢得了更广泛的国际声誉。[③]

又如，前苏联等东欧国家的比较法学也是国际比较法学的组成

---

① Rodolfo Sacco, "One Hundred Years of Comparative Law," *Tulane Law Review*, March, 2001, p. 1168.

② 参见沈宗灵:《评萨科的"法律共振峰"学说》，载《中外法学》1995 年第 6 期。

③ 萨科早年从法科毕业后，曾从事过律师工作，并同时开始民法的研究。在 50 年代初期，年轻的萨科有幸在位于都灵的欧洲研究所给达维德当过助手，从此萌发了对比较法学的兴趣。1960 年，他开始在国际比较法学院任教。翌年，他被召回国，在帕维亚讲授民法，同时开始上比较法的课程，并担任系主任。1971 年，萨科担任比较法的主席，1983 年继而担任民法的主席。1999 年，从都灵大学退休，现仍为该大学的功勋教授。萨科曾经常在西欧各国、非洲(主要是索马里和摩洛哥)和前苏联等从事学术活动，他还担任过索马里国立大学法学院院长。关于萨科的学术生涯及学术观点，详细参见 Ugo Mattei, "The Comparative Jurisprudence of Schlesinger and Sacco: A Study in Legal Influence," *Rethinking the Masters of the Comparative Law*, edited by Annelise Riles, Northwestern University School of Law Hart Publishing (2001), pp. 238—256。

部分。尽管一些西方学者认为,曾是社会主义国家领头羊的前苏联,其法学界开始进行比较法研究的历史极为短暂,但苏联学者认为,苏联对比较法的研究具有相当久的传统。早在20世纪20年代,比较法的方法首先被用来说明作为最高和最终的法律类型的新的苏维埃社会主义法的特征,不过,如果说这一阶段的苏维埃法学对进行"比较法方法的理论"问题未做专门深入研究的话,那么,比较法方法本身无论在著作中还是在法学教学中都已占有显著的地位。在苏维埃法学形成的初期,就出现了以与西方法律体系做比较为目的的学术著作。60年代起,苏维埃比较法学进入了发展的第二阶段,社会主义法律体系要求广泛的比较分析,这首先出于理论上的目的,其次在于社会主义合作的实践方面,再次为了相互借鉴经验。这一阶段,比较法学扩大了研究范围,加强对决定现代意义比较法学特征的方法论问题的关注。但虽然比较立法的理论相对发达,比较法学的理论著作则仍较为匮乏。而在比较法学的实践方面,许多苏联法律工作者参与为数众多的国际法律组织的工作,在各种国际会议及有关比较法学国际性学术座谈会上,苏维埃学者都做了成功的发言和演讲。总之,苏联法律工作者对于社会主义比较法理论的研究做出了重大贡献,尽管他们的著作中对于比较法研究的方法和程度在基本观点、种类和水准上均存在一定的差异。①

在前南斯拉夫,比较法学也曾取得一定的进展。1955年,贝尔格莱德比较法研究所成立。该研究所的任务是:收集和整理关于各国的立法、法学理论和法律实践状况的资料;应国家机关和各种机构的要求,向这些机关和机构提供关于比较法的某些问题、关于外国立

① 参见[苏]M.法伊齐耶夫、A.萨伊多夫:《苏维埃比较法学的发展》,廉雅荣译,载《比较法研究》1990年第2期。

法或某国的实践的看法；向外国法学界报导，和帮助报导南斯拉夫的立法、法学理论和法律实践的状况；同其他国家的类似机构以及从事比较法研究的国际组织进行合作。该研究所从1961年起出版了《外国法与比较法文集》若干卷，编辑了三卷本的《比较法文集》，从1978年起还出版了题为《发展中国家法律评论》的文献公报（每年三期）等。[①]

但是，在很长一段时间内，正统的社会主义法律学说的立足点是：在社会主义社会，法的功能同资本主义社会法的功能完全不同，认为平等的比较法自始就是毫无意义的，或者是根本不可能的。在前苏联，实际上还存在占优势的一种观点，这就是，比较法只适用于用作证明社会主义法的优越性的手段。[②] 此外，在社会主义法学里，把比较法只看作一种方法这种观点曾经广泛流行，这也许是由于当时忧虑：如果比较法作为一个分离、独立的部门成立，有朝一日会变成一种"中立的"法学。[③] 这些观念一定程度地抑制了比较法学在社会主义各国的发展进程。而从西方比较法学者看，开始也都忽视社会主义法，主要专注于研究资产阶级法的体系和制度，后来才慢慢地开始关注社会主义法。

不过，社会主义各国比较法学的兴起和演进无疑使20世纪比较法学更具有国际性。1978年，第十届国际比较法大会在匈牙利布达佩斯召开，这是国际比较法学会自1924年成立以来第一次在社会主义国家召开的国际比较法大会，与会代表除举办国本国学者外，有多达700多

---

① 参见《南斯拉夫比较法研究所》，王存学译，载《法学译丛》1983年第6期。

② 参见［德］K. 茨威格特、H. 克茨：《比较法总论》，潘汉典等译，法律出版社2003年版，第67—68页。

③ 参见［匈］伊姆雷·萨博：《比较法的各种理论问题》，潘汉典译，载《法学译丛》1983年第1期。

人参加,超过以往各届大会。[①] 这是社会主义国家比较法学已取得一定成绩并受到广为关注的例证。

此外,20 世纪国际比较法学的普遍开展还表现在比较法学在诸多民族独立国家的兴起,其中,广大阿拉伯国家的比较法学就是从无到有,走出了一条独特的发展路径。在这些国家,比较法学的兴起及研究的范围和课题都别有一番情状,其中,长期受到殖民统治,及独立以后日渐萌发的民族意识、伊斯兰宗教文化的根深蒂固等因素,决定了其比较法学的起源既离不了西方尤其是西欧国家的相关影响,也比任何其他地区的同领域学术研究面临着更为现实、也更为复杂的诸如法律移植与法的本土化、法律的世俗化与宗教意识、法律的西化与东方社会观念等方面的冲突和问题。

比如,在埃及,1906 年已在国际比较法学界初露锋芒的朗贝尔,来到时受英国殖民统治的埃及,担任开罗总督大学法学院院长,他在那里教授并传播其比较法的理论,这为独立以后埃及比较法学的兴起奠定了基础。因为当 1907 年因与英国当局的矛盾,朗贝尔离开埃及回国,此后几年,多达 50 多名的埃及学生跟随他去法国学习,这些学生学成回国后,带回了比较法学及其他法学领域的研究方法和成果,此后经过他们的努力,推动了埃及乃至阿拉伯其他国家的比较法学等领域的理论和实践的发展。其中,尤为值得提及的是朗贝尔的得意门生撒胡理(Abdel-Razzak Al-Sanhuri, 1895—1971),他因在比较法学领域的不懈的理论追求和积极努力的立法实践,而被认为是阿拉伯世界最重要的比较法学家,还可能是 20 世纪在所有阿拉伯国家最广为人知的法学家。但是,正因他在终身追求的实现伊斯兰法现代化的事业中积极运用法律的比较,并主张追随、借鉴西方法律理论和经验,而被阿拉伯国

① 参见沈宗灵:《比较法总论》,北京大学出版社 1987 年版,第 25 页。

家有的学者称为“失败的比较法学家”，这足可体会到包括埃及在内的阿拉伯国家的比较法学的兴起和发展的艰难和独特。[①]

四

本书虽然所涉国家尚嫌有限，但法国、德国和英国是比较法学兴起较早，并已取得很大成就和广泛影响的欧洲国家，美国是当代比较法学得到迅速发展并逐渐处于主导地位的美洲国家，而日本与中国则是在比较法学的进程中既有相似、又显相异的两个亚洲国家，因此，对于这六个国家比较法学历程进行宏观的叙述与微观的探讨，足以总结 20 世纪比较法学的发展概况。具体言之：

第一，比较法学逐渐被各国关注。从初期的以法、德两国为中心的西欧一元化，发展成为由法、德、英、美、日等为中心、世界各国学者一起参加的多元化局面。

第二，异质法之间的可比性已被确认。早在 30 年代就开始了关于社会主义法与资本主义法能否比较的讨论。二战后，随着一批社会主义国家的出现，及其后社会主义国家立法工作的展开，各国经济、贸易、

① 1913 年，撒胡理入总督大学法学院就读。1921 年至 1926 年，在法国，他在朗贝尔的指导下攻读并取得博士学位。此后，他回到埃及。1936 年，他担任总督大学法学院院长，并在开罗创建与法国里昂相似的比较法研究所。受其邀请，1937 年，朗贝尔在阔别 30 年后第一次来到开罗，并发表演讲。同年，该师生二人被埃及政府任命成立仅由他们俩人组成的立法委员会着手起草埃及新民法典。他们起草的草案是运用比较法学方法论的成果，以其为基础而于 1949 年颁布的《埃及民法典》，不仅奠定了当代埃及私法发展的基础，而且还为若干阿拉伯国家所效仿，并成为后殖民时期阿拉伯世界法律体系中最具影响的法律文件。关于撒胡理的生平及学术理论，详细参见 Amr Shalakany，“Sanhuri and the Historical Origins of Comparative Law in the Arab World(or How Sometimes Losing Your Asalah can be Good for You),” *Rethinking the Masters of the Comparative Law*, edited by Annelise Riles, Northwestern University School of Law Hart Publishing (2001), pp. 152—188。

文化交往的日趋活跃,冷战局面的改善,六七十年代关于异质法的可比性问题得到了认真讨论,至今这种可比性已得到各国比较法学者的广泛认同。

第三,与前一方面相联系,比较法学的研究范围不断扩大。早期主要只是集中对于欧陆国家间的法律进行比较,后扩展为对于大陆法与英美法的比较,进而开始对于不同性质、不同文化背景的法律体系进行对照和考察。

第四,比较法学的目的和任务发生了转变。首届国际比较法大会召开之时,占优势的观点是应制定统一的国际立法,抱着尽快建立"共同法"的幻想。于是,立法比较法就比较盛行,进行比较研究是为了在创造新的本国法律之际参考外国法。20世纪中叶开始,学术研究更趋理智和务实,转而为了对不同国家的法律通过比较研究而增进彼此了解。

第五,从早期的微观比较的比较法转变为宏观比较的比较法。微观比较的比较法主要是分析和揭示不同法律体系的具体差异和多样性,这对于立法实践和部门法学研究具有十分重要的意义,逐渐地比较法学领域的学者们开始努力对世界多样化法律体系进行分类整理,宏观比较的比较法的出现是比较法学可能成为一门学科的标志。

第六,从注重规范比较转为兼采功能比较。前者主要只是对于法律规范本身进行比较,后者则是在进行规范比较的同时,对法与社会现实之间的相互作用进行研究,这有助于克服以规则为中心的局限,冲破规范比较受本国法律概念、法律结构等方面的限制。与此相联系,法律文化的比较也日趋发达。

总之,在一个世纪中,无论是研究范围和研究方法,还是目的和任务,比较法学都不断地转变,并总体上取得了发展,其在整个法学发展中的地位和作用越来越受重视。至世纪末,比较法学尤其呈现出比较方法从一元走向多元、学术旨趣从普遍主义转向特殊主义、学科定位从技术导向转向理论导向、研究模式从封闭式研究走向跨学科研究及研究主题从单一走向多样化等方面的特征。[①]

但是,从各国法学的总体情况看,比较法学通常都滞后于其他部门法学,未能取得与其历史相称的理论成就与学术地位。比较法学著作往往是各自为政的大杂烩,既不系统,也不完整,长期以来处于理论匮乏的状况,学术研究的传承关系非常薄弱,这些都已受到比较法学界内外很多学者的广泛关注和批评。[②] 比较法学者自身也常处于尴尬,即当他在国内之时,他被列为知晓外国法律的行家,而当其在国外之时,他又被视为精通其本国法的行家。[③] 比较法学的滞后,既有学科自身的研究对象等方面的内部因素,也有国际环境、国际交流等方面的外部因素,但比较法学界内部长期以来热衷于关于比较法学的名分或本质,也即比较法是一种方法还是一个学科的争论,可能也是影响比较法学顺利发展的不可忽视的消极因素。[④] 因为学术理论虽然贵乎争辩,但

① 参见黄文艺:《论当代西方比较法学的发展》,载《比较法研究》2002 年第 1 期。

② 参见 Mathias Reimann, "The Progress and Failure of Comparative Law in the Second Half of the Twentieth Century," *American Journal of Comparative Law*, Fall , 1998, pp. 671—700; David J. Gerber, "System Dynamics: Toward a Language of Comparative Law?" *American Journal of Comparative Law*, Fall , 1998, pp. 719—737; Jennifer Widner, "Comparative Politics and Comparative Law ," *American Journal of Comparative Law*, Fall , 1998, pp. 739—749。

③ 参见[德]伯恩哈德·格罗斯菲尔德:《比较法的力量与弱点》,孙世彦、姚建宗译,清华大学出版社 2002 年版,第 7 页。

④ 关于比较法是一种方法,还是一个学科,大致有四种观点:一种观点,认为它只是一种方法;另一种观点,认为它为一个学科;还有一种观点,认为它既是一种方法又是一个学科;最后一种观点,则认为对此没有争论的必要。即使是持相同观点的学者,立论和引证可能也有所不同,而同一个学者,不同时期的观点也可能前后有异,比如格特里奇,早在 1938 年,他说比较法是普通法学的一个分支,后来在其《比较法》一书中则认为比较法只是一种研究方法。参见[法]莱翁丹—让·康斯坦丁内斯库:《论比较法学的流派与比较法》,理钧译,载《法学译丛》1983 年第 2 期。

比较法学界内部长期热衷于方法还是学科的争论，不仅体现出自信的缺失，而且这对于比较法学的存在与发展不仅没有实质性的意义，反而还分散了对比较法学原本问题的注意力。

可喜的是，进入90年代以后，西方很多比较法学家开始对传统的比较法学进行深入的反思和批判，在此基础上探寻比较法学发展的新思路、新方向。在反思比较法学的历史发展中，我国比较法学界也提出了更为务实的观点，有的认为暂且不必忙着对比较法学的本质做出判断，而首先应总结比较法学一个世纪以来的存在与发展及其产生的作用，确定其在将来的发展路向；[①]有的则从历史与现实的多重角度入手，试图重构和论证一个合适的比较法概念，以谋求比较法能够克服并超越传统的局限。[②]

五

21世纪的国际环境和国内形势，为法学各科的发展提供了契机，比较法学也带着一百多年历史的积淀迎来新的发展机遇，面临着新的挑战。其中，目前最受关注的就是法律的全球化问题。

法律全球化，英文为globalization of law，是20世纪90年代初首先在美国提出的。这引起了法学界的广泛关注，更是成为了比较法学界近年来的研讨热点。对此，可谓观点纷呈。

许多学者对于法律全球化或世界共同法的趋势及其对比较法学的影响持肯定和乐观的观点。

---

① 参见米健：《从比较法到共同法——现今比较法学者的社会职责和历史使命》，载《比较法研究》2000年第3期。

② 参见黄文艺：《什么是比较法——比较法概念的反思与重构》，载江平主编：《比较法在中国》(2004·上卷)，法律出版社2004年版，第167—186页。

有的学者认为，法律的统一并不是说全世界各国法律制度的绝对统一，而应是法律的世界意识的建立。就目前而言，法的全球化、世界化已不再是一个人们是否赞成或反对的问题，它已经成为法律发展的不变规律，法律全球化是经济全球化的产物，也是全球化的重要组成部分。这有利于比较法学的发展。其一，全球化趋势营造了一个实现比较法学家理想的法律环境，使比较法再次立于法学研究的前沿，比较法将成为一个可靠、进步的工具。国内法的国际化是法律全球化的一种形式，它的基本原形特别是它的一些基本原则，往往来自某一国家或若干国家的国内法或它们的对外政策。而这一过程恰恰是在比较的基础上进行的，没有对一国或几国法律制度内容、功能的比较就没有将其法律国际化，乃至全球化的可能。其二，全球化趋势使比较法研究不再局限于不同国家或地区的制度、规则、技术的单纯比较研究，而扩展为世界范围内法律体系趋同化的研究，为世界范围的法律协调提供了依据。其三，全球共同面临的问题将成为比较法学发挥作用的舞台。①

还有的学者认为，在当今世界，法律制度的和谐化和某种程度上的一体化，乃是一个有目共睹的趋势。比较法学是从超国家的角度，以比较的方法对本国和其他国家法律进行考察研究的学科，其直接的或阶段性的目的是完善和改进本国的法律理论和法律制度，最终目的是指出不同民族国家法律的不同或共同之处，力求在最大程度上使之避免冲突并获得最普遍的和谐，最终完成设计和构造一种世界共同法或普遍法的使命。② 比较法学就是世界法学，是世界法学的代名和学名。

---

① 参见刘佳：《全球化趋势下比较法的作用》，载《首都师范大学学报（社会科学版）》2002 年第 4 期。

② 参见米健：《从比较法到共同法——现今比较法学者的社会职责和历史使命》，载《比较法研究》2000 年第 3 期。

比较法学者应该具有世界胸怀,世界品位。[①]

还有一些学者在认同法律全球化这一发展趋势的同时,试图界定其含义。比如,有的学者认为,法律全球化的表征是法律发展的趋势和规律,不同的学者对于全球社会法律发展的趋势和规律的认识不同,因而对法律全球化的认识不一样。法律全球化的基本标志和内容有三项:世界法律的多元化、世界法律的一体化、全球治理的法治化。[②]

另有学者提出,法律全球化将催生反映全球化时代法理的"全球共同法",它并不是1900年国际比较法大会上提出的共同法思想的简单复制。由于法律全球化时代还处于起步阶段,全球共同法目前还不是以现实形态而是以理想形态存在,它应承认世界法律的多样性,应公平确认和保护各国的利益要求,要以全球治理主体之间的平等协商为原则,还应体现法治精神。[③]

但是,也有学者并不赞成法律全球化的笼统提法,而只是主张应该从具体细致的方面研究所出现的趋势、动态以及可能的变化。[④] 有人认为,所谓"共同法"的命题并不符合当今世界文化多元的发展趋势,缺乏理论和现实基础,追求构建人类共同法只能是美好的幻想,而应将发觉不断丰富、发展的自然法理念的内在含义和引申的法律原则,并以此完善和改进法律理论和制度,以实现人类法律的和谐作为比较法学者的追求才更为实际,并更具理性。[⑤]

历史的发展具有反复性,比较法学的历史也印证了这一特征。早在20世纪初,一些比较法学者开始认为比较法的研究对象应为世界

---

① 参见米健:《比较法学与世界法律文化》,载《法学》2004年第10期。

② 参见黄文艺:《法律国际化与法律全球化辨析》,载《法学》2002年第12期。

③ 参见李桂林:《论全球共同法》,载《法学》2005年第1期。

④ 参见胥汉:《比较法学与法制建设座谈会纪要》,载《比较法研究》2002年第3期。

⑤ 参见华枫:《从美好的幻想到理性的追求——评米健"从比较法到共同法"一文质疑新共同法说》,载《比较法研究》2003年第2期。

法、共同法，比较法的目的就是建立“文明人类的共同法”。21世纪初的现在，法律的全球化或世界的共同法再次成为了讨论的话题。当然，历史的反复也并不意味着历史可以回归，一百年前主张共同法时所隐含的殖民主义的色彩及对第三世界国家的蔑视，在当今的国际学术界应当被排除，因为无论如何，世界法律传统的多样性不能被否认。[①]

我们相信，在新的世纪，比较法学在不断探讨和解决新环境下可能提出和碰到的各种理论和实践问题的过程中将继续拓展、丰富和发展。

① 为此，本书正文最后特设“比较法学发展的新趋向”一章。

第一章　比较法学在法国

法国法律比较研究的历史源远流长。早在 18 世纪，法学家孟德斯鸠（Charles Louis Montesquieu, 1689—1755）所著的《论法的精神》（L'Esprit des Lois）便是法学理论史上的一部杰作。他在这一著作中对很多国家的法律（包括中国封建社会的法律）进行了比较研究，以论证自己的法学理论，因而往往被认为是比较法学的奠基人之一。[①]

到 19 世纪时，法国的比较法研究更是位居世界前列：世界上第一个比较法讲座，"比较立法通史与哲学讲座"[②]是在法国设立（1831 年）；第一个比较法学会，"比较立法学会"（Société de législation comparée）是在法国诞生（1869 年）；第一次世界比较法大会（Congrès international de droit comparé）也是在法国召开（1900 年）。[③]

而英国著名的比较法学家格特里奇曾先后几次坚定地宣称，现代意义上的比较法律研究（lesé tudes juridiques comparatives）开始于 1869 年在巴黎创立的"比较立法学会"，而比较法学（droit comparé）则

---

① 沈宗灵：《比较法研究》，北京大学出版社 1998 年版，第 10 页。而法国当代比较法学家马克·安塞尔则认为，在法国，尽管人们普遍认为孟德斯鸠是比较法的鼻祖，但思想启蒙时期的比较研究都只是出于世界主义（cosmopolitisme）的好奇心而已；就《论法的精神》而言，该书在 18 世纪中期就对不同制度加以比较，然而其作者既没有运用历史的方法更没有运用现代意义上的比较的方法。参见 Marc Ancel ，"Cent ans de droit comparé en France（1869—1969），" *Livre du Centenaire de la Société de Législation Comparé* （1969），p. 3。

② 法文名称为：Chaire d'histoire générale et de philosophie de législation comparée。

③ 参见何勤华：《西方法学史》，中国政法大学出版社 2003 年版，第 487 页。

真正诞生于由该协会在1900年组织的首届国际比较法大会。① 因此，在某种意义上，法国可称为比较法的故乡。

对于比较法发展的历史分期而言，法国比较法学家勒内·达维德(René David，1906—1990)指出："尽管过去在法学研究中也偶尔使用比较方法，然而在19世纪前，比较法本身还没有被承认为法律科学的一门独立分科或法律科学的基本方法……"。② 所以，本章对法国比较法的考察从19世纪开始，并重点介绍其在20世纪的发展与演变。

第一节　19世纪法国的比较法研究

一、19世纪上半叶法国的比较法研究

法国早在《拿破仑法典》编纂之前，于法国大革命爆发十周年之际，司法部就设立了外国法翻译局，为法典编纂做准备。但在19世纪初，随着拿破仑法典的诞生，法国人便沉溺于这些理性的法典而不问及其他了。于是，产生于该时期的法国注释法学派(l'École de l'exégèse)③ 坚决反对法律间的比较。

① Marc Ancel，"Cent ans de droit comparé en France(1869—1969)，" *Livre du Centenaire de la Société de Législation Comparé* (1969)，p. 3.

② 参见沈宗灵：《比较法研究》，北京大学出版社1998年版，第24页。

③ 这里的注释法学派有别于中世纪为罗马法之复兴做出巨大贡献的注释法学派(The School of Glossators)，它是指对1804年《法国民法典》等一系列法典进行注释研究而形成的学派。19世纪法国注释法学派统治法国法学界长达一个世纪之久，其分为三个阶段：形成期(1804—1838年)、繁荣期(1838—1880年)和衰落期(1880—1900年)。该学派的产生顺应了19世纪初法国社会发展的要求，既为19世纪上半叶法国私法学的发展做出了贡献，又由于其思想观点、研究方法、解释理论的局限，抑制了19世纪下半叶法国私法学的进一步发展，从而为科学法学派的诞生准备了条件。参见何勤华：《西方法学史》，中国政法大学出版社2003年版，第127—141页。

尽管如此,比较的方法已在法国19世纪初自然科学与文学中加以运用,而当时工业革命的发展导致了大量社会问题的出现。这些都为法律间的比较,进而借鉴外国经验开拓了道路。[①]

1819年,法律家图书馆(Bibliothèque du Jurisconsult)在巴黎落成。虽然主要涉及到理论研究,但该机构更关注外国法,尤其是关于德国法的某些争论。[②]

1831年,法兰西学院开设了"比较立法通史与哲学讲座"。然而其首任正式任职者勒尔米尼埃(Lerminier)[③]还很难被人们视为一位真正的比较法学家。[④]

1834年,身为巴黎法院律师的弗里克斯(Foelix)创办了《外国立法与政治经济评论》[⑤]杂志。该杂志致力于通报其他国家的立法状况,并定期介绍国外主要法学杂志的内容梗概。[⑥] 因此,其十分明显的目的

---

① Marc Ancel,"Cent ans de droit comparé en France(1869—1969)," *Livre du Centenaire de la Société de Législation Comparé* (1969), pp. 3—4.

② Marc Ancel,"Cent ans de droit comparé en France(1869—1969)," *Livre du Centenaire de la Société de Législation Comparé* (1969), p. 5。虽然法国当时拥有优秀的法典,但仍不能忽视法国法学家对德国法学的关注。尽管注释法学派在19世纪长期处于优势,并正值德法两国命运的对立日趋激化,两国的法学交流反而更加活跃。例如,穆尔纳尔(Meulenaere)专心致志地翻译萨维尼和耶林的著作,完成了其中的大部分。而且,1819年乔丹(Jourdan)创刊《特弥斯》(Thêmis)杂志,介绍历史法学派的活动。但必须注意,这些是为了对抗注释法学派的一味盲目地对伟大的《拿破仑法典》的法条崇拜,尽力通报外国法制情况的结果,而并非为了接受历史法学派的褊狭态度。参见[日]大木雅夫:《比较法》,范愉译,法律出版社1999年版,第48—49页。

③ 勒尔米尼埃曾于1829年在德国著名法学家冈斯(Eduard Gans,1798—1893)的影响下写出了《法制通史入门》(Introduction générale à l'histoire du droit)一书。参见[日]大木雅夫:《比较法》,范愉译,法律出版社1999年版,第47页。

④ 30年后,直到其继任者拉伯莱(Laboulaye)创建比较立法学会,才被人们视为法国真正意义上的比较法学之开始。Marc Ancel,"Cent ans de droit comparé en France(1869—1969)," *Livre du Centenaire de la Société de Législation Comparé* (1969), p. 4。

⑤ 法文名称为:Revue étrangère de législation et d'économie politique。

⑥ Marc Ancel,"Cent ans de droit comparé en France(1869—1969)," *Livre du Centenaire de la Société de Législation Comparé* (1969), p. 5.

就是为了促进法国法律家对外国法的认识，并且也为了激励法国法的改革。

然而，当时法国法学家对法国民法典的赞赏已到了迷信的程度，在那个时代里，该计划一定使人感觉到是绝无希望的。这份期刊出版了几期之后，在一再改变刊名的情况下，不得不把越来越多的篇幅让给纯粹的法国法。弗里克斯本人也被限制作为缩减的外国（法）部分的编辑。1850 年该刊停刊了。但尽管如此，看来弗里克斯在法国比米特尔迈尔（K. J. A. Mittermaier，1787—1867）[①]及其周围的人们在德国，在把比较法作为一门独立的分科奠基这项工作中取得了更大的成果。因此，可以说，弗里克斯创刊的杂志对法国比较法研究的开展给予了最初的推动力。[②]

此外，雷恩（Rennes）的代理检察长维克多·富歇（Victor Foucher）于 1833 年主持发行的《当代国家民事与刑事法律丛书》[③]以及安东尼·德·圣·约瑟夫（Anthonie de Saint-Joseph）于同年对《诸外国民法典与拿破仑法典之一致性》[④]的研究，都表明了法国法学家在"七月王朝"末期对外国立法的关注。

此后，奥尔托兰（Ortolan）于 1838 年开设了一门新的比较刑事立

---

① 米特尔迈尔，曾任德国海德堡大学教授，是一位主要以刑事立法改革为目标而精心致力于比较法研究的学者。于 1829 年和他在海德堡大学的同事共同创刊《外国法学·立法评论》，在通报外国法制之信息方面做出了极大的贡献。德国和日本的著名比较法学家 K. 茨威格特、H. 克茨与大木雅夫都认为法国的弗里克斯是受到米特尔迈尔之影响并明显地对后者加以效仿而创办了《外国立法与政治经济评论》。参见[德]K. 茨威格特、H. 克茨：《比较法总论》，潘汉典等译，法律出版社 2003 年版，第 82 页；[日]大木雅夫：《比较法》，范愉译，法律出版社 1999 年版，第 47 页。

② [德]K. 茨威格特、H. 克茨：《比较法总论》，潘汉典等译，法律出版社 2003 年版，第 82—83 页。

③ 法文名称为：Collection des lois civiles et criminelles des États modernes。

④ 法文名称为：Concordance entre les Codes civils étrangèrs et le Code Napoléon。

法课程(Cours de législation pénale comparé),并受到了广泛的关注。[①] 1846 年,巴黎大学法学院又设立了比较刑法讲座,由拉伯莱(Laboulaye)担任主讲。[②]

总而言之,在 19 世纪上半叶,尽管注释法学派的学说及其思想在法国法学界占据着统治地位,但上述法律比较研究的开展,虽显稚嫩,还是为法国现代比较法学的产生打下了坚实的基础。

二、比较立法学会的建立(1869 年)与比较立法研究

德国当代著名的比较法学家茨威格特与克茨认为现代比较法产生于临近 19 世纪末叶;其特征表现在开始制度化——有关学会、杂志的创立。这种发展最有力量和最早的是在法国开始的。[③]

而开辟法国现代法律比较之新天地的比较立法学会,则是在一系列具有"国际因素"的国内外立法之影响下创办起来的。

首先,法国于 1863 年对其 1810 年刑法典加以第二次修改。虽然此次修改从规模和程度上都不及 1832 年的第一次修改,但它却受到了国外关于新古典主义刑法思想(la dogmatique pénale néoclassique)之争论的影响。[④]

几乎在同一时期,受国际社会的影响,法国罢工罪的废除使工人得

---

① 当时该课程刚刚落户于巴黎大学法学院。参见 Marc Ancel ,"Cent ans de droit comparé en France(1869—1969)," *Livre du Centenaire de la Société de Législation Comparé* (1969), p. 5。

② 此外,在继 1846 年设立了比较刑法讲座之后,巴黎大学又于 1892 年设立了比较海商法和商法讲座;1895 年还设立了比较宪法讲座。参见[德]K. 茨威格特、H. 克茨:《比较法总论》,潘汉典等译,法律出版社 2003 年版,第 86 页。

③ 参见[德]K. 茨威格特、H. 克茨:《比较法总论》,潘汉典等译,法律出版社 2003 年版,第 86 页。

④ Marc Ancel ,"Cent ans de droit comparé en France(1869—1969)," *Livre du Centenaire de la Société de Législation Comparé* (1969), pp. 5—6.

到了应有的罢工权利；而法国新的支票立法也是对当时英国特殊模式的借鉴。此外，1867 年的商业公司法则是法国立法顺应国际商事关系的见证。

同年，比利时颁布了新刑法典。这对法国刑法学家意义重大，因为比利时当时的刑法典是以法国 1810 年刑法典为基础的；而比利时立法者的目的则是要使这一法典更加完善。于是，法国的一些评论家便立即出版专著将该法典与拿破仑法典加以比较。

最后，感化学派（l'école pénitentiaire）在该时期的发展引发了法国和比利时法学界的争论。双方都从比较的角度进行研究，而该方法已在托克维尔（Tocqueville，1805—1859）和吕卡（Charles Lucas）关于美国制度的作品中有所体现。①

在上述背景下，1869 年 2 月 12 日成立了以拉伯莱为会长的比较立法学会并发行了《会刊》（Bulletin）。其宗旨是，通过考察外国立法来革新法国的法律制度和法学研究方法。②

关于比较立法学会成立的意义和影响，除格特里奇称之为现代意义上的比较法律研究之起点外，英国著名学者波洛克则认为，1869 年是比较法作为法律科学的一个新分支获得完全承认的一年：在这一年里，比较立法学会成立了，而且保持着值得注意的连续性存续至今，同时还出版了自己的期刊。③

1875 年，比较立法学会开始发行《外国立法年报》（Annuaire de législation étangère）；虽然制作年报的困难很大，但其工作人员却踌躇满志。随后不久，司法部又设立了“外国立法委员会”（Comité de

---

① Marc Ancel，“Cent ans de droit comparé en France（1869—1969），” *Livre du centenaire de la Société de législation comparé*（1969），pp. 5—6.

② Ibid.，pp. 6—7.

③ 现在的刊名是《国际比较法杂志》（*Revue internationale de droit comparé*）。

législation étrangère)，其主要任务是对现行法典加以汇编，而每卷汇编的发行都是在比较立法学会的指导下进行的。[①]

然而，人们也许会发现，法国的比较法研究在此期间仅停留在比较立法(législation comparé)的层面上，还没有出现对国外体系(systèmes étrangers)或是每个国家法律制度之适用的描述。

对这种现象，日本比较法学家大木雅夫认为，19世纪开设的有关比较法的讲座、杂志和研究机构等，大部分都冠以“比较立法”之名。而且，此后直到19世纪末，欧洲各国都效仿法国，以“比较立法”为名，设立同名的学会、创刊同名的杂志。特别是对法律的完美性抱有强烈信仰的法国人，对法与法律的区别一无所知，认为法律就是法的一切。因此，对他们来说，比较立法一语完全是自然而然的用语。虽然外国法制的情况可成为本国立法的有益参考资料，但大致可以说，19世纪的比较法所进行的，一般是一种相当单纯的“比较立法”，而不是能经得起深刻的法哲学批判的、具有一定深度的理论性科学体系。[②]

尽管如此，我们仍需认识到，当时还是法典化的时代：意大利刚刚实现领土的统一，并正在加紧编纂本民族的法典；而德国尽管已完成政治上的统一，但也正忙于本国法典的创制。因此，“比较立法”的出现既非偶然，也非简化难题之举。[③]

三、萨莱伊的比较法思想

19世纪末的法国法学家正努力从注释法学派的藩篱中寻求解放。那些讲授民法典的教师也已经改教民法学。而第二帝国的土崩瓦解也

---

① Marc Ancel, "Cent ans de droit comparé en France(1869—1969)," *Livre du Centenaire de la Société de Législation Comparé* (1969), p. 7.

② 参见[日]大木雅夫：《比较法》，范愉译，法律出版社1999年版，第48页。

③ Marc Ancel, "Cent ans de droit comparé en France(1869—1969)," *Livre du Centenaire de la Société de Législation Comparé* (1969), pp. 7—8.

有利于人们从对拿破仑法典的盲目崇拜中解脱出来。因此,新的法学理论正在酝酿之中。当然,新理论并非只有比较研究这一种[①],但该局面却无疑有利于比较研究的开展。

在该时期,法国法学界有三位知名学者。他们是:惹尼(François Gény, 1861—1956)、艾斯曼(Adhemar Esmein, 1848—1913)和萨莱伊。

在三人中,惹尼不仅擅长于私法研究,还从根本上批判了传统的注释法学派理论并提出了"科学的自由探究"(libre recherche scientifique)之理论。但他却很少涉及比较法领域。而艾斯曼则是一位活跃在公法领域的比较法学家。1895 年,艾斯曼的《法国宪法和比较法的要素》[②]一书出版。该书的问世影响了众多的公法学者,使他们能够对法律比较的方法系统地加以运用。[③]

与上述两位法学家相比,萨莱伊学术研究的方向与特点就显得颇为不同。与惹尼形成鲜明对比的是,萨莱伊是一位地地道道的比较法学家;而相对于艾斯曼,其研究领域又极为广泛。因此,我们在这里将侧重对萨莱伊的比较法理论进行考察。

萨莱伊于 1883 年获得法学博士学位。1884 年,他在法国大学法律教师学衔考试(agrégation des Facultés de droit)中排名第五,并于同年担任格勒诺布尔(Grenoble)法科大学的法制史讲座。1885 年,萨莱

---

① 注释法学派进入衰落期后(1880—1900 年),法国学者开始在法律条文之外,运用历史的、社会学的、比较的方法,寻找适合解决社会生活中新出现的问题的原则和规范。从而使注释法学派过渡到了科学法学派(École scientifique),使 19 世纪末的法国私法学走出了法典条文注释的峡谷,进入了一个新的发展时期。而科学法学派的代表人物是萨莱伊和惹尼。参见何勤华:《西方法学史》,中国政法大学出版社 2003 年版,第 144 页。

② 法文名称为:Éléments de droit constitutionel français et comparé。

③ Marc Ancel ,"Cent ans de droit comparé en France(1869—1969)," *Livre du Centenaire de la Société de Législation Comparé* (1969), p. 8.

伊回到故乡，在第戎(Dijon)法科大学讲授法制史。1895年，萨莱伊受聘巴黎大学，讲授刑法；后接任其岳父布诺阿尔(Bufnoir，？—1898)[①]的教席讲授民法。1901年，比较法讲座独立后，他专任该讲座的教授。

萨莱伊留给后世诸多法学业绩，其中主要的有：1890年出版的《德国民法典第一草案中的债权总论研究》，该书刷新了法国民法学上传统的债权理论，展现了比较法研究的强大生命力；1901年出版的《意思表示论》，1907年出版的《动产占有论》和1910年出版的《法人格论》，都是在巴黎大学的比较法讲义基础上形成的成果。1904—1914年出版的《德国民法典(法译本附注释)》4卷、1902年《民法季刊》杂志的创刊和立法研究协会的设立，也是萨莱伊的功绩。

萨莱伊反对一味地对法典进行注释，他认为此种推理方式"听起来就像纯粹的几何学"。于是，他将"进化"的观念引入了法律解释的领域。在注释法学派的理论中，法律条文是固定不变的，而萨莱伊打破了这一传统，将法律看成是历史的、变化的东西。他认为，法律原则是不停地变化着的，而其基础则是法律条文和判例。同时，萨莱伊也反对那种对民法研究极其有害的只注重抽象而忽视法律之社会内涵的教学模式。他认为，法律职业者们在解释民法典时应当与时俱进，并对社会的发展变化给予充分的考虑。但他并未对法典编纂的合理性提出异议，而是主张人们应随历史的演变而对法典加以解释。因此，萨莱伊的格言是："在依靠民法典的前提下超越民法典。"

萨莱伊认为，法律首先是一种理性的科学。人们要解决问题，就得

---

① 布诺阿尔的最大贡献是将比较法研究引入民法学。他于1869年创立了比较立法学会。随后，在巴黎大学以开设民法讲义的形式讲授比较法，并在比较立法学会的《会刊》中连载关于德国民法典草案的论文。布诺阿尔的这种比较法研究，通过其学生(也是女婿)萨莱伊而得以进一步发扬光大。参见何勤华：《西方法学史》，中国政法大学出版社2003年版，第134页。

求助于对法典条文进行概念的和理论结构(constructions théoriques)的解释。因此,这种"理论结构"便成为其核心思想,因为它们是避免法律职业者下武断结论的惟一方法。萨莱伊对其定义如下:法律结构(construction juridique)将理性观念置于一种实在模式之中;它来源于社会,是一些会尽可能防止上述观念武断化的具体做法。但萨莱伊更倾向于如下看法,即为了避免与传统学派犯相同的错误,当人们试着从这些理性的概念中得出具有严密逻辑的结论时,要谨防将上述做法推向极端。因此,人们应当牢记的是,"在法律事务中,孤立的概念和原则是不存在的;所有的概念都是彼此联系和相互限制的,它们通过一种适当的均衡和妥协而形成一个和谐的整体。"

因此,和谐和均衡是萨莱伊观念之核心。二者将会使其所持有的新方法论与比较法结合起来。萨莱伊称,除非我们对所有影响国家法律发展变化的因素都给予足够的重视,否则这种整体的和谐将无法实现。而外国法便是这些因素中的一种。不久以后,萨莱伊对他所提出的,也是其最为推崇的一种方法——"国家比较法学"(une science nationale du droit comparé)加以界定;并指出其目的应该根据国家法及其需要来研究比较法。他认为,当一国的立法出现错误或是阻碍了社会的发展时,外国法也许会对相似问题提供较好的方案。但这种解决方式不应仅停留在对现存立法进行肤浅描述的层面上。萨莱伊主张对立法中之特别制度的操作进行细致的研究,以便理解其中的实际意义、权衡利弊并探究其结果。而一旦这种深入的研究得以开展,人们就有可能知晓所借鉴的外国法在多大程度上会与本国传统相融合。

基于上述对本国法与外国法的分析,萨莱伊所提出的方法论是:比较法是推动民法发展的途径之一;从这个意义上讲,比较法便具有了理性和真正的科学性。1901 年,当萨莱伊于巴黎大学讲授比较法时,他在教学上以及与比较法相关的各种出版物上大都采用了这种方法。萨莱伊的方法论贯穿于其多部以德国债法为主题的著作之中。而其对德国法研究的意图也颇为明显，即通过此种途径促进法国法的发展。在其两篇关于债务的让与以及未履行契约之抗辩的重要论文中，他也运用了这种方法以帮助法国引进德国这两种不同的制度。不言而喻，在萨莱伊眼中，比较法既是一种方法也是一种有效的知识来源。它既能激发人们对法国民法的兴趣，也能使之得到进一步的完善。[①]

由于萨莱伊主张用比较法的方法来对法律解释加以更新，这使得有关对基本原则以及法律制度内部和谐的研究日益增多。其结果是，法国法渊源的等级体系产生了根本性的变化，即学说(la doctrine)的权威性逐渐凌驾于对法典的字面解释之上。在这一过程中，法学家的地位得到了明显的提升。萨莱伊认为，学说将逐步地依据社会的需要来对法律制度加以完善。因此，他反对如下观点，即依靠法官而不是学说来完善法律制度。在其一篇名为《民法与比较法》的论文中，他写道："法国的法官与古罗马的裁判官以及英国的大法官都不相同。他们由于不愿让名声所累而拒绝行使这种新权力。"他解释说，法官清楚自己只从事对具体案件的审理工作，这种工作与一般性的理论建设无关。因此，法官们无需考虑国家的全部法律及其内部关系。就连法官们自己也认为，如果他们的自主权过大，其审判结果中的武断成分也会随之增多。所以，"法律体系建设的重任就自然地落在学说的提出者——法律理论家和学者们的身上"。但他们的任务却与从前不同：他们将不再是阻碍法律革新之永恒秩序和权威文本的守护者；他们将从事一项新的建构性的科学，其行动将引领而不是阻碍法律的发展。

---

① Christophe Jamin, "Saleilles' and Lambert's Old Dream Revisited," *American Journal of Comparative Law* (2002), vol. 50, pp. 704—706.

因此，法国法渊源的理论在其刚刚形成之时就被重组。不言而喻，立法的作用已降至次席：其字面意思很快就变得不合时宜，取而代之的便是以法律结构为基础的紧随时代变化的解释。所以，学说便有了用武之地。就法官而言，如果没有立法依据，他们要将学说视为权威而依其理论将它适用到案例中去。对此，萨莱伊的态度十分明确：如果大多数的学者对于一个法律问题的看法趋同，那么法官将别无选择而只能将其自己观点的重要组成部分适用到审判之中。

通过比较法的研究，萨莱伊重新打造了法国法的主流思想。他将民法学说视为其行动纲领，认为它将在20世纪大放异彩。而比较法则将填补由19世纪的字面注释方法所留下的大量空白。因此，比较法研究将取代对立法的分析性研究。作为一种工具，比较法将被用于对法国法律渊源的重新排序；由此，学说才成为法国法渊源的最高级。而比较法的工具化无疑也将决定其自身在未来的发展方向。①

就比较法研究而言，萨莱伊认为以下几种状况应当引起人们的注意。首先，国外立法本身并不代表生效的外国法之全部，这就像法国立法并不代表全部法国法一样。他明确地写道："人们过去常常分别地在外国立法之间进行表面化的对比，然后再将对比结果的概要附于国内法所遇到的每个问题之下。但我觉得这么做对我们没有任何好处。"而科学的做法是：法学家们要注重对外国判例法的研究并且要熟悉该国所适用的法律结构。只有这样才能使他们摆脱将法国法与外国法并置的陋习。这也将使其进一步了解一种事实的存在，即"各国间的法律是相互渗透的，从中可以产生一种将统领所有立法的统一学说"。因此，萨莱伊主张，法学家们应当通过研究判例来更好地了解现实生活；他们

---

① Christophe Jamin, "Saleilles' and Lambert's Old Dream Revisited," *American Journal of Comparative Law* (2002), vol. 50, p. 711.

也要重视法律结构，以便超越地区化的局限。

第二点要注意的是，人们应将法律的比较与历史的比较区别开来，因为后者是纯理论性的。在 1900 年国际比较法大会的开幕式上，萨莱伊对此特别予以批评："将过去的东西加以重组的方法是无法推导出未来法律状况的。"萨莱伊又在 1911 年对这种现象加以批评，并指出该方法从某种程度上讲是冒险的。他显然不相信如下论断，即"某一民族的法律史可以通过另一个同等文明民族的制度来阐明"。

最后，作为法律科学的核心，比较法的目的不仅限于观察和探索，而且还应包括行动。他试图创立一个实用的比较法概念。这种比较法将不再是纯学理性的科学，它将具有实践性并且将不再追溯历史，而是着眼于未来。只有当上述条件成就时，比较法才能走出相对局限的特征，也才能成为所有能够取代传统注释方法的法学家所掌握的有利工具。也就是说，没有比这更好的概念能够起到更新法国法律思想的作用了。

然而，某些学者认为：萨莱伊的理论并没体现出太多的创造性，他似乎在有意地追随当时的主流思想。

在比较法与法律史关系的问题上，萨莱伊是布诺阿尔的追随者（布氏曾为法国比较立法学会第二任主席，于 1890 年卸任）。布诺阿尔认为，法律史的新任务是追溯法律制度的起源，以揭示其转变的秘密。这样一来，法律史便与比较法会合，即它不再为了实用的目的而将自己局限于对当下国外立法的研究，而应当对不同民族如何处理各自的法律制度加以考察。布诺阿尔说，法史学是比较法的一种表现形式，即在对单一立法进行连续表述的过程中从法律原则中找出可类比之处。同样道理，比较法也是一种法律史学，它能够表明法律制度在不同条件下会发挥怎样的效用。因此，布诺阿尔称，法律史与比较法有着共同的目标：前者是时间上的比较，而后者则是空间上的比较。对布诺阿尔的观点，萨莱伊几乎一字不落地全盘接受。萨莱伊认为，作为一种推动历史方法的有效途径，比较法正站在传统方法的对立面上。[①]

被一些人视为“现代日本法之父”的保阿索那特（G. Boissonade，1825—1910）的比较法思想也对萨莱伊产生过影响。首先，保阿索那特认为比较法应有助于国内法持续不断的发展。对此，萨莱伊完全赞同。其次，保阿索那特称，比较法应推动国家间的融合，在商法上则更是如此。[②] 虽然在这方面，萨莱伊的观点与之并不完全相同，但我们还是能够看出某些相似之处。[③]

而萨莱伊的普遍主义思想则来源于拉伯莱的理论。在当时，法国法学家们已是普遍主义的忠实追随者。其中，最有影响的是保阿索那特的导师拉伯莱。当杂志《法国法与外国法历史评论》[④]于 1855 年创刊时，拉伯莱写道：“我们并不沉溺于创建欧洲统一法典的梦想之中，这就如同我们妄想着世人只说同一种语言一样；但我们会觉察到，人们日益密切的交往正日复一日地削减着他们之间的不同。因此，我们相信，立法的共同基础将逐渐地形成，而且我们无法预知这种趋同的范围是怎样的。”[⑤]

此外，作为在注释法学派的培养下成长起来的比较法学家，萨莱伊

---

① Christophe Jamin, “Saleilles' and Lambert's Old Dream Revisited,” *American Journal of Comparative Law* (2002), vol. 50, pp. 712—714.

② 保阿索那特是当时法国政治经济学界的带头人。他主张自由贸易，并认为“一个真正的国际市场”能促进各国人民间的往来。参见 Christophe Jamin, “Saleilles' and Lambert's Old Dream Revisited,” *American Journal of Comparative Law* (2002), vol. 50, pp. 714—715。

③ 萨莱伊认为，如果能够形成“统一的商法”，它只能建立在对社会事实的经验性的观察之上；此外，“世界大同”的现象只会出现在具有同等文明程度的国家之间。

④ 法文名称为：Revue historique de droit français et étranger。

⑤ Christophe Jamin, “Saleilles' and Lambert's Old Dream Revisited,” *American Journal of Comparative Law* (2002), vol. 50, p. 715.

一方面仍然坚持成文法的重要地位，强调法律条文的固定的、不变的要素；另一方面，作为科学法学派的创始人，他从“探寻立法者的意思”这种注释法学派的方法中解脱出来，开始适应时代的变化，用奔放自由的思想来解释民法典的条文，在解释民法典第1382条规定的“过失”时，用“危险”责任来代替即是突出的一例。[①]

综上所述，萨莱伊一方面是一位伟大的革新家，另一方面也是一名对当时各种法学观点尤其是传统的注释法学派理论和新时期要求之间的折衷派。他的特点是跨越的领域相当多，在其论述中时时不断地迸射出闪光的火花。但是，全部完成理论体系，建构一座完整的理论大厦的几乎没有。尽管如此，萨莱伊的思想闪光，给了其同僚和学生以诸多启示，使他们完成了一系列的学术成果。因此，萨莱伊对法国比较法19世纪末、20世纪初之新局面的开创可谓立下了汗马功劳。

纵观法国比较法在19世纪下半叶的发展，马克·安塞尔（Marc Ancel, 1902—1990）[②]认为，真正意义上的法国比较法（comparatisme français）之发展的第一阶段始于1869年，到19世纪末已接近其尾声。虽然法国比较法研究在该阶段的总体特征是纯信息性和实践性的，但在20世纪即将来临之际，它已进入到一个科学探索比较方法的新纪元。

这种学说上的变化在比较立法学会成立20周年的纪念大会上已初露端倪。1889年7月29日，在这一隆重的大会上，时任比较立法学会会长的布诺阿尔教授声称，他有幸成为首任会长拉伯莱的继任者并重申其主张，即“立法不该再受地域的限制，而应是全世界经验作用之

---

① 在1902年发表的《历史学派和自然法》一文中，萨莱伊还主张法律条文、规定的可变性（进化观）和固定不变的“正义”观念的折衷和调和。参见何勤华：《西方法学史》，中国政法大学出版社2003年版，第144页。

② 法国当代著名刑法学家、比较法学家。

结果”。布诺阿尔认为,“立法不应仅仅是一国的事业,而应是一项全人类的事业。”当时在场的比较法学家们希望,这种途径能够促进世界和平以及重建各国间的友好关系;也希望比较法研究的目标不再限于信息的搜集和对立法的阐释。他们似乎已经隐约看到一个普遍的世界法(droit mondial)的到来。①

第二节　1900 年巴黎国际比较法大会

1900 年 7 月 31 日至 8 月 4 日,时值世博会与国际高等教育大会在巴黎举行之际,法国比较立法学会在政府的支持下举办了首届国际比较法大会。当时的一位与会者,英国著名学者波洛克说:“我们今天所理解的比较法是一门最现代的科学。今天活在世上的人亲眼目睹了它的诞生。”②

1900 年,世界刚刚迈进现代史,总的来看,人们还沉浸在美丽时代(Belle Époque)的喜悦之中,而对未来更是充满了无限的遐想。因此,在本次大会上起着主导作用的来自巴黎大学的萨莱伊和里昂大学的朗贝尔分别提出了“文明人类的共同法”(droit commun de l'humanité civilisée)和“立法共同法”(droit commun législatif)的理论。从此,法国比较法进入了第二个发展阶段。③

本节将对此次大会的盛况做简要的介绍。

---

① Marc Ancel, “Cent ans de droit comparé en France(1869—1969),” *Livre du Centenaire de la Société de Législation Comparé* (1969), pp. 8—9.

② 然而,其他学者对比较法学之起点这一问题有着不同的观点,详见[日]大木雅夫:《比较法》,范愉译,法律出版社 1999 年版,第 18—20 页。

③ Marc Ancel, “Cent ans de droit Comparé en France(1869—1969),” *Livre du Centenaire de la Société de Législation Comparé* (1969), p. 10.

一、大会的宗旨与程序

（一）大会的宗旨

来自许多国家的学者、法官和律师参加了这次盛会。比较立法学会还为本次大会制定了章程，其部分规定如下：大会的注册费为10法郎（第4条）；大会议程共分为6个部分，大会关注的焦点是对基本理论与方法的探讨（第8条）；法语为大会的官方用语，与会者所提交的非法文报告和评论将被全部或部分地译为法文以便交流（第11条），等等。

巴黎大学的萨莱伊教授还专门向组委会提交一份报告以解释大会的目的和宗旨。他指出，本次大会将是非常务实的。这主要体现在两方面，即推动法律教育和国家立法的发展：比较的实例将使呆板的注释教学焕发勃勃生机；而当国家的立法者在解决同一问题时，比较法会为其提供不同的途径，从而使他们能够进一步评判并为法国的立法选择最佳方案。

大会的宗旨主要体现为如下四项：

首先，从比较法学的角度来讲，大会将讨论决定哪种方法将最有利于对不同的立法模式进行分析。为达到此目的，比较法要经历三个阶段：观察、比较以及适用。对第一阶段的观察而言，首先要清楚的是，法典离不开解释。而解释则必需得出结论。为了得出结论，此种解释就得超越法典本身。在第二阶段，比较法要关注各国立法间的趋同现象，并考察它们的法律形式及其实际效果。这时，人们可以从中选出一个重要的模式作为范例。在第三阶段，比较法的任务是将这个范例融入到国家的、民族的以及文化的传统之中。然而，这种适用难以形成一种统一的法律。在此，史学便可助比较法一臂之力。不成熟的立法以及做作的法律适用在史学面前将无处藏身。此外，史学还能够确认在何种条件下以及采取什么方法，立法才会渗入到国家法律与该国国民的生活之中。而同样的技术还可以促进学说的发展并检验法律解释的合法性。因此，比较法的三个阶段可以应用在立法、学说以及法律解释当中。它们将有助于，或至少在某种程度上有助于“文明人类共同法”的形成。

大会的第二个宗旨是理论性的，即确定比较法的教学作用。第三个宗旨是实践性的，即比较法如何通过国家立法，以及采用了惯例与学说的法律解释和国际协定来得以运用。最后，对从事法律实践工作的人而言，大会将拓展获得国外法律资源的渠道。[①]

(二) 大会程序

大会基本上可分为两部分，即分别对比较法的理论和实践展开讨论。此外，有关公法、犯罪学以及私法与国际私法问题的研究也被列入大会日程。

大会程序的具体安排如下：

第一，理论部分：

一般理论与方法。主持人：朗贝尔教授，里昂大学；古德麦（Eugene Gaudemet）教授，埃克斯—马赛大学。

议题一，比较法学。

第一部分：基本概念与定义。主讲人是巴黎大学的萨莱伊教授。

第二部分：方法论。主讲人是柏林大学的科勒（Josef Kohler）教授。

第三部分：历史。主讲人是牛津大学的波洛克（Frederick Pollock）教授。

第四部分：应用。

---

① David S. Clark, “Nothing New in 2000? Comparative Law in 1900 and Today,” *Tulane Law Review* (2001), vol. 75, pp. 875—876.

1. 国际私法。主讲人是来自曼海姆的法官卡恩(Kahn Mannheim)。

2. 民法。主讲人是巴黎大学的韦斯(André Weiss)教授。

3. 商法。主讲人是巴黎大学的卡昂(Charles Lyon-Caen)教授。

4. 公法。主讲人是巴黎大学的拉诺德(Ferdinand Larnaude)教授。

5. 犯罪学。主讲人是巴黎大学的普瓦特万(A. Le Poittevin)教授。

6. 民事与刑事程序。主讲人是里昂大学的加霍(R. Garraud)教授。

7. 经济与社会立法。主讲人是那不勒斯大学的里奥(Diodato-Lioy)教授。

议题二,比较法与法律教育。

主讲人是巴黎大学的艾斯曼教授。

议题三,了解与应用同外国法相关的信息:统计、国际交流以及有关外国法的法律选择问题。

主讲人是来自巴黎的克吕奈(Édouard Clunet)律师。

第二,实践部分:

共涉及5个部门法学。

议题一,国际私法。

主讲人是来自巴黎的拉授(Charles Lachau)律师。

议题二,商法。

主讲人是里尔大学的拜塞胡(Percerou)教授。

议题三,民法。

主讲人是蒙彼利埃大学的列维—乌尔曼(Henri Lévy-Ullmann)教授。

议题四,公法。

主讲人是里尔大学的麦斯特(Achille Mestre)教授。

议题五,犯罪学。

主讲人是格勒诺布尔大学的居什(P. Cuche)教授。

从上述大会程序中,我们可以概括出两个特点:首先,本次大会虽然是国际性的,但来自法国本土的学者和专家占了绝大多数。也可以说,法国比较法学界为本次大会做出了重大贡献,并发挥了主导作用。其次,与会者大多是学者。因此,此次大会的学术气息浓厚,这体现出了民法法系的传统。

虽然主讲人大多来自法国,但大会的人员构成在总体上却体现出了国际化(以欧洲为主)的特征。与会者分别来自如下国家:比利时、加拿大、德国、英国、意大利、日本、卢森堡、墨西哥、摩纳哥、俄罗斯、圣马力诺、瑞士、美国和土耳其。此外,西班牙和瑞典的代表也参加了个别的小组讨论。而代表们的身份和职业也不尽相同,主要是立法者、政府官员、律师及学者。他们所递交的 76 份报告以及相关的评论最终于 1905 年和 1907 年分两卷出版。①

二、朗贝尔与萨莱伊的报告

(一) 比较法的理论与方法:朗贝尔的报告

在大会的理论法学部分,来自里昂大学的朗贝尔教授做了总结性发言。他对大会的相关报告加以概括,并强调指出外国法律移植的重要性和必要性(因为多数法学家不懂外语)。而翻译的目的仅仅是为了比较。当然,仅了解外国法还是远远不够的。但从某种程度上讲,翻译外国法却对处理国际私法问题的律师们大有裨益。

---

① David S. Clark, "Nothing New in 2000? Comparative Law in 1900 and Today," *Tulane Law Review* (2001), vol. 75, pp. 876—878.

朗贝尔又对比较法的各种不同的方法加以评述，并引用了德国罗斯托克大学弗朗茨(Franz)教授的观点。弗朗茨认为，统一的比较法的方法是不存在的。当然，有三个基本的方法是相互渗透的，即人种学的、史学的和社会学的方法。

此外，与会的许多评论家都认为，比较法学应采用社会科学的方法(包括比较制度史学和法学的方法)。朗贝尔对此种二分法给予了充分的肯定。他认为，法律主要是社会基础的反映。因此，作为社会科学之一的比较法学应该对不同民族的经济、社会特征及其相应的法律制度加以考察。因此人们将会发现，随着经济与社会的变化，法律会逐步地发展并日趋国际化。

朗贝尔认为，比较法是法律科学的制高点。而比较立法(这是他最喜欢用的一个词)则意味着所适用的全部规范；因此，理论性的学说和判例也包括在内。通过对不同国家的法律制度进行研究，人们能够发现所有法律制度的共同基础——"立法共同法"，即各个法律体系特性之上的更高层次的共性。

在其报告中，朗贝尔还将比较法视为法学的一个分支。他引用法国法官格拉塞利(Raoul de la Grasserie)的观点，认为比较法有三个实践性的目标：首先，它会对法律政策和立法产生影响。其次，通过对学说和司法判决的影响，比较法能够推动国内现有的立法。第三，比较法能够加强各国法律规则之间的联系(在具有同等文明程度的国家间，通过民商法的统一而得以实现)。

但是，其他与会者则对第三个目标的实现持谨慎的态度。他们认为应当逐步地消除上述国家法律制度的非主要性差别，并且最好不要触及那些在国家的政治、社会以及道德建设方面起主要作用的规范。来自第戎大学的德斯朗德尔(Maurice Deslandres)教授在其报告中指出，在人法与继承法领域中无法实现法律的统一。而来自波恩大学的吉特曼(Ernest Zitelmann)教授则持反对意见。他认为,就私法而言,几乎不存在无法统一之处。朗贝尔对后一观点表示赞同,但其前提条件是这些法律制度必须建立在程度相似的文明之上。此外,大多数学者都认为:法的统一仅限于私法领域;公法的统一是无法实现的。

最后,朗贝尔也试图通过比较法来改革当时的法律教育。许多报告都指出,在欧洲的法律课程安排中,比较法的课程没能受到足够的重视。朗贝尔主张通过改革来加大比较法学、政治经济学(以及与之相关的统计学)和法史学的教学力度。而比较法的教学则可以从经济学中得到借鉴,以加强各国法律间的趋同性。[①]

(二)演进中的法律协调:萨莱伊的报告

来自巴黎大学的萨莱伊教授认为,比较法学从概念上可被分为两个学科。首先,比较法是各部门法的一门辅助性学科。比较法学家应当以国家立法为起点,从外国法中吸收先进成分以促进本土立法的发展。其次,比较法自身的发展或是依赖于法律学说(以法律教育和法律出版物为依托),或是依靠对已公布之判例的司法解释。

萨莱伊还就是否存在一门独立的比较法学这一问题发表了看法。他认为,比较法有自己独立的目的、原则和方法。萨莱伊称,世界上的法律演进呈现出趋同的特点。而史学和社会学为深入了解比较法的方法提供了便利条件。比较法律史学对法律发展中的社会生活和文化加以考察;社会学则关注社会生活的结构以及不同社会间的相互关系。

从总体上讲,法律具有渐进的、自发的特征。大会讨论的结果也表明,比较法能够作为一门独立的学科而存在。它不关注法律的应然状

---

① David S. Clark, "Nothing New in 2000? Comparative Law in 1900 and Today," *Tulane Law Review* (2001), vol. 75, pp. 879—884.

态，而是以促成不同国家法律的统一为己任。该学科的目的是要从众多特别的法律制度中得到一个共同的基础。而该共同基础的本质则正是萨莱伊与朗贝尔间的分歧之所在。

萨莱伊主张一个能够取代自然法的人类文明的共同基础。与之相反，朗贝尔认为，比较立法只有在那些达到相似文明程度的国家才能建立起一个共同基础。萨莱伊想要对所有的法律体系加以考察，而无论何时何地。通过上述考察，他要找到可以解释法律制度之产生、进化和消灭的普遍的法律。而朗贝尔则否定普遍的、永恒的法律之存在。对此，萨莱伊的应对是，这些特征只体现在共同基础之中而与特殊的法律制度无关。

萨莱伊认为，作为一门独立学科，比较法对立法的研究可分为三个阶段。首先，它将从经济和社会的角度对已选择出的外国法律进行批判性的研究。其次，比较法将揭示出在各国法律演化中产生的密切联系之处。最后，比较法将为某一特定的制度设计出一个或多个理想模式，用以指导在具有极其类似之社会条件的不同国家之法律政策(politique juridique)的方向。而这种演进的过程将促进文明人类的共同法的形成。它也将在学理方面逐步地于诸多不同的法律制度之上构造出一统一的法律。“在当前这个人类文明大发展的时代，人们为什么还要将作为社会特征而存在的人类共同法之理念视为妄想或是‘丑闻’[①]呢？”

三、法律多元、法律移植与法律统一

(一)法律多元主义的顽强抵抗

巴黎大学的韦斯教授强烈反对萨莱伊的主张。他引用孟德斯鸠的

① 此处的“丑闻”是人们对萨莱伊试图脱离实证主义进而复兴自然法的指责。参见 David S. Clark, “Nothing New in 2000? Comparative Law in 1900 and Today,” *Tulane Law Review* (2001), vol. 75, pp. 884-885。

话来驳斥萨莱伊的观点。[①] 韦斯认为，法律的统一是不合理的，也是人们所不愿看到的。对所有的人实施单一法律的观点是一种妄想，一种可怕的妄想！法律并非抽象的公式；相反，它是一些具体的规则，被适用于各种不同的条件与环境之下。

法兰西学院的塔赫德(G. Tarde)教授强调了实际观察的方法在比较法中的重要地位。他认为，单一的演进过程、统一的语言以及自然法都是不存在的。实际上，众多的演进过程、语言以及法律运行在各自不同的轨道上。而比较法与法律社会学的任务之一就是要描绘出这些不同的轨迹，其恰当的方法来自于实际观察。塔赫德称，人们应当对"活法"(droit vivant)加以研究并重视相关的立法、司法以及学理上的争论。比较法在某种程度上应当致力于对法律体系以及对法族(legal families)[②]的划分。

巴黎大学的艾斯曼教授也认为比较法应该以科学的观察作为基本方法，并应将此方法运用到大学的法律教育之中。此外，他试着将塔赫德的法族划分理想付诸实践。艾斯曼认为，人们应该将各国家的立法与习惯分类，将它们划分为不同的法族。通过研究规则的历史构成及其一般结构，人们便能科学地教授比较法。利用这些技术，各国法律可被划分为 5 个法族，即拉丁法(包括各拉丁美洲国家的法律)、日耳曼法(包括斯堪的纳维亚法)、盎格鲁—美利坚法(包括各英国殖民地法)、斯拉夫法以及伊斯兰法。

此外，艾斯曼还将比较法的教学分为以立法为中心的教学和以经验为中心的科学这两种模式。对前者而言，人们可以对诸多范例加以考察，并在某一特殊的领域里将其与国家立法进行比较。然而，人们最

---

① 孟德斯鸠在其名著《论法的精神》中探讨了各国法律不同之原因，并认为这些差异与地理、气候以及人们的生活方式等因素有关。

② Legal Families 也译为法系。

好能将比较法的教授视为一门科学，并从法律史学中得到借鉴，进而对法律制度的原则和本质进行考察。对后者来说，正如法律史学那样，其方法应以观察为基础，而不应纠缠于立法之教条。因此，艾斯曼提醒人们不该总以本国法为中心而视别国法为次要的部分。①

（二）法律移植与法律统一

在此次大会上，各种形式的法律移植也是一热门话题。

巴黎大学的卡昂教授强调，比较法的研究有助于推动不同法律制度间的融合。在那些来自道德的、社会组织的以及宗教的影响微乎其微的法律领域，比较法就会起到更大的作用：比如商法，其全部来自商业的需要。因此，即使在风格迥异的文化里（如土耳其、埃及和日本），其商法也是大同小异。各国在商法领域中的趋同将逐渐促成其法律的统一，而其最大的受益者将是各国的商人们。

第戎大学的德斯朗德尔教授认为，在政治制度领域里，法律移植的现象也是较为普遍的。这更多地体现在从发达国家那里移植法律。但他也承认，其成效甚微。比较法的方法，尤其是法律协调的观点不大适合公法领域。而比较法在这方面所能做的就是对外国法加以考察以便于更好地了解本国的政治制度。对私法而言，法律移植的效果也依其领域的不同而有所差别。比如说，当人们离开经济领域而涉足家庭法时，有意义的移植是不会出现的。

德斯朗德尔指出，由于国家、气候、社会条件以及传统不尽相同，个人情感或本性的差别也会很大。这些因素共同构成的民族特性将制约立法国际化的进程。如果人们抵制家庭法的移植，那么政治制度方面的移植则更是举步维艰。因此，他认为“政治制度只能是本土化的，它

---

① David S. Clark, “Nothing New in 2000? Comparative Law in 1900 and Today,” *Tulane Law Review* (2001), vol. 75, pp. 885—886.

们无法被成功地移植，而相关的任何努力都将是徒劳的”。

法律移植的前提条件必须是对外国法的深入理解。因此，许多代表们重申，比较法应当超越立法层面而得到进一步的发展。正如德斯朗德尔所说，对私法而言（公法也同样如此），比较立法最致命的也是最容易犯的错误是：以为仅仅了解了一国的制定法就通晓了该国法的全部。而成文法与司法解释的实际应用才是真实的、生动的法律。

此外，巴黎大学的普瓦特万教授则认为，犯罪学与比较法之间有些许相似之处。“犯罪学通过观察来获取科学知识。它主要对犯罪原因及相关因素加以研究。”比较法起步于对外国刑事立法的研究，但不应仅停留在翻译的工作上。比较法必须关注外国法律的适用，以便更好地对国内法的适用加以研究。下一步，如果人们能够对外国法之所在国的哲学、历史以及社会状况有所了解，那么就有可能成功地对外国的先进刑事制度加以借鉴。国家间日益密切的联系已为跨国犯罪打开便利之门，因此，刑法领域的部分统一也是必要的。①

在大会的闭幕式上，一些学者还就民法的统一问题发表了看法。他们认为一个统一的民法是乌托邦式的，是根本无法实现的。而即使在今天，许多学者对“文明人类的共同法”也持有同样的态度。当时的会议记录对此是这样评价的：“统一的与阻碍的力量同时存在。生活是多样化的，而法律的生命就在于竞争。”

其他学者认为，通过对法律制度的差异进行研究，比较法能够简化竞争性的和渐进式的法律适用。因此，人们可以将不同的国家视为“为他国提供经验的实验室”。各个国家的立法、学说与判例应该形成一个整体而作为法学的研究对象。最后，人们应当以十分谨慎的态度来对

---

① David S. Clark, “Nothing New in 2000? Comparative Law in 1900 and Today,” *Tulane Law Review* (2001), vol. 75, pp. 887－888.

待法律统一的趋势。此外,人们也应当清楚地认识到,大部分的商法和民事合同法才是易于实现统一的领域。①

在经过了几天深入的讨论后,首届国际比较法大会在巴黎终于成功地落下帷幕。人们称此次大会为比较法学自19世纪中期兴起后的高潮。而英国的格特里奇甚至认为它标志着比较法在真正意义上的诞生。

巴黎国际比较法大会的确反映出了这个时代比较法的跨度和特征:就是说,这个会议,基于乐观和进步的信仰,努力追求世界统一。但是同时,在只对可以比较的或者彼此相类似的法制进行比较的前提下,使比较的范围限制于制定法以及欧洲大陆诸法律体系。

对这种局限性,安塞尔很中肯地说过,"在这个方法论的阶段中,比较(法)的主要目的和愿望是创建一门合理的法律科学,让人们有可能在欧洲大陆的范围内提出适合于19世纪社会的规范性的规则。"②

第三节　法国比较法学发展的"黄金时代"——朗贝尔的贡献

以1900年巴黎国际比较法大会为起点,从1900年至1930年或1935年是法国比较法发展的第二阶段。该阶段被人们称为法国比较法的黄金时代(l' âge d'or du comparatisme français)。③

---

① David S. Clark, "Nothing New in 2000? Comparative Law in 1900 and Today," *Tulane Law Review* (2001), vol. 75, p. 885.

② 参见[德]K. 茨威格特、H. 克茨:《比较法总论》,潘汉典等译,法律出版社2003年版,第87—88页。

③ Marc Ancel, "Cent ans de droit comparé en France(1869—1969)," *Livre du Centenaire de la Société de Législation Comparé* (1969), pp. 9—10.

一、比较法学发展的概况

1903年,曾在巴黎国际比较法大会上初露锋芒的朗贝尔出版了《比较民法的作用》(La fonction du droit civil comparé)一书。该书对比较法的本质与作用等重要问题都进行了大胆的论证。《比较民法的作用》的问世引起了法学界(尤其是国外法学界)的巨大争论,从此也拉开了法国比较法学家们对比较法的本质、作用与技术探讨的序幕。

第一次世界大战后,《凡尔赛条约》的签订与国际联盟的建立使得比较法学家们又重新关注起各国法律制度的共同点。就法国而言,此前,萨莱伊与朗贝尔曾提出过各自的"共同法"理论。而一战后的状况所显示的和平力量似乎对比较法的发展十分有利。

此时的朗贝尔感到有建立包括中国和日本在内的"国际共同法"(droit commun international)的可能性;而列维—乌尔曼[①]甚至说他梦想到了"20世纪的世界法"(droit mondial du XX siècle)。[②] 虽然他们在阐述共同法的角度以及方式上各不相同,但却拥有同样的追求,即促进法律的完善及增进人们彼此间的相互了解。

与此同时,法国的比较法研究出现了前所未有的繁荣局面。在里昂,朗贝尔于1920年主持建立了比较法研究所。在该研究所的倡导下,比较法的课程、讲座与会议等活动大量地开展起来。在此期间,各个国际上的比较法研究机构也纷纷建立。安塞尔认为,此前的比较法研究从来没有像当时那样红火过。

由于里昂比较法研究所(L'institut de droit comparé)等研究机构

---

① 在这个阶段,乌尔曼曾与萨莱伊共同主持比较民法讲座(1912年设立于巴黎大学);1932年,他又创立并领导了巴黎大学比较法研究所(Institute de droit comparé)。参见[德]K.茨威格特、H.克茨:《比较法总论》,潘汉典等译,法律出版社2003年版,第86、89页。

② 参见[日]大木雅夫:《比较法》,范愉译,法律出版社1999年版,第56页。

对美国法日益深入的研究，从1925年起，法国的比较法学家们在理论和实践上都认识到了普通法的重要性。在此后的20年里，比较法研究的重心逐渐转移到了对大陆法系和英美法系的比较之上。[①]

于是，普通法作为诸法律秩序中的一种，在人们的理念中得到了其应有的位置。这也就终局性地打破了1900年巴黎国际比较法大会的罗马—欧陆法的框架，从而也证明了在完全不同的制度间的比较是可能的，而且是有益的。[②]

而在当时的所有研究成果中，最值得一提的莫过于人们从以往对“外国立法”(législation étrangère)的关注逐渐转移到“法系”(système juridique)的理念上来。因此，以法律—社会(juridico-sociale)之实际状况为基础的“法系”观给比较法学家们提供了一个全新的视野。

然而，随着曾经被排除于法律之外的英国普通法纳入比较法学家的视野，集权主义国家已初显征兆。现状很快向人们传递了这样一个信息：追求法律的完全统一显然是很危险的。因此对于法律统一运动而言，虽然此前取得了一定的进展，但在二战前，人们对“共同法”的热情已开始冷却。

在法国，朗贝尔的理论也逐渐过渡到以法律制度之社会功能为基础，他称之为“实践者自发的统一”(l'unification spontanée des praticiens)。而列维—乌尔曼也更专注于以现代手法，科学、严谨地描述英国法历史演进的过程。至此，在二战阴云的笼罩下，共同法与比较法的理论建设似乎都已走到了尽头。[③]

---

① Marc Ancel，“Cent ans de droit comparé en France(1869—1969)，” *Livre du Centenaire de la Société de Législation Comparé* (1969)，p. 10.

② 参见[德]K. 茨威格特、H. 克茨：《比较法总论》，潘汉典等译，法律出版社2003年版，第92页。

③ Marc Ancel，“Cent ans de droit comparé en France(1869—1969)，” *Livre du Centenaire de la Société de Législation Comparé* (1969)，p. 11.

1937 年，国际比较法学会（L'Académie internationale de droit comparé）[①]在海牙召开了二战前的最后一次大会。然而，此次会议的气氛与 1932 年的那次截然不同，因为纳粹德国代表团的干预使得各国代表无法进行有效的合作。

而在同年的法国巴黎，亨利—卡皮当协会（l'Association Henri-Capitant）、立法研究学会（Société d'études législatives）和比较立法学会再一次借世博会之机联合举办了国际法律周（Semaine internationale de droit）的活动。

与上述海牙国际比较法大会相比，此次法律周的气氛更显轻松和务实；但萨莱伊与朗贝尔曾在世纪之交所阐发的那些豪言壮语如今却难觅踪影；取而代之的是更加谨慎、细致的工作。[②] 此后，二战的全面爆发宣告了法国比较法之"黄金时代"的终结。

二、朗贝尔及其比较法理论

在法国比较法发展的"黄金时期"，朗贝尔起到了举足轻重的作用。1912 年，随着萨莱伊的仙逝，正值其学术高峰期的朗贝尔接替了前者，成为法国比较法的领军人物。而朗贝尔的学术活动及思想的发展、演变也是那个时代比较法研究动向的一个缩影。

（一）罗马法与比较法

朗贝尔，1866 年出生于法国的拉瓦尔（Laval）。在外省学习过一段时间后，朗贝尔来到巴黎大学法学院继续研习法律并于 1893 年获得

---

① 另一译为"国际比较法科学院"，它创建于 1924 年。其功绩首先是定期召开国际比较法大会。参见［德］K. 茨威格特、H. 克茨：《比较法总论》，潘汉典等译，法律出版社 2003 年版，第 89 页。

② Marc Ancel, "Cent ans de droit comparé en France(1869—1969)," *Livre du Centenaire de la Société de Législation Comparé* (1969), p. 11.

博士学位。其博士论文的主题是契约中对第三人条款的规定,颇具创意。1896年,朗贝尔在教师资格考试中拔得头筹并被授予里昂法学院的教师学衔。[①] 1900年,朗贝尔被聘为法律通史教授。1921年,他又被聘为比较法学教授并一直从事比较法的教学与研究工作。[②]

然而,当萨莱伊让朗贝尔在1900年国际比较法大会上做总结性报告时,后者还拿不出什么能够证明自己学术成绩的作品。因此,朗贝尔在此次大会上的精彩报告就成了其学术生涯中的里程碑,他也从此融入了国际学术界。[③]

但朗贝尔并非一开始就直接从事比较法的研究。年轻的朗贝尔在经过慎重的权衡后,选择了教授罗马法。而这也为他将来成为一位出色的比较法学家奠定了基础。在其执教生涯的第一年,朗贝尔就反对德国蒙森(Mommsen)[④]学派的纯哲理化的方法。对处于其各自发展阶段的各种罗马法律制度而言,朗贝尔想要揭示出它们如何通过与罗

---

① 朗贝尔在里昂度过了其全部的学术生涯,仅1906年至1907年曾在埃及开罗的总督大学法学院出任院长。参见 Christophe Jamin, "Saleilles' and Lambert's Old Dream Revisited," *The American Journal of Comparative Law* (2002), vol. 50, p. 701。

② René David, *Le droit comparé Droits D'Hier Droits de Demain*, Econamica (1982), p. 10.

③ 而人们还不太清楚作为大会组织者的萨莱伊当时为何选中朗贝尔做如此重要的总结报告。萨莱伊也许是看中了朗贝尔过去那优异的成绩,也许是他更欣赏后者在学术组织方面的才能。不管怎样,朗贝尔在大会上表达了其方法论的思想,这也与萨莱伊的观点碰巧一样。此外,在朗贝尔于1903年出版的《比较民法的作用》一书中写道,"此书献给我'敬爱的导师',杜瓦尔(Émile Jobbé Duval)和萨莱伊(Raymond Saleilles)"。参见 Christophe Jamin, "Saleilles' and Lambert's Old Dream Revisited," *American Journal of Comparative Law* (2002), vol. 50, p. 702。

④ Mommsen Theodor (1817—1903),德国作家。他的学术名著和文学杰作《罗马史》使他在德国学者中深孚众望,并驰誉全球。他在学术上最伟大的成就是《罗马国家法》,该书出版于1871—1888年间,对学术界来说,其意义甚至超过《罗马史》。他最后一部巨著是1899年出版的《罗马刑法》。参见《简明不列颠百科全书》,第5卷,中国大百科全书出版社1986年版,第824页。

马具有同等文明程度的其他社会之法律制度相比较进而加深对其自身的理解。

朗贝尔认为，罗马法同比较法有着共同的目标：通过对法律的和社会的关系进行观察，而得到一个历史原理。比较法既能够揭示出罗马法在其不同继受国中之现状如何，也能表明这些国家所具有的罗马化观念是非常接近的。因此，历史学家成为比较法学家是很自然的事情，而比较法学家也应将历史的方法运用到其研究中去。①

从某种程度上讲，当今的比较法是罗马法的后继者。由于罗马法学家们希望将罗马法与现代生活联系起来，他们便不由自主地在进行着比较。朗贝尔在其学术生涯的开端就洞察到了这一点，于是便将其一生都献给了比较法研究。仅就此而言，朗贝尔比耶林要幸运得多。②

在 1900 年国际比较法大会之学术交流的启发下，朗贝尔凭借着自己多年对相关知识之积累，决定撰写一部与比较民法之功能相关的著作。当时人们普遍认为（包括朗贝尔本人与其导师萨莱伊在内）：比较法应该用于发现各国法律间的趋同现象，用于明确各文明国家的共同立法起源，用于促进这种共同资源的增长，以及用于产生和发展人类的法律意识。然而，人们很难能发掘出立法共同法之本质并具体地把握其内容。

出于对比较法研究的热情，朗贝尔毫不犹豫地担起了比较法理论建设的重任并开始了其艰辛的劳作。1903 年，他的题为《立法共同法研究——比较民法的作用》③的专著问世了。该书共达 927 页，但这仅

---

① René David, *Le Droit Comparé Droits D'Hier Droits de Demain*, Econamica (1982), p. 11.

② 耶林在其临终时说，如果有来世，他将投身于比较法学。参见 René David, *Le Droit Comparé Droits D'Hier Droits de Demain*, Econamica (1982), p. 11。

③ 法文名称为：Études de droit commun législative. La fonction du droit civil comparé。

是朗贝尔计划中之总论的一部分。①

(二)对传统与现实理论的批判和"立法共同法"

同其导师萨莱伊一样,朗贝尔也对传统的学术论著进行了深刻的批判。朗贝尔称:"传统方法仅有的一个错误,同时也是非常致命的一个错误是认为立法会长期有效,进而盲目地相信法典中已僵化的思想。"他认为"正是诞生于19世纪初的那部神奇、简洁的《拿破仑法典》使法国的法律职业者无法将民法适用到变化了的社会生活中"。②

1900年,朗贝尔发表了一篇关于民法改革的奠基性论文——《革新民法研究的必要性》(une réforme nécessaire des études de droit civil)。该文对惹尼于一年前发表的关于解释方法和私法制定法渊源的大作加以充分的评论。

朗贝尔几乎完全同意惹尼对传统方法的批判。他认为该书的批判是彻底的,并取得了巨大的影响。③ 但朗贝尔对其"理论重建部分"却颇为质疑并加以批判。比如,惹尼书中的按法典原意进行解释的理论体系。对此,朗贝尔更倾向于萨莱伊的观点,即历史的、进化的解释方法。此外,惹尼还注重对判例的分析,并认为判例在对法律的详尽阐述中起到了决定性的作用。而朗贝尔对此却持不同的见解。

但朗贝尔对惹尼批判最多的是后者"科学的自由探究"理论。惹尼认为,该理论可以取代传统的方法。朗贝尔却难以接受这一观点,他认为:对"实在事物的本质"(nature des choses positives)的认识无法达到

① René David, *Le Droit Comparé Droits D'Hier Droits de Demain*, Economica (1982), p. 12.

② Christophe Jamin, "Saleilles' and Lambert's Old Dream Revisited," *American Journal of Comparative Law* (2002), vol. 50, p. 704.

③ 朗贝尔称该书为"毁灭性的作品"(œuvre de destruction),参见 Christophe Jamin, "Saleilles' and Lambert's Old Dream Revisited," *American Journal of Comparative Law* (2002), vol. 50, p. 706。

足够客观的程度。而萿尼的方法恰恰是要揭示事物之本质。朗贝尔并不否认实在事物的本质之存在，他只是认为客观本质是难以把握的。而“必然联系”是对人们的宗教和政治信仰的反映，因此它呈现出多样化的状态。朗贝尔也不相信从萿尼对新社会科学的研究中会产生任何有价值的东西，他声称，社会学、社会心理学、公法理论甚至是政治经济学都还未发展成熟。因此，就引导人们对社会生活之难题的多种个性化的观点而言，上述学科还无法为其得出具体的结论。

但朗贝尔也承认，不应对萿尼的方法论全盘否定，因为这么做同样是不成熟的。然而，现实中存在着一个更为紧迫的任务，即“加深人们对民法之经验性的认识并重新找到其真正的目标——建立一个适合当代的复杂又充满活力的法律体系”。这就要求法学家们放弃对民法典的研究，而使其关注的焦点转移到不断发展的判例上来。因此，人们就要调和两个先决条件：“一个是对简单、明了的法律解释和稳定的法律关系之期待；另一个则是与经济和社会发展的迫切需求相适应的法律适用。”

那么，何种理论能够引导判例的发展呢？朗贝尔认为，比较民法学（或称立法共同法）将会承担这一历史重任。实际上，朗贝尔坚信：尽管没有一个规则上的统一体，但不同立法之间仍拥有一个“意向的共同体”（une unité de tendances），而该共同体至少还存在于同一法系的各国立法之间。因此，人们就有可能在诸多问题上认识立法共同法。在“意向的共同体”不被察觉的地方，起主要作用的方法论（比如统计学和实地考察）将能够显示出一立法优于其它立法之处；在这种情况下，这个好的立法模式就称得上是“立法共同法之典型处理方式”①。

总之，朗贝尔认为，比较法或是具体而言地对“立法共同法”之探

① 法文名称为：le caractère de disposition de droit commun législatif。

寻能够展现出“科学的自由探究”所无法提供的内容。“立法共同法”所依靠的那些新科学将成为确认客观解释的方法。①

（三）法系论

朗贝尔早在1903年就完成了其大作《立法共同法研究——比较民法的作用》。尽管写作该书的原意是要承担起比较法理论建设之重任，但它并没有被续写下去。这是因为，朗贝尔对比较法之作用的认识发生了转变。而相关的“立法共同法”原理也越发地暴露出其不成熟或过于理论化的弱点。②

虽然萨莱伊曾谨慎地对比较法在法律统一方面的功用加以论述，但朗贝尔却反对这种主张。朗贝尔认为，“从现在起，我们应当对本国立法同与之有密切关系的外国立法之趋同现象予以关注。那些外国法的立法水平及其所在国国民的文明程度都应与本国相似。”③

这听起来有些像萨莱伊所主张的“文明人类的共同法”。但朗贝尔随后却将英国法排除在其理论体系之外。这是因为，英国法是反对法典化的。对此，朗贝尔认为：“英国法的传统及其保守的精神使其显得与众不同。因此，英国法不曾或很少同欧洲大陆国家的法律制度发生联系。”朗贝尔不大喜欢英国法，认为它们处于一种无序的混乱状态。而开罗总督大学法学院事件更加深了他对英国政府的反感。④

---

① Christophe Jamin, “Saleilles' and Lambert's Old Dream Revisited,” *American Journal of Comparative Law* (2002), vol. 50, pp. 707—708.

② René David, *Le Droit Comparé Droits D'Hier Droits de Demain*, Econamica (1982), p. 12.

③ Christophe Jamin, “Saleilles' and Lambert's Old Dream Revisited,” *American Journal of Comparative Law* (2002), vol. 50, p. 716.

④ 1906年，朗贝尔被任命为该院院长。但由于英国政府从中作梗，朗贝尔便与英国人进行了数月的斗争。最后，他无奈于第二年愤然辞去了这一职位。法国于是很快失去了其在埃及的最后一块“阵地”。参见 Christophe Jamin, “Saleilles' and Lambert's Old Dream Revisited,” *American Journal of Comparative Law* (2002), vol. 50, p. 716。

虽然朗贝尔对英国法的批判是尖刻的，但这却使比较法研究朝着新的方向发展。这种划分法系的方法对其后的法国比较法学家产生了重要的影响。[①]

当时，对于比较法学家而言，更为紧迫的实际任务在召唤着他们。朗贝尔对此有所察觉，并积极应对。他指出，比较法学家应当对自己的研究加以限定，应更加重视对实际情况的考察。朗贝尔认为，"人们通过对不同国家的法律制度进行考察便会发现，尽管存在着相似之处，但其立法通常可分为诸多类别。对同一问题，它们会给出不同的答案或是提供相反的观点。"除立法共同法之外，还存在着一种"以类别划分为基础的共同法，它与每一类别的法律都不一样。"[②]因此，朗贝尔开始对其他法系的法律制度加以考察。而他在相关领域的研究也推动了法系理论的发展。

(四) 朗贝尔与伊斯兰法

在研究其它法系的过程中，最先引起朗贝尔极大兴趣的是伊斯兰法。早在其 1903 年的《立法共同法研究——比较民法的作用》一书中，朗贝尔就用了大量的篇幅对该法系加以论述。而后来法国著名比较法学家勒内·达维德认为，朗贝尔当时对伊斯兰法的研究令人感到吃惊。达维德说："这位年轻的教师还从来没去过东方，他也不懂阿拉伯语。但他的作品在其后至少 25 年内被东方学者所推崇，并被奉为典范而加以学习。"

当然，朗贝尔的研究也是建立在前人学术成果之基础上的。但通

---

① 这尤其体现在达维德与斯宾诺西(C. Jauffret Spinosi)的《当代世界主要法系》(1992 年第 10 版)一书第 5 页的观点中。他们对比较法的纯国家功能加以认可，但认为其主要任务是对"法族"的划分。参见 Christophe Jamin, "Saleilles' and Lambert's Old Dream Revisited," *American Journal of Comparative Law* (2002), n. 78, vol. 50, p. 716。

② Christophe Jamin, "Saleilles' and Lambert's Old Dream Revisited," *American Journal of Comparative Law* (2002), vol. 50, p. 716.

过研究伊斯兰法中具有实践价值的习惯和判例，朗贝尔对该法系有了比前人更加深刻的认识。在该书中，朗贝尔将伊斯兰立法与具有罗马法传统的西欧诸国法相比较，进而突出了伊斯兰法自身的鲜明特点。达维德对朗贝尔相关研究的评价是："朗贝尔的作品至今(1947 年)仍极具价值，其形式最为鲜明，其观察也最为敏锐。"①

1906 年至 1907 年，朗贝尔曾任埃及开罗总督大学法学院的院长，这也为其进一步研究伊斯兰法创造了条件。② 在那里，他遇到了一个特殊的法律制度——埃及混合法院制，并对之进行了深入的研究。该法院建立在国际条约的基础之上。此条约的缔约国为埃及与其他 17 个国家。而各国在法官数量的分配上是相同的。混合法院审判所依据的法典是依法国法典模式火速草拟而成的。因此，这部法典是极不完善的。

根据国际章程的规定，这些法典都包含一个预备条款。也就是说，在法无明文规定时，法官可依衡平法和自然法进行审判。朗贝尔非常好奇地对该规定的适用情况和大部分判例加以研究。通过运用当地法律中最新、最鲜活的资料，他对埃及法中所蕴含的国际精神进行分析。而这种做法实际上是比较法的运用，即通过比较法来构筑一国的实在法。

在朗贝尔给埃及学生讲授法律时，他向学生们展示了博大精深的法国法学理论，而不是仅仅对先例进行分析。学生们也第一次在自己的国土上感受到法国法的魅力。尽管 1907 年 7 月朗贝尔与英国政府间的矛盾迫使其离开埃及，但他在开罗的教学活动无疑取得了巨大的

---

① René David, *Le Droit Comparé Droits D'Hier Droits de Demain*, Econamica (1982), p. 13.

② 关于朗贝尔于开罗任职的情况，参见 Amr Shalakany, "Sanhuri and the Historical Origins of Comparative Law in the Arab World(or How Sometimes Losing your Asalah can be Good for You)," *Rethinking the Masters of the Comparative Law*, edited by Annelise Riles, Northwestern University School of Law Hart Publishing (2001), pp. 165—170。

成功。50多个埃及学生放弃继续在总督学院的学业而跟随朗贝尔来到法国,并注册于里昂法学院。从那以后一直到1914年,慕名而来的埃及学生逐年增多。

1908年,在里昂法学院的支持下,朗贝尔为其学生开设了"东方法律与社会研究讲座"[①]。该讲座便是"里昂比较法研究所"的前身。虽然创立于一战前夜并一直为战争的阴云所笼罩,该机构在朗贝尔的组织下还是取得了许多骄人的成绩。当时,朗贝尔的那些来自近东地区的朋友和弟子云集里昂,其中包括众多的埃及、黎巴嫩和叙利亚的教师、法官以及政界人士。而最引人注目的是撒胡理(Abdel-Razzak Al-Sanhuri, 1895—1971),他曾是埃及民法典的起草者。[②]

朗贝尔研究伊斯兰法的目的还在于,保持法国与近东诸国的传统联系,增进各国间的平等交往和相互尊重。除埃及外,里昂法学院还给予贝鲁特(Beyrouth,黎巴嫩首都)法学院以长期的支持并与大马士革(Damas,叙利亚首都)法学院建立了平等的往来关系。在这些往来中,朗贝尔从未向对方提出任何先决条件,也没有掺杂丝毫民族优越感;他对该事业的追求是出于对自由的向往以及对近东人民的无私情谊,是完全发自内心的。[③]

---

① 法文名称为:Seminaire oriental d'études juridiques et sociales。

② 撒胡理被认为是阿拉伯世界最早的比较法学者。1921年至1926年,撒胡理于法国在朗贝尔的指导下攻读博士学位。1936年,回到埃及后的他继任乃师曾任的开罗总督大学法学院院长一职,并在开罗仿照里昂创建了比较法研究所,而且还邀请朗贝尔于翌年访问阔别了30年的开罗。同年,朗贝尔和撒胡理被埃及政府授权组建仅有两名成员的立法委员会起草民法典。他们完成的法典草案不仅为埃及私法的统一奠定了基础,同时以此为基础于1949年颁布的民法典还作为立法典型而在阿拉伯世界广为效仿。参见 Amr Shalakany, "Sanhuri and the historical origins of comparative law in the Arab world," *Rethinking the Masters of the Comparative Law*, edited by Annelise Riles, Northwestern University School of Law Hart Publishing (2001), pp. 152—188。

③ René David, *Le droit comparé Droits D'Hier Droits de Demain*, Econamica (1982), pp. 13—14.

(五)朗贝尔对美国法的研究

在美国的协助下,里昂比较法研究所于1920年建成。该研究所是法国所有同类比较法研究机构中最早被建立起来的。[①] 作为里昂比较法研究所的创始人,朗贝尔是法国最早对比较法研究所的功用问题加以探讨的权威人士。在该机构的成立大会上,朗贝尔做了一个题为《比较法研究所:纲领和教学方法》[②]的报告。该报告发表于1921年,它为比较法研究所的创始人提供了严谨的纲领。在这之后,许多拉美国家的大学也纷纷表示要建立起他们自己的比较法研究机构并希望得到里昂比较法研究所的支持。[③]

从那以后,朗贝尔便将自己在比较法研究所工作的大部分精力都投入到对美国法的研究中。在美国的财力支持下,里昂比较法研究所建成了在法国独具特色的图书馆。这个图书馆吸引了许多年轻人,其中也包括那些有志于研究美国法的朗氏弟子。在美国法研究的基础上,朗贝尔于1921年完成并出版了其关于美国法的力作——《法官的统治》(*le gouvernement des judges*)。在世界法学史上,该书的出版具有划时代的意义。[④]

由于美国法与英国法相似,都体现出了更多技术上的特点,因此许多人认为只有法律实践工作者才会对美国法感兴趣。而朗贝尔在该书

---

① 而它在世界上也是继由拉贝尔于1916年在德国慕尼黑所创立的世界第一个比较法研究所之后的第二个同类机构。参见 René David, *Le droit comparé Droits D'Hier Droits de Demain*, Econamica (1982), p. 15;但安塞尔却认为,里昂比较法研究所是世界同类机构中最早被建立起来的一个。参见 Marc Ancel, "Cent ans de droit comparé en France(1869—1969),"*Livre du Centenaire de la Société de Législation Comparé* (1969), p. 10。

② 法文名称为:L'Institute de droit comparé, son programme et ses méthodes d'enseignement。

③ René David, *Le Droit Comparé Droits D'Hier Droits de Demain*, Econamica (1982), p. 14.

④ Ibid. ,p. 14.

中证明了这并非是美国法的全貌。此外，他还对美国的违宪审查制度进行了全面的介绍和评价。在美国法的教学方面，朗贝尔提出了一个非常重要的问题：是向学生讲授美国法中传统的、专业化很强的技术性知识还是指导他们对法律所要解决的主要社会问题进行分析？朗贝尔显然更倾向于后者。

朗贝尔的作品在大洋彼岸的美国本土也引起了轰动。在他的指导下，美国哥伦比亚大学对其课程加以改革，并建起了法律研究中心(Law Center)。在那里，往后的法律教学将会在其社会与经济科学的环境下展开。对一个普通法国家而言，这是一场真正意义上的革命。[①]

朗贝尔在美国取得了成功。但他却对社会立法在美国最高法院的适用以及罗斯福总统的新政持怀疑态度。他担心法官们的保守思想(可能是出于他们对某些托拉斯或是金融界、商界的依附)将会阻碍美国社会的发展。

此外，朗贝尔还对最高法院的判例加以研究，并将1938年的"埃里铁路公司诉童普金斯"(*Erie Railroad Co. v. Tompkins*)一案视为一次警报。在该案中，最高法院拒绝适用由大法官斯托里(J. Story，1779—1845)[②]于一百年前做出的判决先例。最高法院声称，联邦普通法是不存在的。美国有联邦宪法和联邦法律，但除此之外不存在联邦法。尤其是在国会没有立法的情况下，只能适用各州的法律，即纽约州法、伊利诺斯州[③]法或是马萨诸塞州法等。

该案的判决给美国法带来了一次革命。朗贝尔密切关注着这一变化并试图加以解释。他认为，这一判决具有负面影响。由于它推翻了

---

① René David, *Le Droit Comparé Droits D'Hier Droits de Demain*, Econamica (1982), p. 16.

② 他1811年起任联邦最高法院法官，1829年兼任哈佛大学法学院教授。

③ 伊利诺伊州，也译作伊利诺斯。

美国的国家判例，从而分裂了“共同法”，并给美国的商事关系带来了不安定的因素。朗贝尔说，此案的审理是打着反对权力滥用的幌子使美国的政策倒退回联邦成立之前的状态。于是，他便着手撰写一部关于斯托里大法官的书。但遗憾的是，朗贝尔于 1947 年溘然长逝，未能完成该书的写作。在其里昂比较法研究所的同事基胡（J. Xirau）的努力下，该书得以于同年出版，名为《法官斯托里——美国比较法学之鼻祖》（*L'ancêtre américan du droit Comparé. La doctrine du juge Story*）。[①]

（六）朗贝尔与苏联法研究

虽然朗贝尔对美国法的研究颇感兴趣，但他也比较重视苏联法。1925 年至 1935 年，在朗贝尔牵头下，巴图伊（Patouillet）与迪福（Dufour）翻译了一系列苏联法典，包括民法典、劳动法典、土地法典、森林法典、矿业法典以及刑法典。从朗贝尔给这套法典所写的序言中可以看出，他对这项新事业投入了极大的热情。虽然翻译苏联法典并不能在实践意义上了解其法律体系复杂的全貌，但这却是对其进行深入研究的必备条件。而正是朗贝尔等人的努力才使这一条件得以成就。如果没有里昂比较法研究所的大力支持，人们也就无法在二战前对苏联法以及这个大国有多大的了解。

不过，首先要注意的是，法国法学家们自以为是从客观的角度出发来研究苏联法，但事实并非如此。他们身处资本主义社会的政治、经济环境中，便难免不戴上一副有色眼镜。而朗贝尔的功绩在于，他开始关注苏联法，并像以往研究其它法系一样地专注。他这么做不是为了对苏联法进行批判，而是为了在该体系中找到增进人类社会正义的新方法。相反，那些资产阶级法学家认为，苏联的经验无法提供任何有价值

① René David, *Le droit Comparé Droits D'Hier Droits de Demain*, Econamica (1982), p. 16.

的东西。朗贝尔对此表示强烈反对,并不怕因此而遭受他人的批评。①

(七)晚霞余晖

从1920年起,朗贝尔开始进入到了其学术生涯中的又一个阶段。在没有放弃其年轻时的普遍主义和理想主义的前提下,朗贝尔主要致力于将比较法用于解决现实生活中的具体问题。这也是他为比较法研究所确定的任务之一。

于是,朗贝尔便着手对那些将来可能会在对外贸易中提供司法帮助的法官进行培训,以使他们能够胜任自己的角色。此外,为了改善工人阶级的生活条件,劳动法便成了朗贝尔研究的重心,也是其最为关注的领域。出于这个原因,他与国际劳动局合作;出于这个原因,他批判美国最高法院的判例;出于这个原因,他组织翻译苏俄法典;还是出于这个原因,他关注"国家社会主义"的发展。

朗贝尔认为,在当代各国,劳动组织与同行业组织及其相互间的商业关系是同时存在、密不可分的。因此,需要有一种能够反映当代商业实践的理论。而那种只给学生们提供法国商法典之空洞理论的做法,已显得不合时宜。朗贝尔要求人们学习那些"鲜活的法律"(droit vivant)、商事惯例、保险公司或运输公司的合同文本以及国际商事的仲裁实践。

此外,朗贝尔从未放弃其年轻时的"立法共同法"理论,他也希望该理论能早日变成现实。但由于后来出现了更加紧迫的问题,统一不同立法之"立法共同法"的任务就逐渐变得不那么重要了。因此,朗贝尔既没有参加"法意债与契约法典草案"的起草计划,也不再参加任何以统一法律为主题的国际大会。作为补偿,朗贝尔加入了1924年成立于

---

① René David, *Le Droit Comparé Droits D'Hier Droits de Demain*, Econamica (1982), p. 17.

日内瓦的国际比较法学会。他组织了该机构于1932年与1936年在海牙召开的国际大会。从中我们可以看出朗贝尔对比较法的构想与期望。

在朗贝尔心目中,比较法最主要的目的是增进人们的互谅互爱。为此,比较法研究以及相关国外机构的设置是非常必要的。朗贝尔希望各国法学家能加强交流与合作。他也同样希望一所国际性法学院的建立。在那里,来自世界各国的学生通过共同学习而加深相互间的了解并提升彼此的精神境界。①

由于年迈体弱等原因,朗贝尔不得不于1937年停止其在里昂法学院的教学活动。但在这之后的整个时期直至其病重时止,他实际上都是里昂比较法研究所的带头人。1938年由里昂法学院院长加霍先生牵头,出版了三卷本的巨著《比较法研究总论》(Introduction à l'étude du droit comparé)以纪念朗贝尔为法国乃至世界比较法学界所做出的巨大贡献。该书由世界上177位法学家参与编写(法国43位,其余的撰稿人分别来自19个国家),这足以显示出朗贝尔在世界比较法学界的巨大声誉。②

1947年,朗贝尔逝世。达维德对他做这样的评价:“他是一位伟大的比较法学家。他拥有对未来国际共同体以及人类博爱精神之信仰,也拥有对可增进人们相互理解并能推动法学发展的比较法之信仰……他将自己的一切都献给了比较法研究。他笃信人类自由、平等、博爱的伟大原则……他是法国人的骄傲。”③

---

① René David, *Le Droit Comparé Droits D'Hier Droits de Demain*, Economica (1982), pp. 18—19.

② Ibid., p. 17.

③ Ibid., p. 20.

第四节　达维德及其他学者的比较法理论

一、第二次世界大战后法国比较法学的发展概况(1945 年至 1969 年)

二战结束后,法国的法学家们立即对比较法研究又重新产生了兴趣。同时,人们也感到了一个新阶段的来临。在 1945 年后的那段岁月里,总体上的比较法学,尤其是法国的比较法学正经历着一场危机:人们对业已取得的成果以及比较法研究的目的本身都产生了质疑。

然而,这种对传统的挑战首先由英国人发起。1946 年,英国的比较法学家格特里奇在其作品中坚定地指出,比较法既不是一门独立的学科,甚至也不是法学的一个分支;它只不过是一个比较方法,可以应用到法学的各个领域中去。

格特里奇的这种观点无疑取得了巨大的成功,它似乎结束了近半个世纪以来对比较法的本质与功用的无休止的争论。由此,新派的比较法学家们不再将精力花费在那些徒劳无果的方法论之上,而是认真地对现行的实在法体系进行研究以抵挡那些来自虚幻的法律趋同的诱惑。

在法国,达维德等著名比较法学家也积极响应格特里奇的观点。而这种变化的主要价值在于,它结束了两次世界大战间比较法学家们那种业余的从兴趣出发的状态(dilettantisme comparatiste)。从这个意义上讲,其价值不可谓不大。

实际上,这种对以往观念的批判似乎在告诉人们:要成为比较法学家可不是件容易的事,仓促间是难以如愿的;法律比较的技术也要求有最低限度的准备,而对比较方法的运用则更要小心谨慎;最后,自我吹嘘也是万万要不得的，因为比较法学家往往要同时在所有现存的体系中研究法学的全部分支学科。

具体而言，这种对比较法研究的更新表现为对“法系”(systèmes)的关注。当时，巴黎比较法研究所(L'institut de droit comparé de Paris)出版了一套论丛，借助当代主要法律体系之理论对比较法研究加以批判。因此，作为这套论丛的主编，达维德被邀请撰写一部关于比较法的概要。于是，达维德写出了一部篇幅虽不长却享誉世界的著作，来介绍这些法律体系的状况。可以说，这种模式成了当时法国比较法学的一个新的发展方向。

就法系论而言，二战后的年代我们目睹了一个深刻的变化。如果说法国的比较法学家对普通法的关注开始于一战后，那么在二战后，他们突然认识到了社会主义国家法律的重要性。值得一提的是，在1939年，人们还将苏联法视为一个遥远的、奇特的事物；随着1945年后苏联国际地位的确立，尤其是各社会主义国家法律制度的建立，对这种新现象的科学、客观的研究就显得尤为重要了。

当时，世界上所有研究国际法律关系的组织也越发地重视对社会主义法的研究；而在相当长的一段时期内，国际法律科学协会(l'Association internationale des sciences juridiques)则成为东西方法律关系研究的带头人。

而法国的比较法学家们也以高度的热忱投入到对社会主义法的研究中去。在巴黎，同在斯特拉斯堡一样，相关的科研活动开展得如火如荼。比较立法学会还专门成立了一个东方国家(社会主义国家)研究所，并开展了卓有成效的活动；甚至在得到法国政府官方鼓励之前，比较立法学会仍能在这方面大胆地开展研究。而法国法学家与社会主义国家法学家之间的交流则极有利于将来双方和平共处局面的发展。

这种新形式的交流（不仅只包括社会主义国家）成为法国比较法百年发展（1869—1969）之第三阶段的特征。此时的比较法学家与 1900 年的前辈们相比，已有所不同：他们不再将自己的目标确定为促进邻国或可比较的国家之间法律制度的相互接近。也许他们应该更多地关注那些在政治、社会方面颇为不同的体系，如东西方关系或欧洲与第三世界国家的关系。

因此，从某种意义上讲，以往那些人们所焦急等待出现的相同之处如今已变得不那么明显，或不再具有那么多的吸引力了。而人们正在努力理解那些差异的具体含义、存在理由及其价值和影响。

在此阶段，比较法研究开始重视一种对照的、双边的比较（la comparaison bilatérale contrastée）。而从事国际私法研究的专家们则会为我们提供一些这方面的显著的例子。于是，比较立法学会便开始致力于相关的系统化的工作：1948 年，比较立法学会成功地主办了首届法国—拉丁美洲国家法律交流大会（Journées juridiques franco-latino-américanes），从此拉开了定期性双边法律交流活动的序幕。而每届法律交流大会的举办都要事先精心选定某些题目，以供法国法学家同他国或其他地区的法学家进行面对面的交流。

因此，当时的比较法研究已不大像一百年前那样是对两种立法的比较，甚至与 40 年前的将现行法律制度或体系加以比较的做法也有所不同。其做法是：为解决某些问题而对其他法系或其他不同法律类型加以考察，以便从那些与自身风格颇为不同的资源和技术中寻找到解决方案。

到 1969 年，法国比较法已走过了百年春秋。安塞尔在其《法国比较法一百年（1869—1969）》的论文中总结道：1869 年的法国比较法研究更多的是为立法者提供好方法，因此是信息性的和实用性的；而 1900 年或 1920 年，比较法理论得到了很大的发展，同时世界主义、统一法的呼声也响彻云霄；在那之后，法国的比较法学家们则更加谨慎、细致地在结构和功能方面加以具体考察，以期得到一个与实在体系不同的方法。[①]

二、达维德的比较法理论

二战后，随着比较法学的复兴，许多法国比较法学家开始著书、立说，为比较法研究做出了巨大贡献。

但在众多的法国比较法学家中，达维德[②]是最为中国法学界所熟

---

① Marc Ancel，"Cent ans de droit comparé en France(1869—1969)," *Livre du Centenaire de la Société de Législation Comparé*,(1969), pp. 12—14.

② 1906年1月，达维德出生于法国巴黎。1928年，达维德获得巴黎大学法学博士学位，1935年又获得英国剑桥大学哲学博士学位。

1929至1976年，达维德先后任法国格勒诺布尔、巴黎、埃克斯—马赛等大学法律系教授。1930至1933年，他出任罗马私法划一化国际研究所副秘书长；1954至1958年先后受命起草埃塞俄比亚民法典与卢旺达民法典；1966至1970年曾以法国代表团团长身份出席联合国国际商法委员会会议；1950至1962年间曾先后任哥伦比亚、耶鲁、慕尼黑、德黑兰等七所大学客座教授，获爱丁堡、布鲁塞尔、渥太华、巴塞尔、赫尔辛基、佛罗伦萨等大学名誉博士学位，并担任伦敦律师协会名誉主管委员。

达维德一生著作丰富，以法语发表的有：《比较民法原论：外国法研究及其比较方法之介绍》(Traité élémentaire de Droit Comparé: Introduction à L' étude de Droit étrangers et à la Méthode Comparative ,1950)，《当代主要法律体系》(Les Grands Systemes de Droit Contemporains, 1964)，《英国契约法》(Les Contrats en Droit Anglais, 1973)，《英国法》(Le Droit Anglais, 1975)等。以英语发表的有：《世界法律体系：它们的比较和统一》(The Legal Systems of the World: their comparison and unification)，此书被编入《国际比较法学全书》(International Encyclopedia of Comparative Law)十七卷中的第二册，《英国法和法国法》(English Law and French Law, 1980)等。与其他学者合著的有：《英国私法研究导论》(Introduction à L' étude du droit Privé de L'Angleterre, 1949)，《苏维埃法》(Le Droit Soviétique, 2 vol., 1954)，《法国法》(Le Droit Français, 1960)等。

达维德教授在退休后，于1981年和1982年两年间先后发表《国际贸易中的仲裁程序》(L'Arbitrage dans le commerce international)、《一个比较法学家的成长》(Les avatars d'un comparatiste)(该书叙述作者的生平及其学术观点)。此外，他还重新编定了其以前用法、英、德、意等国文字发表的论文丛刊。参见[法]勒内·达维德：《当代主要法律体系》，漆竹生译，上海译文出版社1984年版，中译本序。

知的一个。其《当代主要法律体系》(Les Grands Systemes de Droit Contemporains)之中译本自20世纪80年代中期问世以来，成为国人研究外国法和比较法学的必读书目，被广泛引用。因此，我们在这里将对达维德的比较法思想加以系统的考察和进一步的反思。

达维德的《当代主要法律体系》一书是其成名作。该书共分四大部分，对法系的历史形成、法的结构与渊源、英国法、美国法、西欧大陆法、伊斯兰法、印度法、中国法、日本法、非洲各国法以及东欧社会主义各国法的发展、结构、渊源等做了全面的论述。

《当代主要法律体系》被誉为世界比较法学之名著，自1964年初版以来，至1992年已再版九次，并被译为德、英、意、西、中等多国文字；不仅为法国比较法学，也为世界比较法学的发展做出了贡献。

但达维德对自己作品的评价总是那么地谦逊。他指出，比较法研究有利于促进法律知识的积累，并推动法律制度的发展。而他实际上却熟知其更深层次的目的。在其回忆录中，达维德写道："比较法研究不能满足于对信息搜集的层面上。如果不能得出具体的结论，不能使法学家们对法律的理解和法律的适用之看法有所改变，那么比较法研究将会一无是处。因此，为了使比较法研究更加贴近法律实践，我们将向约定俗成的理念发起挑战，并直指其要害。"①

但某些学者认为，达维德的成功之处在于其理论的通俗性和中立性。人们常常视其通俗性的理论为常识(common sense)，进而使之变得家喻户晓。因为，即使在他所处的时代，其法系划分理论也并不算新鲜。连他本人也视其法系划分的理论为求知的工具(learning tool)，一种将大量复杂的信息分成主要几类的方法。

---

① Jorge L. Esquirol, "René David: At the head of the legal family," *Rethinking the Masters of the Comparative Law*, edited by Annelise Riles, Northwestern University School of Law Hart Publishing (2001), p. 213, n. 1.

也许有人会对达维德学说中的部分理论持有怀疑和不满。但就他的法系划分理论而言,其大部分是前人学说的延续,因而外界的评论是波澜不惊的。因此,中立性也使其学说本身不易引起强烈的反应,以致遭到无情的批判。[①] 如果达维德的法律思想得到这样的评价,这似乎与其比较法大师的身份不符。因此,我们有必要从历史的角度出发,从如下三个方面入手对达维德的比较法思想加以考察,以期获得一个相对客观的评价。

(一)比较法的新使命

纵观达维德的著述,我们可以发现,当时比较法研究的新使命是试图维护法律的权威地位。

在达维德时代,自然法理论颇受质疑。大多数学者都对理性的力量持怀疑的态度。与之相比,实证主义的理论也因其无法完全地、彻底地解决所有法律问题而变得越来越不得人心。此外,具有可行性的其他解释方式以及立法自身所无法避免的局限也使得实证主义举步维艰。[②]

尽管达维德本人不属于一般意义上的实证主义者,但他却对实在法律制度(positivist legal systems)表示支持。所以,他创建出一种方法来补充实在法(positive law),以使之更加完善。

因此,比较法便成为关键之所在。它将带来一种完全非政治性的、补充性的法律渊源。达维德的法系定义则来源于从地域政治和民族特性中产生的共同法。同时,达维德也吸纳了反形式主义(anti-formal-

---

① Jorge L. Esquirol,"René David: At the head of the legal family,"*Rethinking the Masters of the Comparative Law*, edited by Annelise Riles, Northwestern University School of Law Hart Publishing (2001), p. 212.

② Ibid. ,p. 215.

ist)[1]的思想,即承认各法系间可能存在的巨大差异。也正是由于这些差异,各个法系才得以形成。

但当时就比较法理论自身而言,也是危机四伏。20世纪中叶,比较法基础理论的诸多工作都已由朗贝尔和格特里奇等法学家完成。[2]作为一位年轻的比较法学家,达维德面对的是一个颇为不同的情形:与法律的理论基础所受到的威胁相同,比较法的实证主义基础也正遭到来自反形式主义的批判。如果比较法仅仅是自然法或实证主义的手段,那么它将同这些理论一道被排斥。所以,现存的问题是急需重建比较法的理论基础。

在比较法学开始衰落的年代,为解决上述问题,达维德对比较法存在的理由加以重建,并最终于上世纪五六十年代分别出版了两部凝聚了其大量心血的著作——《比较民法原论:外国法研究及其比较方法之介绍》以及《当代主要法律体系》(1964)。

在其第一部专著中,达维德将世界各国的法律制度划分为五个法系:西方法(包括罗马—日耳曼法支系和盎格鲁—美利坚支系)、苏联法系、伊斯兰法系、印度法系和中国法系。其划分依据是以相应的社会为

---

① 反形式主义运动兴起于20世纪20至30年代的美国。该运动主张按照社会功能而不是逻辑结构来理解法律。参见 Horatia Muir Watt,"La fonction subversive du droit comparé,"*Revue internationale du droit comparé* (2000—3), p. 510. n. 29 。而达维德也承认自己具有反形式主义的倾向。他将此归功于其在牛津大学时对普通法的研究工作。受格特里奇之约,达维德于1933年赴牛津大学进行为期两年的学术研究。达维德称:"对我而言,法学家所制定的法律规则不再像从前那样的神圣了。与其他法国法学家相比,我现在更倾向于从实际出发来考察法律,而不再仅仅纠缠于纯粹的概念。此外,我认为正义是高于法律的。"参见 Jorge L. Esquirol,"René David: At the head of the legal family,"*Rethinking the Masters of the Comparative Law*, edited by Annelise Riles, Northwestern University School of Law Hart Publishing (2001), p. 220, n. 24。

② Jorge L. Esquirol,"René David: At the head of the legal family,"*Rethinking the Masters of the Comparative Law*, edited by Annelise Riles, Northwestern University School of Law Hart Publishing (2001), p. 218.

基础的相近的法律意识。他认为西方法系有三个共同的特征：民主自由、资本主义经济和基督教信仰。可见，达维德第一部专著中的划分标准是以法律意识为基础的。其具体体现为宗教、政治经济和社会结构。至于技术方面的因素，达维德认为它们是次要的，过多考虑只会阻碍法律的统一。

而在其第二部专著中，达维德的法系划分标准有所变化。他将法律意识与技术放在同等重要的位置。因此，他将普通法系从西方法系中分离出来。但达维德仍强调二者同属西方法系之重要性。而在其后来的作品中(1978年)，他认为世界上只存在三个大法系：罗马—日耳曼法系、普通法系和苏联法系。此外，他将世界上其它四个法系放在一起作为余下的法系加以论述。

达维德认为，法系的划分可以替代自然法的理性观念，并能够进一步地完善实证主义。尽管普遍真理和世界范围内的统一法难以实现，但在几个相似社会中建立共同法的想法还是比较现实的。所以，同属一法系的其他国家的法律就可以用来弥补本国法的不足之处。

在《比较民法原论》一书中，达维德指出：对于法律而言，在一些国家中存在着一个有着相似传统和原则的特殊共同体。这样一来，它们的法律就可被划分到同一体系之中并使得在比较研究后的相互借鉴成为可能；只要两国的法律是同源的，它们之间就不再是陌生的了。相反，如果两国法律制度属不同法系，它们在法律方面的交流就会变得十分困难。比如苏联法，达维德在其《当代主要法律体系》中写道："苏联的法学家和资产阶级的法学家在原则上是无法达成一致的；两种制度间的比较只能从技术层面上开展。"①

---

① Jorge L. Esquirol, "René David: At the head of the legal family," *Rethinking the Masters of the Comparative Law*, edited by Annelise Riles, Northwestern University School of Law Hart Publishing (2001), pp. 220－221.

从上述分析中可以看出，达维德在比较法研究中特别重视对历史和社会概念的运用。他提出了一种反形式主义的法律观，即以社会为基础，强调从社会和历史的角度来观察法的发展。① 达维德认为，这种观念的任务是去除实证主义的伪装。当然，他并没有返回到自然法所主张的自由法的理论，而是给出了一个"特殊社会"的解释。他将国家的、特殊社会的法律上升到一个跨国的高度。法律是社会的物质性产物，而相关的社会又组成了跨国的法系。因此，比较法为一国的法律提供了一个更为广阔的背景。

实际上，达维德的理论建立在一个扩展了的法律渊源之上。传统的实证主义将法律限制在法典和立法的范围内。尽管达维德崇尚立法的作用，但他还是承认判例法和法理是对立法的重要补充。而社会的、历史的特殊性通过这些方式而得以提升。因此，同属一法系的其他国家之判例法和学说也同样可以借鉴。

这样一来，本国实在法不仅可以通过同法系的其他国家之实在法加以补充，还可以依靠立法之外的其他法律渊源。达维德认为，比较法的运用能够很好地解决两个问题：其一，通过借鉴其他国家的法律，比较法能够弥补本国立法的不足；其二，而由于法系是由具有相似社会特征的法律制度所构成，并进而使相互之间的比较、借鉴成为可能，达维德又建立了"法律的特殊社会本质"(society-specific nature of law)之理论，后者使比较法和反形式主义结合起来，并避免了国家主义的泛滥。②

① René David, "On the Concept of 'Western Law'," *U. Cin. L. Rev.* (1983), vol. 52, p. 126, 129.

② Jorge L. Esquirol, "René David: At the head of the legal family," *Rethinking the Masters of the Comparative Law*, edited by Annelise Riles, Northwestern University School of Law Hart Publishing (2001), p. 223.

综上所述,达维德从反形式主义的立场出发,将原来以自然法和实证主义为基础的方法加以更新,使之成为一种社会的方法。这样一来,通过提升其理论前题,比较法的基础就愈加显得无懈可击。而达维德对法系的研究主要还是为了维护法律的权威地位。因为,他将社会间的相互作用视为法律的基础。这一做法显然不易引起多少非难。因此,通过重述比较法的存在理由,法律的权威性问题也最终在一定程度上得以解决。

(二)苏联法与西方法

随着冷战的日益升级,达维德也更加关注苏联法。在当时的两极化世界里,东西方之间政治上的对立也深深地影响到了学术领域。人们认为双方在经济和社会制度上的差别是不可调和的:资本主义制度和共产主义制度不共戴天;大规模的计划经济被看做对个人行为和市场经济的巨大威胁。

达维德认为,意识形态的共性是法系划分的基本要素之一。其早期的《比较民法原论》一书中写道,罗马—日耳曼法系的意识形态共由三个要素构成:资本主义经济、自由的民主制度以及基督教。而苏联的社会结构和经济制度决定了其法律的特殊性。因此,苏联法应被完全地排除在西方法的体系之外。在该书中,苏联法也由此被视为二级法系。此外,达维德将法国法与苏联法加以比较,并得出结论:尽管法国法也出现了诸多变化,但它仍旧是资本主义的、个人主义的,它仍是自由社会的法律。因此,法国法和苏联法之间不存在可比性。法国法同其他欧洲和美洲国家的法律一样,与苏联法属于完全不同的两个体系。如果要将法国法纳入到苏联法的体系当中,一切都得被推翻而重新开始。

在其1954年出版的《苏联法》(*Le Droit Soviétique*)一书中,达维德认为,苏联法不但不存在终极性的价值,而且还公然宣称等待其自身的灭亡。这与西方法的观念是格格不入的。人们甚至怀疑苏联法是否是真正意义上的法律。尽管达维德也认识到俄国法与西方法是同源的，但他仍旧认为俄国法和苏联法之间存在着巨大的差异。

1966年，达维德在其第二版的《当代世界主要法系》中，对苏联法的态度有所软化。但他仍认为苏联法应被视为一个独立的法系。"一旦跨越了社会主义阵营国家的边界线，人们就进入了一个新的世界；所存在的问题也是不同的……而语言本身也体现出不同的含义……因此，苏联法应被划入另一个法系。"[①]他概括出了苏联法系各国的法律特点，并称之为"社会主义法"。其最显著的一个特点是：法律从属于社会主义经济秩序。但达维德并没有因此而夸大其与西方法的区别，他认为苏联法继承了'法律规则'的概念，这与罗马—日耳曼法系是相同的；苏联法在其分类和概念上是很特别的，因为它们在形式上进行了创新。此外，达维德还在该书中通过大量历史的、社会的资料来论证在社会主义制度出现前，俄国法与罗马—日耳曼法系的密切关系。[②]

到20世纪80年代，当西方社会还在对东欧国家的法律进行批判时，达维德已开始寻找从前曾被认为是对立的两大法系间的共性。他扩展了"西方法"的范围，将苏联法和其他东欧国家的法律也一并包括进来。[③]

达维德认为，"苏联及其他东欧社会主义国家的社会秩序仍以法律为基础：'社会主义法制原则'只不过是一个装饰罢了。在东欧诸国中，许多人实际上并不愿对目前的状况加以实质性的改变。因此，西方的

---

① Jorge L. Esquirol, "René David: At the head of the legal family," *Rethinking the Masters of the Comparative Law*, edited by Annelise Riles, Northwestern University School of Law Hart Publishing (2001), p,227, n.54.

② Ibid., pp. 226—227.

③ René David, "Two Conceptions of Social Order," *U. Cin. L. Rev.* (1983), vol. 52, pp. 136,141—142.

法律学家可以通过对相关情况的考察而得出一个明智的结论:一个文明的社会不能没有法律。法律的消失只会导致出现一个无法想象的混乱局面。"①

这段文字表明:社会主义国家与西方国家都存在一个共同的法律意识,这尤其体现在他们都相信法治的作用这一观念上。在当时的冷战岁月里,达维德能够对双方的一致性有这样的理解实在是难能可贵。当然,他也认识到了两种法律模式在运作上的差异。比如合同法,虽然在术语的运用上差别不大,但社会主义国家对其进行的解释就与西方国家的做法大不一样了,其更多地体现了国家计划的色彩。

在其后期的作品中,达维德花费了大量的精力来论证将苏联法纳入到西方法系中的合理性。他认为,法治是双方的共同基础。因此,尽管双方在其他因素上存在分歧,但人们仍可将苏联法视为西方法系中"一个任性的孩子"。② 总之,达维德又再次运用其社会—法律的方法来强调世界两大阵营之法律制度的共同点。达维德实际上是在对其法系划分的理论依据加以修正。他的三要素理论(经济、政治和宗教)让位于一个主要的因素:"法律在社会中所起到的作用"。③

这样一来,我们便会发现达维德在比较法原理上的一个自相矛盾之处。如果任其发展,将使法系的划分变得没有意义。实际上,所有的法系都可以被视为从一个相同的法系演化而来的,即"人文法系"(the family of humanity);因此,也可以认为它们间的区别都是对其共同核

---

① René David, "Two Conceptions of Social Order," *U. Cin. L. Rev.* (1983), vol. 52, pp. 141—142.

② Jorge L. Esquirol, "René David: At the head of the legal family," *Rethinking the Masters of the Comparative Law*, edited by Annelise Riles, Northwestern University School of Law Hart Publishing (2001), p. 228.

③ René David, "On the Concept of 'Western Law'," *U. Cin. L. Rev.* (1983), vol. 52, p. 126,130.

心的偏离。也就是说，一个无所不包的共性概念将会扮演一个与从前的自然法思想相同的角色。而划分法系的目的却是为了避开对普遍主义（universalism）的批判。

达维德的法系划分理论也是建立在法律制度间的差异之基础上的，进而使法系间的比较和相互借鉴成为可能。所以，法律意识（legal ideologies）上的差异也就成了法系划分所依据的基本因素。而一旦法律意识不再被视为主要依据，且没有其他因素能取而代之的话，那么达维德的理论大厦将会轰然倒塌。其后果只能是向自然法思想的回归，以建立一个具有模范效应的统一法模式。因此，对达维德而言，想要在跨越法律意识差异的共性建设与避免统一模式的自然法之间找到一个平衡点，就如同走钢丝一般的危险。

不管怎样，如果达维德的理论能够为世人所接受，苏联法无疑将会更多地受到西方法的影响。而其理论也为苏联法系回归西方大家庭打下了基础。总之，对于西方学者而言，将苏联的转变视为"浪子回头"并加以统一的方式，总比把它妖魔化而将其排斥要好得多。[①]

总之，达维德认为，比较法能为政治、经济上的敌对双方找到一个共同基础。即便是他们的统治方式水火不容，法律也往往能被视为一个共有因素。这样一来，双方的相互接近就是可能的。而在此过程中，法律则会起到主导作用。

世界和平问题成了达维德后期作品中所关注的焦点。其法系划分理论也受到了一定的影响。但就苏联法与西方法而言，达维德似乎低估了他们之间的差异。为了在法律领域中找到二者的共同点，达维德将此差异最小化。其结果是，尽管这些共同点在实在法中不多见，但它

---

① Jorge L. Esquirol, "René David: At the head of the legal family," *Rethinking the Masters of the Comparative Law*, edited by Annelise Riles, Northwestern University School of Law Hart Publishing (2001), p. 229.

们却成了所有社会都能涉及到的法律问题。[①]

(三)统一法

尽管达维德的大量作品都有助于维护国家法的权威性,但他最终所要追求的却是法律的统一。

在统一法律的领域里,达维德的第一份相关工作是在新建立起来的国际统一私法协会[②]任职。该机构后来创制出了"国际统一私法协会通则"(Unidroit Principles)。后来在20世纪60年代末和70年代初,达维德又被任命为法国驻联合国统一国际贸易法委员会[③]的代表。

在担任法国首席代表期间,达维德承担了一项重要的任务:他想要建立这样一个原则,即缔约国不作为的结果将使该条约的实质性条款具有国际法上的效力。[④] 也就是说,在一定的期限内如果一国的权威机构不明确反对的话,该公约将自行生效。遗憾的是,此建议最终没能被1980年维也纳公约采纳。[⑤] 但达维德认为,"该任务是对传统方式的一次革命。对于加强国际社会的秩序而言,这又是极其必要的一步。联合国和其他各特别国际组织应当承担起以往大学的任务,即对'共同法'(common law)加以宣告。"[⑥]

---

① Jorge L. Esquirol,"René David: At the head of the legal family," *Rethinking the Masters of the Comparative Law*, edited by Annelise Riles, Northwestern University School of Law Hart Publishing (2001), p. 215.

② 英文名称为:International Institute for the Unification of Private Law。在意大利政府提议下,该协会始建于1926年,是一个独立的政府间组织。

③ 英文名称为:United Nations Commission for the Unification of International Trade Law。

④ Jorge L. Esquirol,"René David: At the head of the legal family," *Rethinking the Masters of the Comparative Law*, edited by Annelise Riles, Northwestern University School of Law Hart Publishing (2001), p. 230.

⑤ René David, *Le Droit Comparé Droits D'Hier Droits de Demain*, Econamica (1982), p. 325.

⑥ Jorge L. Esquirol,"René David: At the head of the legal family," *Rethinking the Masters of the Comparative Law*, edited by Annelise Riles, Northwestern University School of Law Hart Publishing (2001), p,230, n. 65.

实际上，达维德也曾为法律的统一而忧心忡忡。在其名为《比较法的过去与未来》[①]的论文集中，他写道，“我承认，在欧洲法实现统一之前，自己会一直为此而担忧。只有在那些特殊的领域里，即在那些被重要的、实际的利益所驱动的领域里，才有可能实现这个伟大的计划。”[②]也就是说，他对各国在所有领域里实现法律大一统的局面持怀疑态度。这是因为他注意到了各国法律技术、法律意识的不同，以及统一法在不同社会中实施效果的巨大差异。

尽管如此，达维德的大量作品都与法律的统一有关。实际上在其第一部专著中，他便强调指出，比较方法的运用是为了促进国际贸易的发展以及维护世界的和平。[③] 达维德认为，从现实的角度出发，法律的统一是不可避免的。但问题的关键在于我们该怎样做。[④]

通过其个人对法律统一的理解，达维德提出了自己的统一化模式——在比较的基础上所形成的模范法，以试图解决其法律理论与学术实践之间的矛盾：“模范性法律规则主要体现在世界上少数几个国家的法律之中。而各国的立法者也在不同的程度上刻意地模仿着这些范例，包括欧洲大陆的模范法典、苏联法典以及普通法系国家的范例。各个法系都是以这些模范法为中心的。而我们只需要对它们进行考察便可更加清楚地知晓当代法律秩序的实际情况。”[⑤]

达维德的这种做法实际上是为了防止在法律统一化的进程中将会

---

① 法文名称为：Le Droit Comparé：Droits d'Hier，Droits de Demain。

② René David，*Le Droit Comparé Droits D'Hier Droits de Demain*，Econamica (1982)，p. 297.

③ Jorge L. Esquirol，“René David：At the head of the legal family，”*Rethinking the Masters of the Comparative Law*，edited by Annelise Riles，Northwestern University School of Law Hart Publishing (2001)，p. 231.

④ René David，*Le Droit Comparé Droits D'Hier Droits de Demain*，Econamica (1982)，pp. 304—318.

⑤ Ibid.，p. 305.

出现的一些激进和表面化的做法。“法律统一化是一项极其艰巨的任务，而激情并不能取代科学和脚踏实地的工作。我们应该清醒地辨认出那些表面的成功。考虑到法律统一化的自身利益……我们应当更加务实地去实现那些切实可行的计划。”①因此，在进行大规模的统一化之时机尚未成熟之际，各法系之间的长期交流和借鉴就显得十分必要了。

达维德主张法律在某些领域中的逐步协调化（Harmonization）。②他认为，法律的协调化主要取决于两方面的作用：一个是立法的，一个是学理上的。但他更重视后者，“我认为，法律学者起着主要作用。欧洲内部的法律协调化靠的是……我们……而只有当我们普遍地感受到欧洲法的存在时，它才有可能会出现……”。③

尽管达维德认为，法律协调是国际社会协调发展的关键；但他也清楚地意识到，只有各国法律的协调达到相当的程度才会促成实在法的统一。他也同样相信，某些领域里的法律更易于统一化的实施，比如商法。达维德坚信，商法的统一是大有可为的。④ 而人们已经在这方面做了大量的跨法系的比较与交流。

达维德在统一商法领域中的努力终于在其去世后的第四年得到回

---

① Jorge L. Esquirol, “René David: At the head of the legal family,” *Rethinking the Masters of the Comparative Law*, edited by Annelise Riles, Northwestern University School of Law Hart Publishing (2001), p. 232, n. 76.

② 达维德认为，统一化与协调化之间并没有太多的差别。因此，可以对二者加以选择使用。进一步而言，他将统一化视为一种可能实现的协调化。显然，协调化应该是一个更理想的选择（至少对于欧洲法而言）。而其选择更说明了他对简单的表面的统一化之反对。参见 Jorge L. Esquirol, “René David: At the head of the legal family,” *Rethinking the Masters of the Comparative Law*, edited by Annelise Riles, Northwestern University School of Law Hart Publishing (2001), p,232, n. 77。

③ Jorge L. Esquirol, “René David: At the head of the legal family,” *Rethinking the Masters of the Comparative Law*, edited by Annelise Riles, Northwestern University School of Law Hart Publishing (2001), p,233, n. 81.

④ Ibid. ,p. 232.

报:1994 年 5 月,《国际统一私法协会国际商事合同通则》[①]问世。这不仅是国际统一私法协会长达几十年的工作结晶,也是达维德一生中最实质性的贡献。[②]

达维德在法律统一化方面的工作是与其比较法思想(法系划分理论)密切相关的。由于西方法系引导着统一商法的进程,统一私法实际上是一个法系内部比较的结果。但它又不是某一国法律所能支配的,而是一个跨国私法的建构。

可以这样认为,在法律理论的基础上,通过比较研究,人们将会看到一个"共同法"的出现。而这正是达维德的宿愿:"1900 年的'法律统一主义'(universalism)被两次惨烈的世界大战所引发的悲观情绪带入了谷底。但如果我们还对一个和谐发展的世界心存渴望,就该义不容辞地承担起人们在 20 世纪初的那份未尽的事业。"[③]

三、同时期的法国其他著名比较法学家

除达维德外,二战后法国比较法学界还涌现出其他几位著名的比

---

① 英文名称为:Unidroit Principles of Interational Commercial Contracts。统一法(Unidroit)既不是国际条约也不是模范法律(model law)。它是一个分离开的相互协调的合同法。当缔约双方选择适用该法时,它便产生效力。通过吸收西方法系的概念,该法典试图取代在国际买卖领域中形式多样的国家立法。其有关合同规则的作用并不亚于条约或模范法。它为国际商务交易领域中的统一化和规范化做出了重大贡献。参见 Jorge L. Esquirol, "René David: At the head of the legal family," *Rethinking the Masters of the Comparative Law*, edited by Annelise Riles, Northwestern University School of Law Hart Publishing (2001), p. 232。

② 达维德早在 1930 年就作为法国的代表在该机构中开始了其职业生涯并进行了大量的比较法研究工作。在那里,他主持一个由 10 位来自不同国度的法学家所构成的工作组。他在回忆自己的那段岁月时写道:"那里有许多工作需要我来完成,这使我感到非常充实和快乐。"参见 Jorge L. Esquirol, "René David: At the head of the legal family," *Rethinking the Masters of the Comparative Law*, edited by Annelise Riles, Northwestern University School of Law Hart Publishing (2001), pp. 232—233。

③ René David, *Le Droit Comparé Droits D'Hier Droits de Demain*, Econamica (1982), p. 316.

较法学家。他们是马克·安塞尔、安德尔·敦克（André Tunc，1917—1999）、让·康斯坦丁内斯库（Leontin-Jean Constantinesco，？—1981）与勒内·罗迪埃尔（René Rodière，1907—1981）等。[①] 但由于资料和篇幅所限，在这里我仅对前两位比较法学家进行相对具体的介绍。

（一）马克·安塞尔

安塞尔是法国20世纪著名的刑法学家[②]和比较法学家。他长期担

---

① 莱翁丹—让·康斯坦丁内斯库为法国萨尔大学法律与经济学院教授、欧洲研究所所长。他的《比较法概论》（*Traité de Droit Comparé*）一书共分三卷，即第一卷《比较法序说》（1972年）、第二卷《比较的方法》（1974年）以及第三卷《比较法学》（有内容预告，但至作者1981年11月逝世尚未公开出版）。仅就该书的前两卷来说，内容已很丰富，体系也较宏大。对比较法的各种定义，比较法的历史发展，法的比较方法的诸种问题，比较法的目的和功能以及作为科学的比较法的体系等问题都有涉及。该书不仅在法国，在世界上也可称得上是一部巨著。参见何勤华：《法律文化史论》，法律出版社1998年版，第209页。

勒内·罗迪埃尔于1907年出生在阿尔及利亚，1931年获巴黎大学法学博士学位。罗迪埃尔曾任巴黎第二大学教授、国际比较法学会主席、巴黎比较法学会会长。1977年退休后担任比较法法国中心主任。1981年11月逝世。罗迪埃尔先生毕生从事于法律教学和法学科研工作，对民法、商法和比较法都有很深的造诣，著有《海商法总论》、《商法概论》、《比较法导论》以及大量的学术论文。其中，《比较法导论》（Introduction au Droit Comparé，1979）是罗迪埃尔惟一的比较法著作。该书由一个绪论及三章正文构成，主要内容为介绍比较法的基本知识，阐明各国法律制度分歧的原因以及法律体系的分类，论述有关比较法功能的各种不同观点，介绍当前世界法律统一运动的发展与成果，确定比较研究的方法与比较法的定义，等等。作为法国《达罗斯要说》丛书系列之一，该书篇幅不大，仅160多页，作者原来想以此书为比较法导论，在此基础上对比较法做进一步的研究，但由于作者于1981年突然去世，使他无法完成这个愿望。但尽管如此，作者关于比较法学的基本思想已在本书中得到了反映。目前，该书已有两个中译本，即陈春龙译的取名《比较法概论》（法律出版社1987年版）和徐百康译的取名《比较法导论》（上海译文出版社1989年版）。参见[法] 勒内·罗迪埃尔：《比较法导论》，徐百康译，上海译文出版社1989年版，“译者的话”；何勤华：《法律文化史论》，法律出版社1998年版，第209—210页。

② 安塞尔是新社会防卫运动的创始人，曾任国际社会防卫协会主席。其代表作为《新社会防卫论》（*La Défence Sociale Nouvelle*，1954）。安塞尔的新社会防卫论一提出，就受到了世界各国的重视，其著作在短时期内就被译成英、日、意大利等多国文字。可以说，就刑法学而言，他是同德国的费尔巴哈和李斯特齐名的刑法学大师。参见卢建平：《马克·安塞尔——我与一代刑法学宗师马克·安塞尔先生交往二三事》，载高铭宣、赵秉志主编：《刑法论丛》第7卷，法律出版社2003年版，第534页。

任法国上诉法院法官和巴黎大学比较法研究所刑事科学负责人。可以说,安塞尔以及他所创立的新社会防卫理论在刑法学界是尽人皆知的。但在比较法领域,他在法国乃至世界上也同样是赫赫有名。

安塞尔很早就被列维—乌尔曼领进了比较法的殿堂。年轻的安塞尔在发表《英格兰的普通法》(la *Common Law* d'Angleterre)一文后不久,便被乌尔曼推荐到巴黎大学法学院的比较法研究室从事助理工作。1936年,安塞尔开始主持创办《比较刑法与刑事科学杂志》①,并为该杂志日后扬名世界立下了汗马功劳。②

安塞尔的一生与比较立法学会结下了不解之缘。1930年,他首次出现在比较立法学会,参加主题为法国与英国刑事违法立法的研讨会。随后,安塞尔开始担任该协会的部门秘书;1944至1953年,他出任比较立法学会的秘书长一职。

1948年,时值尼布维埃(Niboyet)任比较立法学会会长,安塞尔组织创立了著名的"法律交流大会"(Journées juridiques)。此后的实践证明,该交流活动为法国比较法的发展做出了巨大的贡献。1949年,在安塞尔等人的努力下,比较立法学会的新会刊《国际比较法杂志》(*Revue internationale du droit comparé*)创刊。此举结束了长达80年来,一个资深学会仅发行简单的《比较立法学会会志》③的尴尬局面。

1969年,比较立法学会创立一百周年。当时任该学会会长的安塞尔被人们称呼为"百年会长"。在其悉心指导下,比较立法学会举办了一系列庆祝活动,以纪念学会发展的百年历程。

此外,1950年,安塞尔又与达维德合作共同促成了隶属于联合国

---

① 法文名称为:Revue de science criminelle et de droit pénal comparé。

② Xavier Blanc-Jouvan, André Tunc, "In memoriam Marc Ancel (1902—1990)," *Revue Internationale du Droit Comparé* (1990—4).

③ 法文名称为:Bulletin de la Société de législation comparé。

教科文组织的国际比较法委员会(Comité international de droit comparé)的建立。1955 年,该组织发展成为国际法律科学协会[①],并在诸多法学领域中发行了大量论丛,为增进各国法学家(尤其是东西方法学家之间)的相互了解做出了重大贡献。而 1951 年法国比较法研究中心(Centre français de droit comparé)[②]的建立也凝聚了安塞尔的大量心血。[③]

20 世纪 60 年代,安塞尔发表的两篇比较法论文为当时的法国比较法学做出了自己的贡献。

1961 年,安塞尔发表了论文《比较法研究的当代价值》(*Valeur actuelle des études de droit Comparé*)。在此文中,安塞尔围绕如下三个问题,展开了充分的论述:1. 比较法学的历史,作者将其发展划分为三个时期,即偶然的、经验阶段(早期);哲学的、政治阶段(中期);实利的、科学的阶段(20 世纪),并指出了各自的特征。2. 比较法发展遇到的障碍,包括 19 世纪法学上的民族主义、20 世纪初的法律实证主义、法学的专门化倾向等。3. 比较法学的作用。作者认为,比较法的作用就在于通过对事实的探究以合理地阐明关于法律及正义的人类经验的共同要素。安塞尔在此文中的新颖见解受到了国际比较法学界的重视。[④]

1969 年,时值比较立法学会建立一百周年之际,作为该学会会长的安塞尔发表了一篇名为《法国比较法一百年》的论文。该文共分为历

---

① 作为法国代表,安塞尔在该组织工作了很长一段时间,并于 1966 至 1968 年任主席一职。参见 Xavier Blanc-Jouvan, "In memoriam Marc Ancel (1902—1990) ," *Revue Internationale du Droit Comparé* (1990—4)。

② 从 1968 年起,安塞尔出任该中心的主席,并于 1981 年后,被授予荣誉主席职位。参见 Xavier Blanc-Jouvan, "In memoriam Marc Ancel (1902—1990), " *Revue Internationale du Droit Comparé* (1990—4)。

③ Xavier Blanc-Jouvan, André Tunc, "In memoriam Marc Ancel (1902—1990)," *Revue Internationale du Droit Comparé* (1990—4).

④ 何勤华:《法律文化史论》,法律出版社 1998 年版,第 208 页。

史回顾与总结评论两部分。

就第一部分而言，在与法国比较立法学会的活动与贡献相关联的角度，安塞尔重点对1869至1969年法国比较法的历史做了回顾。

安塞尔认为，在这一百年中，法国比较法共经历了三个阶段：第一阶段（1869年至19世纪末）始于1869年比较立法学会的建立，以对“比较立法”的关注为主要特征；第二阶段（1900年至二战前），1900年巴黎国际比较法大会的成功举办为其拉开了序幕。从总体而言，该阶段是法国比较法的“黄金时期”，不仅在理论建设方面取得了较大的发展，而20世纪初和一战后比较法研究的繁荣发展以及“普遍主义”思潮的涌现也成为该阶段鲜明的特点；第三阶段（二战后至1969年），法国比较法从战争的创伤中复苏，其特征主要表现为法系论的逐渐成熟以及法国法学家对东方法及其他法系的日益关注。

在文章的第二部分，除了对法国比较法这一百年来所取得的成绩加以肯定外，安塞尔还指出了一些不足或有待改进之处。一个不容忽视的问题是法国法律传统对比较法的影响。比如说，就二战后法国民法典的修订而言，对外国法的借鉴和比较方法的运用都是远远不够的，甚至是持有怀疑态度的。安塞尔称，“因为我们的法律传统留下了一种沙文主义（chauvinisme），这使得我们难以对外国法加以借鉴。”①

在该文中，安塞尔还对比较法的方法论以及与法系相关的问题加以简要的说明，并对法国比较法今后的发展做了展望。该论文起到了法国比较法史导论的作用。此后，安塞尔还发表了许多与比较法研究相关的颇具价值的论文，在此不便一一列举。

除在学术和社会实践上取得了骄人的成绩外，安塞尔的为人也得

---

① Marc Ancel, “Cent ans de droit comparé en France(1869—1969),” *Livre du Centenaire de la Société de Législation Comparé* (1969), p. 17.

到了同行们的高度评价:不论是作为法学家还是法官,他都平易近人且从善如流、待人彬彬有礼却又不失幽默。同时,他还对艺术以及一切美的事物保持着敏锐的理解力。安塞尔还具有极强的组织、协调能力,正是其忘我的牺牲精神、无比的热情和独有的人格魅力给团队带来了持久的凝聚力。①

而我国刑法学界前辈甘雨沛先生是这样评价安塞尔的,"安塞尔,在现代刑法科学领域,是强调刑法的国际合作意义者;是'人道主义的刑事政策运动'的倡导者;是《新社会防卫论》的著作者;是比较刑法学研究领域的'奇妙的封闭状态'的冲破者;是第一次世界大战的告终为比较刑法学的'第二期'的开始(即现代的、科学的比较刑法学的开始)的划期性的科研论断者;同时,还是大陆法系与英美法系间比较研究的架桥者、鸿沟的沟通者。"②

1990年,达维德与安塞尔两位比较法大师相继去世。这对法国乃至世界比较法学界而言,都是无法弥补的损失。但是,我们坚信,他们的思想光辉将永远照耀比较法学的前进路程。

(二)安德尔·敦克

敦克是法国20世纪涌现出的又一位著名比较法学家。他主要致力于对英美法的研究。其作品大多涉及比较法、民事责任以及股份有限公司法等。

敦克出生于一战期间。大学毕业后,他又在二战激战正酣的1943年通过了大学教师学衔考试,并于同年在格勒诺布尔法学院开始了自己的执教生涯。1958年,敦克从格勒诺布尔来到巴黎,执教于巴黎第

---

① Xavier Blanc-Jouvan, André Tunc, "In memoriam Marc Ancel (1902—1990)," *Revue Internationale du Droit Comparé* (1990—4).

② 参见卢建平:《马克·安塞尔——我与一代刑法学宗师马克·安塞尔先生交往二三事》,载高铭宣、赵秉志主编:《刑法论丛》第7卷,法律出版社2003年版,第534页。

一大学。

作为一名优秀的法学教师,不论在格勒诺布尔法学院还是在巴黎一大,敦克都始终坚守在教学第一线,直至其生命的最后几个月。他对自己的工作要求得近乎苛刻,并尽可能地为学生(包括来自国外的研究人员)奉献他的一切。因此,就法学教育而言,敦克在人们的心目中是举世无双的。[①]

在其学术生涯中,敦克广泛地研究国外的法律制度(尤其是普通法国家),这使得他成为最熟悉外国法的法国法学家之一。[②] 通过比较法研究,敦克进而对其他国家、民族及其文化有了更好的理解;这也有利于通过某种方式来促进各国法律的相互接近,并促进世界的和平发展。此外,在比较的过程中,敦克也逐渐找到了完善、丰富法国法的有效途径。

就敦克的法学作品而言,不论是涉及民法、商法、宪法还是国内法、外国法和比较法,也不管是用法文还是用英文完成的,都广为读者熟知和喜爱。其中有几部作品堪称经典。

比如说,敦克分别于 1954 和 1955 年出版的有关美国法的三卷本著作。二战后,受国际货币基金组织的邀请,敦克在其妻子苏珊娜的陪同下以法律顾问的身份于 1947 年来到该组织所在地——美国华盛顿特区,并在那里一直工作到 1950 年。这为敦克了解美国法以及从事比

① Xavier Blanc-Jouvan, "In memoriam ANDRE TUNC (1917—1999)," *Revue Internationale du Droit Comparé* (2000—1), p. 8.

② 敦克的视野是极其开阔的。他的足迹曾遍及五大洲。在长期走访欧洲和北美洲诸国之后,敦克又相继前往北非(尤其是突尼斯)、黑非洲、拉丁美洲以及亚洲(日本是他比较重视的一个亚洲国家)和大洋洲。敦克也经常同妻子苏珊娜一同出访,因此有人称他们是"法国法律与文化的特使"和"世界公民"。这些异域经历都为敦克从事比较法研究打下了坚实的基础。参见 Xavier Blanc-Jouvan, "In memoriam ANDRE TUNC (1917-1999)," *Revue Internationale du Droit Comparé* (2000—1), p. 6。

较法研究提供了便利条件。

在华盛顿工作和生活的日子里，敦克和妻子展开了对美国法比较研究的两项课题：一是完成于1955年的《美国法：渊源与技术》[①]；另一是于1954年完成的《美国宪法体系》[②]之第一卷《宪法史》（*Histoire constitutionelle*）以及第二卷《当代宪法体系》（*Les systèmes constitutionnels actuels*）。[③]

在其《美国法》一书中，敦克就美国宪法史、政治制度和司法制度、法源与法律技术以及黑人等问题，对美国法律制度做了比较充分的论述。该书是大陆法系学者了解美国法的一本不可多得的入门书。[④]

此外，敦克的其它作品也值得一提，尤其是与英国股份有限公司法有关的著作。比如，《英国股份有限公司法》[⑤]。该书第四版已于1997年问世。敦克还在英国的某些杂志上发表过一些文章。其中最著名的一篇是1984年的《普通法并非如此》[⑥]。文章对英国和美国法中的先例进行分析。从一个法国比较法学家的视角出发，敦克能够用英文为英国人阐述他们的主要法律制度。[⑦] 这些都充分显示出了他对普通法精神的完美理解，和他那非凡的驾驭能力。甚至有些英语国家的知名

---

① 法文名称为：Le droit des États-Unis d'Amérique: sources et techniques。

② 法文名称为：Le système constitutionnel des États-Unis d'Amérique。

③ Arthur T. Von Mehren, "ANDRE TUNC (1917—1999)," *Revue Internationale du Droit Comparé* (2000—1), p. 15.

④ 何勤华：《法律文化史论》，法律出版社1998年版，第209页。而敦克于1965年完成的名著，第五版的《侵权责任与违约责任之理论与实践》（*Traité théorique et pratique de la responsabilité civile délictuelle et contractuelle*）也是其代表作之一。该书前四版的作者是亨利（Henri）和马佐（Léon Mazeaud）。而敦克的第五版几乎是对前四版的完全改写，可以说是一个全新版本。参见 Arnold Wald, "L'homme, le juriste, le professeur," *Revue internationale du droit comparé* (2000—1), pp. 20—21。

⑤ 法文名称为：Droit anglais des Sociétés anonymes。

⑥ 英文名称为：The Not So Common Law。

⑦ J. A. Jolowicz, "ANDRE TUNC", *Revue Internationale du Droit Comparé* (2000—1), p. 13.

法学家都对敦克赞叹不已,也自愧不如。[①]

除上述作品外,《国际比较法百科全书》[②]的第十一卷——比较民事责任原理是在敦克的指导下出版的,而他本人也撰写了其中重要的两章。值得一提的是,在该套百科全书的所有17卷中,敦克所负责的部分是惟一一卷在20世纪就已经完成并出版的,其他16卷都要在21世纪初以后才会陆续出全。[③]

敦克不仅是一位著名的理论家,同时也是一位出色的实干家。他曾在许多重要的国际官方组织任职,尤其是像国际货币基金组织(华盛顿,1947至1950年)、欧洲经济委员会(日内瓦,1957至1958年)、国际货物买卖统一法规划之国际外交会议(海牙,1951至1964年)等。此外,他也曾在许多法学研究机构出任主席,或是其重要成员,其中包括:曾相继担任国际法律科学协会负责科学工作的主任以及该协会的主席;比较立法学会和法国比较法中心的副会长等。[④]

此外,敦克一直强调法律规则的制定应当更加公正与人性化,以满足人们的需求,尤其是那些穷人和弱者。因此,敦克为交通事故的受害人提供帮助;保护那些受到股份有限公司权力侵犯的股东;帮助消费者对付那些提供危险产品的制造商;以及为正义之伸张提供更有效的途径,等等。[⑤]

与上述行动相对应的是,敦克作品中所体现出的思想大多也是革

---

① Xavier Blanc-Jouvan, "In memoriam ANDRE TUNC (1917—1999)," *Revue Internationale du Droit Comparé* (2000—1), p. 9.

② 英文名称为:International Encyclopedia of Comparative Law。

③ Arthur T. Von Mehren, "ANDRE TUNC (1917—1999)," *Revue Internationale du Droit Comparé* (2000—1), p. 14.

④ Xavier Blanc-Jouvan, "In memoriam ANDRE TUNC (1917—1999)," *Revue internationale du droit comparé* (2000—1), p. 9.

⑤ Ibid., p. 7.

新性的、反主流的。[①] 但这些思想本身并非乌托邦,他这样做也非挑衅之举。在大多数情况下,其想法的正确性与可行性往往得以印证,并对社会实践产生了巨大的影响。下述的社会发展都与敦克的努力密不可分:

其有关美国证券交易委员会的作品,在很大程度上,为法国 1967 年证券交易委员会的创立奠定了基础。更为重要的是,为了更好地使交通事故受害者得到损害赔偿,敦克引发了社会各界对该问题的漫长的大讨论。几经波折之后,法国在 1985 年终于通过了著名的“7 月 5 日立法”。虽然是各方妥协的产物,但该法最终还是采纳了由其一人起草的“敦克方案”的大部分意见。

在那以后,敦克又是最早提醒法国法学家要关注美国法与英国法中公司管理模式的人物之一,于是法国掀起了一个改革公司法的热潮。此外,敦克还为比较研究的发展进行着不懈的斗争,比如设法更好地应对当代社会对法律教育所提出的要求等。事实证明,他的一些努力得到了回报;而且敦克的思想还将在大学里产生更为重要的影响。

除了发表一些法学文章之外,敦克还经常在日报上发表自己的见解。尤为值得一提的是,1962 年,敦克出版了一本名为《苦难的世界》(*Dans un Monde qui Souffre*)的小册子。其写作目的是为了提醒年轻人对当代社会中所存在的严重问题(包括战争、仇恨与苦难等)加以关注。它实际上是为了创造一个更加美好世界的热情洋溢的宣言。这充分体现出了敦克所具有的人道主义精神。

---

① 敦克始终对法律在社会、经济条件下的发展能力保持着敏锐的洞察力。与历史相比,他显然更关心未来(对敦克而言,这并不是说历史不重要)。1957 年,敦克发表了一篇名为《走出新石器时代》(*Sortir du néolithique*)的文章;作为青年一代法学家的宣言,该文像晴空霹雳一般震惊了法国法学界。参见 Xavier Blanc-Jouvan,“In memoriam ANDRE TUNC (1917—1999),”*Revue internationale du droit comparé* (2000—1), p. 8。

敦克是一位人文主义者，他的兴趣与爱好极其广泛，不仅仅限于法学领域。因为他知道，法律首先是一种文化现象。他对歌剧、戏剧、文学甚至是古生物学都有很深的造诣；只要是对更好地理解这个世界有帮助的事物，都会引起敦克的兴趣。他一直在探寻美的事物，而不论其形式如何。①

1999 年，敦克逝世。法国乃至全世界又失去了一位伟大的比较法学家。《国际比较法杂志》在 2000 年第一期开设了纪念敦克的专栏。来自法国、英国、美国、日本、巴西和突尼斯等国家的法学家们纷纷撰写文章来追忆这位长者和老朋友。在《国际比较法杂志》的创刊史上，这种大规模的悼念活动是极其罕见的。

最后，让我们倾听这位伟大法学家的自白："如果有一天我来到造物主面前，他可能会对我以往的疏漏之处大加指责。但我将发誓'是这样的，但是……在 20 年里，为了 1985 年 7 月 5 日法案的出台，我进行过不懈的努力和斗争。不计其数的受害者总能发现，由于该立法的存在，他们的命运得以改变。'然而，在这些奋斗的历程中，曾在国外的一些感想、研究和经历都使我受益匪浅……"。②

第五节　世纪末的法国比较法学及其反思

从 1900 年的巴黎国际比较法大会到 20 世纪末叶，法国比较法走过了沧桑百年。在感受过 20 世纪初"黄金时期"的繁华、饱尝二战重创的苦涩，及经历了战后的悄然复兴后，20 世纪末的法国比较法又取得

---

① Xavier Blanc-Jouvan, "In memoriam ANDRE TUNC (1917—1999)," *Revue Internationale du Droit Comparé* (2000—1), pp. 10—11.

② Arnoldo WALD, "L'homme, le juriste, le professeur," *Revue Internationale du Droit Comparé* (2000—1), p. 18.

了进一步的发展，但同时也留给人们诸多反思。

一、世纪末比较法学术活动之开展

(一) 法国比较法研究中心举办的国际研讨会

20 世纪末的法国虽然失去了几位世界级的比较法大师，但比较法的学术活动仍在一些相关研究机构的组织下开展得方兴未艾。而这些学术活动也在某种程度上推动了法国比较法研究的发展。

在法国比较立法学会的支持下，法国比较法研究中心所举办的几届颇具特色的比较法国际研讨会堪称这些学术活动的典范。

1988 年 4 月 22 日，主题为"比较法教学"(L'enseignement du droit comparé)的国际研讨会在巴黎举行。英国剑桥大学教授乔络维茨(J. A. Jolowicz)、意大利都灵大学教授鲁道夫·萨科(Rodolfo Sacco)、瑞士弗里堡大学教授斯托菲尔(Walter Stöffel)、法国蒙彼利埃大学法学院教授穆利(Christian Mouly)以及比利时的柯兰(Marie-Thérèse Meulders-Klein)、希腊的尤卡瑞斯(A. Yokaris)和日本的金山直树(Naoki Kanayama)等许多知名学者在大会上发言，并就比较法教学的相关议题进行了热烈的讨论。此次大会由敦克致开幕词；巴黎第一大学教授，时任法国比较法中心秘书长和比较立法学会秘书长的格扎维埃·布朗—儒万(Xavier Blanc-Jouvan)做了题为《对比较法教学的几点思考》(*Réflexions sur l'enseignement du droit comparé*)的重要报告 。①

一年后，即 1989 年 4 月 26 日，在巴黎又召开了主题为"比较行政法"(Le droit administif comparé)的国际研讨会。瑞士雷根斯贝格大学教授阿尔诺德(Rainer Arnold)、比利时鲁文天主教大学教授德尔贝

① 具体内容参见 *Revue Internationale du Droit Comparé* (1988－4), pp. 703－766。

雷(Francis Delpérée)、希腊雅典国立大学教授弗落盖蒂斯(Spyridon Flogaïtis)、匈牙利社科院政法研究所主任罗纶兹(Lajos Lorincz)、意大利罗马大学教授卡塞兹(Sabino Cassese)、英国利兹大学公法与比较法学教授贝尔(John Bell)、日内瓦大学教授科纳(Blaise Knapp)与巴黎第二大学教授古德麦(Yves Gaudemet)等许多知名学者在大会上发言,并就行政法的一些议题进行了深入的交流。巴黎二大副教授奥特(François Haut)与法国行政法院法官科斯塔(Jean-Paul Costa)还分别提交了题为《行政法研究中比较方法的使用》[①]和《国际组织与比较行政法》[②]的报告。此次大会由法国行政法院科研部部长布莱邦(Guy Braibant)致开幕词;并由巴黎二大名誉教授里瓦罗(Jean Rivero)做总结报告。[③]

1992年11月20日,法国比较法研究中心又主办了主题为"向外国学生教授本国法"[④]的国际研讨会。弗里堡大学教授弗兰科(Rainer Frank)、剑桥大学教授乔络维茨、意大利佛罗伦萨大学与美国斯坦福大学教授卡佩莱蒂(Mauro Cappelletti)、瑞士洛桑法学院教授杜托瓦(Bernard Dutoit)、美国土伦大学教授帕尔梅(Vernon Palmer)、法国里昂第三大学教授菲朗(Frédérique Ferrand)等著名学者在大会上发言,并就各自的经验展开广泛的交流。本次大会由格扎维埃·布朗一儒万致开幕词。此外,欧洲大学研究所的教授皮加佐(Luis M. Diez-Picazo)和伊拉斯谟项目的行政官员佩尔梯埃(Jean-Marc Peltier)还分别做了题为《欧洲大学研究所》(*Institut universitaire européen*)和《伊拉斯谟

① 法文名称为:Réflexion sur la méthode comparative appliquée au droit administratif。

② 法文名称为:Institutions Internationales et Droit Administif Comparé。

③ 具体内容参见 *Revue Internationale du Droit Comparé* (1989—4), pp. 849－928。

④ 法文名称为:L'enseignement du droit national aux étudiants étrangers。

项目的贡献》(*Contribution du programme Erasmus*)的报告。①

1993年11月26日,主题为"法律职业与比较法"②的国际研讨会又一次在巴黎召开。与往届相同,来自许多国家和地区的法律职业者与学者参加了此次大会并就各国状况进行交流,其中包括:

德国美因河畔法兰克福的律师与公证人海德(Helmut Heide)及其论文《德国的法律职业与比较法》③;

荷兰乌得勒支大学教授洪蒂乌斯(Ewoud Hondius)及其论文《荷兰法律职业的培训与比较法》④;

英国的乔络维茨(J. A. Jolowicz)及其论文《英国的法律职业与比较法》⑤;

法国律师协会的摩尔(Richard Moore)及其论文《美国的比较法研究》⑥;

瑞士弗里堡大学教授斯托菲尔(Walter Stöffel)及其论文《瑞士的法律职业与比较法》⑦等。

在该届研讨会上,法国专家借助东道主之势提交了多篇论文,其中包括:

法国最高法院商事庭庭长贝扎尔(Pierre Bézard)的《法国法官与比较法》⑧;

法官巴伊纳(Olivier de Baynast)的《法国法官与国际合作》⑨;

---

① 具体内容参见 *Revue Internationale du Droit Comparé* (1993—1), pp. 9—98。
② 法文名称为:Les professions juridiques et le droit comparé。
③ 法文名称为:Les professions juridiques et le droit comparé: Allemagne。
④ 法文名称为:La formation des professions juridiques et le droit comparé: Pays-Bas。
⑤ 法文名称为:Les professions juridiques et le droit comparé: Angleterre。
⑥ 法文名称为:Le droit comparé aux Etats-Unis。
⑦ 法文名称为:Les professions juridiques et le droit comparé: Suisse。
⑧ 法文名称为:Les magistrats français et le droit comparé。
⑨ 法文名称为:Les magistrats français et la coopération internationale。

法国律师协会的布戴尔(Jules-Marc Baudel)的《法国律师与比较法》①;

巴黎律师工会职业培训中心的里斯弗朗(Katherine Lisfranc)的《法国律师的培训与比较法》②;

公证人塔哈德(Jean Tarrade)的《法国公证实践与比较法》③,等等。

从上述论文中,人们大体上会对法国各法律职业与比较法之关系有所了解。④

为了更好地对比较法发展状况加以总结并对其未来走向进行展望,法国比较法研究中心于1995年12月1日在巴黎召开了题为"比较法的现状与未来"⑤的国际研讨会。此次大会有两个议题,一个是"比较法的形成"(La formation au droit comparé),另一个是"比较法的信息"(L'information en droit comparé)。来自许多国家的著名学者就上述两个议题进行了热烈的讨论并提交了各自的论文,其中包括:

萨科及其论文《比较法在意大利的形成》⑥;

勒康及其论文《比较》⑦;

曾担任过法国比较立法学会会长的弗雷舍(Georges Flécheux)及其论文《法国法律职业的状况》⑧;

法国国际电力商事管理处法律事务负责人拉麦特(Didier Lamèthe)

---

① 法文名称为:Les avocats français et le droit comparé。

② 法文名称为:La formation des avocats français et le droit comparé。

③ 法文名称为:La pratique notariale en France et le droit comparé。

④ 具体内容参见 *Revue Internationale du droit comparé* (1994—3), pp. 725—810。

⑤ 法文名称为:Le droit comparé: aujourd'hui et demain。

⑥ 法文名称为:La formation au droit comparé: L'expérience italienne。

⑦ 法文名称为:Comparer。

⑧ 法文名称为:La situation en France: Le point de vue des professions juridiques。

及其论文《一个企业法学家眼中的法国比较法之形成》[①]；

格扎维埃·布朗—儒万及其论文《一位教育界人士的观点》[②]；

马克斯—普朗克研究所图书馆的副馆长科努德森(Holger Knudsen)及其论文《来自国外的比较法信息——马克斯—普朗克研究所》[③]；

瑞士比较法研究所代理主任科蒂埃(Bertil Cottier)及其论文《瑞士比较法研究所》[④]，等等。

法国比较法研究中心主席罗贝尔(Jacques Robert)还为本届大会致开幕词并做了总结报告。他简要地回顾了历届研讨会的盛况，并对比较法的未来加以展望。[⑤]

此外，法国比较法研究中心还曾于 1994 年 11 月 25 日与 1996 年 12 月 6 日举办过两届国际研讨会，其主题分别为“企业与比较法”[⑥]和“中欧、东欧诸国及中国的所有权制度之现状”[⑦]。[⑧]

总之，在 20 世纪末，上述国际研讨会的召开不仅促进了世界各国比较法的学术交流，还为推动法国比较法研究做出了重大贡献。

(二)《国际比较法杂志》创刊 50 周年

法国《国际比较法杂志》创刊于 1949 年，其前身是比较立法学会发

---

① 法文名称为：Le socle du futur ou la formation en France au droit comparé selon un juriste d'entreprise。

② 法文名称为：Le point de vue d'un universitaire。

③ 法文名称为：L'information en droit comparé. Expérience étrangère：l'Institut Max-Planck。

④ 法文名称为：L'Institut suisse de droit comparé。

⑤ 具体内容参见 *Revue Internationale du Droit Comparé* (1996—2), pp. 267－420。

⑥ 法文名称为：L'entreprise et le droit comparé。

⑦ 法文名称为：Actualité de la propriété dans les pays d'europe centrale et orientale et en Chine。

⑧ 具体内容参见 *Revue Internationale du Droit Comparé* (1995—2), pp. 327－508; *Revue Internationale du Droit Comparé* (1997－3), pp. 527－628。

行的《会刊》。《国际比较法杂志》不仅是法语世界中比较法研究的先锋,也是公认的享誉全球的几种权威比较法杂志之一。

《国际比较法杂志》为季刊,每年发行4期,其主编是现任法国比较立法学会的会长格扎维埃·布朗—儒万。为了保证学术质量,该杂志的编委都由法国当代著名比较法专家组成,除此之外他们还聘请了许多世界著名的比较法学家担任顾问。在这些权威人士的把关之下,发表在《国际比较法杂志》上的文章也体现出了高质量、范围广与内容丰富的特点:其中,既有微观比较也有宏观比较;既关注发达国家的法律现状,也对众多的发展中国家的法制建设加以介绍和评述。此外,一些重要的国际比较法学术会议与论坛(如各届国际比较法大会、法国与其他国家间开展的比较法双边论坛,以及上述提及的比较法国际研讨会等等)的信息与主要内容都被收录在该杂志中。因此,《国际比较法杂志》是了解国际比较法发展动态的不可多得的优秀期刊。

为了纪念该杂志创刊50周年,法国比较立法学会还专门向世界上的诸多知名比较法学家征稿,并将这些主要反映各国、各地区比较法发展总体状况和某些比较法理论的20篇文章刊登在《国际比较法杂志》1999年的第四期上,其主题为"比较法的未来"(L'avenir du droit comparé)。比较立法学会的现任会长、《国际比较法杂志》的主编格扎维埃·布朗—儒万还欣然为本次特刊作序。在简要地总结了50年来的发展历程外,他还对比较法的现状与未来发表了自己的看法。

此次纪念活动所精选出的20篇文章依次如下:

1.《德国比较法现状》(Comparative law in Germany today)

作者:H. 克茨(Hein Kötz),汉堡大学教授、马科斯—普朗克研究所主任。

2.《走向2000年的阿根廷比较法》(Le droit comparé en Argentine à l'aube de l'an 2000)

作者：马赛罗·乌尔巴诺·萨莱诺（Marcelo Urbano Salerno），阿根廷比较法学会主席。

3.《比利时的一代比较法学家》（Autour et alentour d'une génération de comparatistes belges）

作者：雅克·房德兰登（Jaques Vanderlinden），加拿大蒙克敦大学教授。

4.《比较法在巴西》（Le droit comparé au Brésil）

作者：阿尔诺多·沃尔德（Arnodo Wald），巴西亨利—卡皮当协会主席。

5.《一体化的比较法?》（Vers un droit comparé intégré?）

作者：帕特里克·格兰（Patrick Glenn），加拿大麦克基尔大学法学院教授。

6.《法律移植与比较法》（Legal transplant and comparative law）

作者：沈宗灵（Shen Zongling），中国北京大学法学院教授。

7.《西班牙比较法教育的历史与现状》（L'enseignement du droit comparé en Espagne：Aperçu historique et état actuel）

作者：加比尔·加西亚·康特雷（Gabriel Garcia Cantero），西班牙萨拉戈萨大学民法名誉教授。

8.《20世纪末法国比较法之状况》（L'état du droit comparé en France）

作者：埃蒂安·皮卡尔（Étienne Picard），巴黎第一大学教授。

9.《比较法在芬兰的发展状况》（Le développement de la situation du droit comparé en Finlande）

作者：托尔·摩丁（Tore Modeen），芬兰赫尔辛基大学教授。

10.《普通法与大陆法在香港的相互作用》（A tale of two legal systems：The interraction of Common law and Civil law in Hong Kong）

作者：王晨光(Chenguang Wang)，中国香港城市大学法学院副教授；

朱国斌(Guobin Zhu)，中国香港城市大学法学院助理教授。

11.《比较法在匈牙利》(Comparative law in Hungary)

作者：阿梯拉·哈尔马蒂(Attila Harmathy)，匈牙利宪法法院法官。

12.《比较法在印度》(Le droit comparé dans l'Inde)

作者：达维·阿努萨米(David Annoussamy)，印度本地治理比较法学会主席。

13.《论以色列的比较法研究》(Remarques sur le droit comparé en Israël)

作者：M. 拉贝罗(Alfredo M. Rabello)，耶路撒冷希伯来大学法学院教授。

14.《批判与差异：意大利比较法》(Critique et différence: Le droit comparé en Italie)

作者：皮耶·吉赛浦·摩纳特里(Pier Giuseppe Monateri)，意大利都灵大学教授。

15.《不同法律文化中法律制度的可比性——源于诸种劳动法法律规则之多样性的思考》(Comparabilité des droits dans les cultures juridiques différentes—à propos de la pluralité d'origines d'inspiration dans les règles juridiques du droit du travail)

作者：山口俊雄(Toshio Yamaguchi)，日本东京大学名誉教授。

16.《对新西兰比较法研究的几点思考》(Some reflections on comparative law from New Zealand)

作者：A. H. 昂格罗(A. H. Anglo)，新西兰惠灵顿维多利亚大学法学教授。

17.《英国的比较法研究》(Le droit comparé au Royaume-Uni)

作者:约翰·贝尔(John Bell),英国利兹大学教授。

18.《面向新千年的瑞典比较法研究》(Le droit comparé en Suède au seuil du troisième millénaire)

作者:斯蒂格·斯托霍姆(Stig Strömholm),欧洲学术协会主席。

19.《美国的比较法学》(The discipline of comparative law in the United States)

作者:乔治·A. 伯尔曼(George A. Bermann),美国哥伦比亚大学法学院教授、欧洲法律研究中心主任。

20.《对法律文化的差别分析》(Sur l'analyse différentielle des jurisscultures)

作者:皮埃尔·勒康(Pierre Legrand),荷兰蒂尔堡大学比较法律文化教授、法国里尔第二大学教授。①

总而言之,上述论文具有一定的代表性,并大致反映出了当前世界比较法发展的总体状况。而法国比较立法学会为《国际比较法杂志》创刊 50 周年所举办的这次活动也称得上是国际比较法家庭的一次盛大的聚会,并在世界比较法研究的史册上写下了难忘的一笔。

二、世纪末的反思

在学术活动开展得如火如荼的同时,20 世纪末的法国比较法研究也暴露出了诸多问题,值得人们深思。

(一) 比较法的方法论

大多数的当代法国比较法学家似乎都认为,如果比较法研究以了

---

① 关于这 20 篇论文的具体内容,参见 *Revue Internationale du Droit Comparé* (1999—4), pp. 747—1074。

解外国法为目的，那么其方法将是至关重要的。尽管如此，他们却从来没有对比较法的方法进行过系统的研究，也没有对相关问题从总体上果断地加以思考（这种现象实际上早已有之）。

在法国，法学家们对比较法方法的研究是相当分散的，从未能（或还未能）在理论上展开一次真正意义上的大讨论。因此，也就没能发展出一个系统的方法论，甚至不存在一些共同的方法论之原则用以形成一个易于接受的比较方法的基础。

实际上，法国法学家们至今仍未对下列十余个理论问题达成共识或就某一部分给出明确的答复：

· 人们应该确切地比较什么：是比较各法律体系、各部门法，抑或仅仅是对一些法律规则的比较？

· 实际上，比较是如何进行的？

· 是相似性更重要，还是差异更重要？

· 上述差异是不变的，还是能够被改变的？

· 如果它们是可以被改变的，其结果会是如何？

· 比较法存在的理由是什么，其意义何在？

· 对国内法的改革就会促进其与外国法的协调，甚或是实现法的统一吗？

· 实现上述具有可能性之目标的方法与技术是怎样的？

· 更具体而言，在进行比较前，是否有必要先求助于对实践有指导意义的某种比较的理论？

· 比较法学怎样从其与外国法研究的关系中界定其自身的特征？

· 比较法是一门特殊的，甚或是独立的学科；还是像在有些法律秩序或文化中那样，将该国的各个部门法中所涉及到的比较部分融合起来，进而形成比较法？

· 比较法的最终的或主要的目的又是什么？

……

每当遇到上述问题时，比较法学家们总是设法避免正面回答。因此，这些问题至今没能得到普遍的解决。就法国比较法的方法论问题而言，应当尽快结束目前的这种局部、孤立、片面的研究状态，以使相关问题得到更加系统、普遍的解决，并力争开拓出百家争鸣的良好局面。

十几年来，随着比较法在法国的进一步发展及其重要性的日益显现，比较法方法论问题也逐渐呈现出新的面貌。同时，这些问题也变得越发深奥和系统化。而最近这几年对相关问题所展开的研究也是及时的、令人兴奋的。虽然这些研究目前还不能对所有问题予以解答，但它们至少使方法论问题在今后处于比较法研究的核心位置。因此，我们正目睹着有关比较法方法论的新思维的诞生。[①]

（二）比较法与外国法研究

将比较法和外国法研究相混淆也是20世纪末法国比较法研究所面临的一个问题。对这一状况加以分析是十分必要的，因为它牵涉到法律比较的本质。

外国法研究确实会引起人们的极大兴趣，其本身也具有不容置疑的重要意义。但对法学家而言，只要这些研究不能揭示出该外国法的法律文化，它们在比较的层面上就不具有可操作性。

人们通常认为，比较的目的是使那些已经对自己的法律文化有所了解的法学家们从其已掌握的法律知识出发，对外国法加以理解。也就是说，比较法研究总要包含一个相互对照的维度。例如，一个外国法学家为了理解或解释英国法而以其自己的概念和文化为背景对英国法加以研究，或是当一个英国（或法国）法学家为了使外国法学家理解英

① Étienne Picard, “L’État du droit comparé en France, en 1999,” *Revue internationale du Droit Comparé* (1999—4), pp. 888－890.

国(或法国)法而试着以该外国人的角度来向其加以介绍。

然而,在法学家们不了解另一法律体系的情况下,他们往往会自发地、自然而然地用自己的法律制度作为参照。于是,问题便凸显出来:如果为人们所熟知的用于参照的法律对外国法的理解起到了至关重要的作用,那么该参照系也会扭曲这一理解;其误解的程度取决于人们对参照系了解的多少。因为人们总是自发地,或多或少地,将未知的或不很了解的东西带入到已知的东西之中,或是将不同的、相似的事物归并为相同的事物。

在某些问题上,也许一个法律体系与另一法律体系存在某些相似、甚至是相同之处。但是,依据某种法学观念,这两种法律秩序之间并非一定存在着相似性,而其完全一致的地方更是极其少见。一些看似相近的规则,实际上可能具有完全不同的含义。

因此,虽然将本国法或已知的外国法视为参照系的做法是必要的,但这仅仅是了解未知法的一个最初的跳板而已。在此过程中,如果人们坚持要将未知融入已知之中,就将会导致错误的发生、引起误解或是造成含混不清。从某个时期起,比较法学家就应该超越这一做法,而是进入一个对所要研究的法律体系进行"自主"理解的阶段。而"自主"的含义是,从所要考察之法律体系的原则和规则本身出发,来探寻其独到之处。

这样一来,从事比较研究的法学家就愈来愈熟悉该外国法了。因为这种理解方式放弃了最初的参照,而直接介入到目标法本身。但其结果可能会是:比较法最终被外国法研究所取代。如果是这样的话,我们可以推测,比较也将不再存在了。于是,这便构成了比较法的一种结构性矛盾(paradoxe constitutif)。实际上,只有当人们对外国法有了相当程度的了解,以至于对两种法律体系的认知达到了几乎同等的深度之后,真正的比较才会正式启动。

其实，比较法学家们很少会做到上述意义上的真正的比较研究。因为这要求他们熟知至少两种，甚至三种、四种以至更多的法律文化。因此，目前也没有一位比较法学家宣称自己实际上能够达到这样的要求。所以，我们只有寄希望于新一代的能够在两种不同的法律文化中成长起来的法学家们，使其担负起开展真正意义上的比较法研究之重任。[①]

（三）比较法与法律语言

在法国，比较法学家们常常会表现出一种翻译家的姿态，更准确地说是像笔译兼口译者。作为一种误区，该现象应当引起人们的关注。

由于法国人不大了解外国语（尽管这种状况近来有了很大的好转），人们总是认为比较法仅仅是将外国的法律制度翻译成法文，或是将法国的法律制度翻译成外文。然而，这个错误是很严重的，也是普遍存在的，尤其体现在一些不大了解法律的人身上。而那些虽然通晓外语，但以为就此便足以理解其相应的法律制度的人们有时也会犯这种错误。

从一般的意义上来讲，这样的翻译也是需要的；但充其量也仅是比较研究的最开始阶段，这也同样要求译者对法律有很好的了解。然而，即便如此，翻译的难度也相当大。因为在两种法律体系中，相同或是对等的法律术语几乎是不存在的。如果存在着等效的术语（只要没有被搞错的话），也只说明其含义极其相近罢了。

在两种语言中，一些词汇看起来是相同的或是具有可互译的特征，但从某种程度上而言，其所蕴含的法律观念却有着天壤之别。在这种情况下，最好能将该词的用途加以说明。比如说，*commun* 与 *common*，

---

① Étienne Picard, "L'État du droit comparé en France, en 1999," *Revue Internationale du Droit Comparé* (1999－4), pp. 893－894.

这两个词都包含了“普遍”的意思，但人们都清楚，决不能将 *common law* 译成 *droit commun*。

此外，人们也不能将 *civil law* 简单地译成 *droit civil* 以及将 *libertés publiques* 译成 *public liberties*。这是因为，在修饰“自由”一词时，英文的限定词 *civil* 表达的恰恰是法文中 *publique* 的含义（而 *civil liberties* 与 *civil law* 中的限定词 *civil* 在这两个短语中也表达了两种完全不同的含义）。

因此，就法律而言，在两种语言中可能根本不存在完全对等的词汇。这就要求法学家们在遇到上述问题时，要更详尽、更深刻、更准确地（后者是最高要求）对法律语言加以解释。而难度更大的是，如果在两种语言中出现近似于相对等的词汇时，人们往往容易轻信这些词所表述的事实是完全等同的；然而，实际情况很可能会是失之毫厘，谬以千里。

比如，英语中的 *contract* 与法文中的 *contrat*。尽管在字面上看似可达到完美互译的结果，但它们在词语的涵义上，尤其在法律构成上决非相同；这是因为，法国合同法与英国合同法之间存在着明显的差异。而即使对于法国法自身而言，其合同还分为私法上的合同与行政法合同等许多种。①

因此，法国的比较法学家不应仅关注所要研究的法律语言本身，而更应该重视语言所表达的法律制度。因为法律本身也是一种语言，只不过是要以其独特的方式表现出来而已。由于每种法律秩序都是独特的，因此其法律语言也具有独立性，甚至在很大程度上是“与世隔绝”的：它们往往满足于自身的存在，而不愿与其它法律语言相交流。只有

---

① Étienne Picard, “L'État du droit comparé en France, en 1999,” *Revue internationale du Droit Comparé* (1999—4), pp. 896—897.

当我们对法律语言的特性有足够的认识时才会发现，翻译其它法律制度以及法律间真正的交流会是何等的艰难。[①]

总之，比较法学家翻译工作的难点不仅体现在语言上，更体现在法律（文化）上。这也就是比较法学家们为何要超越一个仅仅做单纯的语言翻译之境界的原因。他们应当充分地了解法律本身的涵义，进而成为法律观念的译者，一座飞架两个不同世界的桥梁。

（四）实证主义与统一主义

作为大陆法系的代表之一，法国法长期受到实证主义的影响。法国人总是将立法置于非常重要的地位，并大都认为只有国家立法才是“真正的法”（vrai droit）——如果其定义是“被认可的最有效的法律”的话；因此，其结果必然是认为：在法国，只有法国法才是“真正的法”。

这样一来，法国法便染上了较强的国家色彩，甚至体现出一种国家主义观念。而这种观念在某种程度上为法国的比较法研究设置了巨大的障碍：对法国而言，如果惟一“真正的法”是法国法，那么外国法便不是“真正的法”（如果是，充其量也仅就在其自己的效力范围内而言）。

无论从地理上还是从认识上，这种法律观都使得对法律的了解大打折扣：对一个法国法学家而言，如果“真正的法”就仅指法国法，那么他为什么还要到其他法律体系中去探寻法之真理呢？显然，这便是法国长期以来对比较法研究不大关心的原因之一。

进一步来说，既然外国法在操作层面上的价值仅限于它自身所适用的范围，我们又何苦下大力气对其加以研究呢？如果那些外国法在操作上对法国有借鉴意义，那么它们就该体现出一种普遍性的作用；但该前提却被这些法律观念的理论基础否定了。如果这些外国法在内容

① Étienne Picard, “L’État du droit comparé en France, en 1999,” *Revue internationale du Droit Comparé* (1999—4), p. 894.

上与法国法具有相似之处的话，这也并非是出于法律自身的原因，而是历史的、经济的、社会的与政治的因素在起作用。也就是说，在比较中有时出现的相似性并不仅仅是法律的：它们只是偶尔表现出与法律相关，而这些相似性实际上更多地取决于法律之外的其它因素；因此，仅从法律方面出发是无法分析这些相似性的。[①]

除实证主义对比较法研究的开展颇为不利之外，统一主义（universalisme）也站在了比较研究之真正需求的对立面上。

就法国法学界而言，一些追求法律统一的观念是根深蒂固的。首先，从前的某些对法之统一功用的认识仍阴魂不散。在其影响下，人们一直在探寻新的比较法是否能够或应当像观念中的理性法、自然法或是文明人类之共同法等那样，为具有内在多样性的各种法律制度打造出一个共同模式（un modèle commun），并由此提供一个实在的规范体系。

然而，上述理念必然会产生一种极其幼稚可笑，甚至是厚颜无耻的结果（其在客观上是大量存在的，但人们却心照不宣）：法国法理所当然地成为统一主义的共同模式之代表。也就是说，从某种程度上讲，此种规范性模式是由法国法组成的。

实际上，近年来有相当多的法国法学家（也包括一些比较法学家），虽然没公开声称，但仍坚持将比较法主要视为输出法国法或是维持并发展法国法对世界之影响力的一种手段。就其本身而言，这种做法是无可厚非的，因为它至少还算得上是法国对外文化政策的一个组成部分。但与之相反，如果认为该观念是值得称赞的，就等于在助长一种陋习之蔓延，应该被革除。因为不仅法国法有一些可被

---

① Étienne Picard, "L'État du droit comparé en France, en 1999," *Revue Internationale du Droit Comparé* (1999—4), pp. 906—907.

外国法借鉴的地方,反之亦然。而上述观念也并不是比较法的目的之所在。因为,如果比较法是一门学科,它应当以无条件地了解外国法为主要目的。

综上所述,无论是实证主义还是统一主义,其最终的落脚点都是法国法。也就是说,外国法不再是那些所谓的比较法学家们的真正研究对象:对外国法的研究也就成了使其融入法国法的借口,或者仅仅是一个最笨拙、最低效的维持法国法之影响的尝试,其结果必然是着重研究与法国法相似的外国法律制度,或是不时地侧重于曾经受到过,或将来有可能会受到法国法影响的那些外国法。①

(五)共性与差异——对"统一欧洲法"的质疑

如上所述,大多数的法国比较法学家注重对与法国法同源的法律制度的研究,因此他们往往忽视了与其法律文化颇为不同的普通法。

而这种现象并非法国所独有。在欧洲大陆,比较法学家们往往在各种法律秩序之间寻找一些相同之处,并将差异视为对前者的损害。德国某些权威比较法法学家甚至声称,"如果比较的结果是找出了相同点或相似性,那么就是一件值得欣喜的事;如果是发觉巨大差异的存在,就该引起足够的重视并对研究过程加以复查……"②

可以说,当前的比较法研究关注的是法的统一,或是一种理念中的统一法。在这种情形下,各法律秩序间的差异被边缘化了。实际上,就连差异被忽略的现象本身也被人们所忽视了。③ 然而,这种做法的直接后果便是,在统一欧洲法运动的过程中,英国等普通法国家的法律传

① Étienne Picard, "L'État du droit comparé en France, en 1999," *Revue Internationale du Droit Comparé* (1999－4), pp. 907－908.

② Pierre Legrand, "The same and the different," Pierre Legrand and Roderick Munday (ed.), *Comparative Legal Studies: Traditions and Transitions*, Cambridge University Press (2003), pp. 245－246.

③ Ibid., pp. 248－249.

统被人们所轻视。

对此，现执教于巴黎第一大学的皮埃尔·勒康（Pierre Legrand）① 从比较法律文化的角度出发，发表了诸多专著和论文对该问题加以论述。他高举法文化大旗，主张多元文化的和谐共处，并强烈反对那些肤浅的统一欧洲法的理念。其颇具说服力的论证引发了人们的关注和反思。

在其2003年的新作《共性与差异》（*The same and the different*）一文中，勒康着力分析了共性（the same）与差异（the different）这对辩证概念在比较法中的角色。他认为，大多数的比较法学家在进行外国法及比较法的研究中都先入为主地认为被研究的对象之间一定存在着某些共性的东西。实际上，他们是在依据自身有限的知识积累和经验对研究对象进行主观上的重述（re-presentation），而不是在客观地表述（representation）。因此，其所得到的共性之结果往往是主观的、片面的，也就很难反映事物的原貌。②

但对差异而言，它不仅是共性存在的前提（因为没有差异，共性也就无从谈起），而且也是客观世界的重要组成部分③。正是由于差异的存在，世界才是多姿多彩的、竞争的、有活力的。所以，勒康试图要说服人们纠正以往的偏见并重新审视差异的价值，以便更加客观、科学地认

---

① 勒康是法国当代颇有影响的比较法律文化学家。1982年他毕业于加拿大魁北克的麦克基尔（Mc Gill）大学，取得法学学士学位；1985年在巴黎第一大学深造取得文凭（DEA，相当于硕士学位）；1986年在英国牛津大学取得文学硕士学位；1993年在英国兰开斯特大学获法学博士学位；又于2000年在巴黎第一大学获法学博士学位。由于勒康成长在加拿大魁北克这个双语区（法语、英语），他受到了多元文化的熏陶。他的求学经历（地跨英、法两国，并都取得了博士学位）也为其日后的比较法律文化研究打下了坚实的基础。

② Pierre Legrand, "The same and the different," Pierre Legrand and Roderick Munday (ed.), *Comparative Legal Studies: Traditions and Transitions*, Cambridge University Press (2003), pp. 252—259.

③ Ibid., pp. 262.

识这个多元的世界。

在对共性与差异进行分析的基础上，勒康还结合自己的经历对普通法与欧陆法的关系加以阐述。他指出，虽然近年来普通法与欧陆法在逐渐接近，甚至在某些领域里形成了你中有我、我中有你的局面；但从总体上而言，由于传统与文化等诸多原因，它们间还是存在着巨大的差异。因此，在统一欧洲法的过程中，普通法与欧陆法应被视为两个同等重要的法文化，理应受到同样的尊重。①

目前，法国、德国与意大利的比较法学家们正在努力推动统一欧洲法的进程，但这却是在打压普通法国家之法文化传统的背景下开展的。然而，这种忽视差异的做法将导致某些法律观凌驾于其它法律观之上。由此而得来的那些肤浅的法律技术层面的融合在面对复杂的法律适用时，往往是软弱无力的。②

如果超越了那些肤浅的规则和原则，人们便会发现：就难度而言，统一法律与统一多元社会（uniformization of societies）一样将会举步维艰。在日益全球化的今天，承认、理解差异并在各法律传统之间进行积极对话的做法，其在难度上肯定要远大于仅仅以一种法律模式为中心的所谓“同质的”法律文化之建立；但从长远考虑，前者显然是更有效的方法，因为它建立在对差异与多元文化之尊重的基础上。

勒康认为，法律适用本身并不要求消除差异性，相反，应更加灵活地对待文化上的不同，承认多元化的客观存在，接受诸多非协调性之合理观念的共存，并逐步拓展多种法律传统间深层次的交流。因此，人们

---

① Pierre Legrand, “The same and the different,” Pierre Legrand and Roderick Munday (ed.), *Comparative Legal Studies: Traditions and Ttransitions*, Cambridge University Press (2003), pp. 244—245.

② Pierre legrand, *Le Droit Comparé*, Presses Universitaires de France (1999), p. 112.

必须理解差异，而任何试图减少差异的行为都将遭到抵抗。①

总之，欧洲多元的法文化应得到尊重。就目前欧洲法的状态而言，勒康建议人们应当借鉴美国、加拿大以及瑞士的经验，即经济的联合并非一定要伴以法律上的统一；相关法律问题的解决可以求助于国际私法上的原则与规定等类似途径。② 而将来欧洲法的状态也应该是"一个多元的欧洲法（unes Europes juridiques）"③。

作为对该问题的小结，勒康的如下论述是再合适不过的了，"比较法学家们必须接受这样一个事实，即法律是一种文化现象，各法律秩序所体现出的差异性只能，也永远只能被部分地消除。因此，作为一个将差异视为有益之物的比较法学家（尽管它并不比其它的事物更好），我只能通过强调、解释并证明其存在的合理性……来搏击文化统一主义的思潮……。但对差异的强调并不是要颠覆产生于启蒙运动中的人之解放与自由的观念，更不是要鼓吹回到启蒙运动前的那种否定法律面前人人平等、唯身份论地位的状态；不是为了背逆欧洲一体化的潮流、炮制消极情绪，或是要抵制事物的变化……。我认为，'统一化'必须在这样一个前提下开展才是可行的，即一定要尊重差异而不是与之相抵触；也就是说，应当承认每一个法律传统都同样有其自身价值。这是因为，正义之实现取决于对差异的遵从……"④

---

① Pierre Legrand, "The Return of the Repressed: Moving Comparative Legal Studies Beyond Pleasure," *Tulane Law Review* (2001), vol. 75, pp. 1047－1049.

② Pierre Legrand, *Le Droit Comparé*, Presses Universitaires de France (1999), p. 117.

③ 由于单、复数形式同时出现于该词组的各个单词之中，这在法语语法上是错误的。但通过勒康的大胆"发明"，欧洲法既联合又区别的实质特征便巧妙地跃然纸上。参见 Pierre legrand, *Le droit comparé*, Presses Universitaires de France (1999), p. 118。

④ Pierre Legrand, "The Return of the Repressed: Moving Comparative Legal Studies Beyond Pleasure," *Tulane Law Review* (2001), vol. 75, pp. 1049－1050.

(六) 其他问题

20世纪末出现了许多值得法国比较法学家认真反思的问题。除上述五个方面外,还有许多问题值得关注,比如跨学科的研究方法(L'interdisciplinarité)等等。这里仅就两个有关问题加以粗略的分析。

其它学科,比如人类学、语言学、社会学、史学、心理学以及哲学等学科的研究方法能够开拓比较法学家的视野,并引发其深入的思考。[1]而当代法国比较法研究也十分需要借助其它学科的理念来对自身的研究方法与模式加以剖析,甚至是进行自我批判。[2]

在跨学科研究方面,当代美国比较法是走在世界前列的。这尤其体现在美国"法与经济"的研究之中。尽管波斯纳的相关理论在欧洲大陆风靡一时,但在法国却没能得到任何回应。

法国的无动于衷当然存在其深层次的原因:美国是一个实用主义传统浓厚的国家。在某些法国法学家眼中,其法律的经济分析理论仅仅是普通法"无耻的商业精神"之延伸,其中所充斥的功利主义使效率成为评判人的价值的惟一标准;而法国却是一个传统的天主教国家,出于某些价值观的差异,法国人对上述法与经济关系的认识是难以接受的,由此而产生的抵触就不足为怪了。

因此,法国的跨学科研究之路不能仅靠模仿别国的成功模式,还要依据自己的文化传统与价值观来进一步地探索。

此外,还有一种现象值得关注。一些当代的法国比较法学家往往不自觉地将比较法的价值局限在实用领域。他们为了与某一国家建立实在的联系,而去进行法律、经济、商业、金融等方面的实务性交流。

---

① Pierre Legrand, *Le Droit Comparé*, Presses Universitaires de France (1999), p. 27.

② Horatia Muir Watt, "La fonction subversive du droit comparé," *Revue Internationale du Droit Comparé* (2000—3), p. 518.

这种比较法的实际应用本身是无可厚非的，甚至是受欢迎的。但这并非比较法的全部目的或动机之所在。因为法的观念与理论也同法的适用一样是可以进行比较的；而在很大程度上，前者与后者是决定与被决定的关系。

无论上述活动是在怎样的口号下开展的，比如为了法的相互接近、法的和谐发展，甚至是为了法的统一，其本质却是将比较法工具化。所以，人们应当对此有足够的认识，进而全面地发挥比较法的作用。①

上述20世纪末法国比较法所遇到的几大问题，比如，比较法与外国法研究、实证主义与统一主义、共性与差异、比较法的跨学科研究以及比较法的工具化倾向等，几乎都与比较法的基础理论有着直接或间接的关联。而这些问题的解决有待于对如下几个基本理论的探究，即什么是比较法？它是一门学科还是一种方法？其目的是什么？比较什么，以及怎么比？等等（虽然这些问题是各国普遍存在的，但对其探索的程度却不尽相同）。事实上，理论体系的缺失造成了实践中的混乱。因此，将比较法作为一个学科来建设的努力还是远远不够的。

在法国比较法发展的初始阶段，如果说由于时间和经验之积累的严重不足还无力创造一个相对完整的理论体系；那么到了20世纪末，经历过近百年的发展，法国比较法仍未能拥有一个令人满意的基础理论体系。这使得法学家们在1900年巴黎国际比较法大会上提出的诸多理论问题至今仍未得到有效的解答。从某种程度上来讲，这确实是一种遗憾。

目前法国比较法的理论建设落后于美国和德国（这两国的比较法

① Étienne Picard, "L'État du droit comparé en France, en 1999," *Revue Internationale du Droit Comparé* (1999—4), pp. 908—909.

理论研究已呈现出大量批判性的后现代主义特征)。某些法国比较法学家甚至指出:“法国法(比较法)目前还远离现实的发展运动(mouvement réaliste);法国法(比较法)似乎还未做好准备来接受后现代主义。”[①]而这种滞后的状态,应该引起法国比较法学界的关注。

令人欣喜的是,勒康等新一代法国比较法学家的崛起为沉寂多年的法国比较法理论研究注入了一股新活力。但只有批判,没有重建也是不够的。因此,我们也期待着他们在比较法基础理论上的更多探索与更大贡献。

纵观法国及世界比较法近两百年的发展史,我们可以看到这样一个发展脉络:法国比较法学曾在19世纪下半叶至20世纪初的几十年时间里处于世界领先的位置。[②] 但到二战后,由于种种原因,其将领先地位拱手让与美国,比较法研究的中心也从欧洲转移到了北美。[③]

尽管二战后法国的比较法学也在悄然复兴,并涌现出像达维德、安塞尔、康斯坦丁内斯库及敦克等比较法大师级人物,同时也取得了相当的成绩,但与崛起迅猛的美国、德国比较法研究相比还是相形见绌。

20世纪末,法国比较法学家中的一些有识之士也已经觉察到了法国比较法乃至法国法的衰落。为了扭转这种颓势,他(她)们将目光投向强大的美国,并认为美国法(比较法)研究中强烈的批判传统是使美国法(比较法)充满活力进而领先世界的重要原因。因此,他(她)们希望这种批判作用在法国比较法研究中也能得以发挥,并用以拯救相对

---

① Horatia Muir Watt, “La fonction subversive du droit comparé,” *Revue Internationale du Droit Comparé* (2000—3), p. 511.

② 同时期的德国比较法学也是相当出色的,并在某些时期也曾领先世界比较法的发展。

③ 二战后德国比较法也发展迅猛,其多方面超越法国比较法研究的状态已成为不争的事实。

落后的法国比较法学，乃至法国法本身。①

但是，来自山姆大叔的进口药就一定会医好高卢雄鸡的流感吗？这个问题还有待于法国比较法学家在实践中加以解答。展望 21 世纪，曾经给世界带来荣耀的法国比较法将会为人类文明做出哪些新的贡献？我们拭目以待。

① Horatia Muir Watt, "La fonction subversive du droit comparé," *Revue Internationale du Droit Comparé* (2000—3), pp. 508—513.

第二章 比较法学在德国

德国比较法学在世界法学界占有重要位置。德国比较法学的发展形态比较完备，其各个阶段在世界比较法学领域都富有代表性。德国法有“法学家法”之称。这一点体现在比较法学领域也相当突出。因为比较法不同于部门法学，它的历史本质上就是一部学术史，完全为比较法学者一手所缔造。因此，德国学者体系化的思考方式以及踏实严谨的学术传统在这一领域得到尽情的挥洒，这一优势使他们得以长期领导世界比较法学的潮流。

第一节 近代德国比较法研究的发展演变

茨威格特（Konrad Zweigert，1911—1996）和克茨（Hein Kötz，1935— ）在合著的《比较法总论》中将比较法的根源分为两个，一个是“立法比较法”，另一个是“学术理论的比较法”。[①] 前者是比较法学在立法中的运用和体现；后者是作为学术分科的比较法。

所谓立法比较法，是指为了创造本国新法律而参考外国法所进行的比较研究。

德国的立法比较法大约发轫于19世纪中叶的初期。当时，德国正

① 参见[德]K.茨威格特、H.克茨：《比较法总论》，潘汉典等译，法律出版社2003年版，第76页。

日益强烈地追求法典编纂和国内法律的统一，立法比较法正是在这一背景下开始起步的。

德国的立法比较法首先开端于商法领域。根据商法所具有的特性（它相对于其他部门法更少伦理性而富于技术性）以及当时统一市场的需要，使德国商法领域的统一最为迫切、也最有可能率先实现。1848年的德国《普通票据法》、1861年的德国《普通商法典》，都运用了比较法研究，进行比较的范围不仅包括德国各个地区的法律，而且还包括欧洲其他国家的商法典，如《法国商法典》和《荷兰商法典》。

后来，立法者越来越认识到，从比较法方面拟就一般报告或者特别地以专家鉴定的方式提供资料，对于立法工作来说必不可少。因此，利用立法比较法不限于商法领域，比较法的准备工作几乎在所有重大的立法计划中都可以看到，其中特别值得提及的是比较法在德国刑法改革中的运用。

1902年，受德国司法部的委托，几乎所有著名的德国刑法学家参与组成了一个委员会，其任务是为改革帝国刑法典准备一部附有比较法理由的提案，它要求对所有可能的刑法资料进行比较研究，并批判性地正确判断由此而得出的结果，最终为帝国刑事立法提供建议。委员会前后历经近7年时间，终于完成了一部学术作品，即《德国刑法和外国刑法的比较阐述》。这部鸿篇巨著于1909年出版，全集共16卷，其中6卷为总则部分，9卷为分则部分，最后一卷为一个详细的内容索引。[①]它是德国比较法发展初期的一部不朽的著作，其非同寻常的重要性得到普遍的承认。

大约10年后，沃尔夫冈·米特尔迈尔（Wolfgang Mittermaier）、黑

---

① 参见[德]弗兰茨·冯·李斯特：《德国刑法教科书》，徐久生译，法律出版社2000年版，第88页。

格勒尔(Hegler)和科尔劳什(Kohlrausch)在所草拟的《德国普通刑法典草案》(1912)中,再度运用外国法和比较法阐明重大的刑事政策问题、国际刑法问题和某些有激烈争议的个别犯罪行为的事实构成问题。

从1900年1月1日起完成德国私法统一的《德国民法典》,更能说明立法比较法在其中的成功运用。在这个法典的编纂过程中,专家们曾仔细地分析了德国各州适用的法律,特别是普通法和普鲁士法以及在莱茵、巴登地区适用的民法典;而且几乎在每一项重大问题上,还对奥地利法和瑞士法进行深入的比较研究。

总之,比较法学在德国的立法实践中证明了自己的重大价值。

继以上概括介绍"立法比较法"之后,现以时间为序,重点探讨作为学科理论的德国比较法的发展历史。

一、比较法学的早期发展

作为学术分科的比较法,是指为了更好地认识法律,而对不同的法律制度进行的比较研究。[①] 与前述立法比较法的广泛应用相比,德国比较法学的发展并不顺利。立法比较法,因为有国家统一法律的现实需要,因而获得了强大的推动力;而作为法学家个人精神产品的比较法学,其发展一方面以可资比较的数个国家法律秩序的存在为前提,另一方面还深受各个时代精神的根本价值倾向的影响。这种天生的依赖性决定了比较法学成长历程中的脆弱性。

具体地说,20世纪以前的德国比较法学,由于身受占主导地位的各个法学流派的阻遏而发展迟缓,学术上对比较法的态度是冷淡乃至坚决排斥。比较法学在这一时期的任务是获得承认,为自己作为独立

---

① 参见[德]K.茨威格特、H.克茨:《比较法总论》,潘汉典等译,法律出版社2003年版,第76页。

的法学分科在法学界争得一席之地。同时，这一时期，比较法对主流法学既反抗又依赖，这种矛盾性，给它其后的各个发展阶段打上了鲜明的烙印。

（一）比较法学的起点

格特里奇和达维德认为，实际意义上的比较法始于近代初期的莱布尼茨（Gattfried Wilhelm Leibniz ，1646—1716 ）和孟德斯鸠。[1] 茨威格特和克茨虽然没有明确德国比较法学的起点，但对莱布尼茨对比较法的贡献评价甚高，认为他“自己虽没有在实践上从事比较法研究，但是有力地倡导了比较法”。[2] 而开创比较法学的，并不一定是严格意义上的比较法学家。据此，若说德国比较法学始于莱布尼茨，并非牵强附会之言。

莱布尼茨是德国著名的哲学家、法学家，曾从事司法工作，并撰写过法学论著。能够表现其比较法思想的，是他在 1687 年出版的一部论著——《法学教育的新任务》。在此书中，他设计了一个以新方法实行法学教育的方案。他认为，一个优秀的法律家应该立足于历史和哲学，在法的研究中适用伦理学、逻辑学以及形而上学的方法，尤其是有必要从世界历史观点出发，了解其他各主要民族的法，特别是日耳曼法。为此，他草拟了一个关于比较叙述一切民族、国家和各个时代的法律，以建造一个“法的剧场”的计划（theatram legale）。[3] 这是一个普遍法通史的提案。他认为，正因为普遍法通史才是法制史的真正框架，所以各个民族的法制史只是其辅助手段，乃至必要条件而已。

莱布尼茨所处的时代，正是欧洲法学从普遍法到国家法转变的初

---

① 参见［日］大木雅夫：《比较法》，范愉译，法律出版社 1999 年版，第 35 页。

② 参见［德］K. 茨威格特、H. 克茨：《比较法总论》，潘汉典等译，法律出版社 2003 年版，第 75 页。

③ 参见［日］大木雅夫：《比较法》，范愉译，法律出版社 1999 年版，第 36 页。

期。在 17 世纪以前的欧洲各大学,法学都是指罗马法、教会法或自然法,这些都是具有普遍性的法,由此产生了诸大学的共同法(droit commun des universités)。然而到了 17 世纪,欧洲法学的统一性日益衰退,本国法的教育在各大学中渐有后来居上之势。18 世纪以后,法学的视野开始在民族或国家的框架中逐渐展开。再以后,随着各国形形色色法典的出现,以民族主义为基础的多样的实定法律秩序的形成,法学也走向了国家化。最后,曾几何时一元化的法学分裂为复数的法学,从此实定法的知识各自为政,难以跨越国境。

比较法学的出现,在一定意义上正是对法学的这种狭隘性的反抗,并力图使各国法学克服特殊性、封闭性,实现欧洲法学普遍性和统一性的理想。[①]

17 世纪开始的欧洲法学的细微变化已经显露出后来法学趋势的某些端倪。作为法学家的莱布尼茨,是否敏感地察觉到了这种时代气息的转变,才有意识地主张比较法的研究?对此我们并没有确切的证据。但是他率先在其著作中倡导比较法的理论价值,基于此,若说他是德国比较法学的先驱,应该当之无愧。

然而,莱布尼茨点燃的星星之火,并没有在德国形成比较法学的燎原之势。相反,此后在德国流行的各种法学思潮,都在不同程度上阻碍着比较法学的发展。

(二) 法哲学对比较法学的影响

此处用较大篇幅说明法哲学对比较法的影响,旨在介绍德国比较法发轫时的艰难背景,同时也试图为解释贯穿本文始终的比较法对主流法理学的依赖关系奠定基础。

---

① Anne Peters & Heiner Schwenke, "Comparative Law Beyond Post-Modernism," *International and Comparative Law Quarterly*(2000), vol. 49, p. 803.

1. 各学派的消极作用

19 世纪，法律的统一是德国最迫在眉睫的课题之一，对法学家们来说，尤其如此。因此，他们的学术研究几乎完全集中于本国法律领域之内。而且，德国占主导地位的各法学流派又强化了这种倾向，这对比较法学产生了不利的影响。这些学派依次是历史法学、概念法学、实证主义法学以及新康德学派等。现以历史法学派为例简要说明。

比较法需以存在数个国家的法律秩序为前提。而以萨维尼(Friedrich Carl Von Savigny，1779—1861)为代表的历史法学派却把成为国家法律秩序之基干的自然法法典作为“非有机的”东西加以排斥，认为“有机的”法的形成必须依靠民族信念才能实现。具体地说，就是认为，应当从习惯法、判例及学说的作用出发。在这里，可以把法视为在无限深厚的民族意识指引下的民族精神的产物。萨维尼及其学派因此拒绝研究罗马法和日耳曼法以外的任何法律，包括以《法国民法典》为代表的各种自然法法典，而将其所谓民族精神与罗马法等量齐观，只满足于埋头构筑罗马法原理学。①因而，萨维尼及其历史法学派所倡导的方法论及民族精神大大局限了德国法学的研究范围。

不仅如此，历史法学派还强烈反对对各国法进行比较。在萨维尼看来，“……试图把这种比较的观点应用于各个场合的工作，或许会使人想起听战争故事时总是在追问谁是好人谁是坏蛋的小孩子的感情。”②德国比较法学的先驱者之一，费利克斯·迈耶尔(Felix Meyer)于 1894 年也回顾道，主流学科“叹息(比较法学)是半吊子主义和乌托邦工程，(它们)从罗马法的高处悲悯地俯瞰比较法，就如同《圣经》面对着

---

① 参见[德]K. 茨威格特、H. 克茨：《比较法总论》，潘汉典等译，法律出版社 2003 年版，第 76 页。

② 参见[日]大木雅夫：《比较法》，范愉译，法律出版社 1999 年版，第 46 页。

蹩脚的戏剧底稿”。①

历史法学派狭隘的民族主义的法律观以及封闭的方法论，对在它之后登场的“潘得克顿法学(Pandektenwissenschaft)”(又称概念法学)和实证主义法学，都产生了很大的影响。这两个学派也都没有给比较法学创造良好的气候。尤其是实证主义法学，在它看来，只有实在法才是法律，而所谓实在法，就是国家确立的法律规范。因此它不仅把法律研究锁定在本国范围以内，而且进一步将法学的任务限定在分析和剖析实在法律制度的范围之内。② 这两个学派，除了在方法论上根本排斥比较法外，还拒不承认比较法在法律学科上享有任何恰当的地位。多数人或蓄意或无意地把比较法看作是少数孤僻者的奥秘的游戏。③

上述法学流派，都在不同程度上激发和强化了德国的民族主义的法律观，使德国法学的视野日益狭隘。特别在法典编纂完成后，德国法律家们更进一步将法学研究的焦点转移到“自己国家的”法律秩序上面，愈来愈把本国法律“放在一个本质上来源于德国普遍法学说的封闭式的教条主义概念体系装置里面”，④把它作为一个自给自足的法律体系加以专心致志的研究，同时鄙视或忽视其他国家和地区的法律，从而长时期地把比较法学拒之门外。

2. 费尔巴哈、黑格尔、耶林等的推动作用

就在德国法学的民族狭隘性日益剧烈，以历史法学为代表的诸学派又不断强化这种狭隘性的同时，对德国法学现状的批判以及对历史

---

① Anne Peters & Heiner Schwenke, “Comparative Law Beyond Post-Modernism,” *International and Comparative Law Quarterly* (2000), vol. 49, p. 806.

② 参见[美]E. 博登海默：《法理学：法律哲学与法律方法》，邓正来译，中国政法大学出版社1999年版，第116页。

③ 参见[德]K. 茨威格特、H. 克茨：《比较法总论》，潘汉典等译，法律出版社2003年版，第80页。

④ 同上，第78页。

法学的批判也始终持续不断。这些批判者中最著名的是几位德国伟大的法哲学家——费尔巴哈、黑格尔以及耶林。他们和莱布尼茨一样，都不是严格意义上的比较法学家，然而却积极地为比较法学开创道路。

(1)费尔巴哈

对德国法学的民族狭隘性表示不满而率先对其发难的是费尔巴哈。1810年，费尔巴哈对"德国法学家"提出批评，他说，"他们所有的学术研究援引的只是国产的或者本土的(native or naturalised)"，他质问道："生物学家有他们的比较生物学，那么为什么法学家没有自己的比较法？"①

费尔巴哈认为，所有经验科学的一切发现，其根源都在于比较和综合，再没有比这更丰富的源泉了；一个事物只有在同许多其他事物进行对比后，才可能变得真正清晰明确，也只有通过显示它与其他事物的相似与区别，其特点和本质才能被揭示出来。如同语言学来自于语言比较，因此，如果普遍法学要给法律学术的特有形式赋予生命力和提供支持，它就需要将其他国家在所有时代、所有地区的法律和法律实践进行比较，将其中最相似与最不同者进行比较。他认为，一个人必须"注意其他民族，细察他们的法律及法律实践，来培养他对自己国家法律的敏锐感觉，学会用新眼光审视它，甚至运用新资料充实它、丰富它"。②

费尔巴哈提出的以广泛的比较法作为普遍法律科学之基础的要求，使他和萨维尼及其历史法学派发生了不可调和的矛盾冲突。他认为萨维尼的观点，即应将德意志法(等同于罗马法)作为研究的中心，太过狭隘，因而坚决拒斥。在蒂堡(Anton Friedrich Justus Thibaut,

① Walther Hug, "The History of Comparative Law," *Harvard Law Review* (1931—32), vol. 45, p. 1054.

② K. Zweigert & H. Kötz, *An Introduction to Comparative Law* (Third Edition, 1998), Translated by Tony Weir, Clarendon Press, Oxford, pp. 52—53.

1772—1840)与萨维尼关于法典化的可能性与必须性的著名论战中，他积极支持蒂堡，并赞同蒂堡对历史法学的批评："10次论述波斯或中国法律概念的有活力的演讲，将比100次关于从奥古斯都到查士丁尼无遗嘱继承的可鄙又拙劣的法律演讲，更能激发真正的法学智慧。"①

(2)黑格尔

黑格尔也发起了对萨维尼的民族精神及其封闭性的民族法观念的反击。在黑格尔看来，民族只是向国家过渡的一个阶段，只有国家才能实现绝对理性及伦理的、法的理念。由此可见，较之作为民族的自发产物的习惯法，由国家自觉创造的制定法更应该受到重视；而且，法只是以纯粹科学乃至抽象概念构成的哲学性建构的出发点，法学是哲学的一个部门，实定法的历史或原理学等等，无非只是构筑各科学概念的前提条件而已。因此，为了发展这些科学概念，只了解德国法或罗马法的一部分是远远不够的，即使只是为了发展抽象的法学概念，也有必要全面认识每个民族和各个时代的法。基于这种认识，黑格尔的法哲学要求法的研究应超越民族，超越国家，具有世界性的视野。

黑格尔的法哲学理论，促进了19世纪中后期德国的比较法学。他曾经排除了萨维尼的强烈反对，推举自己的弟子冈斯(Eduard Gans，1798—1839)成为柏林大学教授。后者也激烈地批判历史法学所陷入的史实诠索的方法，并将黑格尔的理论用于比较法学。

(3)耶林

耶林也对德国法律科学堕落成为本土法学的现状慨叹不已，在《罗马法的精神》中，他写道，"对于学问，这是一种卑躬屈膝的有失身份的

---

① K. Zweigert & H. Kötz, *An Introduction to Comparative Law* (Third Edition), 1998, Translated by Tony Weir, Clarendon Press, Oxford, p. 53.

形象!”①

他激烈地批判了把民族性的思想奉为法形成的惟一的排他的原理,并陷入极端的罗马法崇拜的历史法学派。他认为,如果科学不把普遍性的思想与民族性的思想作为同质之物一视同仁、并行不悖,就无法把握科学自身所处的世界。而要克服法学的狭隘性,“今后确保法学曾经长期保有的普遍性的特性,作为比较法学以另一种形式表现,这就只能依靠法学自身。它的方法将是另一种方法,它的眼界将是更广阔的;判断将是更成熟的,对资料的处理将不受约束;而表面上的丧失(即罗马法的形式上的共同性)实际上却是对法学真正的帮助,把法学提升到更高一级的学术活动。”②

茨威格特曾先后撰文《耶林对于比较法方法的重要性》(1970)、《耶林对比较法方法发展的影响》(增补本英文版,1971),盛赞耶林对比较法学做出的巨大贡献。他认为,“如果没有耶林……的法律学说与目的论的方法,那么,现代比较法如同现实中那样得到发展是不可能想象的。”③

在上述法哲学家的倡导和推动下,德国有一小部分法学家一方面出于改革与完善本国法律的目的,另一方面出于对外国法律毫无偏见的客观态度和对外国法律知识的自然的兴趣,开始对不同的法律进行有目的有系统的比较研究。

(三)比较法学的发轫

1. 概况

撇开历史上孤立的个人对比较法的研究不谈,德国比较法作为有

---

① 参见[德]K. 茨威格特、H. 克茨:《比较法总论》,潘汉典等译,法律出版社 2003 年版,第 67 页。

② 同上。

③ 同上,第 79 页。

组织的学术活动开始于19世纪早期。其发轫阶段大致从1814年(这一年,蒂堡发表题为《论制定一部统一的德国民法的必要性》的论文,号召德国模仿法国进行法典编纂)持续到19世纪三四十年代(这时期大多数倡导比较法研究的理论家相继去世)。①

这一阶段德国对外国法和比较法进行研究的直接动机,来自于莱茵和巴登地区对《拿破仑法典》的继受。德国南部的海德堡大学则是这一阶段德国比较法的中心,并围绕着作为精神领袖的费尔巴哈的弟子、德国法学家米特尔迈尔(Karl Joseph Anton Mittermaier,1787—1867)形成了一个学术团体。这批学者的眼界并不局限于被德国采用的外国法,而是延伸到所有现代法。他们熟谙罗马法、日耳曼法及其对现代法律的影响,他们相信任何文明国家的法律发展和法律科学都很重要,也应该对任何其他国家的法学家有极大的吸引力。

虽然一开始,比较法学者的任务主要是理解和学习《法国民法典》,但由于蒂堡与萨维尼之间的那场著名的论战,使蒂堡的建议完全破灭,因而给这方面的研究以及影响都投上了浓厚的阴影。后来,这个学术团体的活动远远超出对这一问题的关心,而把当时世界存在的所有法律秩序都包括进去。

2. 比较法期刊的创办

米特尔迈尔感到有必要开阔德国法学家的视野,因此与他在海德堡大学的同事萨查里阿(Karl Salomo Zachariae,1769—1843)一起,在一些外国法学家的合作下,共同创刊了《外国法学与立法评论》。这是世界上第一份比较法期刊。萨查里阿在创刊号上著文说明了刊物创办的目的:“如果从这个关于当今欧洲各民族之间的文献交流情况和欧洲

① William Ewald, “Comparative Jurisprudence (Ⅰ): What Was It Like to Try a Rat?” *University of Pennsylvania Law Review* (1995), vol. 143, p. 2119.

各国目前法律状态的概览中，我们能够推论说，在任何一个欧洲国家出现的立法或者法学情况，也或多或少引起其他的欧洲各国和民族的关心，那么，这个期刊的计划，即试图使德国读者便于了解外国的法学著作，也就无须解释了。”①

这份期刊，在通报外国法制的信息方面做出了极大的贡献。从 1829 年创刊到 1856 年停刊，《外国法学与立法评论》一共出版了 28 卷，这些多卷本的《评论》“差不多完完全全地将在几乎 30 年发展运动中的外国立法和法学状态的概览再度展示出来”，②为本国法与外国法进行比较研究提供了方便。

3. 米特尔迈尔的研究成果

出于实际需要的目的，蒂堡、萨查里阿及其他一些法学家也都对外国法，例如对法国私法进行研究，但是这些研究从严格意义上说都不是真正的比较法。

真正称得上比较法学家，把比较法作为对不同的法进行体系对比和比较评价的，是米特尔迈尔。他和乃师费尔巴哈一样，都是德国著名的刑法和刑事诉讼法学家。米特尔迈尔精心致力于比较法研究，是为了德国普通法的刑事诉讼改革。其主要研究成果有：

《从普通实在法和法国刑事立法规定考察德国刑事诉讼上的证据理论》(1809 年)；《从法院惯例与德国法典的发展观察德国刑事诉讼上的证据学说与英国和法国刑事诉讼程序观点的比较》(1834 年)；《言词原则、追诉原则、公开原则和陪审法院与在各国法典中它们的实施情况，并且根据法律的要求和适当性并顾及各国经验的检讨》(1845 年)；

---

① 参见[德]K. 茨威格特、H. 克茨：《比较法总论》，潘汉典等译，法律出版社 2003 年版，第 81 页。

② Walther Hug, “The History of Comparative Law,” *Harvard Law Review* (1931—32), vol. 45, p. 1058.

《德国刑事诉讼在法院惯例中的发展以及同英国法国刑事诉讼的详细比较》(第四版,1845、1846年);《英格兰、苏格兰和北美的刑事诉讼同政治、伦理和社会状况的关系及法律习惯的个别性》(1851年);《关于欧美重罪法院的实效及其优点、缺陷与改善》(1864、1865年)。

由以上详细列举的著述题目可见,米特尔迈尔的比较法研究集中于刑事司法领域,以资比较的法律,不仅超出欧洲大陆的范围涉及英国各民族,而且进一步涉足于北美大陆,其视野之广阔,在当时确属难能可贵;在研究的层次上,其学术成果既精细又深入,经受得住时间的考验;在方法上,他不仅着手探讨法律,还注意考察各个法院实际工作中的法律现实,甚至还进一步探究它们事实上的、政治上的和社会上的背景。总之,他的研究成果代表了这一时期德国比较法的最高水平。

4. 研究特点

这一阶段的比较法,是在德国改善法律的急切需要的压力之下开始的。对外国法律材料进行吸收和比较研究的目的,是为立法者和法官提供援助,以借助外国法的经验来发展和完善本国法。① 因此,这时期的德国比较法学重实践而缺乏理论总结,没有进行任何关于比较法研究对象以及研究方法的讨论。但是,比较法学家们却发展了一种经验观察和实际运用比较结果的方法,并为比较法研究注入了强烈和持久的热情。②

这一时期德国比较法的另一个鲜明特点是,欧洲大陆的法学家第一次对英格兰和美国的普通法的发展和传统技术怀有浓厚的兴趣,并积极地试图去理解。米特尔迈尔百科全书式的知识,这个团体的法学

---

① 参见[英]施米托夫:《比较法律科学》,韩光明译,载《比较法研究》2001年第4期,第102页。

② Walther Hug, "The History of Comparative Law," *Harvard Law Review* (1931—32), vol. 45, pp. 1059—1060.

家们对当时世界所有的法律、法律科学和大国的法律教育的不知疲倦的求知热情，不仅前无古人，而且在欧洲大陆后来的很长一段时期内也几乎无人超越。[①]

5. 海德堡学派的衰落

尽管海德堡大学的法学家们开启了德国比较法研究的大门，尽管他们心志宽阔，兴趣广泛，但是他们的努力仅仅局限在一个很小的法学家圈子内；再加上大多数倡导比较法研究的理论家如费尔巴哈、黑格尔、蒂堡、冈斯、萨查里阿等也都于19世纪三四十年代相继去世，这个团体因而不足以抵抗法律实证主义的强大势力。由此，伴随着1856年《外国法学与立法评论》的停刊，伴随着米特尔迈尔的去世，伴随着19世纪中期法律实证主义精神在西方所有国家法学界中的统治地位的形成，法哲学处于最低谷，海德堡的学术团体衰落了，对外国法和比较法的研究也几乎完全消失了。以至于后来的德国著名比较法学家恩斯特·拉贝尔在其著作中，也始终没有提到过这一时期的比较法学家的名字及其学术成果。[②]

由此可见，这一阶段德国比较法尚处于萌芽时期，对比较法普遍引起兴趣的时代尚未到来。只有到了19世纪后半期，比较法作为法律科学的独立学科的地位才得以确立。

（四）"比较法律科学"学派

经过19世纪中期几十年的沉寂之后，德国比较法开始以另外一副面貌重新登场——19世纪后期，历史主义成为这一时期比较法研究的主导范式，法律比较（包括历史比较）的目的在于试图揭示法律进化的

① Walther Hug, "The History of Comparative Law," *Harvard Law Review* (1931—32), vol. 45, p. 1069.

② Ibid., p. 1070.

内在规律。[①] 所谓历史主义，就是试图以历史化的方法来思考一切问题的立场，即必须把眼前的一切事物都作为生成、发展而来的东西来理解。主要以黑格尔的历史哲学为思想基础，后来又受到达尔文进化论的深刻影响，先在德国，后来又蔓延到西欧各主要国家，兴起了一股学术潮流，即"法律人类学"或"普遍法律史"。在德国，它被称为"比较法律科学"学派。[②]

早在19世纪前期，冈斯率先将其师黑格尔的历史哲学中包含的发展原则运用到比较法领域。他比较研究了罗马人、印度人、中国人、犹太民族、伊斯兰民族和雅典人的继承法，著成《世界继承法发展史》(1824年)。但是由于冈斯于1839年的早逝，也由于他过分热情地试图研究所有时代和所有民族的法律从而导致其学术流于显而易见的浅薄，还由于其思想的晦涩难懂，他的著作在其死后变得湮没不闻，今天已很少为人所知。[③]

几十年后，在进化论的巨大影响下，"比较法律科学"的代表人物之一——波斯特(Albert Hermann Post，1839—1895)，于1867年发表了《法的自然规律》。正如书名所表明的那样，他把比较方法应用于法学，使法学像自然科学一样建立在经验的基础上。他认为，世界各民族的发展经历了各个不同阶段，这一过程反映在各民族的法律中。因此，如果把比较民族学的方法应用于法学，就能够得到支配各种法律制度或法律的一般发展过程的规律。

---

① Anne Peters & Heiner Schwenke, "Comparative Law Beyond Post-Modernism," *International and Comparative Law Quarterly*(2000), vol. 49, p. 803.

② 1903年，波罗克说："无论我们谈到历史法学或者比较法学，或者——像德国人似乎倾向的那种说法——普遍法律史，这里面没有什么重大区别。"参见[德]K. 茨威格特、H. 克茨：《比较法总论》，潘汉典等译，法律出版社2003年版，第86—87页。

③ William Ewald, "Comparative Jurisprudence (Ⅰ): What Was It Like to Try a Rat?" *University of Pennsylvania Law Review* (1995), vol. 143, p. 2119.

波斯特的基本观念被伯恩霍夫特(Franz Bernhöft,1852—1933)及其合作者发扬光大,他们于1878年共同创办了《比较法律科学杂志》,专门致力于比较法律史研究。在杂志创刊号的序言中,编者系统地陈述了他们的研究目的——"比较法试图揭示:有共同传统的民族如何各自完善继承下来的法律概念;此民族如何从彼民族那里继受法律制度,并根据自己的观念进行修改;以及最终,不同国家的法律秩序,甚至在没有与外界进行任何实际交流的情况下,如何根据普遍的法律进化原理进行发展和演化。一言以蔽之,比较法正是要在诸种法律秩序之中探究法律的共同理念。"①

随后,这个学派的另一个代表人物——科勒(Joseph Kohler,1848—1919)又推动了比较人类学的飞跃发展。② 科勒在其著作《比较法律科学导论》中也试图解释法律进化的发展规律,他在文中写道:"我们发现,在人类这一有机体中,普遍存在的对进化的强烈愿望,如何无意识地发芽和结果;尤其重要的是,个人推论出的更高合理性如何遍及人类并且指导历史的发展方向。"③科勒的世界观念被后来的学者刻画为"历史的乐观主义"。④

这一学派在其他国家的著名研究有梅因的《古代法》和《村落共同体》,巴赫芬(Johann Jokob Bachofen,1815—1887)的《母权论》等。

由上述可以看出,"比较法律科学"主要关心的是在普遍的文化框

---

① Anne Peters & Heiner Schwenke, "Comparative Law Beyond Post-Modernism," *International and Comparative Law Quarterly* (2000), vol. 49, p. 805.

② 批评者认为这类研究的背景是殖民主义和帝国主义,它们之需要比较人类学,目的并不在于向外国学习,而是为欧洲在全球利益的扩张提供正当根据。参见 Anne Peters & Heiner Schwenke, "Comparative Law Beyond Post-Modernism," *International and Comparative Law Quarterly* (2000), vol. 49, p. 805。

③ Anne Peters & Heiner Schwenke, "Comparative Law Beyond Post-Modernism", *International and Comparative Law Quarterly* (2000), vol. 49, p. 804.

④ Ibid., p. 805.

架之内，专门阐述全世界的普遍法律史。他们将其视野向整个人类开放，而不局限于罗马法或日耳曼的狭隘范围。其研究特点是从人的统一的心理结构出发，把人类的各种现象、社会制度和法律制度的类似作为无庸置疑的前提，认为所有民族的法都朝着单一的方向、服从同一个进化规律而发展，因此各个民族的法或法律制度的差异，只是因为在这条单一的道路上处于不同的发展阶段而已。这种观点过高地评价了类似性，显而易见地忽视了差异性。它几乎完全无视民族的特性，常常把本无关系的制度牵强附会地联系起来，明显地急于使其普遍化。正是在这一点上，“比较法律科学”虽然也不可避免地受萨维尼的法理学历史研究进路的深刻影响，①却与萨氏及其历史法学有很大的差别。后者恰恰强调法律的特殊性，认为法律和语言、行为方式及基本社会组织体制一样，来自于民，形成于史，为一定民族所特有。因此，无怪乎萨维尼在其著述中谈到自己对“比较法律科学”的看法时说，“……鄙人曾经提出警告，反对浅薄搬用‘普遍法律史’”。②

19世纪将近结束时，“比较法律科学”衰落了。1897年，科勒基于学者的良心承认了他们研究的失败，他说：“……(我们)是在以一种错误的方法进行研究。因此给世界带来了非科学的、而且是不成熟的观察得到的粗暴的思辨的形象。”③

但是，“比较法律科学”这股潮流对西欧比较法学的发展产生了强有力的推动作用。在它的带动下，英国、法国的比较法研究开始制度化——比较法学会、杂志、讲座创立了，比较法作为独立的法学学科的

① Joachim Rückert, “The Unrecognized Legacy: Savigny's Influence on German Jurisprudence after 1900,” *American Journal of Comparative Law* (1989), vol. 37, p. 134.

② [德]弗里德里希·卡尔·冯·萨维尼：《论立法与法学的当代使命》，许章润译，中国法制出版社2001年版，第二版序言。

③ 参见[日]大木雅夫：《比较法》，范愉译，法律出版社1999年版，第53页。

地位在法英两国首先得到了承认。[①] 而在德国，到了1894年，才在柏林最高法院法官费利克斯·迈耶尔(Felix Meyer)的主持下，创办了“比较法律科学和国民经济学国际协会”(后来改名为“比较法协会”)。比较法被列入大学课程，作为一门学科而得到完全的承认，则是在第一次世界大战之后。

二、比较法学的现代转型和兴盛发展

(一)现代转型

19世纪末20世纪初，德国比较法学迎来了它发展的转折性变化：从法律人类学或普遍法律史也即历史的比较法，转向以现行(geltenden)外国法为基础的现代比较法。[②] 比较法研究的主导动机，首先是为了国内立法和国际法律协调提供“解决仓库(stock-taking)”，而后，当欧洲大多数国家法典化基本完成后，实现国际法律的逐步统一。[③]

1. 转变的原因

发生这种转变的原因首先是经济上和商业上国家间的联系日益密切，全球化的趋势也日益增强，正是这种时代精神要求对外国法律规则，或者甚至是统一的法律规则有更好的认识；其次，这时期，在国际联盟的推动下，西欧各主要国家争取法律统一和国际合作的巨大努力取

---

① 茨威格特和克茨认为，比较法最终被承认为一门新的学科的标志是作为独立的学科而被列入大学课程。参见[德]K.茨威格特、H.克茨：《比较法总论》，潘汉典等译，法律出版社2003年版，第86页。

② 根据茨威格特和克茨的界定，比较法律史不同于实质意义上的比较法，后者只包括现存的法律体系。参见[德]K.茨威格特、H.克茨：《比较法总论》，潘汉典等译，法律出版社2003年版，第106页。

③ Anne Peters & Heiner Schwenke, “Comparative Law Beyond Post-Modernism,” *International and Comparative Law Quarterly* (2000), vol. 49, p. 806.

得了几项成果，主要有《波恩著作权与商标权条约》、万国邮政联盟和第一个海牙国际私法公约等。在这种情况下，西欧的法学家们将私法的大规模统一作为事业追求的理想，并对其实现的可能性怀着乐观的信念。

正是在这一背景下，现代比较法学应运而生。费利克斯·迈耶尔指出："……（今天），在新出现的社会活动和机构中全球化的经济趋势特别显著，法律的国际化取得了巨大进展，不进行法律比较就不可能制定任何一项法律。"①

2. 研究目标

领导比较法学完成这一历史转变的是法国的比较法学家——巴黎大学的萨莱伊和里昂大学的朗贝尔。在上述时代精神的激励下，1900年，他们二人在巴黎领导举办了国际比较法大会。国际比较法大会的召开是这一时期比较法发展的顶峰，它集中体现了这一阶段比较法学发展的主要特点。

把法律统一作为比较法的目标和最终功绩的时代精神也贯彻在德国的比较法研究中。1914年，"比较法律科学和国民经济学国际协会"在柏林庆祝其成立20周年之际，协会的创始人费利克斯·迈耶尔，重申了协会创办的宗旨是，"通过法律比较走向法律统一，追求法律的完善和协调。"②

3. 研究对象

在对法的认识上，这一阶段的比较法学深刻地受到了实证主义法学和概念法学的影响。虽然实证主义法学和概念法学都轻视比较法学，而它却不可避免地依赖于那个时期法学的主导思想。因此，这一背

---

① Anne Peters & Heiner Schwenke, "Comparative Law Beyond Post-Modernism," *International and Comparative Law Quarterly* (2000), vol. 49, p. 806.

② Ibid., p. 807.

景下的比较法在研究对象、方法论以及研究范围上都打上主流法理学的烙印。

由于受实证主义法学的影响，这一时期比较法学的研究对象是制定法。因为实证主义法学认为，法律是一批出自占统治地位的政治权威的规范。比较法学家基于对法律的这种认识，认为比较法就是对不同国家的法律规范体系的比较或具体法律规范的比较。而且，在法律实践中，德国的法学者曾在19世纪最后20年专心致志于准备《德国民法典》的制定，又在20世纪的头15年对他们一手缔造的这一私法典进行彻底的检查和研究，这就进一步强化了他们根深蒂固的以法律文本为中心的思考习惯。[①] 而在制定法中，比较的范围又进一步局限在私法领域。其中原因之一大概在于自中世纪罗马法继受以来法学学者研究的一般趋向所致，[②]而且《德国民法典》又理所当然地成为研究的焦点。另外，当时的国际合作，也主要在经济技术和商业领域，这些领域所涉及的法律也大都属于私法范畴。

4. 方法论

在方法论上，这一时期的比较法也深受实证主义法学和德国概念法学的影响。概念法学高度强调概念和分类，热衷于创制一个系统的和严格的实在法体系。这一阶段的比较法学者们也偏好宏大而又系统化的法学方法，专门研究正式的规则、制度、程序而忽略了规范背后的社会和经济因素。[③] 这种比较方法被称为规范比较方法，或者称为结

---

① David J. Gerber, "Sculpting the Agenda of Comparative Law: Ernst Rabel and the Facade of Language," *Rethinking the Masters of Comparative Law*, edited by Annelise Riles, Northwestern University School of Law Hart Publishing (2001), p. 194.

② Mathias Reimann, "Stepping Out of European Shadow: Why Comparative Law in the United States Must Develop Its Own Agenda," vol. 46, *The American Journal of Comparative Law* (1998), p. 639.

③ Anne Peters & Heiner Schwenke, "Comparative Law Beyond Post-Modernism," *International and Comparative Law Quarterly* (2000), vol. 49, pp. 807—808.

构主义(structuratism)、概念论(conceptualism)、文本论(textualism)、文本方法(textusl approach)等。[①]

5. 研究范围

这一时期,比较法的研究范围局限于欧洲大陆诸法律体系。因为,一方面,"人类的共同法"理论,志在追求对整个人类文明普遍适用的法律,这在当时被认为过于宽泛,因此比较法学者们将研究范围首先限定在罗马民族和日耳曼民族;另一方面,受研究对象以及方法论的制约,比较法的研究范围又进一步缩小到欧洲大陆各国的制定法。因为当时人们认为只有欧洲大陆的实在法体系才是彼此相类似的法制,在此前提下才可以进行比较,而普通法与大陆法的法律框架差异太大,缺乏比较性,因而对它们进行比较不仅极为困难,而且也没有价值。[②]

(二)兴盛发展

1. 发展的契机

第一次世界大战后,由于《凡尔赛条约》的签订(尤其是条约的第10条,它规定了各参战国公民之间战前私法关系的清理问题),以及由各国仲裁员混合组成的仲裁机构对德国战前合同的仲裁,美国财政政策对战后德国通货膨胀的影响等因素,使原来很少引起人们注意的外国法和比较法具有了越来越重要的意义;德国法学家肩负着为了国家的特定利益而充当辩护士的任务,围绕着关于法律问题的理解和适用展开了争论,这就逼着他们将德国法同外国法进行对比。由此,德国法学从它"罕见的闭锁状态"中突破了出来。

开始的时候,德国法学家非常天真地从战前的思想出发,依旧抱着德国的法律概念,按照德国的方法试图去解释《凡尔赛条约》。但这种

① 参见黄文艺:《论当代西方比较法学的发展》,载《比较法研究》2002年第1期。

② Hein Kötz, "Comparative Law in Germany Today," *Revue Internationale de Droit Comparé* (4—1999), p. 758.

方法很快证明是行不通的，因为"《凡尔赛条约》是用外语表述的，其德文译本没有任何规范效力，而立法方法和概念组成、解释的背景和法律风格都是从各战胜国的制度和法律观念，特别是从英国法和法国法借用的。在这种背景之下，只有深入研究所有这一切，此外别无办法……"①

虽然为了正确适用《凡尔赛条约》而进行的比较法研究，其出发点在于实践而非学术上的客观认识，但是以《凡尔赛条约》和其他战争结果作为实际动机的比较法研究成果却大大超越了原来的研究目的——最终，比较法作为独立的法学分科获得了飞跃式的发展。具体表现为以下方面：物质上，创设了物力和人力上充分配备，并且可以持续工作的专门研究所；研究方法上，超越了此前的规范比较法，开始对一切法律秩序，不仅考虑各自的一定的法律功能，还从它们的整体进行彻底的研究；研究范围上，越出以欧洲制定法为限的范围，扩大到国别上无限制的领域。另外，德国比较法学家和其他国家的同行们在国际上进行合作，体现了世界比较法学者的超国家的代表性。

2. 拉贝尔和比较法研究所的设立

第一次世界大战后，德国比较法全新局面的开创是与一个人的卓越贡献分不开的，他就是德国著名的比较法学家、国际私法学家恩斯特·拉贝尔。拉贝尔出生于维也纳，第二次世界大战前曾历任莱比锡、巴塞尔、基尔、格廷根、柏林大学教授。他对这一时期和以后的德国比较法都产生了至深至远的影响。

早在1916年，即第一次世界大战期间，根据拉贝尔的倡议，在慕尼黑大学创立了拉贝尔比较法研究所，这是世界上第一个比较法研究所；

---

① 参见[德]K. 茨威格特、H. 克茨：《比较法总论》，潘汉典等译，法律出版社2003年版，第88页。

战后，德国其他大学也相继效仿。德国比较法作为法学分科的独立地位终于得到了承认。

其后，当各大学的研究中心越来越不能满足对外国法的详细信息的需求时，当时的德国政府、企业界和德皇威廉协会决定共同出资，创设大型的研究所，目的在于扶植德国学者的科学研究，同时为德国企业界和政府部门处理国际事务提供咨询和建议。1924年，在维克多·布龙(Victor Brun)的指导下，创设了德皇威廉外国公法和国际法研究所，五年后该所出版发行《外国公法和国际法杂志》;1926年，德皇威廉协会又在拉贝尔的指导下，在柏林创立了德皇威廉外国法和国际私法研究所，拉贝尔任所长，一年后该所也创办了其机关刊物《外国法和国际私法杂志》。这个研究所在极短的时间内，发展成为德国最著名的比较法中心，而且也是世界上最重要的比较法研究机构之一。

这些大型的研究所，相对于一战前各国创立的比较法协会来说，组织机构更加巩固，有一批专家班子和专业图书馆结集在各研究单位里，从资源上和技术上都大力推动了比较法的发展。这些研究所也培养出了一批优秀的比较法学家，例如，二战前流亡到美国，后来成为美国比较法领头人物的马克斯·鲁因斯坦(Max Rheinstein)、鲁道夫·施莱辛格(Rudolf B. Schlesinger)、沃尔夫冈·弗瑞德曼(Wolfgang Friedmann)等，都曾是拉贝尔研究所里的学生。当代著名的德国比较法学家茨威格特也曾任德皇威廉外国私法和国际私法研究所的研究员。

3. 研究目的、方法和任务的转移

上述大型研究所的设立，使得人们能够进行深入的研究工作，也增强了比较法学者相互之间的交流和影响;这一时期所流行的各种法理学思想，也给比较法学提供了方法论上的指导。所有这一切都促成了德国比较法研究目的、方法和任务的转移。

这一时期，利益法学、自由法学、法律社会学和法律现实主义以各种形式对概念法学和法律实证主义展开了批判，粉碎了各国建立的各自的概念体系、高度精密的学说和教条结构，为人们对法律的认识提供了新方法。这些学派虽各有自己的主张，但在一点上却取得了共识，即法律科学的对象并不是概念的法律结构，而是这些法律结构应当解决的生活问题；法是“社会工程”，法律科学是社会科学。这些新认识为比较法学提供了思想和方法的理论基础。

1925 年，拉贝尔出版了他的比较法学理论的第一部基础著述《比较法的任务与必要性》；1937 年，又发表了《德皇威廉外国法和国际私法研究所的专业领域》。这两篇著作集中阐述了比较法的目的、任务和研究方法等问题，为这一时期德国比较法学的发展奠定了基础。

在《比较法的任务与必要性》一文中，拉贝尔提出“学术的主要任务是，如同我们向来习以为常的那样，十分审慎地对个案进行精确的处理。”[①]这就从 1900 年巴黎国际比较法会议完全的原理讨论，即从比较法在法学体系上的位置，效果和目的是什么，转移到事实问题的个别研究，即“具体的研究”。而且经过十几年的研究，人们认识到 1900 年巴黎会议给比较法预先确定一个体系上的位置，或者预先决定一个目标，这种做法都是对比较法发展的限制。拉贝尔认为，比较的各个目的正如法律科学本身一样是多种多样的，人们既不可能把它们一一列举，而且也无须如此。然而，从拉贝尔毕生所从事的实践工作和学术成果中可以看出，他的比较法研究主要致力于国际私法的统一。

在比较法的方法论上，拉贝尔超越了先前的形式主义的研究方法，提出了一种新的方法。其本质内容，简言之，就是：考察同一个事实问题在两个或更多的法律体系中是如何解决的，而后探究这些问题解决

① 参见[德]K. 茨威格特、H. 克茨：《比较法总论》，潘汉典等译，法律出版社 2003 年版，第 90 页。

方法的异同。由此可见，新的方法着手解决具体的社会问题，其出发点并非单纯基于制定法，或者法律制度的结构，而是社会事实。在《德皇威廉外国法和国际私法研究所的专业领域》一文中，拉贝尔总结道："我们比较的不是（法律的）固定的材料和孤立的段落，而是各种解决办法，这些办法是由此国或彼国为了解决相同的一个具体事实问题而产生的；而后，我们要追问这些解决办法为什么会产生，以及它们有哪些成功之处。"①后来，拉贝尔在1948年发表的题为《应用的比较法，尤其在冲突法中的一些主要问题》一文中，将"法律规范的社会效果以及为了达到这些效果的法律概念的作用"，描述为每一项比较的"公分母（common denominator）"，并认为这种比较的新方法"可以恰当地称为功能的方法（the functional approach）"。② 今天，人们也把这种方法称为功能主义（functionalism）或语境论（context method）。③

1938年，拉贝尔的学生马克斯·鲁因斯坦在《比较法的讲授》中进一步确切地阐述了功能方法的纲领，他认为比较法必须"超越分类的或者分析的描述，或者对一种或多种实在法体系的技术性运用。每一项规则或制度应该在两个查询中证明其存在的合理性：第一，在当前社会中它发挥着什么功能？第二，它的功能发挥得好吗，另一项规则是否比它的功能更好"？④

---

① David J. Gerber, "Sculpting the Agenda of Comparative Law: Ernst Rabel and the Facade of Language," *Rethinking the Masters of Comparative Law*, edited by Annelise Riles, Northwestern University School of Law Hart Publishing (2001), p. 199.

② Anne Peters & Heiner Schwenke, "Comparative Law Beyond Post-Modernism," in: *International and Comparative Law Quarterly* (2000), vol. 49, p. 808.

③ David J. Gerber, "Sculpting the Agenda of Comparative Law: Ernst Rabel and the Facade of Language," *Rethinking the Masters of Comparative Law*, edited by Annelise Riles, Northwestern University School of Law Hart Publishing (2001), p. 199.

④ Anne Peters & Heiner Schwenke, "Comparative Law Beyond Post-Modernism," *International and Comparative Law Quarterly* (2000), vol. 49, pp. 808—809.

由以上所述可见，功能方法的比较有两个基本特点：其一，比较的出发点和基础是社会所面临的各种问题或需要；其二，在对法律问题进行比较时，它着重的是法律的社会功能、效果，而不是法律文本上的抽象内容。

功能的方法抛弃了仅仅作为“法律规范和制度的描画大纲”的传统比较法，为比较法的研究提供了一种新的思考方法，从而大大拓宽了比较法的研究视野。

但同时，它也使比较法学者面临着更艰巨的任务，那就是不能局限于对法律规范进行简单、直接的比较研究，而是要对法律生活的整体进行全面的考察，研究“社会中的法”。拉贝尔在《比较法的任务与必要性》中提出：

> “关于法律问题的思考资料必须是：过去和现在的全世界的法律；以及同法律相关的地理、气候、人种；各民族的历史命运——战争、革命、建国、奴役；宗教和伦理观念；各个人的抱负和创造力、商品生产与消费的要求；各阶层、党派和阶级的利益；各种思潮，不仅封建主义、自由主义、社会主义产生各自不同的法律，各种思潮、已选定的法律道路的合乎逻辑的考虑、特别是对于一种国家和法律的理想的追求，都是起作用的。所有这一切在社会、经济和法律的形成上都是互为前提的。所有发达民族的法律在阳光下迎风闪烁，千姿百态。这个颤动着的实体构成一个任何人依靠直觉无法了解的整体。”①

---

① 转引自［德］K. 茨威格特、H. 克茨：《比较法总论》，潘汉典等译，法律出版社 2003 年版，第 49 页。

4. 研究范围的扩大

从比较制定法，也即规范比较法转向功能主义比较法的同时，德国比较法的研究范围也扩大了。

在比较法的上个阶段，人们认定只有那些法律结构和概念彼此相似的法律制度才可能进行比较，由此，比较法的研究范围被局限在欧洲大陆实在法体系的框架之内。而功能的方法则主张，各种不同形式的法律规范、法律制度，只要它们的功能相同，即它们解决相同的社会问题或满足相同的社会需要，就是可以比较的。因此，当功能主义方法论提出来以后，上述框架就被彻底打破了，比较法从单纯的制定法比较这种束缚中解放了出来，从此开始逐步打开新的研究领域，而向普通法的扩展则是它迈出的关键的第一步。

在此之前，除了特殊领域中带有国际背景的事项（例如海商法）能为少数专家熟悉以外，普通法一直是在欧洲大陆法律家的视野之外的。然而早在第一次世界大战之前，也有一些法学者反对仅在罗马—德意志法系范围内进行比较研究，认为这带有民族的和教条的局限性。当时，费利克斯·迈耶尔的"比较法协会"已着手进行一项关于英国私法的德文注释规划，由汉堡和不来梅市参议会以及柏林商会资助，但此项工作由于战争而终止了。

第一次世界大战后，拉贝尔通过一项精密的专题探讨，提出了深入研究普通法的计划。当时，要超越这一表面上不可逾越的历史的、体系的和方法的鸿沟，向普通法迈步，这是对比较法的重大挑战。而功能主义的方法论给人们对比较法的认识提供了新的视角，即如能根据功能正确地提出问题并且透彻地研究整个法律制度，那么普通法与大陆法之间的差别实际上并不重要。

经过二三十年的研究工作，拉贝尔的研究所产生了许多优秀的学术著作，这些研究成果为大陆法和普通法的沟通架起了桥梁。其中，在拉贝尔的指导下，在系统研究外国法的基础上，外国法和国际私法研究所出版了6卷《比较法辞典》(1927—1940)；1936年，拉贝尔又出版了他的代表作《货物买卖法》第1卷。《货物买卖法》是拉贝尔受国际联盟的委派，为国际货物买卖统一法创造基础而做的。拉贝尔为此系统地调查各主要贸易国的货物买卖法，他的一丝不苟和富有洞察力的比较研究受到了极高的评价。这部著作后来成为指导海牙统一买卖法的一部"圣经"，[①]它对于国际买卖法的统一具有重大意义。

这两部作品的确是国际性和全面性的，普通法作为诸多法律秩序当中的一种，也被包括在内。这就终局性地打破了1900年巴黎国际比较法大会的罗马法的和欧洲大陆的框架，并证明完全不同的法律秩序的比较不仅是可能的，而且是有益的，它也表明真正的比较基础是功能和法律政策需要的相似性。

从事普通法研究的实验增强了人们的信心，使比较法学的领域更加海阔天空。功能的方法，使极不相同的诸种法律秩序的研究有了一个确定可靠的出发点和部分的操作工具。虽然德国对社会主义法系进行比较研究只是在东欧和中欧建立社会主义国家以后才大规模开始，但是其思想和基础则在这一时期就已奠定了。

5. 德国比较法的国际性

这一时期，比较法学的兴盛还表现在各国比较法学者进行国际性的协作，共同推动世界比较法学的发展。具体表现在："国际比较法学会"、国际联盟的"统一私法国际协会"及"国际法律科学协会"等均告成立。这些组织的设立对比较法的意义不容低估。从此各国的比较法学家，从原来基本上囿于各自国家范围之内进行研究转向国际间的互相

---

① David J. Gerber, "Sculpting the Agenda of Comparative Law: Ernst Rabel and the Facade of Language," *Rethinking the Masters of Comparative Law*, edited by Annelise Riles, Northwestern University School of Law Hart Publishing (2001), p. 196.

交流与合作，体现了比较法学者的超国家的代表性。以拉贝尔为例，第一次世界大战后，拉贝尔作为德—意混合仲裁法庭的成员参与解释和约；他也是“统一私法国际协会”的德国的首任代表，而且还曾是海牙国际法院的法官、国际比较法协会的主席。

三、比较法学的停滞

1933 年，希特勒和他的国家社会党控制了德国政权。该年 4 月 7 日，新上台的纳粹政府颁布了《专职公务复职法令》，其目的在于驱逐政府雇佣的公务员中的所有犹太人以及其他持不同政见者。由于德国大学全部为政府经管，所以《专职公务复职法令》和其后一系列的迫害，将所有犹太法学教授和一些非保守的法学教授无情地逐出大学。1933 年，德国各法学院的 378 名教授一次就有 120 名被解职，其中大多数是由于种族原因。

这些流离失所的法学教授被迫流亡海外，主要逃亡到英国和美国。德国比较法学的巨擘——拉贝尔的遭遇集中体现了流亡法学家的悲惨命运。拉贝尔是犹太人，但由于他出生于奥地利，其婚姻属于犹太人与雅利安人的混合婚姻，再加上他当时声名卓著，这些因素都使他暂时躲过反犹太主义法律的迫害，比其他犹太人保住职位的时间长久一点。但是，他后来愈来愈感觉到处境的岌岌可危。出于对局势的担忧，1938 年秋天，这位为德国法学做出巨大功绩、早已蜚声国内外的著名学者，向美国的许多法学教授发出求援信，寻求他们的帮助。信中他谦卑地写道：“在人生如此困苦的境况下，无奈中不得不鼓足勇气冒昧打扰；然而我无意让您承受丝毫负担，也不想给您增添任何麻烦，惟愿您能善良地替我留意目前可能有的机会，使我在背井离乡后有个立足之地。我很愿意在法律的任何一分科重新发挥作用……”①

---

① Kyle Graham, “The Refugee Jurist and American Law Schools, 1933—1941,” *American Journal of Comparative Law* (2002), vol. 50, p. 811.

1939年，厄运终于降临，拉贝尔的公职、财产和公民权统统被剥夺，而且被正式禁止进入他一手创建的研究所。已是65岁高龄的拉贝尔被迫逃离德国，在弟子鲁因斯坦及其他人的帮助下九死一生逃往美国，到美国后又历尽磨难，后来才勉强在密歇根大学谋得一个副研究员的职位。而且，令人震惊的是，拉贝尔在美国始终没有获得法学教授的席位。学者寄人篱下的辛酸由此可见一斑！

和拉贝尔一样，1933年后，被迫流亡的德国法学教授纷纷在国外谋求生路。据已查到的资料显示，当时美国各大学的比较法专业被比作"避难者的栖身地"，其中，"鲁因斯坦安身在芝加哥大学，施莱辛格在康奈尔大学，埃伦茨威格（Albert A. Ehrenzweig）、拉森菲尔德（Stefan Riesenfeld，1908—1999）在伯克利大学，凯斯勒（Friedrich Kessler）在耶鲁大学，拉贝尔和斯泰因（Eric Stein）在密歇根大学……"[①]

德国各大学的"大清洗"之后，在纳粹势力的扶植下，那些"具有民族主义倾向的、前途远大的"教员填补了《专职公务复职法令》实施后空缺下来的职位，[②]各大学的法学教职因而几乎全部被德国的民族主义者和纽伦堡法律绝对主义者所垄断。纳粹上台前的自由的法学思想被完全抛弃了，在法学领域，"整个的德国法律，……必须完全地、惟一地接受纳粹主义精神的指导……任何诠释都应与纳粹主义相符。"[③]在此语境下，第一次世界大战后创办的比较法研究所被迫相继关闭，各家比较法杂志也纷纷停刊，对外国法和比较法的研究几乎完全停止了。

由此，纳粹上台后，随着德国比较法学家的大量流失，随着纳粹法

---

① Vivian Grosswald Curran, "Cultural Immersion, Difference and Categories in U. S. Comparative Law," *American Journal of Comparative Law* (1998), vol. 46, p. 68.

② 参见[德]英戈·穆勒：《恐怖的法官——纳粹时期的司法》，王勇译，中国政法大学出版社2000年版，第62页。

③ 同上书，第63页。

理学笼罩着整个德国法学界，曾经如火如荼开展着的、兴盛一时的德国比较法学从此归于沉寂。这种停滞状态一直持续到第二次世界大战的结束。

第二节 当代德国的比较法学

随着第二次世界大战的结束，纳粹对德国噩梦般的统治土崩瓦解，德国比较法经过战争的灾难后重新走上正轨：被迫关闭的研究机构得以重建；各家杂志相继复刊；学者们被压抑已久的工作热情也得到释放，他们在原来的工作基础之上继续大规模地开展比较法的研究活动。

从战后研究的恢复到今天，经过半个世纪的繁荣发展，德国比较法取得了骄人的成绩。单以学术成果而论，从数量上看，二战前，有关这方面的论文寥寥无几，成熟的专著几乎付之阙如；而到了今天，比较法著作的强大阵容令人瞩目，系列丛书、数千篇论文更是汗牛充栋。有学者感叹道，1950 年前，若要遍阅比较法著述只需几个星期；而今若想达到同样目的，则非要花费上数年时间不可。① 从质量上看，大量成果都颇有建树，其中，茨威格特和克茨合著的《比较法总论》堪称当代比较法皇冠上的明珠，迄今为止它依然雄踞于世界比较法“经典大厦”的顶端。② ——昔日卑微的法律科学里的“灰姑娘”，今天已经在法学殿堂里赢得了她举足轻重的地位和人们的尊重；不仅如此，近十几年来，德国比较法还走出了纯学术的象牙塔，在社会实践中发挥着日益显著的

① Mathias Reimann, "The Progress and Failure of Comparative Law in the Second Half of the Twentieth Century," *American Journal of Comparative Law* (2002), vol. 50, p. 674.

② Mathias Reimann, "Stepping Out of European Shadow: Why Comparative Law in the United States Must Develop Its Own Agenda," *American Journal of Comparative Law* (1998), vol. 46, p. 638.

作用。[1]

鉴于当代德国比较法燎原之势般的发展状况，任何细致描述它在过去 50 年中的历史轨迹都将显得浅薄，故在此将其归纳为以下 6 个方面进行阐述。

一、比较法研究机构、杂志和学会

1949 年，曾经被迫关闭的德皇威廉外国法和国际私法研究所重建，已是 75 岁高龄的拉贝尔受邀担任该所顾问，该所依旧是德国最著名的比较法研究机构。后来，该所与德皇威廉外国公法和国际法研究所分别更名为马克斯—普朗克（以下简称马普）外国法和国际私法研究所（现今总部在汉堡）、马普外国法和国际法研究所（总部在海德堡），作为马普科学促进协会下属的两个研究所独立开展研究工作。

战后，为了对国际法和比较法的特定领域进行更专门的研究，马普协会又创立了 3 个研究所，分别是：马普外国法和国际专利法、著作权法和竞争法研究所（所址在慕尼黑），马普外国法和国际刑法研究所（所址在弗莱堡）以及马普外国法和国际公益法研究所（所址在慕尼黑）。另外，又在法兰克福设立了马普欧洲法律发展史研究所。所有这些马普所都独立进行科学研究，公开发行自己的刊物、系列丛书和资料，并在来自全世界的比较法学者共同研究的基础上，编纂百科全书。

各个马普所的工作重点是介绍各国的法律经验、法律学说及法律适用；对各国法律进行比较研究；通过对立法工作进行咨询、提供专家建议和发表学术上的文章，来改善和改革德国国内法律，并填补立法上的空白。这些研究所还致力于促进欧盟法律的统一以及国际法在世界

---

① Günter Frankenberg, "Stranger than Paradise: Identity & Politics in Comparative Law," *Utah Law Review* (1997), p. 260.

范围内的适用等问题的研究。另外，对非欧洲国家的法律进行比较研究，帮助和指导这些国家进行法制改革和建设也是它们的一个工作重点。

这些大型的研究所还利用其雄厚的人力、物力资源，承担浩大的国际性科研项目。其中最为著名的是海德堡马普所编撰的《国际公法百科全书》以及汉堡马普所主持编撰的《国际比较法百科全书》。后者的影响尤为巨大。这一大型工程由国际法律科学协会发起，主要由德国比较法学家茨威格特和德罗布尼希(Ulrich Drobnig)负责，由来自世界各国的 400 多名学者参加撰写，并另有 100 多人作为专家进行指导。这部以英文发行的百科全书分为 17 卷，从 1971 年开始陆续问世，直到 1997 年全部出版工作才告结束。它被认为是“全球性比较方面最雄心勃勃、最令人钦佩的事业”，[①]充分显示了德国比较法学科的强大力量及其在世界比较法学界里的主导地位。

战争期间被迫停刊的各家比较法杂志也于战后相继复刊。著名的《外国法和国际私法杂志》随着汉堡马普所的重建于 1949 年复刊。该杂志为季刊，主要刊登马普所科研人员撰写的论文，以及世界上有关这一领域召开的各种会议的简短报道；还刊登各种法律、法律草案等等，同时评介国内外比较法方面的新书。该杂志在世界比较法学界颇具代表性，1952 年创刊的《美国比较法杂志》即是它的摹仿物。1961 年，为纪念已经去世的比较法学家拉贝尔，该杂志正式以其创刊者的名字命名为《拉贝尔外国法和国际私法杂志》，简称《拉贝尔杂志》(Rabels Z)。

其他比较法杂志如《比较法律科学杂志》、《外国公法和国际法杂志》等也分别于 1953 年、1955 年复刊。战后创立的其他马普所也各自

---

① [德]根特·弗兰肯伯格：《批判性比较：重新思考比较法》，贺卫方、王文娟译，载梁治平主编：《法律的文化解释》，三联书店 1998 年版，第 230 页。

出版自己的刊物。

1950 年，在汉堡马普所所长汉斯·德勒（Hans Dölle，1893—1980）的建议下，成立了德国比较法学会。该学会通常每两年举行一次年会。①

1894 年创立的“比较法律科学和国民经济学国际协会”，一直存续至今，现更名为“比较法协会”。该协会是“国际法律科学协会”的德国会员，也是推动德国比较法研究的一个主要组织。它分为包括欧盟法、比较法律史和法律民族学在内的 9 个小组，每年举行两次年会，并和其他国家的姊妹协会共同组织大会，编辑和发行一系列比较法研究成果。

上述研究所、杂志和协会都大力推动了二战后德国比较法研究的恢复、繁荣和进一步发展。

二、比较法的研究方法

比较法的研究方法是二战后至今比较法学界最核心的问题之一。它一方面建立在法哲学对法的解释的基础之上，另一方面又直接决定了比较法的研究范围、任务与研究的深度。

战后，德国法学者相继发表了一系列论文和专著来讨论这一问题，主要有茨尼彻（A. F. Schnitzer）的《比较法律学》（1961）、桑德罗克（Otto Sandrock）的《论比较民法的意义与方法》（1966）、茨威格特的《比较法、体系与教义学》（1969）、德罗布尼希的《从〈国际比较法百科全书〉看比较法的方法问题》（1969）、德勒的《法律教义学与比较法》（1970）等。然而，随着功能比较方法愈来愈为人们所接受，这些激烈的争论逐渐归于平静。

---

① 我国的《比较法研究》2001 年第 1 期刊登有德国比较法学会 1950—2001 年的有关年会信息。

(一)功能比较方法

功能比较方法,或称功能主义(functionalism)、功能方法(functional approach),如前文所述,最初由德国著名比较法学家拉贝尔提出。随着1939年拉贝尔被迫逃亡美国以及大批德国法学家流亡海外,功能主义在美国得到进一步的发展。

拉贝尔到美国时由于年事已高和遭受歧视待遇,无法从事教学,在法学领域只是一个边缘角色,从而难以充分发挥个人的能力直接号召和影响比较法学界。然而,他的几个最亲密的弟子却成为美国比较法学界的领导人物,例如凯斯勒是耶鲁大学法学教授,鲁因斯坦是芝加哥大学法学院的教授。在他们的努力下,功能主义从欧洲传播到美国,并进一步发扬光大,成为美国比较法研究的主导方法。

二战后,这批比较法学家与其德国同仁保持着密切的联系:他们互任对方的客座教授,互派留学生,共同参与合作项目。通过这些方式,功能方法反哺了德国的比较法,并成为德美两国比较法学界进行交流的智识纽带。

另一方面,战后拉贝尔已定居美国,尽管由于早期的卓越贡献,他被德国授予奖金和客座教授的荣誉,但他本人对德国比较法也不再具有直接的影响力。然而,他的忠实弟子如凯厄默尔(Ernst Von Caemmerer)和克基尔(Gerhard Kegel)等却在德国比较法学界占据着领导地位,其他弟子如汉尔斯泰恩(Walter Hallstein)等已是政界要人,他们在德国形成了一个权力集团。拉贝尔的研究成果因此获得支持,并几乎毫发无损地传递给下一代学术界。

后来,茨威格特及其高足克茨在继承最初由拉贝尔所提出的方法论的基础上,在继续批判规范比较方法的过程中,进一步发展和确立了功能主义的比较方法。1971年,他们合著完成了《比较法总论》,在这一西方当代比较法研究体系性概论的优秀成果中,功能主义的方法论得到了最系统的阐述和完善。[①] 自此，功能主义不仅成为德国而且也成为世界比较法研究的正统方法。

今天，人们已经普遍认识到，进行法律比较时，必须采用功能的方法：不仅要分析法律规范具体是如何规定的，而且也要分析在各自的法律体系中它们到底要解决什么问题；如果想要把握法律的更深层的意义，就必须在规范的社会背景下，至少要在现存的法律秩序的制度框架内以及在社会—经济和文化的大环境下去思考它们，即不仅必须考察纸面上的法律，而且也要考察实践中的法律，诸如法律的应用和解释，它们的真正力量和效果，也包括它们的无效。一言以蔽之，功能主义使人们超越了纯粹的法律规范的比较方法。[②]

（二）跨学科研究方法（interdisciplinary approach）

早在 1925 年，拉贝尔就曾提出这方面的要求，而只是到了二战以后，随着比较法研究的逐步深入，跨学科研究方法才逐渐应用到比较法领域。这正是功能主义在比较法研究中的具体运用，它使学者们从对原来专注于对法律规范的研究转向对各种社会事实进行观察和探讨。

1. 法律史和比较法

比较法的视线落在现代世界中大量存在的法律秩序，而法律史则研究在时间上作为历史的法律秩序。二者本是不同的法学学科。然而，有趣的是，现代比较法的奠基者们主要是重要的法律史学家；今天的学者也不再把二者截然分开，并且日益重视法律史在比较法研究中的作用。

---

① Mark Van Hoecke & Mark Warrington, “Legal Cultures, Legal Paradigms and Legal Doctrine: Toward a New Model for Comparative Law,” *International and Comparative Law Quarterly* (1998), vol. 47, p. 495.

② Mathias Reimann, “The Progress and Failure of Comparative Law in the Second Half of the Twentieth Century,” *American Journal of Comparative Law* (2002), vol. 50, pp. 679－680.

根茨梅尔(Genzmer)的《论法律史与比较法的关系》(1954、1955)和《一个大陆法的法学者对比较法律史的评价》(1966、1967),科英(Helmut Coing)的《欧洲法律史对于比较法的重要意义》(1968),塞默尔曼(Reinhard Zimmermann)的《萨维尼的遗产:法律史、比较法和欧洲法律科学的产生》(1996),克茨的《法律史对比较法的现代任务的贡献》(1998)等一系列论文都反映了法律史和比较法这二者间水乳交融的关系。

通过研究,这些学者认为,比较法学必须考虑有关法律制度和法律秩序的历史基础,阐明法律内在的以及外在的推动力和背景,而不能仅关切当前形诸文字的法律。而且,在一些情况下,根本不可能将历史研究与比较法区分开来——何处是其中一个的终点,何处是另一个的开端?在哪一点上法律史学家较之于比较法学家更有发言权?这些问题没有确切的答案。它们就像孪生姐妹,将其清晰地区别开变得越发困难:一方面,一切法律史的研究都是运用比较法的一种作业;另一方面,如果缺乏历史感,甚至现代比较法学者都不能够理解外国的解决办法——"没有法律史,比较法是不可能的!"[①]因此,若要了解法律以及法律着手解决的问题,就必须调查它们的历史。

基于此,德国法学者进一步将有关现代各个体系的比较法称为"横向比较法"(horizontale Rechtsvergleichung),而比较法律史则为"纵向比较法"(vertikale Rechtsvergleichung)。[②]

2. 法社会学和比较法

法社会学旨在阐明法律和社会之间的因果关系。它试图发现某些

---

① 参见[德]伯恩哈德·格罗斯菲尔德:《比较法的力量与弱点》,孙世彦、姚建宗译,清华大学出版社2002年版,第115页。

② 参见[德]K.茨威格特、H.克茨:《比较法总论》,潘汉典等译,法律出版社2003年版,第13页。

规律性，根据这种规律性人们可以判断，法律是否或者在什么前提下能够调整人类的行为，以及法律在这方面怎样对社会变革——不论是政治的、经济的、心理的或者人口统计的变化做出反应。

20世纪70年代以来，随着法社会学成为西方法学研究的主导范式，社会学研究方法也开始在德国比较法学中得到愈来愈广泛的运用。德罗布尼希的《比较法中的社会学方法》(1971)，格斯讷(V. Gessner)的《应用比较法的社会学思考理论》(1972)，茨威格特的《比较法的社会学之维》(1974)，本达·贝克曼(V. Benda Beckmann)的《法律社会学与比较法的关系简论》(1979)，以及马蒂尼(Martiny)的《比较法和比较法律社会学》(1980)等学术成果集中体现了社会学方法对于比较法研究的重大价值。

首先，比较法学者容易带着某一个国家或者某一种文化色彩的偏见，或者暗中以某种社会关联的存在作为其进行比较的前提条件；而法社会学则有助于他们摆脱法学上教条主义的先入为主之见和自己文化上的关联，尽可能地用"中立的"概念来对不同的法律秩序中的规则进行比较。

其次，法社会学提醒人们，人类行为受法律支配的只有一部分。它使比较法学者认识到，人们应当考虑的不仅是制定法的规定、法官的判决、书本上的法学理论，甚至不仅是一般商业条款、习惯和惯例，还应当包括塑造人们行为的法律生活中的一切事情。总之，它培养了比较法学者对于在一切情况下支配人类行为的非法律方式的敏感性。

最后，当比较法学者描述他查明的法律上类似的和差异的原因的时候，社会学和其他学科会指导他可以将网撒得多远，以及必须和为什么根据所研究的问题的性质还要考察政治权力分配、经济体制、宗教与伦理的价值观念、家庭结构以及其他许多情况。

3. 经济学与比较法

20世纪80年代以来,法律的经济分析方法逐渐为人们所接受。对法律规则进行经济学的分析,目的是要回答以下两个基本问题:其一,法律规则施加于个人行为的效果是什么?其二,这些效果是社会所要追求的吗?为解决这两个问题所用的方法就是人们通常所说的经济学分析。在这里,个人被假设为"理性人"——他总是将其决定基于对未来的预期而非对过去的懊悔;他在其生活目的、满足方面是一个理性最大化者,总是根据个人的价值偏好和给定的限制,选择他认为是最好的那种结果。①

德国的比较法学者试图对经济分析方法加以运用。在研究中,他们发现了频繁发生的一个法律现象,即各种不同的法律秩序,尽管在其历史发展、体系和理论的构成及其实际运用的方式上有巨大的差别,但是对同样的生活问题却采用了非常相似甚至相同的解决方法。② 他们把这一现象总结为"比较法的一条基本规律"。③ 法律的经济分析法为他们思考这一问题提供了新的思路:立法者和法官们是否都无意识地受到了同样的经济学逻辑的支配,才不约而同地采用了相似或相近的解决办法?

---

① [美]理查德·A.波斯纳:《法律的经济分析》(上册),蒋兆康译,中国大百科全书出版社1997年版,第4—8页。

② 这一现象也被称为法律体系的"共同点"(common core),它曾吸引了数十位法学家的注意。早在上个世纪60年代,美国比较法学家施莱辛格曾发起"康奈尔"计划对此问题进行研究;而今,在马泰(Ugo Mattei)和布塞尼(Mauro Bussani)等人的领导下,来自世界各国的几十位法学家组成了"特仑托欧洲私法共同点工程"(The Trento Common Core of European Private Law Project)工作组继续这一研究。参见David S. Clark, "Centennial World Congress on Comparative Law: Nothing New in 2000? Comparative Law in 1900 and Today," *Tulane Law Review* (2001), vol. 75, pp. 909-910。

③ 参见[德]K.茨威格特、H.克茨:《比较法总论》,潘汉典等译,法律出版社2003年版,第54页。

2000年，克茨率先发表了一篇论文——《信息披露的先合同义务：一个比较和经济学的视角》，这是经济学分析在德国比较法研究中的一个大胆尝试。[①]

另外，地理学、文学、政治学、语言学等学科对比较法研究的介入在德国也微露端倪。尽管和其他科学领域一样，德国比较法学界大力倡导跨学科研究，它也日益为人们所接受，但是相形之下这方面的研究成果还显得相当滞后。其具体运用尚属例外，整个局面还没有打开，学者们依旧在最初的学科范围内固步自封，对跨学科研究的反应甚是迟钝。针对此，克茨批评道，“不容忽视的是，法律学科的自治还有相当大的支持力。假如法律概念的高度技术性和形式化特征以及对它们的复杂化培植依然存在，假如根深蒂固的学术傲慢继续保持，假如法学教授们闭关自守，不与其他社会学科的同事们进行交流，那么，目前比较法跨学科研究的落后局面就不会改观。”[②]

让人欣慰的是，在德国，人们已经认识到整个法学尤其是比较法学必须开放眼界，必须接受其他学科的思想和影响。毕竟，比较法的命运取决于它能否充当联系法和其他社会学科领域的媒介；跨学科研究是比较法生存下去、走向成功的惟一机会。[③]

三、比较法的研究范围

二战以后，随着功能主义日益被接受以及跨学科研究方法的逐渐

① Mathias Reimann, “The Progress and Failure of Comparative Law in the Second Half of the Twentieth Century,” *American Journal of Comparative Law* (2002), vol. 50, p. 675.

② Hein Kötz, “Comparative Law in Germany Today,” *Revue Internationale de Droit Comparé* (4—1999), p. 757.

③ Ugo Mattei, “An Opportunity Not to Be Missed: The Future of Comparative Law in the United States,” *American Journal of Comparative Law* (1998), vol. 46, pp. 716-718.

应用，德国比较法的研究领域不仅在世界范围内不断扩大，而且也从20世纪以来所形成的以私法为中心的学术传统中突破出来，对公法领域和其他领域的比较研究也有一定程度的进展。

(一) 社会主义法系

战后德国比较法的研究范围扩大到世界上所有的法律秩序，包括大陆法系、普通法系、社会主义法系以及其他法系等。尽管这些法律秩序在历史传统、概念结构、发现和适用法律的原理与技术的风格方面都有很大的不同，但在功能主义的指导下，德国的大多数比较法学者认为，对所有这些不同的法律秩序进行比较不仅是可能的，而且也是有用的和有益的。

战后，东欧、亚洲和非洲都出现了一系列社会主义国家。许多西德的比较法学家将其注意力转向所谓的"社会主义法系"。与此同时，围绕着社会主义法系与资本主义法系之间能否进行比较展开了激烈的争论。社会主义联盟中占优势的一种观点，直到上个世纪60年代，还坚持认为，社会主义法的功能同资本主义法的功能完全不同，因而将两者进行比较毫无可能，也毫无价值；比较法最多只适合于用作证明社会主义法的优越性的手段。德国法学者如比林斯基(Bilinsky)也认为，由于意识形态的差异，尤其是经济结构和社会的实际差异，社会主义法和资本主义法之间的比较，基本上是不可能的，而且也是徒劳无益的。

但在德国比较法学界，大多数学者却有力地肯定了这种比较的意义和效用，如勒贝尔(D. Loeber)的《不同经济秩序的各国之间的比较法》(1961)、茨威格特和普特法肯尔(H. J. Puttfarken)的《在不同社会秩序中类似的法律制度的可比性》(1973)、德罗布尼希的《在不同经济体制下的法制之间的比较法》(1984)等都持这一观点，即不同法律秩序进行比较的可能性是基于法律需要的同类性质，除非当西方和社会主义的法律体系的这种法律需要完全不同时，这种基本上的不可比较性才能确立。[①] 例如，社会主义国家中的侵权法、家庭法、刑法以及诉讼程序法和资本主义国家一样发挥着相同的功能；即使在国家计划经济体系中的国营企业之间的契约，也有对违约一方实施制裁以保证契约得以履行的实际需要。

在这种认识的指导下，一系列在东西方法律秩序间进行具体比较的学术成果产生了，其中有赖塞尔(L. Raiser)的《西欧东欧法律中作为法律概念的所有权》(1961)、雅克布斯(Jakobs)的《德国与苏联法中作为法律制度的所有权》(1965)、勒贝尔的《强制订立契约、苏联法中计划契约与联邦德国法中“指令契约”之比较研究》(1969)等。

然而，随着苏联的解体，德国法学者认为“社会主义法系”实际上已经消失了，而今对东西方法律的比较研究纯属出于历史兴趣，而不再像以前那样具有现实的意义。

(二) 非洲、东欧国家

随着战后非洲大批民族独立国家的出现，20 世纪六七十年代，德国比较法学者又开垦了一个新的研究领域。

新兴的民族国家获得独立后，面临着法律制度重建的艰巨任务。先前的殖民统治已经结束，然而却留下了一些西方法律的遗产，它们或多或少地吸收了大量甚至没被记录下来的当地民族习惯和宗教法，这些法律彼此混杂在一起，亟待清理。

比较法学者为这些新国家政府提供援助，帮助它们记录各种各样的习惯法，并对其进行分类和重述；给它们提供法律技术和经验来草拟法规，而且还给它们的法学院派送教育人才。

东欧国家的法律重建工作也使德国法学者面临着相似的任务。

---

① Hein Kötz, “Comparative Law in Germany Today,” *Revue Internationale de Droit Comparé* (4—1999), p. 758.

1989年东欧各国共产党执政垮台后，各国新政府决定彻底检查它们的法律体系，重新缔造法律。这为西欧的法学家们创造了新的机遇。彼时，他们热切期望这些国家能够采纳他们的研究成果和立法建议，能够达成共同的立法方案，至少能以西欧的法律为蓝本，制定一个共同的债权法；希望借此机会，推动欧洲法律的统一进程。

然而，让他们失望的是，"欧洲国家的民族骄傲再度涌现，每个国家决定走自己的路。它们时而依靠德国法和瑞士法，时而指望荷兰新民法典，时而又转向维也纳国际货物买卖合同公约，偶尔，在商业和经济事务上，也注意普通法。"①在他们看来，各国的学者和实务家们在立法事务上互相竞争，积极地建议政府和立法者起草新法规，而对通过比较法谋求欧洲法律的协调和统一这一重大意义还缺乏足够的认识和理解。

（三）公法领域

自1900年以来，德国的比较法基本上以私法为中心，这种偏好一直持续至今，依旧没有明显的改观。结果，比较法学家们绝大多数也是私法学家。

长期以来，人们认为，公法在很大程度上以一个国家的特殊的政治结构为基础，而且常常带着国家对个人作用强烈干预的色彩。因此，对公法的各个部门进行比较，如果说并非不可能，但至少是颇为困难。另外，与私法相比，人们进行公法比较时，也很难简单地得出结论说哪一个解决办法更好。

但所有这些并没有足够的说服力，不能因此否定公法比较的价值。法学者们认识到，公法和私法在比较法领域内并不能截然分开，例如，

---

① Hein Kötz, "Comparative Law in Germany Today," *Revue Internationale de Droit Comparé* (4—1999), pp. 759—760.

因损害而产生的侵权案件，在一个法律体系中通过私法救济来解决，而在另一个法律体系中却可能通过行政手段和(或)刑事制裁来处理；而且公法和私法之间的划分从来没有被普通法国家所接受，两者的界限在大陆法司法管辖权内也变得模糊不清。因此，比较法学者必须把二者放在同等的位置上进行考察。① 战后德国比较法领域的一些有重大影响的研究成果，如耶舍克(H. H. Jescheck)的《比较刑法的发展、任务和方法》(1955)、库尔(K. Kühl)的《欧洲化的刑法科学》(1997)等有力地证明了公法比较的重大意义。

德国法学者的研究也深入到国际公法(德国称之为国家法)领域。赛德尔—霍亨费尔登(Seidl-Hohenveldern)的《比较法在国际法中的作用》(1960)，伯恩哈特(R. Bernhardt)的《公法领域比较法的特点和目标》(1964)，海布龙内尔(K. Haibronner)的《国际法比较的目的与方法》(1976)等反应了这一迹象。

乍看上去，国际公法和比较法没有什么关系，因为国际公法是真正超国家的普遍性的法律。然而，学者们认为，国际公法领域同样离不开比较法的研究。例如，要理解《国际法院规约》第38条第1款C项规定作为国际公法渊源之一的“各文明国家所承认的一般法律原则”的涵义——它是否意味着所有国家一致承认的法律原则，抑或是由大多数国家承认的法律原则，不使用比较法是不行的。上述研究还表明，比较法的方法尤其在国际条约的解释、国际法上的习惯法概念和形态的正确理解方面极为有用。像“契约必须信守”、“情势不变条款”，国际法上的权利滥用学说等国际法的规则，都来源于各国私法制度。因此，只有通过比较法，才能将它们的潜力充分发挥出来。

---

① Hein Kötz, “Comparative Law in Germany Today,” *Revue Internationale de Droit Comparé* (4—1999), p. 760.

哈贝尔(P. Häberle)的《共同欧洲宪法》(1991)表明,无论是对于学术分析还是对于宪法裁决,在宪法领域进行的比较研究无疑都具有重要作用。设在法国斯特拉斯堡的欧洲人权法院对《人权公约》的解释,在某种程度上依赖于对各成员国法律的比较研究,假若忽视这一事实,又如何理解欧洲人权法院的判决?

施瓦茨(J. Schwarze)的《欧洲行政法》(1988),施密德塔斯曼(E. Schmidtassmann)的《德国和欧洲的行政法》(1993),朱力格(M. Zuleeg)的《德国和欧洲的行政法》(1994)等论著也将比较法引入到行政法领域。设立在卢森堡的欧洲法院也用比较法来发展行政法规则,这些规则不但建立在欧洲法院对成员国行政法进行比较评价的基础上,而且又开始反过来对成员国的法律施加影响。学者们指出,通过比较分析这一基本手段,一个"欧洲行政法"可以完善地发展起来。[1]

(四) 宏观比较领域

除了上述研究领域(包括地理、政治意义上的以及法学各部门的),德国比较法还发生了另外一种研究领域的变化,借用克茨的界定,不妨称之为从微观比较(microcomparison)到宏观比较(macrocomparison)。[2]

在比较法发展的早期阶段,其研究重点是进行微观比较,也就是说它比较的是各个法律制度或者法律问题,从而比较那些在不同的法律秩序中用以解决一定的具体问题或一定利益冲突的规则。例如,在交通事故中,损失的清算应当按照什么规则?在离婚案件中,对于子女监护权的分配,什么观点是决定性的?如果父母在遗嘱中置非婚生子女于不顾时,后者有哪些权利?在现代比较法中,这类比较理所当然地占

---

① Hein Kötz, "Comparative Law in Germany Today," *Revue Internationale de Droit Comparé* (4—1999), p. 761.

② Ibid., p. 759.

据着中心位置。

二战以后，随着社会学方法在比较法研究中的广泛运用，宏观比较的地位开始日益突显。埃塞尔(Esser)的《法官在私法培训中的原则与规范》(1964)，维阿克尔(Wieacker)的《制定法和法官技术规范》(1967)，克茨的《论最高法院判例的风格》(1973)、《在英国和德国民事程序中法官与律师职能的划分》(1982)，费肯彻尔(Fikentscher)的《作为法典法与判例法基础的判例法理论》(1980)等一系列专论以及《比较法总论》中的大量研究都有力地说明了这一发展趋势。

上述研究成果表明，宏观比较的对象不是具体的各个问题及其解决方法，而是处理法律素材的一般方法，调解和裁决争议的程序，或者法律家从事法律工作时所使用的方法。例如，比较阐述不同的立法技术、法典编纂方式和法律解释的方法，判例的效力范围，学说对于法律发展的意义，以及各种不同的判决方式。在这里，还可以比较研究在不同的法律秩序中解决纠纷所采取的方式，并考察它们在各自的生活现实中产生什么效果。就此来说，各国法院的司法程序成为比较研究的首要对象：不同国家的诉讼中关于认定事实和适用法律这项任务，在律师与法官之间怎样分配？在民事或刑事诉讼程序中分配给非专业法官担任什么角色？法院对于轻微案件的处理是否有特别的方法？如果有，又是什么样的方法？而且，近来这方面的研究并不局限于国家的法院和法官，也注意考虑所有解决纷争的实际方法。

比较研究在法律生活中活动的一定的人的任务和功能，也是宏观比较的一个方面。在德国比较法学界，这被认为是一个大有作为和富有前途的研究领域。茨威格特的《法德法学者：比较类型学的尝试》(1967)、鲁埃舍梅耶(Rueschemeyer)的《德国和美国的法律家：律师职业与社会的比较研究》(1976)、克茨的《学术与法院：一个比较的视角》(1990)等即属于这方面的研究成果。这类比较以马克斯·韦伯(Max

Weber,1864—1920)的一个法社会学理论作为基础。韦伯曾指出,那些富有威望的法律家,即他所说的“法律名流”(Rechtshonoratioren)①的职业训练,他们的活动、组织和兴趣等,在很大程度上决定了特定社会中的法律风格。这个理论引导比较法学者去“研究那些在各国操纵和领导法律执行系统的所有人员,并思考一个特定的法律体系的风格在何种程度上受这些人的态度和职业角色的影响”。②

为此,学者们认为,首先要观察法官和律师,或者更准确地说,要观察那些履行法官或者律师顾问职能的人们;还有那些从事立法准备工作的各部门或者议会的法律家、公证人、出席法庭的鉴定人、保险公司的损害赔偿案件的专职人员以及大学里的法学教师等。总之,对这些人在法律生活中的任务与地位进行比较考察日益受到德国比较法学者的重视。

四、比较法的功能

德国比较法有多种重要的功能,这里介绍的仅限于它在社会实践中的若干功能。

(一) 协助立法

德国比较法最重要的功能之一是协助法律制定机关草拟立法。德罗布尼希与多普费尔(P. Dopffel)的《德国立法者对比较法的运用》(1982)对此做了详细的介绍。

二战后,德国任何一项立法计划无不或多或少地运用广泛的比较

---

① 这个词源自拉丁文“honoratiores”,原指具有较高荣誉者。在法学著作中,通常指这些人:(1)他们以专家的知识解决法律问题;(2)他们在该社会特定的集团中享有的声望足以使他们对本国法律的发展具有某种影响。参见[德]K.茨威格特、H.克茨:《比较法总论》,潘汉典等译,法律出版社2003年版,第207页中译者注。

② Hein Kötz, “Comparative Law in Germany Today,” *Revue Internationale de Droit Comparé* (4—1999), p. 759.

法研究。德国刑法改革、国际私法改革和家庭法改革以及为数甚多的其他立法规定，如商事代理人法、公司法、反垄断法，联邦宪法法院引进的在判决书上载明少数法官反对意见制度，关于隐私权的一项条例草案，暴力犯罪受害人赔偿法、改变性别法、法律指导援助法等无不如此。联邦德国司法部在修改债法时也从事了比较法的考察。最近，有关证券管理和证券交易所法、集团诉讼法以及同性恋伴侣登记法等的比较法报告，已经呈递给德国司法部，为其正式立法打造基础。

一般情况下，德国司法部会委托那些对相关问题有丰富经验的大学教授对有关立法问题从比较法方面拟就报告，或以专家鉴定的方式提供立法资料。如果这类工作需要大量的图书资源和人力的投入，司法部将委托其中一个马普研究所来承担这些任务。由上文介绍可知，德国共有 5 个马普研究所专门从事特定领域的国际法和比较法的研究，因此能游刃有余地帮助政府改革和完善国内法。

（二）筹备法律的协调和统一

筹备法律的统一与协调也是德国比较法的一个重要功能。

所谓法律协调(harmonization)，是指在保留不同法律的形式差异的前提下达到法律的实质统一；而法律统一的目的，则是要在理想和可能的范围内，通过超国家的各项原则的一致性，协调或者消除各国法律秩序之间的差异。①

近十几年来，由于德国对《联合国国际货物买卖合同公约》规则的导入，以及欧洲的统一化进程等因素，人们对法律的统一和协调的需要急剧增加；而法律的统一、协调和接近则依赖于多途径的比较法研究。因此，这方面的工作在德国多方位地开展起来。

---

①　参见[德]K. 茨威格特、H. 克茨：《比较法总论》，潘汉典等译，法律出版社 2003 年版，第 34—35 页。

首先，为了证实一个特定问题究竟能否统一，必须进行初步的比较研究；假若某个统一方案一旦做出决定，常常需要拟订一个比较报告，要求极细致地叙述各国法律秩序之间的共同特征、近似点与分歧处；接下来就需要考察分歧背后的原因，统一方案的可行性以及可能的形式。另外，一旦某个统一方案实现后，还需对统一的法律文本进行解释，对法院的统一适用提供帮助。

1936年出版的拉贝尔的《货物买卖法》曾是这方面比较研究的典范，它对国际买卖法的统一功不可没；而今天，施莱特希姆（P. Schlechtriem）主编的《〈联合国国际货物买卖合同公约〉评论》则是德国在这一领域的最重要的成果。1998年它的英文版本已经发行，在德国以外也产生了重大影响。

（三）帮助法官进行司法解释

德国比较法的另一个实际功能在于帮助法官对所适用的法律规范做出解释。

法官的主要职责在于严格地适用本国法律。因此，当本国法律有明确规定时，外国法律材料不能在本国适用。但是，当本国法律规定含糊不清，不能提供运作指导时；或者当一项法律制度出现缺漏，必须由法官进行填补时，法官能否讨论和援用外国法院的解决办法？

德国法学者，如茨威格特在《作为普遍的解释方法的比较法》（1949、1950）中指出，既然现代的立法者为了寻求更优越的解决办法，在立法中广泛运用比较法；那么，法官为什么不能在对本国法律规范进行解释时，同样运用比较法，为法律的国际协调做出一份小小的贡献？德国联邦最高法院前任院长欧德斯基（W. Odersky）曾在《协调性解释与欧洲法律文明》（1994）中对这点持肯定的态度，他说，“联邦法官在做出判决意见时，他有权结合其他国家法院和法律体系的观点，也有权……将一个特定的解决办法有助于欧洲法律的协调这一因素考虑进去。在适当的案件中,这一点可以作为他最终采纳其他法律体系的解决办法的论据;随着欧洲统一化不断推进,这也是他日益频繁这样做的论据。"[①]

目前,比较法在德国司法解释中的运用大概可分为两种情形:

其一,为了贯彻执行欧盟的指令,而对欧盟成员国统一适用的法律和法规(简称统一法)进行解释时,有相当多的案件会运用外国的法律材料。在这类案件中,法官必须想办法找到一项能够促进法律统一的解决方案,这就经常需要比较法解释。法官因而必须考虑外国的法院和学说对相关问题如何解释,他也必须通过他从有关各国法律体系全面考察得到一般法律原则的调研,将规定中存在的缺漏加以填补。

其二,在对纯粹是德国国内法进行解释时,直到现在为止,德国法院还很少依靠外国的法律材料。[②] 而且即使有少量的运用,其运作方式也与前者有明显的区别。在这里,法院常常将比较法的论证同本国法的法律解释方法连在一起,用于确认和支持先前早已借助于传统的解释方法所获得的结果;也就是说,比较法在这里只是一种辅助性的法律解释方法,只被用来加强既定判决的说服力。例如,在一个案件中,一名严重残疾的儿童起诉他母亲的医生,为"错误的生命"要求经济赔偿——假如没有医生的疏忽大意而失察,他根本不会降临人世。在驳回原告的诉讼请求时,德国联邦最高法院参考了英国玛凯伊诉埃塞克斯郡卫生局案(Mckay V. Essex Health Authority)的判决以及美国的同类判决。又如,关于证据规则问题,在告知犯罪嫌疑人有权保持沉默、有权咨询律师、有权在审问中要求律师陪同之前,警察所得到的有

---

① Hein Kötz, "Comparative Law in Germany Today," *Revue Internationale de Droit Comparé* (4—1999), p. 763.

② [德]伯恩哈德·格罗斯菲尔德:《比较法的力量与弱点》,孙世彦、姚建宗译,清华大学出版社 2002 年版,第 57 页。

关陈述,能否被检控方作为不利于被告的证据?德国最高法院认定这类陈述不可接受,在支持这一决定时,它不仅援引了美国联邦最高法院在米兰达诉亚利桑那州案(MirandaV. Arizona)中的著名判决及其后的衍生判决,而且也援引了法国、意大利、英国和荷兰法律中的相关规则。同样,为了禁止在刑事诉讼中使用测谎器试验,德国联邦最高法院还依据了美国判例及美国心理学家的研究成果。

无论如何,今天,德国的外国法和比较法研究在法院司法解释中的运用与过去相比,变得更为开放,更为丰富,也更容易为人接受。[①]

五、比较法的追求目标——"欧洲共同法"

传统上,德国比较法的目标在于给立法者、法官和法学者提供更为丰富的各种可能的解决办法,帮助他们改革和完善本国法。这类研究极有价值,决非那些闭门造车的法律家仅凭想象就能得到。尽管如此,目前它却面临着严峻的挑战,原因在于它把国家法律看作是特定的和不变的,它之所以注意外国法律材料,只是为了寻找其中那些对本国法律有用的。因此,德国的比较法学者认为,这种追求目标仍然保持着民族主义的成分,这不能不说是它的一个缺陷。[②]

另一方面,随着欧洲统一化的推进,早在20世纪80年代初,德国有少数几个学者率先提出,如果欧洲形成了没有贸易壁垒的统一大市场和共同体,那么它也很可能需要一个共同的私法。[③] 但在当时,这种观点并未引起人们的注意。1987年,随着《单一欧洲条约》(Single Eu-

---

① Hein Kötz, "Comparative Law in Germany Today," *Revue Internationale de Droit Comparé* (4—1999), p. 764.

② K. Zweigert & H. Kötz, *An Introduction to Comparative Law* (third edition, 1998), translated by Tony Weir, Clarendon Press, Oxford, p. 29.

③ 其中影响较大的是1981年H.克茨发表的《共同欧洲私法》。

ropean Act)的生效，西欧的政治一体化取得了历史性进展；不久之后，1992 年《马斯特里赫特条约》的签署进一步加快了这一进程。这就为制定欧洲共同私法的构想注入了新的活力。在这种背景下，德国比较法开始提出一个新的追求目标——“欧洲共同法”(“ius commune europaeum”)。

“欧洲共同法”是个法学概念。在欧洲各国间，尤其是从 15 世纪到 18 世纪之间出现和发展起来的，国家间法律都具有一致性。这种一致性来源于那个时期各国共有的各种封建法、教会法、罗马法、商法和国际法。在此意义上，形成了“欧洲共同法学”。① 目前，“欧洲共同法”只具有比较法上的意义，现实中它大部分还只是空中楼阁。当前，欧洲法学者为之努力的，是希望通过比较研究，完成一个能够为全欧洲共同接受的私法结构，推动欧洲实现整体意义上的私法统一化。②

克茨在其论文中对这一新目标做了详细的阐述，他认为，比较法学者不应该再局限于为德国(或任何其他国家)的法律改革提供建议或为草拟统一法提供帮助；他们应该从国家的法律秩序中超越出来，为“欧洲共同法”的发展构建一个比较基础；他们应该深入到法律的特殊领域，诸如合同法、侵权法、赔偿法、家庭法、票据法、公司法等，并说明什么规则能在全欧洲被普遍接受，以及它们在发展趋势上是走向融合还是走向分歧。为此，克茨提出：

> “需要有一个整体上的从欧洲角度来表现不同法律领域的法律文献，它不以任一国家的法律制度或体系为中心，也不专门为某

---

① Markku Kiikeri, *Comparative Legal Reasoning and European Law*(2001), Kluwer Academic Publishers, p. 15.

② K. Zweigert & H. Kötz, *An Introduction to Comparative Law*(third edition, 1998), translated by Tony Weir, Clarendon Press, Oxford, Preface to the Third Edition.

一特定国家的读者而写。这些文献理所当然地必须考虑法国法、德国法和英国法的规则，但是应把这些规则当作一个全欧洲共同的主旋律的当地变奏曲。这项事业不是为了查清规则或以改善本国法为出发点而进行比较研究；其基本目标在于使学者们认识到，作为研究和教学主题的欧洲法是欧洲所有国家共同拥有的。"①

实现欧洲私法的统一，是自1900年以来欧洲比较法学者孜孜以求的一个梦想。二战以后，各国学者倾向于通过统一法和法律协调来循序渐进地接近这一理想。例如，1950年，德勒在德国比较法学会的创建报告中指出："（欧洲经济和政治的融合）必须依靠欧洲各国法律体系的逐渐接近和最终统一，并与其保持同步"；②他特别强调要形成"一个完备和切实可行的、保留至今仍存在的各国差异的法律合并体，而不是一个没有灵魂的、专断统一的解决办法"。③ 但是，自20世纪80年代以后，统一法和法律协调的手段日益被人们抛弃，而"欧洲共同法"的构思愈来愈引起人们的兴趣，并很快成为德国比较法学的新目标，其中原因是多方面的。

最主要者在于当前用于统一或协调各国法律的技术存在难以克服的障碍。④ 迄今为止，推动欧洲法律统一的主要手段是欧盟理事会发布的指令，这些指令由成员国转化为国内法来贯彻实施。然而这些指令通常只限于特别的对象或者挑选出来的各个散碎问题，诸如包价旅

---

① Hein Kötz, "Comparative Law in Germany Today," *Revue Internationale de Droit Comparé* (4—1999), pp. 764—765.

② Klaus Peter Berger, "Harmonisation of European Contract Law: the Influnce of Comparative Law," *International and Comparative Law Quarterly* (2001), vol. 50, p. 877.

③ Ibid., p. 877.

④ Hein Kötz, "Comparative Law in Germany Today," *Revue Internationale de Droit Comparé* (4—1999), p. 765.

游、产品责任、旅游协议、消费信贷合同、不公平条款等等。这些“百衲衣”式的统一立法导致各国法律与统一法互相重叠，彼此愈来愈难划清界限；有时还会引起对于同一问题会有国内法和统一法两套平行规范的复合适用。其结果是增生了大量零碎不全的各个单独规则，而忽视了这些规则背后的共同基础。总之，它远远没有简化法律的适用，反而使原来的问题更难解决。故而，这种统一法立法遭到了越来越多的批评，人们怀疑它是否统一欧洲法律的最佳途径？

随之而来的就是这些统一法的效力：欧盟各成员国经常违反欧盟法，难以完全将指令转化为国内法。据统计，1996年，芬兰仅执行欧盟总指令的71%，奥地利是84%，最好的记录是丹麦，为98%。[①]

另外，它还带来立法成本问题，阻碍成员国国内法的改革等一系列问题。[②]

因此，学者们对欧盟的统一法立法提出越来越激烈的批评，同时也开始寻找其他更为合适的替代性方法。

也有人提出，如果在统一法的规则中使用合同法和侵权法的基本概念，那么欧洲法律的统一就有可能实现。因为这些基本概念在许多法律秩序中是采用同一措辞表达的，可以不费周折地在统一法规则中予以采用。但是这一替代性方法也并不能从根本上解决问题：当这样的统一法在各国法院适用的时候，在这些表面一致的概念里面常常有完全不同的涵义、方法、态度和价值判断。因此，与前述方法相比，它也不过是五十步笑百步罢了，并不能从本质上消除各个统一法的弊端。

也正是认识到零零碎碎的各个统一法的弊端，1989年欧洲议会在

---

① David S. Clark, "Centennial World Congress on Comparative Law: Nothing New in 2000? Comparative Law in 1900 and Today," *Tulane Law Review* (2001), vol. 75, p. 898.

② K. Zweigert & H. Kötz, *An Introduction to Comparative Law* (third edition, 1998), translated by Tony Weir, Clarendon Press, Oxford, p. 28.

斯特拉斯堡通过了一项决议(OJ 1989 C 158、400),要求"启动必要的准备工作,拟订欧洲共同的民法典",因为"总括个别问题的法律不能满足无壁垒的单一市场的需要和目标";①1994年,欧洲议会再次发布决议(OJ 1994 C 205、518),重申了它的要求。

在以上诸原因的作用下,欧洲比较法学者纷纷将其研究目标转向"欧洲共同法"。具体地说,就是试图用一个欧洲层面上的而非国家层面上的《欧洲民法典》来实现欧洲私法的统一。它并不会取代各国国内法,而是要成为国内法之上的法。

德国法学家们尤其是这项事业的积极推动者,以此为核心,他们开展了多方面的工作。目前,围绕着《欧洲民法典》,德国法学者们展开了激烈的争论:《合同法典》和《债权法典》,哪个在当前更有实践上的需要?概念的方法能否用来构造一个能被所有成员国接受的法律文本?如有可能,欧盟的司法权将以什么为基础,来适用欧洲共同私法?只有被当事人选择作为合同准据法时,《合同法典》才能适用?它应该只支配"国际上"的协议,还是也支配"国内事务"?……有关这一主题的文章很多,主要收录在马蒂尼与威茨勒(Normann Witzleb)合编的题为《走向〈欧洲民法典〉》(1999)的论文集里。

关于"欧洲共同法"的争论远远没有形成统一意见,而且对这一事业持怀疑态度者显然多于积极为之奔走者。然而,大家一致认同的是,"欧洲共同法"的实现面临着重重困难,抛开现实的立法技术因素不谈(例如欧盟有否这方面的立法权),欧盟内共有4种法律体系,②大陆法和普通法之间尤其存在着巨大的差异,这是制定《欧洲民法典》的最大障碍;因此,"比较法学者们必须承担起艰巨的任务,尽力构建一个欧洲

---

① Hein Kötz, "Comparative Law in Germany Today," *Revue Internationale de Droit Comparé* (4—1999), p. 766.

② 4种法系指的是英美法系、罗马法系、德意志法系和北欧法系。

法律原理和规则的共同核心，一个欧洲共同的法律语言以及法律文本，并以此为基础，当时机成熟时，拟订《欧洲民法典》。”①

为此，欧洲的法学者们于 1997 年成立了《欧洲民法典》研究组，德国奥斯纳布吕克大学教授巴尔（Christian Von Bar，1952— ）被推选为主席并担任非合同之债小组的领导人。该团体代表欧洲 6 所大学和研究机构，共设 6 个工作组分布于全欧洲：汉堡工作组负责保险合同、个人保证和涉及动产的抵押合同；奥斯纳布吕克工作组负责侵权法、不当得利和无因管理；乌德勒克和蒂尔堡工作组负责销售合同、租赁合同和服务合同；萨尔斯堡工作组负责动产所有权转移；卢森堡工作组负责金融合同。该研究组每年举行两次年会，主要讨论各小组起草的民法典相关部分的草案。

关于这一题材的比较法著述也成绩斐然，其中颇具影响力的成果主要有：克茨于 1996 年出版的《欧洲合同法》第一卷；巴尔的两卷《欧洲比较侵权行为法》（上卷 1996 年，下卷 1998 年）；塞默尔曼和韦泰克尔（Simon Whittaker）合著的《对欧洲合同法的美好信念》（2000）；施莱特希姆的《欧洲不当得利的返还和补偿》（2 卷，2000—2001）等。

这些著作都试图从共同欧洲的角度去理解私法这一整体领域，培养“共同欧洲思维方式”，②“希望对欧洲共同私法的思索能够汇流成‘统一’的法，即民法典形式上的大框架之法律统一”。③

---

① Hein Kötz，“Comparative Law in Germany Today，” *Revue Internationale de Droit Comparé* (4—1999)，p. 766.

② 巴尔在文中解释说，“共同欧洲思维方式是指：1. 特别强调已经存在的共同点；2. 去理解相邻法律制度发展对一国法律制度形成的影响；3. 追踪历史的偶然性和荒谬以发现一国法律制度的棱角，并在不损害内容的前提下，在欧洲统一进程的框架内磨平它们。”参见[德]克雷斯蒂安·冯·巴尔：《欧洲比较侵权行为法》（上卷），张新宝译，法律出版社 2001 年版，德文版序。

③ 参见[德]克雷斯蒂安·冯·巴尔：《欧洲比较侵权行为法》（上卷），张新宝译，法律出版社 2001 年版，德文版序。

德国法学者为此还开展法学教育,希望通过培养一体化的法学人才推动欧洲的法律文化趋向统一。2000年,克茨在汉堡领导创办了布塞瑞尤斯(Bucerius)法学院,作为法学院的首任院长,他终于有机会向当年10月招进来的首批100名学生灌输其“欧洲共同法”思想。这个法学院围绕着比较法、国际法和欧洲法开设主干课程,而不像一般法学院那样,以本国法律为中心。

值得一提的是,1993年,德国法学者还创办了《欧洲私法杂志》,专门致力于发展共同欧洲私法。

欧洲的法律史学家们也大力支持“欧洲共同法”的规划,他们极力从历史文化的角度为其打造历史基础。德国的比较法律史学家塞默尔曼和科英是他们的代言人。塞默尔曼的《民法典和民法:欧共体内的民法“欧洲化”与欧洲法律科学的再现》(1994、1995)、《罗马法和欧洲法律的统一》(1998),科英的《法律科学的欧洲化》(1995)等一系列论著都力图培育欧洲法律的共同历史文化。他们认为,关于“欧洲共同法”这类欧洲法律科学的最显而易见、最自然的出发点在于欧洲各国法的共同的传统。共同法出现在各国法典之前,是它们共同的法律渊源和法学科学的核心,这是欧洲法律的一个真正特征。正是它提供给欧洲一个体系化和概念化方法的宝库,一个共同的价值和制度的核心,并且直到今天依旧是欧洲现代法律体系的基础;[①]而且也是“欧洲共同法”最终得以实现的历史基础。他们进一步提议以往欧洲各国共同分享的现代化了的罗马法传统作为“欧洲共同法”的基石。[②]

自“欧洲共同法”成为新目标后,德国比较法就从国家的法律秩序

---

① Hein Kötz, “Comparative Law in Germany Today,” *Revue Internationale de Droit Comparé* (4—1999), p. 766.

② Reinhard Zimmermann, “Savigny's Legacy : Legal History , Comparative Law, and the Emergence of a European Legal Science,” *Law Quarterly Review* (1996), vol. 112.

中超越出来，开始在整个欧洲的层面上进行思考和研究；不仅如此，其形象也发生了很大的变化，它再也不是具有"灰姑娘情结"的边缘角色，而成为一门充满雄心、积极参与实践，并且颇富声望的热门学科，其发展势头和产生的影响更是前所未有。这些都让其他国家的学者羡慕不已。①

六、比较法和法律教育

比较法学者非常看重比较法在大学教育中的状况，因为这是衡量学科重要性的尺度，由此可以看出比较法在一国法律学科中所处的地位。

德国法学者认为，比较法对于大学教育意义重大。通过它，年轻的法律人可以提高认识境界，学会尊重其他民族独特的法律文化，加深对本国法的理解，并为完善本国法介绍批判准则；比较法还是有效的"解毒剂"，能够消除对法律教条的盲目崇信——它使人们认识到，一旦突破本国法的藩篱，曾被视为自然真理的法律往往名不副实，而法律体系的基本概念和分类，有时对于实践中的法律却毫无作用，只不过是无用的职业游戏。②

比较法对于法律人的社会实践也同样重要，尤其在当代，国际贸易的扩展、各国人员之间的频繁流动以及律师执业形式的变化、律师事务所对职业资格的更高要求等都使年青一代的律师面临着前所未有的挑战，要求他们不仅要掌握本国法，而且还要了解足够的外国法律和国际

---

① Mathias Reimann，"The Progress and Failure of Comparative Law in the Second Half of the Twentieth Century，" *American Journal of Comparative Law* (2002)，vol. 50，p. 691.

② Hein Kötz，"Comparative Law in Germany Today，" *Revue Internationale de Droit Comparé* (4—1999)，p. 767.

法律作为知识储备，以应对大量的国际交往事务。

尽管如此，比较法在德国大学课程中所占的地位仍然相当低微。在德国，各大学的比较法教学安排殊不一致。目前所有大学都开设一门“比较法概论”，其中包括这门学科的任务和方法，它同其他法律学科的关系，以及世界法系概览等内容。专门讲授某一法律秩序，如法国法，或者专门讲授由同源的法律秩序构成的某一法系的法律，比如普通法，这种情况就比较少了。至于开设“比较法律制度”，研究所有或者若干法律秩序在某一个特定的法律领域里，诸如在合同法、公司法或者产品责任法方面，是如何处理的，以及把每一个国家的规则与其他法律秩序中有关的功能上的对应物结合在一起，进行从头到尾的比较，这种课程就更少了。

最近几年来，德国比较法的大学教育情况稍有改善。欧盟委员会已经着手实施了名为“苏格拉底”(Socrates)和“伊拉斯谟”(Erasmus)[①]的两项计划。在计划的安排下，德国有一批学生到欧盟其他成员国的法学院学习一个学期。还有一些学生参加国际夏季课程，学习比较法、国际公法、欧洲法等。德国几乎所有的法学院都为外国留学生设置了特殊学位，其中一些也为同时修完国内与国外规定课程的本国学生授予“欧洲学位”(Euro-degree)。采用外语教学的法律课程在学生中颇受欢迎，几所大学已在这一领域赢得了很高的声誉。

即使如此，也只有具备强烈学习动机的学生才可能利用这些机会，这样的学生毕竟数量有限。这与社会的迫切需要相比，无异于杯水车薪。

学者们指出，全部症结在于德国目前的法律教育体制；而要根本改

---

① 伊拉斯谟(Erasmus，1466—1536)，荷兰人文主义者，欧洲北方文艺复兴运动中的重要人物、奥斯丁会神父，著有名作《愚人颂》。

变现状，使比较法在公共法律教育中取得真正的进展，就必须改革当前的教育体制。[①]

在欧洲其他国家，每个法学院都可以自主决定开设哪些课程，并随社会的需要对课程进行调整。然而，德国的法学院却没有这种自主权。[②] 在德国，实行"国家对未来法律家进行考试"的教育体制。[③] 在这种体制下，学生的最终考试由国家全权负责：考试内容由国家详细规定，主考官由国家充任，考试成绩对应试者至关重要；而学生平时在国内外所学课程得到的成绩在其中几乎一文不值。

与此相应，德国大学的法学教育也以国家考试为目的来实施，大学本身不规定必修科目或选修科目，而由学生根据国家考试中的"必须"和"选择"为标准进行学习。因此，在此体制下，法学院所有的主动性被剥夺得干干净净。无论法学院的教育有多么好，知识面有多么广博，又如何启发人的想象力；无论学生在校期间，尤其在国外学习期间，表现得多么优秀，这些统统都无关紧要。其结果是，德国的法律教育变得非常封闭，它关注的几乎完全是国内法律。[④] 由此，外国法和比较法在

---

① Hein Kötz, "Comparative Law in Germany Today," *Revue Internationale de Droit Comparé* (4—1999), p. 768.

② 德国的大学没有毕业制度，若想成为法律家，必须通过两次国家考试。这种考试并非全国统考，而是由各邦根据其制定的《法律家培养法》分别进行；但因为在各邦的这一法律之上，有《德国法官法》所设定的基本框架，所以各邦的考试方法大同小异。一般而言，考官由大学教授和实务家组成，应试者通常在大学学完 10 个学期以上的法律课程后才接受第一次国家考试。如果这次考试合格，就可以成为研修生(Referendar)，在法院、行政机关、检察院和律师所等机构进行为期两年的研修。之后，他们必须接受第二次国家考试，合格者即成为"候补官"，其中成绩优秀者才能被任命为法官、检察官和各邦的官员，或者在有名的律师所就职。参见[日]大木雅夫：《比较法》，范愉译，法律出版社 1999 年版，第 286—287 页。

③ K. Zweigert & H. Kötz, *An Introduction to Comparative Law* (third edition, 1998), translated by Tony Weir, Clarendon Press, Oxford, p. 22.

④ [德]伯恩哈德·格罗斯菲尔德：《比较法的力量与弱点》，孙世彦、姚建宗译，清华大学出版社 2002 年版，第 4 页。

大学教育中的地位可想而知。

针对这种情况,德国的比较法学者强烈呼吁撤销对法律教育的管制,要求同世界上其他国家一样,由大学自己而不是国家负责考试,并以大学学位取代国家考试。① 他们认为,只有这样,法学院才能最终获得行动的自由和互相竞争的机会,才能逐步地为适应社会需要进行课程的调整,并且,能够如同科英在其《欧洲共同法:历史基础》(1978)中所说,“去改变统治19世纪法律教育的(法实证主义)思想,即认为只有国家的法律才是法律训练的基点。”②他们主张,法学院的课程决不能严格限定为国家法律,甚至也不能满足于国家法加上一点比较法的调味品,而要设置这样的课程——“其基本科目表现国家法,但这样的国家法要放在展现于不同国家法律制度中的法律思想的大环境下,也就是说,以欧洲国家共同的原则和制度的基础作为背景。”③

德国现行的教育体制一时还难以进行彻底的改革,富有雄心的比较法学家们却不愿因此坐等时机。尤其在“欧洲共同法”成为研究热点的形势下,他们开始自己着手创造条件,为比较法的大学教育和自身的事业追求提供机会。前文提及的克茨领导创立的布塞瑞尤斯法学院即为一例。该学院是德国首家私立的法学院,也是德国目前惟一一所修完第一次国家考试所定课程即授予法学学士学位(LL. B)的法学院。

这所法学院学制10个学期(1学年分为3学期制中的学期,每学期3个月),只需3年4个月时间即能毕业,较一般的公立法学教育时间短。学生主要学习比较法、欧洲法、一般法律类和经济类课程,有些

---

① K. Zweigert & H. Kötz, *An Introduction to Comparative Law* (third edition, 1998), translated by Tony Weir, Clarendon Press, Oxford, p. 23.

② Hein Kötz, "Comparative Law in Germany Today," *Revue Internationale de Droit Comparé* (4—1999), p. 768.

③ Ibid., p. 768.

课程用英语授课，而且所有的学生都有机会到该学院在国外的联谊学校学习一个学期。因为有这些优越条件，尽管学费昂贵，2000 年首批招生时的申请者即有 500 人，该学院以成绩为标准录取了其中的 100 人。对此，有人抱怨，布塞瑞尤斯法学院挑走了德国学生中的精英；还有人批评说，这样的教育方式，只会培养出不适合德国国民需要的人才。[1]

尽管德国比较法教育状况的改变还任重而道远，但学者们毕竟迈出了富有意义的一步。

第三节 茨威格特和克茨的《比较法总论》

之所以把《比较法总论》作为当代德国比较法学的典范之作，并对它进行微观的考察，是基于以下两个方面的考虑：其一，《比较法总论》初版于 1971 年，再版于 1984 年，三版于 1996 年，自其首版问世到第三版的推出，中间历时近 30 年。在这期间，此书著者茨威格特、克茨随着时代的变化对该书内容不断进行充实和更新。因此，在时间跨度上它堪为当代德国比较法学的代表之作；其二，《比较法总论》在世界上也获得了非同凡响的成功，两位著者在这部著作里完善和确立的功能主义成为当代世界比较法的主导方法，所提出来的法系的样式理论在今天已被广泛接受，[2]而对不同法律文化所做的驾轻就熟的描绘即使在将来也几乎无人能够超越。[3] 法国比较法学家勒内·达维德誉之为"比较

---

① David S. Clark, "Centennial World Congress on Comparative Law: Nothing New in 2000? Comparative Law in 1900 and Today," *Tulane Law Review* (2001), vol. 75, p. 909.

② Mathias Reimann , "The Progress and Failure of Comparative Law in the Second Half of the Twentieth Century ," *American Journal of Comparative Law* (2002), vol. 50, p. 676.

③ Christopher Osakwe, "Recent Development: An Introduction to Comparative Law," *Tulane Law Review* (1988), vol. 62, p. 1509.

法研究的模式”;该书英译者牛津大学三一学院教授托尼·威尔(Tony Weir)认为,它“在英语中,是一部没有任何同类著作能达到相等水平的极优秀之作……”[①],即使普通读者也自能从国内外对此书的频繁引证中判断出它的价值所在。

这部著作在我国先后发行过两个版本(1992 年 9 月由贵州人民出版社初版,2003 年 1 月由法律出版社再版),已经在法学读者中广为流传。鉴于此,本文就不能仅仅停留于简单的介绍和入门式的导读,而将在研读数遍的基础上对它进行总结和分析。[②]

《比较法总论》依照德国潘德克顿学者最优秀的学术传统分为两卷——第一卷为原论,第二卷为分论。原论主要考察世界法律体系的结构,而分论亦即《制度论》则对契约、不当得利和侵权等特殊的私法制度进行“活组织检查”。它们一起构成了一幅 20 世纪比较法的迷人画卷。但遗憾的是,此书的第二卷《制度论》尚未译出,是故此处的《比较法总论》仅指原书的第一卷原论部分。

《比较法总论》共包括 30 章,[③]分为内在相互关联的两个主题:第一至四章依次阐述了比较法的概念、功能和目的、方法、历史,为比较法的基础理论;而从第五章以下则对现代世界上的 8 个主要法系[④]的轮廓进行一一描述。第五章“法系的样式”则构成这两个主题之间的智识桥梁,为比较法的一般理论提供了一个假设前提。

---

① 参见[德]K. 茨威格特、H. 克茨:《比较法总论》,潘汉典等译,法律出版社 2003 年版,中译者序。

② 本文以《比较法总论》的第二版的中译本为基础,同时参照 1998 年发行的此书第三版的英文版本。

③ 该书第三版抽去了原书的第十、十五、二十一章,以及社会主义法系中的五章,将原来的远东法系一章扩展为中国法、日本法两章,共 23 章。

④ 这 8 个法系依次是罗马法系、德意志法系、英美法系、北欧法系、社会主义法系、远东法系、伊斯兰法、印度教法等。第三版删掉了社会主义法系,把远东法系改为“中国法、日本法”,而将伊斯兰法、印度教法合并为“宗教法系”。

需要说明的是，前文已从本书中取材甚多，因此，这里对书中的相关内容如比较法的概念、功能和目的、历史等不再赘述，而着重阐述第三章“比较法的方法”中的功能主义原理以及第五章“法系的样式”理论——功能比较方法主要贯穿于此书第二卷《制度论》，而法系的样式理论则几乎统摄第一卷原论部分，足见二者在书中的非同寻常的重要性；此后将对著者关于世界上的法系的描述特色做实例的分析。通过这三方面提纲挈领的介绍，该书大局应该已了然于胸。

一、功能比较方法

比较法的研究方法是比较法学最核心的问题之一。它一方面建立在法哲学对法的解释的基础之上，另一方面又直接决定了比较法的研究范围、任务与研究的深度。

在《比较法总论》中，茨威格特、克茨在继承最初由拉贝尔所提出的方法论的基础上，在继续批判规范比较方法的过程中，进一步完善和确立了功能主义的比较方法。

功能主义在对法的理解方面以社会学法学的立场和观点为依据。根据庞德的解释，社会学法学的基本观点是：注重法律的社会功能、效果，而不是法律的抽象内容；认为法律是一种社会制度，是社会控制的一种手段，亦即“社会工程”；主张法律规则应被视为达到社会公正结果的指针，而非固定不变的模式等。因此，法律科学的对象也并非是法律的概念结构，而是这些法律结构应当解决的生活问题。从这种法律观出发，茨威格特、克茨提出，比较法的问题也因此不是关于不同国家的法律制度的概念结构，而是它的法律制度的功能；比较法的方法是对不同社会秩序解决问题的办法重新从它们各自的现实，从它们所实现的各自社会目的进行相互比较。所以，“全部比较法的方法论的基本原则是功能原则，由此产生所有其他方法学的规则——选择应该比较的法律,探讨的范围,和比较体系的构成等等。”①

(一)功能比较的出发点

选择什么样的标准来决定对哪些法律制度进行比较,也就是说,怎样为法律比较创造一个基点,这是任何比较法学者都要面对的最为棘手的问题之一。茨威格特、克茨主张采用功能原则作为选择标准,他们认为,“人们不能对不可能比较的事物做出有意义的比较,而在法律上只有那些完成相同任务、具有相同功能的事物才是可以比较的。”②

在此,试以茨威格特、克茨所举的一个例子来说明这一理论。在欧洲大陆,为了使未成年人能够参加法律上的交易活动而设立的法定代理制度,在欧洲大陆法律家看来是理想的制度,也几乎是惟一可能想象到的法律制度。但是,普通法却没有这种法律形态,而且在法律事物中,父母也并未自动地被赋予代理其子女的权利或义务,而代之以由“近友(next friend)”③来代替未成年人进行积极的诉讼,由“诉讼监护人”代为进行消极的诉讼。此外,在未成年人成为法定继承人时,法院在一定情况下指定一名“未成年期间遗产管理人”。根据一定的前提条件,未成年人也可能被宣布为“受法院监护人”,在此场合,法院先取得代理权,其后,通常由法院将此项代理权移转给其他人。

这个例子说明,如果像规范比较法那样以结构或体系为出发点,在英国法中寻找欧洲大陆的一元性法定代理制度,是无法发现与之相同的法律概念的。但是因为在此也同样存在未成年人参加法律事务的必要性,所以,如果从英国法是以何种方法满足这一需要的问题出发,就可以进行卓有成效的比较。由此可见,功能主义的比较法是抽取出功

---

① 参见[德]K.茨威格特、H.克茨:《比较法总论》,潘汉典等译,法律出版社2003年版,第46页。

② 同上。

③ 即未成年人或其他无行为能力人的诉讼代理人。

能相同的东西进行比较，功能是比较法的出发点和基础。

（二）问题性思考和调查的范围

茨威格特、克茨进一步提出，如果在功能上把法律看作是社会事实情况的调节器，那么，在每个国家里的法律问题都是相似的，人们能够在世界上所有的法律秩序中提出同样的问题，甚至在属于不同社会形态的国家或者处于完全不同发展阶段的国家里，运用同样的标准。

但由于各种法律秩序都是在其自身的历史中产生和发展的，其间它们发明了各种各样的法律技术，有时其相互间会呈现出迥然不同的外观。所以毫无疑问，在对法律问题的处理方式上总是存在着重大的差异。例如，在德国依"所有物收回之诉"或者"排除妨害所有权之诉"满足的需要，在别的制度下则通过基于不法行为而提出的请求权而予以满足；在一国关于扶养的请求权，在另一个国家里则由关于贫困的公共救济取而代之。这些例子都是一条法律规范由另一条法律规范与之对应的事例，但有时在一国法律体系中由某一规范发挥的功能，在另一国却并非由其法律体系中的现行法律规范完成的，而只能在一定的法律外的诸现象中找到。

因此，著者提出，"任何比较法研究作为出发点的问题必须从纯粹功能的角度提出，应探讨的问题在表述时必须不受本国法律制度体系上各种概念所拘束。"①易言之，适当的比较，不应是通过所谓体系性的思考，而必须通过问题性思考进行。要从提出一个具体的社会问题开始，并试图去发现解决这个问题的规则或制度；而不是相反，从提出任何特殊的规则或制度为出发点。例如，不应如此发问："外国法关于买卖契约设有什么形式规定？"而最好这样表达："外国法如何保护当事人

① 参见[德]K. 茨威格特、H. 克茨：《比较法总论》，潘汉典等译，法律出版社 2003 年版，第 47 页。

免于草率立约或者不受未经认真考虑的行为的约束?”同理,不该问:“外国法怎样调整德国法所谓 Vor-und Nacherbschaft(先位继承和后位继承)?”而应当考察外国法考虑以什么方式满足立遗嘱人在死后长期控制其遗产的要求。

接下来,为了寻找同本国问题的解决方法相应的法律,而对外国法进行深入研究的时候,功能主义原理同样要求人们应当避免加以任何限制。这一点,尤其适用于何者应当作为“法律渊源”考虑的问题。著者指出,在比较法研究意义上的“法律渊源”是指形成或者影响所考虑的制度的法律生活的一切事物。因此,比较法学者必须如同外国法律制度的法律家们一样,利用同样的渊源,并且必须像他们一样对那些“法律渊源”给予同样的重视和认定具有同样的价值。因此,对外国法的调查范围,除了制定法和习惯法外,还必须遍及判例、法学学说、定型契约、普通契约条款、交易惯例和习俗等该法律秩序中构成法律生活的一切形式。

(三)“类似的推定”——功能比较方法的基础

经常被其他学者作为功能主义比较方法的根本特点提及的,是茨威格特、克茨在《比较法总论》中提出的所谓“类似的推定”(praesumtio similitudinis)。而功能比较方法之所以成为一种卓越的方法,也正是因为它以“类似的推定”作为其重要的基础。

茨威格特、克茨从比较法研究的根本经验中总结出“比较法的一条基本规律”:[①]“各种不同的法律秩序,尽管在其历史发展、体系和理论的构成及其实际适用的方式上完全不相同,但是对同样的生活问

---

① 参见[德]K.茨威格特、H.克茨:《比较法总论》,潘汉典等译,法律出版社2003年版,第54页。

题——往往直到细节上，采取同样的或者十分类似的解决办法。”①他们建议将这条“类似的推定”作为方法运用于比较法的研究中：在比较法研究开始时，这个推定可以作为启发式的原则使用——它能够给研究者指点正确的道路，指示他注意相对应的和类似的事物，以实际解决问题可能的同一性为目标，应当考察外国法现实的哪些领域；在研究工作终结时，这个推定成为检验其结果是否正确的手段，如果比较法学者在他进行研究的比较法律秩序中，找到相同的或类似的实际解决办法，他可以感到满意。反之，如果他查到在实际解决问题上大不相同或者相对立的结果，他就必须重新检查他原先提出的问题是否正确地和完全彻底地根据各个法律形式的功能，还有他的研究范围是否足够广阔。

必须指出的是，“类似的推定”并不适用于一切法律领域。茨威格特、克茨一再强调，对于那些受到历史、宗教和文化强烈影响的法律领域如家庭法和继承法，这个推定是不适合的；而对价值观念上是中立的和技术性的“非政治的”私法，它则可以作为比较法的工作假设进行使用。

（四）“比较的第三项”与比较体系的建立

功能主义原理的一个突出特点是，它竭力对其研究对象采取中立分析的姿态。比如，从上文的阐述中可见，茨威格特、克茨首先要求从术语开始，把法律形式主义的语言转化为普遍问题的语言，而后要求对外国法律及法律生活的整体进行无偏见的调查。这种客观主义的立场尤其体现在茨威格特、克茨所说的“比较的第三项”（tertium compara-

---

① 上文提到这一现象也被称为法律体系的“共同点”。美国比较法学家鲁因斯坦对此也持相同的观点，据他调查，美国私法判例中的80%，与不论是英国、加拿大、法国、阿根廷或日本等任何地方的结果相似，而只有余下的20%可以看到国别的差异。他认为，“我们的文明是同一个单位，问题相同，则解决办法亦相同。”参见［日］大木雅夫：《比较法》，范愉译，法律出版社1999年版，第88页。

tionis)①——“功能是一切比较法的出发点和基础。这是比较的第三项，……对于比较的过程，这意味着对于我们在各种法律秩序中发现的不同解决方法与其概念语境分离开来，并清除其本民族法律学说的暗示，这样才能纯粹地从功能的角度、从满足各自法律需要的角度对它们进行审视。”②

为此，下一步，著者主张建立一个松散的比较体系，从而能够在一些宽广的大概念之下，把那些虽然是异质的、但在功能上是可以比较的制度都包括其中。例如，不当得利的原则是“普遍存在的”，它确实是到处以种种形态出现：在一个法律体系中，它是不当得利返还请求权；在另一法律秩序中，它成为不法行为；而在第三种法律秩序中，则成为契约上的返还请求权。在这种情况下，比较法体系必须找到一个能够包括共同功能的总括性概念，或者甚至找到若干个不同的概括性概念，分别涵盖带有不同方式但是实质目标相同的请求权的不当得利返还请求。例如，大致可以使用关于“错误给付的偿还”，侵占他人财产、无权使用他人财产等等的反对给付。

这样，比较法就产生了一个由功能综合构成的体系，而且超越了本国制度的概念网络。它的各种概念表明生活事实给具有同样社会、经济前提的一切法律提出的各种法律课题；对此，这些概念带来了种种的解决办法，这些解决办法或者只是在法律技术上不同，也可能在实体上不同，但是在实质的根据上却是相互关联的，在这种关联上可以进行比较和相互较量一番。

由此可以看出，功能成为联系具体与抽象(各国具体的法律制度与抽象的总括性概念)之间的纽带，它使人们超越异国法律概念的界限，

① 即比较的标准和中立的参照物，亦可译为“比较的第三者”。

② 转引自[德]根特·弗兰肯伯格：《批判性比较：重新思考比较法》，贺卫方、王文娟译，载梁治平主编：《法律的文化解释》，三联书店 1998 年版，第 204—205 页。

构建了比较法的体系——“普遍的”比较法律科学或称为“一般法”。这揭示了茨威格特、克茨功能主义方法的追求目标“是一种名副其实的国际运作的比较法，这种比较法可以给普遍的法律科学准备基础。”[①]

茨威格特、克茨完善和确立的功能比较方法的最重要的理论贡献，在于有效地揭穿了规范比较理论的真相，根据这个理论，比较法学者只有对那些分享一个共同的历史传统、继承同样的文化遗产、对于社会中的法律规则有共同的理解立场，或者拥有一个相似的概念结构或运作风格的法律秩序才能进行比较。[②] 而功能主义原理则在大陆法与普通法之间架起了桥梁，并在矗立于资本主义与社会主义之间的壁垒上打开了一个突破口，而且也把看来完全异质的其他法律秩序纳入比较法的框架，从而将全世界法律秩序作为其研究对象成为可能。它因此大大扩展了比较法的研究范围，也有助于摆脱对法律的教条主义的僵化认识。部分地因为这一方法，战后 50 年的比较法才取得了长足的发展，它也因此被高度赞美为“比较法贡献给 20 世纪法律科学的最重要的礼物”。[③]

但是任何学科的发展都没有止境，知识要获得新的突破，其迈出的第一步必然是对现有的权威发出挑战。从这点来说，茨威格特、克茨的功能主义既是对规范比较方法的批判性继承和发展，同时伴随着人们对法律认识的不断深化，又成为比较法研究方法进一步探索的基础和起点。

---

① 参见[德]K. 茨威格特、H. 克茨:《比较法总论》，潘汉典等译，法律出版社 2003 年版，第 68 页。

② Christopher Osakwe, “Recent Development: An Introduction to Comparative Law,” *Tulane Law Review* (1988), vol. 62, pp. 1511—1512.

③ Vivian Grosswald Curran , “Cultural Immersion, Difference and Categories in U. S. Comparative Law,” *American Journal of Comparative Law* (1998), vol. 46, p. 66.

二、法系划分理论

将世界上众多的法律秩序加以分类，从而归入少数几个大的法圈(Rechtskreise，以下通称为法系)，这是比较法理论中阐述的法系论要完成的任务。但正如达维德所说，“法系”的概念没有与之相对应的生物学上的实在性；使用它只是为了便于讲解，为了强调在各种法之间存在的相似之处与区别。① 因此，它只具有学理上的意义。

(一) 对以往理论的批判

在“法系的样式”一章中，茨威格特、克茨首先批判性地分析了不同学者所提出的法系划分标准。他们依次检讨了艾斯曼(Eismein)、莱维—于勒曼(Lévy-Ullmann)、邵塞尔—霍尔(Saucer-Hall)、阿尔曼戎—诺尔德—沃尔夫(Arminjon-Nolde-Wolff)、达维德、马尔斯特勒姆(Malmstrom)、埃尔希(Eorsi)等提出的法系划分理论，对这些理论他们并不赞同，认为其分类标准是一元性的，如邵塞尔—霍尔以人种为标准，达维德最初以意识形态为标准等，因此往往失之于片面，缺乏说服力。在著者看来，它们的缺陷在于没有回答“研究各种法律秩序本身”应当依据什么标准这个问题。

(二) 样式理论

对既往法系理论进行批判之后，茨威格特、克茨提出了自己的法系论。他们的理论是以各个法律秩序以及这些法律秩序所构成的整个群体具有的特定样式，即“法系样式”(Rechtsstile)为出发点的。其目的并非要提出新的法系分类，而是要使用样式的概念及其法学的解释，比以前更清晰准确地阐明进行法系划分和各个法律秩序分配的标准。

---

① 参见[法]勒内·达维德：《当代主要法律体系》，漆竹生译，上海译文出版社 1984 年版，第 24 页。

"样式"原本是艺术领域的概念,指哥特式、巴罗克式、洛克克式等不同艺术风格,含义是使精神的和内在的特征形象化地具有个性的方式或类型。[①] 以后,这一概念被应用于各个领域,例如,在经济学领域,阿瑟·斯皮托夫(Arthur Spiethoff)使用了"经济样式"这一概念,将其定义为:"将经济生活的独特形态具体化的各种标志的总汇。"[②]茨威格特、克茨则在法学领域内沿用了这一概念。

在这种情况下,应该从构成法律样式特征的所有要素中,找出特别重要的本质性要素。根据茨威格特、克茨的判断,他们提出了 5 个具有决定意义的样式构成要素,即:(1)一个法律秩序在历史上的来源与发展;(2)在法律方面占统治地位的特别的法学思想方法;(3)特别具有特征性的法律制度;(4)法源的种类及其解释;(5)思想意识因素。

以上述第 3 项为例,茨威格特、克茨认为,一定的法律制度,"由于其突出的独特性,具有影响法律样式构成的力量,"因此应属样式构成要素。[③] 下面所列举的法律制度,就是一部分的例证。

普通法系:代理、约因(consideration)、禁止反言(estoppel)、原则上否定履行请求之诉、信托、侵权行为法的决疑论、多元化的财产权、"实产(real property)"和"属人财产(personal property)"的划分、法人的相对性、财产"归属于"遗嘱执行人、证据法的特殊性;

罗马法系:原因(cause)、权利滥用(abus de droit)、直接诉权(action directe)、债权人代位诉讼(action oblique)、翻转对物诉讼(action de in rem verso)、广泛的无过失侵权行为责任、无因事物管理;

德意志法系:一般条款、法律行为、无因的物权契约学说、缔结契约

① 参见[日]大木雅夫:《比较法》,范愉译,法律出版社 1999 年版,第 113 页。

② 参见[德]K. 茨威格特、H. 克茨:《比较法总论》,潘汉典等译,法律出版社 2003 年版,第 107 页。

③ 同上,第 113 页。

上过失责任、行为基础丧失理论、不当得利制度牢固的地位和土地登记簿；

社会主义法系：多元性所有权、计划契约、婚生子女与非婚生子女的平等待遇等。

以样式理论为标准，茨威格特、克茨将世界上的法律制度划分为以下8个法系：①罗马法系；②德意志法系；③北欧法系；④普通法系；⑤社会主义法系；⑥远东法系；⑦伊斯兰法系；⑧印度教法系。

（三）法系划分的相对性原理

需要补充的是，与严格的科学截然不同，社会、历史科学中的各种关系都是相对的，对它们的分类难免带有假说的性质。关于法律秩序分类所存在的不可避免的这种相对性，茨威格特、克茨分别以主题关系相对性原理和时间相对性原理加以论述。

1. 主题关系相对性原理

法系的分类可能因所涉及的法的部门不同而结果各异，比如，某一法律秩序中的私法应当归于某一个法系，而它的宪法应当归入另一个法系。茨威格特、克茨因此把比较法限定在私法领域内的各种法律制度的比较上。但即使只考察私法，在各法系内部也会有显著的偏差，尤其是对混合法等做分类尤为困难。例如，阿拉伯各国的家庭法和继承法明确地具有伊斯兰法的特征，而印度家庭法则明确地具有印度教法的特征；但这些国家的财产法却分属于原来的宗主国法。

因此，法系分类随有关法律主题的不同而有差异，这就是法系论的“主题关系相对性原理”。

2. 时间相对性原理

茨威格特、克茨指出，法系划分尤其受到时代的制约，受到立法或者其他事件的轻易左右。比如，日本曾经仿效欧洲大陆的模型颁布实施许多法典，但由于它们对日本的法律现实并没有产生实质的影响，茨威格特、克茨一直将其归入远东法系，然而日本当代的发展使人们逐渐觉得应该将现代日本法归属于欧洲的法系而非远东法。同样，随着1990年前后苏联的解体和东欧的变化，茨威格特、克茨认为，尽管这些国家还要过上很长一段时间才能抹去持续了40余年的社会主义法律的政治意识形态的历史痕迹，但作为学理上的社会主义法系实际上已经消失了。因此，1996年第三版《比较法总论》把曾占原书很大篇幅的“社会主义法系”一编删掉了。

这些例子说明“时间相对性原理”在法系论中的作用——将世界法律划分为若干体系，并且将各个法律秩序归入此一法系或彼一法系，是不能独立于历史发展与变化之外的。

由以上分析可见，虽然茨威格特、克茨对具体的法律制度进行比较时主张采用功能主义原则，但对各国不同的法律体系进行比较时，他们却做了更大胆的尝试——主张比较法研究必须致力于掌握各个法律秩序和这些法律秩序所构成的整个群体具有的“法律样式”，而样式的概念所包含的内容已远远超过它本身，包括历史、思维模式、制度、法律渊源、意识形态等。这使比较法学家对应该考虑的法律语境的把握更为详尽明确；同时正因为有这一思想方法作为统率和指导，《比较法总论》对世界上的法系，尤其对西方法系的描述才那么深邃和精彩。

三、对西方法系的“深度描绘”

对普通读者来说，他可以跳过学理性的功能主义原则，也大可不必理会法系划分的样式理论，然而《比较法总论》对世界上的法系，尤其是对西方几个法系所做的描绘却不能不使他为之动容，并被深深吸引。笔者认为，即使有一天功能主义被超越，法系划分理论也显得落伍，但能使这部名著依旧熠熠生辉的将是这部分内容。在这里，茨威格特、克茨从历史、社会、文化甚至心理等多个角度对几个法系的轮廓进行深入和丰富的刻画，这种手法，笔者将其概括为“深度描绘（thick discription）”。[①] 正是凭借了它，《比较法总论》对西方几个法系的描述才如此栩栩如生，充满魅力。

在“世界上的法系”这部分内容中，茨威格特、克茨偏重的实际上只是西方法系，而又进一步集中于罗马法系、德意志法系与英美法系。在对这三大法系进行的描绘中，著者几乎对他们所涉及的每一个问题，诸如法系的发展、法律的精神和特征、法律的继受与传播、法律职业等，都做了相当深刻的分析。他们尤其重视在法律生活中活动的“法律名流”对于法律风格形成的作用。

试以第二十章“普通法和大陆法发现法律的方法与诉讼程序”中的部分内容为例来说明这一特色。

在此之前，茨威格特、克茨已经详细描述过了普通法与大陆法这两大法系在历史发展、法律渊源、法官的地位、律师的作用、法律教育的方法和诉讼程序等方面的差异。

在英国，国王在中世纪早期就已成功地将司法集中在伦敦仅有的少数几个法院中；这就使普通法能够在本国源泉的基础上有效地在全国发展。一种组织良好的有影响的律师行会围绕这些中央法院成长起来，它们具有选择、培养和接纳开业新会员的充分独立性，甚至做到只有该行会的成员才能被任命于司法机构。这使英国的法律具有法庭的和经验主义的特性；控制这种法律的是法律实务家；法律也必须在判例汇编中发现。

与英国相比，德国的情形颇为不同，它的中世纪历史是皇权不断衰落的历史，这就拖延了中央法院和行政机构的成长，妨碍“帝国法学家

---

① “深度描绘”是从美国人类学家格尔兹（Clifford Geertz，1926— ）文章中借来的一个概念，原意是指对文化现象的意义进行层层深入描绘的手法。参见[美]克利福德·格尔兹：《文化的解释》，纳日碧力戈等译，上海人民出版社 1999 年版，第 3—34 页。

阶层”的兴起，从而使当地固有的法律难以有力地阻止罗马法的推进。罗马法是作为“学者的法律”而出现的，意大利北部的大学教授们重新发现了它，他们以经院哲学和人文主义的方法精制和发展了它，并且只有教授讲授它，人们也必须到大学中去学习它。因此，德国在继受罗马法后，法律具有十足的学院的和理论的特性；控制这种法律的是大学教师；法律必须在教科书中去发现。另外，那些精通罗马法的法学家于继受罗马法期间在德国确立地位，大都被雇佣作各邦统治者的行政官员，他们作为邦国君侯的官方顾问，这种从属的地位使他们不可能组成行会或职业团体，以获得独立社团能够拥有的权力。这使德国至今仍然存在着一种习惯性的认识，即认为实施法律是属于国家官僚机构的职能，而司法官则是国家行政人员的组成部分。

在法国，1789 年以前，司法官职务的世袭与捐纳制度以及各最高法院曾企图取得的政治上的地位使法国的法官在过去形成一种完全独立于行政官吏之外的社会等级集团。大革命摧毁了旧王朝的“穿袍贵族”之后，司法官在身份地位上同一般官吏已大大接近，真正的司法权的思想在法国已经消失。法官们把自己视为“国家公务员”，是司法官僚机构的无名小卒，由司法机构任命、提升、奖赏和发给他们退休金，他们施行一部被认为是无所不包和确定无疑的法典，遵循一种极端的分权学说，这种学说试图最大限度地限制法官的创造性，要求实际生活中的争议只能通过根据规则的归类法加以解决。

英国与欧洲大陆在政治史、社会史和智识史方面的巨大差异，影响到包括如何对待法律渊源在内的整个法律生活。它们使普通法和大陆法这两大法系发现法律和运用法律的技术——实际上是整个法律思想的典型方法极为不同。对此其他学者已有非常生动和深刻的描述，著者尽可以像其他许多著作那样将其进行总结，到此搁笔。

然而，茨威格特、克茨从来不满足于单纯的皮相的观察，而从社会现实的角度对此问题进行深入的挖掘。他们指出，在法律思维方式上，普通法国家的归纳式解决问题方法与欧洲大陆国家系统的概念思想方法之间无疑具有差异，但若把这种对立看作是绝对的，那就不能准确和全面地反映当今两大法系发生的实际情况。

例如，长期以来，人们普遍认为欧洲大陆和英国法律思想方法的基本区别在于先例拘束力原则。然而，普通法的先例拘束力原理已发生了很大变化，英国法官已经设计出各种方法和手段（比如"区分技术"）来避免遵循不令人满意的先例；美国许多法院采用"未来推翻"（"prospective overruling"，意即不溯及既往的变更先例）使判例法发生了根本变化。而且英国上议院还通过一个惯例性声明这一具有"心理重要意义的一步"，放弃了遵循先例原则的最前沿阵地之一。

反观欧洲大陆，那里绝对不存在任何强行规定法官必须受上级法院判决拘束的法律规则，但在现在的实践中，法国最高法院和德国联邦最高法院的一项判决，像英国或美国上诉法院的判决一样，能够得到下级法院的遵循。

因此，普通法中遵循先例原则和欧洲大陆各国法院的实际作法常常导致相同的结果：当法官能够在最高法院的一个或数个判决中找到似乎与他面前的案件有关的一条规则时，他将遵循该判决中的规则，这在德国、英国和法国都是一样。

到此，似乎得到最终的结论了。然而就在一般人的思路即将止步的地方，著者偏偏继续追问——先例既然在两大法系中同样发挥作用，那么它在二者中的运作方式到底是否相同？

茨威格特、克茨进一步剖析道，为了有可遵循的规则，法官必须首先从判例中抽出此类规则；但是关于抽取此类规则的方法，普通法与大陆法之间存在着显著的差异。

普通法法官探究判例法和从中抽出规则与原则的技术，是"从判例到判例推理”这种成熟而精湛的传统的产物。这是一种以案件的特定事实为基础的归纳式思维方法和深入细致对待有关先例的方式。而欧洲大陆的法官仍受到旧式实证主义思想的影响，据此，裁决案件不过是通过归类活动把特定法律规则“适用于”争议的事实。他们认为最理想的“可适用的”法律规则是制定法条文，而在司法中发展起来的法律规则和原则，只有通过实践证明其效力在各方面获得社会认可，从而已经“凝结为习惯法”时，才能得到官方承认。

由此可见，先例在普通法和大陆法中的运作方式截然不同。而同样显而易见的是，今天欧洲大陆法官在发现法律时已将判例作为实际的法律渊源，它已经明显不同于旧式的法律渊源学说。

然而，人们不禁要问，既然如此，为何判例的作用没有在大陆法中明显地表现出来？茨威格特、克茨回答说，这是由于大陆国家的法官们的现有倾向总要依据法律条文，判例的创造性作用总是或几乎总是隐藏在法律解释的背后。他们以法、德、意三国最高法院的判决风格为例来说明这一点。

欧洲大陆国家的最高法院在判决中不情愿论及案件事实，以法国为例，法国最高法院通常只是隐隐约约地间接提及案件事实；此外，它甚至从不援引自己先前的判决，更少谈及它何以遵循此判例而不是彼判例。即使法国最高法院的法官们实际上十分细心地检查判例法，“但是他们却喜欢给外界以这样的印象：他们一挥动逻辑上从大前提到小前提这根魔杖，判决就从制定法的条文中蹦出来。”①尤其是，欧洲大陆各国最高法院的判决，有时仍反映 100 年前专制国家的传统：判决首先是以非个人名义做出，体现的是国家的行为，它在敬畏的公民面前炫耀

① 参见[德]K. 茨威格特、H. 克茨：《比较法总论》，潘汉典等译，法律出版社 2003 年版，第 384 页。

法律的威严。因此,这种传统肯定不允许出现这样的情况,即法官经过踌躇再三比较掂量该“案件”解决问题的具体办法的正反两方面意见然后做出判决,认为这种解决问题的具体办法不是出自纯粹的理性和冷酷的逻辑。

至此,通过一波三折、抽丝剥茧式的层层分析,欧洲大陆和英美法律思想方法在判例上的相似与差异就鲜明地呈现在读者面前。这个印象是立体的、摇曳多姿的,而非单维的、平铺直叙的。它建立在社会学研究的基础之上,对生活事实进行考察,而从不停留于事物的表层。这正是茨威格特、克茨对西方几大法系进行“深度描绘”的成功所在。

在学术上,优秀著作的价值并不在于让人们对它顶礼膜拜,而在于它给人们的进一步探索提供了一副“巨人的肩膀”。在此意义上,《比较法总论》是世界比较法发展史上的一块丰碑,它不仅大大推进了人们认识的历程,同时又成为今天世界比较法学新发展的基石。

第四节 世纪末德国比较法学的新发展

一、发展背景

20世纪的最后十几年来,由于后社会主义国家的转型和欧洲统一在区域范围内产生的影响,以及全球化的形成在世界范围内带来的推动作用,使欧美国家对法律协调和作为其预备手段的法律比较更为迫切需要。在这种情况下,不仅具有技术功能的比较法越发必不可少,而且对它进行评价和展开批判也同等重要。

同时,在全球化的进程中,不同的法律体系和文化之间难免产生碰撞,并且必然相互作用。这也引起一些有关比较法的选题和范围,以及法律统一等新问题的产生。这些新问题涉及到诸如对其他文化特定道德的和法律的标准的适用等。当人们认识到以世界性法律为工具管理全球化,尤其是经济全球化,要求具备一个以“全球法律多元主义”为基础的世界法律秩序的观念时,这些问题变得日益紧迫起来。[①]

另外,近一二十年来,随着文化研究的升温,对法律进行文化解释逐渐成为法律研究的一种主导范式。[②] 在这种法律观看来,法律不仅仅是一种解决社会问题或满足社会需要的工具,它也是一种文化现象,是表达或传递意义——人们对世界、社会、秩序、正义等问题的看法、态度、情感、信仰、理想——的符号。[③] 例如,德国比较法学家伯恩哈德·格罗斯菲尔德(Bernhard Grossfeld,1933—)就认为,每个法律体系都是“各种决定性因素之特定结合的独特产物”:每种文化都有其特定的法律,而每种法律都有其特定的文化,法律即文化,或文化即法律;法律因文化的不同而各有不同。[④] 因此,要理解一种法律体系,必须深入把握其背后的文化底蕴。这种法律观进一步深化了人们对法律的认识。

不仅如此,20 世纪八九十年代以来,西方法理学的各个学派都在不同程度上受到后现代思潮的影响。后现代法学随之兴起,并成为西方法哲学的主要趋势。西方比较法学界中一些更为激进的学者也将后现代主义(post-modernism)理论引入到比较法研究中。

在以上多种因素的综合作用下,近一二十年里,西方的比较法领域发生了一场意味深远的变革:一些比较法学者在对法律进行深入认识的基础上,一方面主要以后现代理论为智识平台,对传统比较法展开批判;另一方面也试图探寻比较法研究的新方向。这批学者有的较为温

① Anne Peters & Heiner Schwenke, “Comparative Law Beyond Post-Modernism,” *International and Comparative Law Quarterly* (2000), vol. 49, p. 800.

② 关于这种研究趋向,参见梁治平主编:《法律的文化解释》,三联书店 1998 年版。

③ 参见黄文艺:《论当代西方比较法学的发展》,载《比较法研究》2002 年第 1 期。

④ [德]伯恩哈德·格罗斯菲尔德:《比较法的力量与弱点》,孙世彦、姚建宗译,清华大学出版社 2002 年版,第 64—65 页。

和,有的则较为激进,为方便起见,他们被统称为后现代主义者。[①] 德国在这方面的代表人物主要是伯恩哈德·格罗斯菲尔德和根特·弗兰肯伯格(Günter Frankenberg)。他们的研究成果集中体现了德国比较法学的最新发展。

二、后现代主义者对传统比较法的批判

后现代主义是一个非常模糊的术语,其含义一方面依赖于它所使用的文学理论以及建筑、哲学等学科,另一方面又以"现代主义"和"现代性"作为其前置性概念。大致说来,后现代主义强调文化和社会领域的差异性、多元性和异质性,认为知识形式、道德体系以及个人的生活追求和行为模式都是多种多样的。它乐于接受这些各不相同的立场,查明它们独特的个性,而反对某类理性观的统一化垄断以及导致绝对性的普遍主义观念。它认为,社会和文化生活中存在的异质的群体、利益、话语等因素永远不可能同化到普遍的或普适的标准中去,而所谓的普遍性、共同利益和共识,掩盖的无非是霸权主义者的特殊性、特殊利益和特殊话语罢了。[②]

与此相应,后现代主义者以结构论(framework-theory)作为批判的理论基点和关键性的假设前提。根据结构论,各种文化之间没有共同性来确保中立的和客观的意义与价值的可能性,独立的世界意义和价值根本不存在,一切体系都是独立自主(self-contained)、自指和相对的(self-referential and relative);推理、语言和判断受知识、语言、文化和道德的种种结构的束缚,这些结构不容忽视,也没有共同的尺度可以

---

① Anne Peters & Heiner Schwenke, "Comparative Law Beyond Post-Modernism," *International and Comparative Law Quarterly* (2000), vol. 49, p. 801.

② [美]道格拉斯·凯尔纳、斯蒂文·贝斯特:《后现代理论:批判性的质疑》,张志斌译,中央编译出版社1999年版,第5章。

衡量。法律作为一种文化现象，知识和语言的载体以及饱含道德伦理的符号，也就不可避免地受种种结构的制约。不仅如此，他们还进一步引入“权力”、“他者”(“the other”)、“差异”、“类别”等基本概念和理论对结构论进行补充。

总之，以上述理论为依据，后现代主义者对传统比较法的方法、追求目标和分类等实质问题展开了深入的批判。

(一) 对功能主义的批判

后现代主义者对功能主义的批判集中指向它的“类似的推定”，它公开标榜或隐含的普遍主义观念，以及它对客观性和中立性的主张。

后现代主义者强调不同法律体系之间的文化差异。他们认为，由于法律的思想、语言和判断同样不可避免地受知识、语言、文化和道德的各种结构的制约，那些从形式上或功能上看似乎相同或类似的法律，实质上可能隐藏着深刻的文化差异。功能主义把只有履行相同功能的法律才能进行比较作为前提，它所要寻求的其实是那些按照国内法的分类和解决模式组织的问题在外国法中的解决办法。[①] 这样，它对问题的研究就只停留在法律问题的功能效果的表层，却没有深入到社会的、历史的和文化的实质中。而这些实质问题也扎根于解决办法中，但却被功能主义者冒着很容易误读的风险给有意地忽略了。

后现代主义者批判道：对法律功能的强调当然只适于产生相似(或相同)的结果：茨威格特、克茨明确地表示他们的目标就在于避免发现差异，他们把“类似的推定”作为工作假设运用于研究中，这样即使对立的法律体系之间所存在的根本差别，也必将被排除在外。[②] 这种研究方法的结果是，法律体系中的相似性并非是比较分析得来的可能的结

---

① [德]根特·弗兰肯伯格：《批判性比较：重新思考比较法》，贺卫方、王文娟译，载梁治平主编：《法律的文化解释》，三联书店 1998 年版，第 201 页。

② 同上，第 200—201 页。

果，而是他们对于比较行为正确性的一种确认；他们肤浅的思考和对形成个性的传统的忽视扭曲了法律分析，并掩盖了潜藏于法律文化中的巨大差异。① 美国比较法学者维维安·柯伦（Vivian Grosswald Curran）也指出，"类似的推定"的危险在于，它是导向对问题表面下的有时是不相容的法律体系中的差别拒绝进行探索的同义语的重复。② 即使是纯粹功能主义者的研究对象，如国际法律的协调、实际条约的起草和对其他国家法律解决办法的理解，也会因为对不同法律体系中的不相容的特征的忽略而受到损害。③ 后现代主义者指出，否认差异就是否认形成事物个性的特殊性，在此意义上，功能主义掩盖和抹杀了个性。④

功能主义者把法律看作是满足社会需要的工具，他们认为，随着世界全球化的出现，法律规范的国家特点也就会逐渐消失。按照这个逻辑推演下去，功能主义必然导致法律普遍主义观念的产生。⑤ 但在后现代主义者看来，既然不存在普遍适用的真理，其他文化自有其不同的真理标准，每个法律体系也都有其独特的个性，⑥那么所谓的普遍主义，并非真的是世界上所有法律秩序所具备的共同特性，而是欧美"法律帝国主义"的委婉之词罢了。⑦

---

① Bernhard Grossfeld, Kernfragen der Rechtsvergleichung, Reviewed by Vivian Grosswald Curran, *American Journal of Comparative Law* (1999), vol. 47, pp. 537—538.

② Vivian Grosswald Curran, "Cultural Immersion, Difference and Categories in U. S. Comparative Law," *American Journal of Comparative Law* (1998), vol. 46, pp. 66—67.

③ Ibid., p. 67.

④ Anne Peters & Heiner Schwenke, "Comparative Law Beyond Post-Modernism," *International and Comparative Law Quarterly* (2000), vol. 49, p. 811.

⑤ 例如，茨威格特、克茨就表明其功能主义方法的追求目标"是一种名副其实的国际运作的比较法，这种比较法可以给普遍的法律科学准备基础"。参见[德]K. 茨威格特、H. 克茨：《比较法总论》，潘汉典等译，法律出版社2003年版，第68页。

⑥ [德]伯恩哈德·格罗斯菲尔德：《比较法的力量与弱点》，孙世彦、姚建宗译，清华大学出版社2002年版，第69页。

⑦ Anne Peters & Heiner Schwenke, "Comparative Law Beyond Post-Modernism," *International and Comparative Law Quarterly* (2000), vol. 49, p. 816.

这一点也自然导向对功能主义者所主张的中立性和客观性的批判。批判者认为，结构是制度化的，知识和理解依赖于结构，所以比较法学者受制于“概念、研究方法、职业伦理和政治织成的网，通过这张网主流文化把它指挥法律学术的一套标准施加给学者个人”。[①] 这样，学者文化的、历史的以及个人的先入之见不可避免地影响到他领悟和比较的方式。因此，不存在外在的客观的立足点可以对法律的解决办法进行描述、比较和评价，任何中立性的企图都不过是自欺欺人；表面上看来是非政治的功能主义，实际上是“以自身尺度衡量别人的无意识解读”；[②]功能主义者自诩的中立性立场，只不过是学者自己幻想出来的一种规划和霸权主义者的自负而已。[③]

（二）对传统比较法追求目标的批判

传统比较法学者认为，比较法是克服狭隘的民族主义观念的特殊工具，其目标在于使人眼界开阔、保持距离，从自己文化的僵化认识中解脱出来，成为自由的观察者，并最终获得关于法的普遍主义的观念，建立一个超国家的法律体系。[④] 目前，德国主流比较法学者对“欧洲共同法”的追求具体地说明了这一点。

后现代主义者却对传统比较法的这一作用深为怀疑，并对当前西方主流比较法学者所从事的事业及其追求目标展开激烈的批判。在这里，后现代主义者把“权力”和“他者”的理论作为批判的假设前提。

---

① Günter Frankenberg, “Stranger than Paradise: Identity & Politics in Comparative Law,” *Utah Law Review* (1997), p. 270.

② ［德］根特·弗兰肯伯格：《批判性比较：重新思考比较法》，贺卫方、王文娟译，载梁治平主编：《法律的文化解释》，三联书店1998年版，第175页。

③ Anne Peters & Heiner Schwenke, “Comparative Law Beyond Post-Modernism,” *International and Comparative Law Quarterly* (2000), vol. 49, p. 811.

④ 参见［德］K. 茨威格特、H. 克茨：《比较法总论》，潘汉典等译，法律出版社2003年版，第1章、第3章。

"权力"和"他者"是后现代主义者非常偏爱的一个话题,又因为比较法正是通过对东方与西方、普通法与大陆法、"我们"与"他们"之间差异的界定来处理"他者"问题,这样"他者"就不可避免地渗透整个比较法事业。①

批判者之所以着力于"权力"与"他者",目的在于试图揭示法律制度中的征服与歧视的模式。他们常常研究诸如前殖民地、发展中国家和前社会主义国家这些曾经或者仍然被支配和边缘化的法律文化,在他们看来,它们正遭受着资本主义的法律顾问和市场力量操纵着的新形式的法律统治。②

后现代主义者认为,因为不存在一元化的真理,也就无所谓对真理的探索。每一种文化都有其自身的合理性,它没有必要采纳他人对合理性的理解。③ 各种自我标榜的所谓"真理"其实只是种种意识形态。因此,法律科学和一般意义上的法律一样,根本上是一个意识形态,一个理论构造,其目的在于为权力操作的获取、巩固和正当化提供依据,它尤其意味着对"他者"的支配和歧视。所以,整个比较法过程并非真正是对两个事实进行公平的比较,而是对异质者权力导向的策略、"他者"按照众所熟知的标准所做出的适应。

根特·弗兰肯伯格在《比较法中的本体与政治学》(1997)一文中指出,近十几年来,西方的比较法已经发展成为一项具有相当实践冲击力的和颇富侵略性的政治事业,它超出了学术的范围,充当起权力的助

---

① Anne Peters & Heiner Schwenke, "Comparative Law Beyond Post-Modernism," *International and Comparative Law Quarterly* (2000), vol. 49, p. 802.

② Ibid., p. 824.

③ [德]伯恩哈德·格罗斯菲尔德:《比较法的力量与弱点》,孙世彦、姚建宗译,清华大学出版社2002年版,第176页。

手，成为新政权的专家顾问们的必需工具。[①] 他认为，当代比较法已不再仅仅是一项学术事业，它也是一种“政治干涉”、一个意识形态工程，它服从一个秘密的（或无意识的）“霸权政治”的规划。

弗兰肯伯格将这类占主流地位的比较法学者描述为“霸权者”、“法律家长式统治的代表”，他认为这类学者关心的并非真理，而是权力；他们所从事的比较法活动是“在比较法科学掩盖下的政治学”和“侵略性的政治事业”；他们的语言、目标、方法和学术之外的实践活动暴露出他们对本国法的强烈偏爱，但他们却试图抑制这种主观性，并竭力隐瞒他们自我标榜的客观性和中立性背后的特有视角，而以实用主义掩盖他们的政治学。他们拥有一个“家长式统治的社会日程”，“一个对著作论题的极权性控制”，并为英—欧（Anglo—European）法律权威的强化和扩张而奋斗。[②] 总之，他们追求一项新殖民主义（neocolonialism）的事业。传统比较法的方法和技术因而也是“战略性的（strategic）”，[③]它们对西方法的优越性和干涉的必要性进行确认，并为其正当化提供服务。[④]

同样，法律协调也是“新干涉主义政治计划的一部分”；当前在许多国家进行的法典化浪潮也证明了这一点——它虽然和 19 世纪的法典化浪潮一样隐含着解放的政治意义，但后者是一场从专制主义走向民主的运动，前者本质上却是通过法律移植和协调战略手段而实施的一种后现代形式的征服，其背后的操纵者是欧洲共同体、世界货币基金组

---

① Günter Frankenberg, “Stranger than Paradise: Identity & Politics in Comparative Law,” *Utah Law Review* (1997), p. 260.

② Ibid., pp. 263—265.

③ [德]根特·弗兰肯伯格：《批判性比较：重新思考比较法》，贺卫方、王文娟译，载梁治平主编：《法律的文化解释》，三联书店 1998 年版，第 185 页。

④ Günter Frankenberg, “Stranger than Paradise: Identity & Politics in Comparative Law,” *Utah Law Review* (1997), pp. 265—266.

织、世界银行、亚洲发展银行以及其他国际的或超国家的机构。①

(三) 对传统比较法分类的批判

与上述问题相应,后现代主义者对传统比较法的批判也指向其分类理论,尤其是占主导地位的西方法与非西方法之间的二分法。

后现代理论认为,在逻辑和科学严重依赖只有相对有效性的特殊的知识结构的前提下,所有分类学的类型都令人怀疑。对分类的不信任尤其关系到比较法,因为传统比较法正是把分类(例如法系)当作它的一项主要任务。

批判者认为,当前比较法学者的分类只是"形式主义的秩序化和标签化,以及对于经常是从有限的资料中胡乱地收集来的信息所进行的种族主义解释"。② 它实质上是以欧—美为中心的。③ 例如,茨威格特、克茨的"法圈"论把西方法系放在核心位置进行详细的划分,而对那些或拒绝西方的法律观念,或具有不同的起源、传统、意识形态或类型特征的法律体系,一旦它们不能适应著者编定的秩序,就将它们放逐到一种残余的范畴中去。④

批判者认为,这种划分方法表面上看来是非种族中心主义的和不偏不倚的,但实际上都与"二分法"暗合。从大的方面来讲,它与在具有一种"共同核心"的各种文化中的法律和在全然不同的文化中的法律之间所进行的二分法相联系;在一定程度上又与西方的/东方的二分法以

---

① Günter Frankenberg, "Stranger than Paradise: Identity & Politics in Comparative Law," *Utah Law Review* (1997), p. 262.

② [德]根特·弗兰肯伯格:《批判性比较:重新思考比较法》,贺卫方、王文娟译,载梁治平主编:《法律的文化解释》,三联书店1998年版,第183页。

③ Günter Frankenberg, "Stranger than Paradise: Identity & Politics in Comparative Law," *Utah Law Review* (1997), p. 267.

④ 以《比较法总论》第二版为例,茨威格特、克茨将西方法系详细地划分为罗马法系、德意志法系、北欧法系、普通法系和社会主义法系(它本质上也属西方法系),而把中国法、日本法、伊斯兰法和印度教法则笼统地归纳为"其他法系"。详见[德]K. 茨威格特、H. 克茨:《比较法总论》,潘汉典等译,法律出版社2003年版,第5章"法系的样式"。

及成熟的/不成熟的、发达的/发展中的、现代的/原始的、原生的/派生的等二分法相叠合。诸如此类的二分法将复杂事物过分简单化，并且几乎总是将西方法律文化置于某种未曾言明的规范化等级的顶端。[①]他们指出，这其实是霸权主义者的一种战略性比较的策略：首先，本国法被设置为自然的，正常的或优越的标准；而后，按照相关的（例如比较法学者自己的文化）法律概念和分类的镜像对从比较法研究中暴露出来的相似与差异进行分类。这样，战略性比较进一步确认了"资本主义"与"社会主义"、"发达的"与"原始的"法律之间的对立。通过同化作用，战略性比较为西方法律的智识和标准的优越性进行辩护，为它以全球理想法律之名干涉其他法律世界的必要性提供正当理由。由此，西方法律的权威性就这样确立起来了。[②]

对后现代主义者的批判，德国传统比较法学者的反应是不一样的。较为保守一点的学者如安妮·彼特斯（Anne Peters）和海纳·施文克（Heiner Schwenke）在《超越后现代主义的比较法》（2000）中认为，这些激烈的批判有的言过其实，而且充满了内在矛盾；其他一些学者则在一定程度上肯定了其理论价值。

在后现代主义批判的影响下，有几个主流法学者开始对传统比较法研究进行反省，并且逐渐认识到，比较法必须根据现存的法律文化来看待世界，也就是说，应该将比较法作为由经济、宗教、社会习惯等因素所组成的广博的社会结构的一部分进行研究。[③] 克茨发表的《向法圈

---

① ［德］根特·弗兰肯伯格：《批判性比较：重新思考比较法》，贺卫方、王文娟译，载梁治平主编：《法律的文化解释》，三联书店 1998 年版，第 184 页。

② Günter Frankenberg, "Stranger than Paradise: Identity & Politics in Comparative Law," *Utah Law Review* (1997), pp. 265－266.

③ Mathias Reimann, "The Progress and Failure of Comparative Law in the Second Half of the Twentieth Century," *American Journal of Comparative Law* (2002), vol. 50, pp. 677－678.

理论告别》(1998)、《比较法的旧任务与新任务》(2002),贝斯道(Basedow)的《在民族神话与欧洲理想之间的法律文化》(1996)等文章说明了这一点。

例如,近年来克茨对功能主义采取更为谨慎的态度,承认它价值的有限性,并对"类似的推定"中的解决办法的相似性开始表示些许怀疑;[①]在法系划分上,他也对《比较法总论》做了一些修改:这部著作的前两版都把西方以外的法系统统归入"其他法系"一编,而第3版对这些法系的处理上,不但把宗教、社会习惯等文化传统因素考虑进去,而且在编排体例上也淡化了西方中心主义的色彩。

无论如何,后现代主义者的批判从总体上给比较法这门学科注入了一副虽然不协调但却健康的针剂,它刺激人们对已经根深蒂固的传统比较法的假设前提、方法和实践进行反思,并去探索新的研究方向。因此,有理由认为它是比较法学界最近取得的新发展。

三、德国比较法新方向的开创——"文化比较"

既然坚信法律是一种文化现象,知识和理解受种种结构的制约,后现代主义者在对传统比较法展开批判之后,也就自然而然地试图将比较法研究导向一个新的方向。这个新方向着力于探寻潜藏在法律文本背后的目的、意义和主题思想,简言之,就是要揭示这些法律文本各自的结构。比较法的研究焦点也就由法律比较转向比较研究对象自身的历史、认识论和政治学等。[②]

---

① Mathias Reimann, "The Progress and Failure of Comparative Law in the Second Half of the Twentieth Century," *American Journal of Comparative Law* (2002), vol. 50, p. 683.

② Anne Peters & Heiner Schwenke, "Comparative Law Beyond Post-Modernism," *International and Comparative Law Quarterly* (2000), vol. 49, p. 812.

这种新的研究方法被称为“文化比较”。[1] 它具有两个鲜明的特点:其一,它强调从内在参与者的立场理解外域法律文化,认为只有这样,才能把握隐藏在外域法律体系背后的法律思想,才能真正理解这种法律体系;其二,它注重不同法律体系的文化差异,要求比较法学者不要为法律体系之间表面上的类似所迷惑,更不能随意抹杀不同法律体系的深刻差异。

文化比较成为当前西方比较法学界的新潮流,领导这一潮流的是美国。[2] 然而德国学者在这一领域也有非凡的表现,弗兰肯伯格和格罗斯菲尔德即是其中的佼佼者。他们的学术研究不仅开创了德国比较法的新方向,而且也代表着世界比较法的最新进展。

(一) 弗兰肯伯格的“批判性比较”

尽管后现代主义者对传统比较法的批判表明,在比较中没有任何中立的参照,比较法学者无论动机如何,都毫无例外地并毫无希望地被认知控制的种族中心主义机制所束缚,而且因为任何法律体系都是独特的,也不可能从中抽象出“更好的解决办法”。如此推导出来的结果必然是放弃法律比较。

然而,德国比较法学家弗兰肯伯格认为,放弃比较法研究将是固守错误,因为这样就等于把历史传统和现实条件凝固到一个永恒的模式中去。为此,在《批判性比较:重新思考比较法》(1985)一文中,他主张一种“批判性比较方法”,这种方法“确认比较者个人见解是比较法研究

---

① 参见黄文艺:《论当代西方比较法学的发展》,载《比较法研究》2002 年第 1 期。

② 美国学者在这一潮流中的领导地位具体体现在他们主持召开的两次比较法学术会议上——1996 年 10 月,一些受批判法学强烈影响的比较法学者在犹他大学举行专题讨论会,随后在《犹他法律评论》(1997)上发表了一期题为“比较法的新方法”的专刊,这批学者被称为“犹他学派”;另一较为温和的学术团体则于 1996 年 9 月先在密歇根大学,一年后又在哈斯廷斯大学召开学术年会,讨论比较法研究问题,其后在《美国比较法杂志》(1998)上也刊登了名为“比较法的新方向”的系列专题论文。

中的一个核心的和决定性的因素”,[①]要求比较者对自身的法律与外国法律间的关系有更为敏锐的感觉,而不只是知识上的复杂细致。

弗兰肯伯格提出,比较法学者不应无休止地追求一种中立的姿态和客观的形象,而必须意识到他们是参与型的观察者,因而他们的研究必须是自我反省和自我批判的。批判性比较不应事先对法律的必要性、功能和普遍性提出假设,而要对法律中心论,对宗教操纵、弥漫着宗教气息的法律教育和实践提出质疑;批判性比较不是“直接获得”法律的历史和差异,而必须要求对含混予以严格的分析,同时又要容忍含混。

具体地说,弗兰肯伯格的批判性比较着重强调以下方面:

1. 从种族中心论到自我批判

弗兰肯伯格认为,观察视角不只是依赖一种所谓“正确”的伦理、态度或是推理就能得以矫正的认知或情感上的缺陷或倾向,它是每个人的学习史中一个内在的方面。因此,比较法学者的研究中必然充斥着来自于他们本国法律文化与经验的概念、价值和观念。

然而,弗兰肯伯格坚信,“只要我们始终意识到我们是一种文化的参与者和其他文化的观察者,我们就能够超越自身特定的视角,学习、理解和体验那些被我们看作是陌生的、外国的、奇异的事物。”[②]

为此,他提出,比较必须是自我反省的。比较法学者应当把自己看成是法律的主体和法律的主题,应当意识到自己是被卷入到了一个不断发展的、由法律组成并受法律支配的特定的社会实践,一个既定的法律传统(或某一特定的法律史),一种思考和探讨法律的定式,而不要摆出一副中立、客观、公平的观察者的样子。

---

① [德]根特·弗兰肯伯格:《批判性比较:重新思考比较法》,贺卫方、王文娟译,载梁治平主编:《法律的文化解释》,三联书店1998年版,第172页。

② 同上,第208页。

他确信，一旦比较法学者们准备去承认主观性和视角的地位，他们就能从客观主义中解脱出来，并超越相对性和普遍性的二分法，走向知识和理性的实践论模式的批判。由于这种批判，人们可以对自己的语言和文化进行再思考，这种语言和文化是束缚，同时也是机会；是隔着一段距离把新的光芒洒向外国文化的机会。他认为，这虽然不能保证对于陌生的和新的事物不会产生误解，但这样的误解却变得具有创造性和启发性。

2. 从法律中心论到对法律的批判

为获得自由，弗兰肯伯格提出，比较法研究还应克服比较法学者以及非比较法学者论说中普遍存在着的法律中心论。

弗兰肯伯格解释道，所谓法律中心论，是指这样的观点，即"认为法律是既定的、必然的存在，是通向理想的、理性的和圆满的冲突解决方法，并最终走向确保和平与和谐的社会秩序的必由之路。"①

弗兰肯伯格一针见血地指出，与法律中心论相反，历史和现实都证明，法律并非亘古不易，它处在不断的变化之中，解决社会冲突的途径多种多样，更为重要的是存在着一些很少或根本没有我们所熟知的那种类型法律的社会；也并没有任何发挥着作用的绝对正确、优越、独一无二的法律技术和需要。因此，学者应对任何法律体系的客观理性和霸权地位提出质疑。

弗兰肯伯格认为，要避免陷入法律中心论，比较法学者必须首先超越社会学的朴素见解，诸如法律与其环境相互依存之类，然后尝试一点现实主义，最后走向批判法律理论。这意味着不再把法律概念化为一种对于建立在自然与文化、社会与法律之间对立基础之上的现实的补

① [德]根特·弗兰肯伯格：《批判性比较：重新思考比较法》，贺卫方、王文娟译，载梁治平主编：《法律的文化解释》，三联书店 1998 年版，第 210 页。

充;法律制度、技术和规则也不仅仅是调整和统治先前的社会或无规则的自然状态的文化现象;同样,使法律游离于和对立于现实与社会也是一种误导。弗兰肯伯格指出,法律也同样构造社会生活。一些秩序的形式总是并且已经构造了自然、现实和社会,虽然只在一些不同的、不确定的时候,秩序所构成的事物才被称之为“法律”。

一旦放弃了上述这些对立性区别,法律便能够被视为一种不确定的现象,制度、技术和程序只代表了法律的一个侧面。在这种情势下比较研究的意义在于,它能够防止人们完全被法律所迷惑,并为获得距离提供了更好的机会——距离的获得要求不把任何东西视为理所当然,尤其是不把法律的形式和理性视为理所当然;它也为揭示法律缺陷、矛盾、意识构成以及不同观点提供了更好的机会。

3. 从真理到模糊

以法国哲学家米歇尔·福柯(Michel Foucault,1926—1984)等人的后现代主义理论为基础,弗兰肯伯格提出,对比较研究进行重新构想需要一种根本不同的历史观,持续的形式和统一的概念必须宣告中止。这意味着通过历史到达自然、普遍或理想的发展过程不再有捷径;与此相反,混乱与异质性、失败的斗争以及文化边界上的偶发事件都会出现。

弗兰肯伯格指出,一旦比较法学者稍稍意识到他们研究中表现出来的以已度史(以今日的观点期待过去)和霸权特征(将本国的视角强加到外国事物上),他们便会发现以良好的意识从事其真理的论述是极其艰难的;而各种各样的真理观(它们都声称具有关于自然的、理性的或进化的规律的普遍性)也否定了认为存在着一种可以在法律文化和法律制度的历史上加以验证的普遍真理的观念。由此,比较法学者应当对各种真理心存警戒,鼓起新的热情去对作为一种无所不在的和含义模糊的现象的法律加以分析,并将注意力集中在主流论说放弃、忽略和排斥的事物上。

弗兰肯伯格认为，既然法律的发展中不存在一种普遍的真理和普遍的道路，那么我们便不会只有一种可靠的历史解释，我们可以寻找多样化的发展可能与解释。他提议，为防止各种严密的定义把法律仅仅置于条文、制度或诉讼之中，人们必须具备这样的观念，即法律是无所不在的、不确定的和可以做多种解释的现象，必须在所有的地方——条文、制度、诉讼观念以及幻想中去探寻它。

这样，批判性比较将不再把法律视为仅仅是解决社会问题的技术性方法，或是历史的自然产物；相反，每一项规则、每一项原则或每一个案例，都必须被看成是各种不同的社会过程的交点，批判性的历史分析和阐释必须探索相交的每一条道路，把每一个事件

> “放在各种可能的发展道路上，而非放在一条道路上。事实上，被选择的道路之所以被选择并非因为不得不做这样的选择，而是因为（在相关的地方）意欲选择别的发展道路的人们力量薄弱以及在斗争中败北，同时也（部分地）因为胜利者和失败者都享有共同的意识，这种意识确定了他们共同的生活日程，它突出了一些可能性，而将其他可能性完全抑制住了。”①

为了能够设想出那些未被选择的发展道路，思考、揭示那些与现实相反的发展轨道，弗兰肯伯格要求比较法研究为人们提供一些信息，包括其他社会处理如何创造良好、公正社会秩序问题的经验，相同或不同社会在其他领域内的惯常作法，未被选择的发展途径，政治斗争中受到

---

① ［德］根特·弗兰肯伯格：《批判性比较：重新思考比较法》，贺卫方、王文娟译，载梁治平主编：《法律的文化解释》，三联书店 1998 年版，第 222 页。

挫折的愿望等等。这样的比较法研究有助于从下层以及从现在到过去地撰写历史;同时它将使学者们从自己的各种真理和秩序的习惯缠绕中、从关于社会—文化发展的西方主导过程的概念中摆脱出来。

弗兰肯伯格之所以提出“批判性比较”的理论,是因为“当前德国的比较法研究过于彻底地巩固了国内现实中关于正当性的解释,而排斥甚至抹杀了那些‘原始的’、‘无关的’其他解释”;而他认为那些看似陌生、边缘性或者极端的事物中,有许多东西可供人们学习。通过这一方法论,他力图表明,“无论我们比较的范例以及所指的中立参照是什么,我们都应脱离我们所认可的标准去看待、比较和判断世界。”①

与传统比较法雄心勃勃的追求目标相比,弗兰肯伯格的“批判性比较”的目的更为谦卑,也更为纯粹。他意图使比较法研究变成一种学习经验,以“重新估价我们法律世界的既有物,重新构想我们的各种可能性和我们的自由”。②

(二)格罗斯菲尔德的跨学科研究

格罗斯菲尔德是一位颇具影响力的德国比较法学家,最近十几年来他一直活跃于世界比较法学界。他的研究路径与上述弗兰肯伯格所提倡的相比,并没有本质上的区别。但他们二人各有自己的研究特色:弗兰肯伯格重在批判,着力于比较法方法论的重构;而格罗斯菲尔德重在建设,试图从实践上开创比较法研究的新方向。

后现代主义者竭力主张,比较法学者若想对某一法律体系进行富有成效的研究,就必须考察这个法律体系背后的历史、文化、政治、语言和社会学等因素的作用,因此,比较法分析也要进一步将其跨学科的研

① [德]根特·弗兰肯伯格:《批判性比较:重新思考比较法》,贺卫方、王文娟译,载梁治平主编:《法律的文化解释》,三联书店 1998 年版,第 223 页。

② 同上,第 206、223 页。

究范围扩展到诸如人类学、地理学和认知科学等领域。[①] 近十几年来，格罗斯菲尔德出版和发表的一系列比较法论著，如《比较法：地理和法律》(1984)、《比较法的力量与弱点》(1984)、《法律中的符号和数字：法律史和比较法中的数字》(1995)、《比较法的本质问题》(1996)、《语言、文字和法律》(1997)、《作为理解方法的比较法》(2000)、《全球性分析：因特网何处面对地理》(2000)、《信息公司法：比较法符号论与比较法符号逻辑的对比》(2001)、《比较法中的秩序模式：无形力量的揭示和解码》(2003)等等，不仅形成和发展了他关于比较法的这一理论，而且还将它运用于研究实践中。

与传统比较法学者相比，格罗斯菲尔德的跨学科研究并不拘泥于某一个或某几个领域，而几乎是无所不包，他广泛涉及到地理、时间和空间、绘画、诗歌、神学、人类学、语言学、认知心理学、哲学、历史、文学，甚至数字理论等。在研究中，他常常把大量不相容的观点一一陈述，而拒绝将它们进行综合处理，留下这些未经消化的材料给读者，以激发其接受力和想象力。

以下仅从 3 个方面简要介绍他的比较法理论：

1. 文化与法律

格罗斯菲尔德认为，一种文化的法律源自某一民族之物质和精神生活。[②] 对于比较法来说，如果人们想摆脱文本主义的迷惑，从而能更好地认识外国法律信息的原动力，就必须从调查文化的基本要素入手。[③]

---

① Bernhard Grossfeld, Kernfragen der Rechtsvergleichung, Reviewed by Vivian Grosswald Curran, *American Journal of Comparative Law* (1999), vol. 47, p. 535.

② [德]伯恩哈德·格罗斯菲尔德：《比较法的力量与弱点》，孙世彦、姚建宗译，清华大学出版社 2002 年版，第 69 页。

③ Bernhard Grossfeld, "Patterns of Order in Comparative Law: Discovering and Decoding Invisible Powers," *Texas International Law Journal* (2003), vol. 38, p. 295.

格罗斯菲尔德进一步解释说，任何社会的秩序模式都主要是这一社会内在作用力的产物，这些作用力包括地理、历史、传统、宗教、符号系统以及其他大量影响法律的现象。法律与这些现象相互作用并塑造文化；文化因素反过来也塑造着法律。在它们的相互作用中，这些现象创造和推动着法律的生命，并供给其活力，指引其方向。因此，只有将法律作为文化背景的一部分才能对它进行理解。而若要达到比较法的目的，了解外国法的社会、政治和文化背景并理解其规则的有机性质对比较法学者而言至关重要。同时，各种文化因素的范围之广以及关系之复杂的确使理解任何法律体系，即使部分地，都极为困难。

格罗斯菲尔德以美国为例来说明这一点。人们通常都把美国和英国的法律归为同一个类别——“普通法”，但格罗斯菲尔德对此却不以为然，他认为英国法与欧洲大陆的法律更为相似，而与美国法的关系则并非人们想象的那么近。以日常生活中的一些语汇为例进行说明。他认为美国文化区别于英国的最大特点在于它的夸张性。在生活中和在法律中一样，同样的词语在英国和在美国可能有不同的含义。美国的表达方式比之英国的在一定程度上几乎总是要夸张一些。在美国人可能要说到“我最最好的朋友”、“我最好的朋友”、“我的朋友”的地方，英国人会说“我的好朋友”、“我的朋友”、“我认识的某个人”。美国各法学院授予的“法学博士(J. D.)”学位，只相当于其他国家的“法学士”。同样，在英国和德国销售的小汽车“奥迪 100”到美国销售时就被更名为“奥迪 5000”。那儿的法令、契约和法学评论文章都倾向于比其他国家的更长。①

对于非西方文化，情况更为复杂。以日本为例，那儿不仅法律，甚

① [德]伯恩哈德·格罗斯菲尔德：《比较法的力量与弱点》，孙世彦、姚建宗译，清华大学出版社 2002 年版，第 88—90 页。

至对词语含义的解释都与西方截然不同。按照格罗斯菲尔德所说，同样的“法律就是法律”（“The law is law”）这句话，在德国人和在日本人听来，意义却根本不同。对于德国人，它意味着法律必须遵守；对于日本人，则意味着应当寻求合情合理的解决途径，而避免诉诸于法律。

以上例子说明，只有对外域文化具有敏锐的观察力和长期的经验才能打破表达的藩篱，并且认识到所使用的词语的真正意思是什么。

格罗斯菲尔德强调文化对法律和社会所产生的深远影响，不管这种影响被自觉地意识到，还是被视为理所当然而被忽略。在这一点上，他赞同萨维尼的法律理论，认为“每种文化都是一个整体，通过它的所有构成部分来表现自己，以其内在的精神完善自己。法律（和它的每一项制度）自身都包含着它所生地的这种精神……”[①]

2. 地理和法律

格罗斯菲尔德认为，一个国家的文化与法律和该国的地形一样，依赖于它的地理。[②] 但是只要法律仍然只被当作表达抽象内容的文本，地理就不会轻易进入人们的思考范围；然而一旦学者将法律进行比较，并越过本国的界限，他会马上发现这个问题——地理或自然环境的变化导致法律之间的差异。

格罗斯菲尔德以英国法为例来证明这个观点。谈及英国法如何以及为什么如此独特时，格罗斯菲尔德引用了这样一句话：“你一定不能忘记——这里永远有一道海峡！”作为岛国，英国一直有英吉利海峡作为屏障，这道海峡帮助英国阻挡了大陆法的影响，保护了普通法的生成。它曾使欧洲大陆移民者带来的罗马法和教会法极难发挥作用，无

---

① Bernhard Grossfeld, Kernfragen der Rechtsvergleichung, Reviewed by Vivian Grosswald Curran, *American Journal of Comparative Law* (1999), vol. 47, p. 537.

② ［德］伯恩哈德·格罗斯菲尔德：《比较法的力量与弱点》，孙世彦、姚建宗译，清华大学出版社2002年版，第120—121页。

论它们是罗马军团带来的,还是诺曼征服者带来的。当罗马和教会的影响抵达英国时,它们都遭到了盎格鲁—撒克逊、丹麦人以及其他部落习惯法的抵抗。这些习惯法早在英国根深蒂固,并于后来逐渐演变为普通法。英吉利海峡在当时交通和通讯手段都非常落后的情况下,从根本上隔绝英国,给予它大约900年的相对和平时期形成统一社会,使它得以运用未表达出来的判断力而非成文法来维持社会秩序。

因此,尽管在中世纪有罗马法和欧洲共同法的影响,英国法仍然以其岛国性和中央化为其显著特征,明显地区别于欧洲其他国家。

格罗斯菲尔德还以水法、严格责任、"围栏问题"等为例说明地理在法律中的力量。①

近年来,因特网等新生事物的出现偏离了传统的地理概念,也在一定程度上冲击着人们的法律观。法律体系为了适应新时空概念的需要,而对其一些结构如管辖权、反托拉斯、契约等做出调整。格罗斯菲尔德认为,虚拟空间为正常空间提供了选择的自由,它们也给研究法律与地理的关系增添了新的内容。②

他总结说,地理是推动法律之路的一种原始力量,地理是命运——不仅是一个国家的命运,而且也是其文化和法律的命运。它创造法律,也确定考察法律的视角。传统上,地理确定最高领土权,由此,它有意或无意地指导着主权者法律的解释与实施的每一个步骤。人们的法律观事实上是受地域控制的,人们的智慧也是基于地方的。③

---

① Bernhard Grossfeld, "Comparative Law: Geography and Law," *Michigan Law Review* (1984), vol. 82, pp. 1514—1519. 同时参见[德]伯恩哈德·格罗斯菲尔德:《比较法的力量与弱点》,孙世彦、姚建宗译,清华大学出版社2002年版,第12章。

② Bernhard Grossfeld, "Global Accounting: Where Internet Meets Geography," *American Journal of Comparative Law* (2000), vol. 48, pp. 263—264.

③ Bernhard Grossfeld, "Patterns of Order in Comparative Law: Discovering and Decoding Invisible Powers," *Texas International Law Journal* (2003), vol. 38, p. 303.

总之，在法律分析中，地理的作用不容忽视。

3. 语言与法律

格罗斯菲尔德认为：法律与语言关系密切，语言表达我们社会的因而也是法律的目标、意义和价值，它是法律得以制定、传递和赋予意义的媒介。语言因此描绘文化，表现法律。通过语言我们也表达我们的世界观。语言反映我们生活的点点滴滴。语言和法律一样都是一个国家或地域的文化的组成部分。[①]

语言对法律的影响也是决定性的，这种影响可以是具体的——作为文化的手段，语言统治的区域同时也决定了某种法律统治的区域。例如，英语作为英国殖民地的遗产成为美国的官方语言，它的普遍使用无疑是普通法被美国继受的主要原因之一。事实上，普通法区域在很大程度上等同于英语区域：大部分加拿大、澳大利亚、新西兰、印度等国的主要语言是英语，这些国家同时也都属于普通法系。法语坚守在路易斯安那，因为它曾经是法国的殖民地，如同加拿大的魁北克。同理，由于语言的决定性作用，这些法语区也继受了《法国民法典》。

在德国历史上，为了便利拉丁语在法院和政府部门的应用，官方曾命令各大学研究拉丁语，这为罗马法的权威在德国的确立奠定了重要的基础，德国后来对罗马法的全盘继受在很大程度上归因于此。

语言对法律的影响也可以是无形的。语言决定人们的世界观，不同的语言形式决定着不同的世界观。格罗斯菲尔德以中西各自的思维模式分别与字母文字和象形文字的联系为例对此加以说明。

西方人追求精确和必然，这说明他们的基本文化趋向是以分析的、几何的方法对待世界；这种方法决定于数学—代数结构的字母，正是它

---

① Bernhard Grossfeld, "Patterns of Order in Comparative Law: Discovering and Decoding Invisible Powers," *Texas International Law Journal* (2003), vol. 38, p. 304.

巧妙地影响着西方人的思维。因为西方语言的字母是一种字母—数字系统,西方文字就是一个经久不变的数学模式思维训练。数字的熏陶使西方人倾向于依靠逻辑、精确和抽象来治理世界。

汉语与西方文字相反,它不是由字母组成的,而是由符号、象征和图形组成。象形文字产生出一种更直觉、综合的对待世界的方法。字母文字促进抽象思维,象形文字却无此功能。传统汉语里就很少有"自由"、"民主"、"博爱"、"个人主义"等这样的抽象概念。

格罗斯菲尔德认为,中国的象形文字和不平等相联系,因为在具体的世界里一切事物都是不相同的;与此相反,抽象概念促进均等结构。他认为,平等的根本观念能够成为西方正义的基本原则,要归因于西方的抽象,而这部分上则是因为西方使用了字母文字。[①] 这种平等观念又通过西方平行的书写方式使词汇保持在同一水平上而得到加强,只有大小写字母的纵向结构与等级观念有联系。格罗斯菲尔德进一步把这些差异与东西方各自的宗教信仰相联系,将中国的宗教观与牢固的具体思维、突出的不平等和等级制结合在一起。

格罗斯菲尔德指出,如果进行深入的考察,就会发现语言表达的内容就是文化本身。语言的根源是组成文化的思想、经验、情感、习惯、历史、规范、传统等等,这是文化的一个共同特性。语言以此为背景起作用,如同软件的运转要依靠硬件。因此,若要真正理解语言,就必须理解文化的共同特性。

作为文化的本土人,理解它相当自然和敏锐。但是作为外来者,一系列或明确或含糊的普通文化经验则几乎是无法了解的。在一个特定的社会中,共同的文化特性是无形的力量。语言因而有可能成为我们

---

① Bernhard Grossfeld, Kernfragen der Rechtsvergleichung, Reviewed by Vivian Grosswald Curran, *American Journal of Comparative Law* (1999), vol. 47, p. 541.

认识的障碍，例如，西方人对清晰和精确的追求本身成为他们观察世界的棱镜，这个棱镜有助于描述世界的知识，但也同时蒙蔽人们的视野。它通过人们对逻辑的信任，把那些理性之外的、无形的或无秩序的和不易精确理解的经验现象挡在外面。由此，它也约束了人们的认识。

因此，语言呈现出的困境，远远超过人们的预期。

除了以上几点外，格罗斯菲尔德还详细研究了宗教、表达符号、数字、时间与空间、解释、翻译等因素与法律的关系。限于篇幅，本文不再做具体介绍。

总之，格罗斯菲尔德通过列举无数的实例，试图说明比较分析要克服的障碍所在，也试图证明他的比较法理论：越能充分地预想法律，从文化内在的视角来观察法律，就越能充分地了解法律的复杂性，它与文化之间多姿多彩的相互作用，以及它在社会生活中所扮演的角色。只有这样，比较法学者才能培养起对秩序的新意识，才能合格地成为社会的委托人，将技术专长和文化认识结合在一起，才能充满希望地在新信息时代为其他文化架起相互沟通的桥梁。比较法学者应该学着通过梦想法律，来更好地理解其他文化生活的梦想。[①]

除了弗兰肯伯格和格罗斯菲尔德，其他德国学者也提出了一些类似的比较法研究的新方法，例如，彼特斯和施文克提出一种所谓的“超越后现代主义方法”(“post-post-modernist approach”)。这种方法主张保留后现代主义批判的积极动力，而舍弃其比较法中客观性不能得到的观点，建议通过相互批判和文化间的分工合作获得客观性，并将跨学科和不同文化间的解释学的新旧要求结合在一起。[②]

---

① Bernhard Grossfeld, “Patterns of Order in Comparative Law: Discovering and Decoding Invisible Powers,” *Texas International Law Journal* (2003), vol. 38, p. 305.

② Anne Peters & Heiner Schwenke, “Comparative Law Beyond Post-Modernism,” *International and Comparative Law Quarterly* (2000), vol. 49, pp. 829—834.

后现代主义者对传统比较法的批判，以及对研究新方向的开拓，具体代表了德国比较法的新发展。应该指出的是，这些新发展固然可贵，却在目前的比较法学界位卑言轻。欧洲一体化的大环境吸引着许多学者都把热情倾注到发展欧洲共同私法上，这使他们对文化差异问题无暇顾及，也缺乏兴趣。[①] 因此，后现代主义者对传统比较法的批判还远远未在整体上形成一股明显可见的冲击力；同时，对比较法新方向进行探讨的学者更是屈指可数。笔者列举式地稍为详细地介绍这类学者，一方面意在关注和描绘这些新发展，另一方面也说明这几个学者实际上是身处主流思潮之外的"另类"，他们所能起到的作用还十分有限。

① James Q. Whitman, "The neo-Romantic turn," *Camparative Legal Studies: Traditions and Transitions*, edited by Pierre Legrand and Roderick Munday ,Cambridge University Press (2003), pp. 313—314.

第三章　比较法学在英国

在谈及英国的比较法学时，牛津大学比较法学教授贝尔纳德·鲁登(Bernard Ruden)曾这样说，“在(法国)莫里哀的《思想贵族的布尔乔亚》这部戏剧里，一个角色惊奇地发觉，难以置信，他自己四十年来就一直谈论着散文。同样地，与别的国家的人们一样，在比较方法变成自我分析的习惯，认识到比较法的重要性，并且给予它一个命名(比较法学)以前，英国人运用外国的法律观念已有若干个世纪了。”①因此，在介绍英国的比较法学时，不得不对英国比较法学产生以前比较方法在英国法领域的早期运用情况着以笔墨。唯独如此，才能完整把握英国比较法学发展的历史轨迹。

英国早期的那些运用比较方法研究或参照外国法的显著事例，促进了英国比较法学的产生和发展；19 世纪末叶以后涌现的为数众多的著名法学家及其比较法学论著则向我们展示了 20 世纪英国比较法学发展的主要脉络；而从各个比较法学组织的产生和发展过程中我们也可以寻找到英国比较法学发展的踪迹。以下将按照时间的先后顺序展开论述，着重对 20 世纪英国比较法学发展的状况、特点、原因等予以叙述、总结或评析。

---

① Bernard Ruden, “Comparative Law in England ,” *Comparative Law and Legal System : Historical and Socio-legal Perspective*, Edited by W. E. Butler and V. N. Kudriartsev, Oceana Publications, IWC. 1985, p. 79.

第一节　比较方法在英国法领域的早期运用

一、17 世纪末前比较方法在法律研究和立法领域的运用

在英国早期，在欧洲，作为与英国普通法并驾齐驱的法律制度，罗马法或者在罗马法基础上发展起来的法国法往往会成为英国法律学者著作中与普通法进行比较的对象。同样，教会法对英国普通法的发展所产生的重要影响，也能从英国法学者的著作里反映出来。

（一）与罗马法的比较

1187 年，格兰威尔（R. Granville，1130—1190）的著作《中世纪英格兰王国的法律和习惯》①就吸收了教会法和罗马法的法律观念和法律形式，以构筑自己作品的概念和体系。序文一开始，作者就模仿查士丁尼《法学阶梯》的做法，宣称："王权，不仅在于装备镇压反抗国王的反乱者和各个民族的武力，也在于装备为统治臣民和和平者所需要的法律。"该书在诉讼部分也参照《法学阶梯》分为公诉和私诉两类。② 该书具有的这一特点，使经过格兰威尔等人发展起来的、在王室法院中适用的法，优越于其他法院所适用的习惯法和程序法，并逐步演变为通用于全国的普通法。③

亨利·德·布莱克顿（Henry de Bracton，约 1216—1268）是英国中世纪著名的法学家。他的法律知识包括一些罗马法的原理，从他的作品中我们可以清楚地知道他阅读过《查士丁尼法典》、《法学阶梯》和《学

① 即 Tractatus de Legibus et Consuetudinibus Regni Angliae，(1187)。

② 参见何勤华：《西方法学史》，中国政法大学出版社 1996 年版，第 278—280 页。

③ 参见何勤华：《法律文化史论》，法律出版社 1998 年版，第 397 页。

说汇纂》。他对中世纪意大利注释法学派大师阿佐[①]的作品尤其熟悉。布莱克顿的法学理论主要体现在他未完成的著作——《论英国的法律和习惯》[②]中。这部号称为中世纪关于英国法的最为系统的权威著作，受到罗马法的很大影响。在该书残留至后世的十几篇关于各种诉讼方式的论文中，他按照罗马法关于人、物、诉的篇章标题，来探讨英国法律原理。英国著名法制史学家威廉·霍兹沃思（William Holdsworth，1870—1944）曾指出："我们不能说布莱克顿论述的法本质上都是英国法，罗马法的影响只是形式上的。毫无疑问，（布莱克顿的著作）记录了一系列纯粹的英国法的原则，并且在许多方面，布莱克顿的论述都与罗马法的原典不同。但是很清楚，布莱克顿使用了罗马人的术语、罗马人的格言、罗马法的原理，并在英国本土比较贫弱的基础上确立起了比较合理的体系。他在著作中论述了纯粹是英国法的部分，在论述巡回审判（assizes）、进入令状（writs of entry）、权利令状时，布莱克顿的心中便自然而然地浮现出了罗马法的实例和罗马法的用语。"在当时普通法上很少涉及的领域（如契约和过失等），布莱克顿也借用罗马法的原理进行了说明。布莱克顿的著作，一定意义上，是罗马法和英国法相结合的产物。[③]

（二）与法国法的比较

15 世纪，福特斯库（John Fortescue，约 1394—1476）曾对英国法与

① 阿佐（Azo，1150—1230），意大利波伦那大学教授。

② 即 De Legibus et Consuetudinibus Angliae Libri Quinque，（1250）。

③ 参见何勤华：《法律文化史论》，法律出版社 1998 年版，第 398—340 页。［英］贝尔纳德·鲁登（Bernard Ruden）：《英国的比较法》，潘汉典译，载《比较法研究》1990 年第 1 期，第 56 页。Harold Cooke Gutteridge, *Comparative Law, An Introduction to the Comparative Method of Legal Study and Research*, Cambridge University Press, 1st ed., 1946, p. 14。

法国法进行了比较。其代表作《英国法赞美论》[①]采用了福特斯库与爱德华皇太子(Prince Edward of Lancaster)对话的叙述形式,对英国的议会制度大加赞美,实际上是将英国、法国两国宪政制度进行了比较。[②]《英国统治论》则根据他七年流亡生活中的实际见闻,一方面把法国封建剥削的残酷性和民众的整体贫困与"专制君主制"(dominion regale)联系起来,另一方面则把英国人民的相对富裕与"制宪君主制"(dominion politicum et regale)相对应,并将二者加以对比来说明法治型的英国君主制度的优越性。[③] 虽然,能否把他的著作作为当时英国比较法学相对较为发达的证据,尚待商榷,并且他撰写这些著作的动机也可能是偶然促成的,但是,15世纪的英国,毕竟正值英国资本主义的先驱性发展时期,无论当时政治和法律的实际状况如何,都不能说他的意图一无是处。不但如此,有的西方学者甚至认为,福特斯库的《英国法赞美论》是英国最早的比较法学著作。

(三)与教会法的比较

在中世纪后期,教会法对普通法产生了重大影响。这一时期英国一部重要的法学论著就是关于教会法同普通法的比较研究。福特斯库以后半个世纪,到16世纪,克里斯托弗·圣·杰曼(Christopher St. German,约1460—1540)的《神学博士与普通法学生的对话》[④]问世。该书以16世纪英国宗教改革为时代背景,当时宗教裁判所与普通法法院并存,二者在管辖范围上常常发生冲突。在这种情况下,圣·杰曼对普通法与教会法加以比较,试图促成二者的妥协。该书以神学博士与法学

---

① 即 *In Praise of the Law of England*,或者 *Commentary on De Laudibus Legum Angliae*,大约成书于1453年或者1463年至1471年间。

② 参见何勤华:《西方法学史》,中国政法大学出版社1996年版,第293页。

③ 参见[日]水田义雄:《英国比较法研究》(上),劲草书房1960年版,第86—88页。

④ 即 *Dialogue between a Doktor of Divinity and a Student of the Law*(1530年)。

学士对话的方式，对普通法和教会法做了比较[①]。虽然，人们对这部著作众说纷纭、褒贬不一，但其中指出了两种可供比较的法律制度，并对二者进行了比较，这一点是无庸置疑的。不但如此，从一定意义上来讲，它以一种独特的、引人入胜的方式介绍了教会法的知识，为法律界所熟知并且常常引用。[②]

（四）立法领域的一些借鉴

在英国早期的立法领域，我们也可以发现，有若干法律是借鉴其他国家的。爱德华一世在位时制定了一些法律，如1285年的"De Donis Conditionabibus"和1290年的"Quia Emptores"。而他曾居留在法国卡斯蒂勒，与他的连襟西班牙阿尔方索十世（Alfonso X）在一起学习立法技术，后者当时则正在忙于编纂《七部法》[③]。同样，伊丽莎白一世的"劳工法"的部分内容来自博利斯·戈杜诺夫（Boris Godunov）的《农奴敕令》。1677年的《防止欺诈法》（Statute of Frauds）是确凿有据地来源于外国的一部立法。它的原则（如关于某种合同的书面证据的原则）几乎在整个英语世界有效，常常被人们简单地称为"制定法"（the statute）。若将这部法律的草稿文本同1566年的《穆朗令》（*Ordonnance de Moulins*）相比较，就可以看出它借鉴后者的不只是思想内容，而且还有文字。[④]

综上所述，12世纪到17世纪末，英国已经存在着一些与外国法律

---

① 参见[日]水田义雄：《英国比较法研究》（上），劲草书房1960年版，第89—90页。

② 参见[英]贝尔纳德·鲁登（Bernard Ruden）：《英国的比较法》，潘汉典译，载《比较法研究》1990年第1期，第56页；Harold Cooke Gutteridge, *Comparative Law, An Introduction to the Comparative Method of Legal Study and Research*, Cambridge University Press, 1st ed., 1946, p. 14。

③ 即 *Las Siete Partidas*，中世纪西班牙的重要法典，编纂于1256年至1265年，因分为七部分而得名。

④ 参见[英]贝尔纳德·鲁登（Bernard Ruden）：《英国的比较法》，潘汉典译，载《比较法研究》1990年第1期，第56页。

进行比较并借鉴外国法律的事例。虽然,这一时期并不存在现代意义上的比较法学的概念,[①]而且,有人认为布莱克顿的《论英国的法律和习惯》给人一种削足适履的感觉;大木雅夫认为福特斯库的《英国法赞美论》和《英国统治论》是"偶然促成的",克里斯托弗·圣·杰曼的《神学博士与普通法学生的对话》也是"偶然问世的"。[②] 但是,我们不能无视这一时期英国国内所进行的法律比较和借鉴,"非常清晰,英国的法律已经受到大陆法和教会法的影响,虽然其影响的范围是不确定的、推测的"[③]。英国这一时期的法律比较现象,一定程度上是欧洲最早的国家法——普通法——针对罗马法进行扩张性宣传的产物。在此种意义上,我们称它为一种"炫耀性的"比较。但是,通过这种比较的活动,英国法确实受到了外国法的影响。

此外,还必然会提及的是法学家和哲学家培根(F. Bacon,1561—1626),他在论著《崇学论》(1623)中提出,法学家为了能够真正认识本国法律,必须将自己从本国法律的枷锁中解放出来,因为作为判断对象的本国法律,不能同时是它的判断准则。这是一个意义深远的而且迄今仍然有效地证明比较法研究正当性的观点。[④] 正因如此,学术界(尤其是英国)视培根为比较法学的奠基人之一。

二、18世纪至19世纪中期比较方法在司法领域的运用

随着历史的演进,比较方法在英国被继续运用,并且运用的范围逐

---

① 恰如格特里奇在其著作《比较法》中所认为的:"即使古代就有比较法研究,但毕竟只能是出于推测,而这与现代比较法的性质和功能几乎无关";"虽然探寻应用比较法的事例可以追溯到古代和中世纪,但实际上比较法的历史始于近代初期的莱布尼茨和孟德斯鸠"。

② 参见[日]大木雅夫:《比较法》,范愉译,法律出版社1999年版,第25—26页。

③ Harold Cooke Gutteridge , *Comparative Law*, *An Introduction to the Comparative Method of Legal Study and Research* ,Cambridge University Press,1st ed. , 1946,p. 14.

④ 参见[德]K.茨威格特、H.克茨:《比较法总论》,潘汉典等译,法律出版社2003年版,第91—92页。

渐扩大，法律的比较也开始褪去炫耀的色彩，呈现出务实的特点。

18 世纪开始，比较方法被进一步运用到法律研究中去。1704 年，托马斯·伍德（Thomas Wood，1661—1722）出版了《民法法系新规则》一书。它使用了比较的法律研究方法，有人将之称为最早的英文比较法著作之一。作者试图证明英国法吸收了大量来自大陆法的规则。英国负有盛名的法学家曼斯菲尔德（Lord Mansfield，1705—1793）曾被授权通过研究其他国家的商法来创建英国本国的商法。约翰·埃立弗（John Ayliffe）所出版的《罗马法和教会法新编》（*New Pandects of the Roman civil and Canon law*）有着一个广泛研究的范围，其中就包含英国法和罗马法以及教会法的比较。[①] 这一时期，外国法学家，例如让·多马[②]、朴蒂埃[③]的著作，尤其是朴蒂埃的著作在英国广泛流传，并对英国法律的发展产生了深刻影响。[④] 托马斯·伍德的著作《英格兰法总论》（1720）又称为《在自然秩序中的英格兰法》。从这个书名中就可以看出，它深受法国让·多马《在自然秩序中的民法》的影响。[⑤] 1838 年，伯奇（Burge）的《殖民地法和外国法注释》[⑥]出版，它把这种比较的方法应用到更为广泛的法的实践方面，其目的是给执业律师们提供帮助。[⑦]

---

① Harold Cooke Gutteridge，*Comparative Law，An Introduction to the Comparative Method of Legal Study and Research*，Cambridge University Press，1st ed.，1946，pp. 15—16.

② 让·多马（J. Domat，1625—1696），法国法学家，著有《在自然秩序中的民法》，将罗马法同法国法律与判决的资料结合成一个体系，此书有多种外文译本。

③ 朴蒂埃（Pothier，1699—1772），法国民法学家，以《债论》一书著名，并被译成英文，在美国法庭上经常被引用。

④ Harold Cooke Gutteridge，*Comparative Law，An Introduction to the Comparative Method of Legal Study and Research*，Cambridge University Press，1st ed.，1946，p. 16.

⑤ 参见［英］贝尔纳德·鲁登（Bernard Ruden）：《英国的比较法》，潘汉典译，载《比较法研究》1990 年第 1 期，第 56 页。

⑥ *Commentaries on Colonial and Foreign Law*，1838.

⑦ Harold Cooke Gutteridge，*Comparative Law，An Introduction to the Comparative Method of Legal Study and Research*，Cambridge University Press，1st ed.，1946，p. 16.

而学者莱昂尼·李维所著的《大不列颠商法——与罗马法以及其他59个国家的法律规范进行比较》①一书对罗马法和其他59个国家的商法进行了比较研究,他试图以此来引起商法的国际统一运动。②

18世纪至19世纪中期,英国在立法和司法领域对外国法尤其是法国法的借鉴是非常多的。从根本上来讲,"历史都是琐碎的认识",要包罗万象地描绘出历史的全貌极其困难。因此,在此也只能俯拾其中最为显著的事例,作为这一时期运用比较方法的实例③。

在进入19世纪以前,英国议会在私法方面实际上不曾进行过干涉。在这种议会没有就法律原则进行全面立法的情况下,英国法院往往会使用比较方法。一个原则问题提出来,如果缺乏英国法的权威根据——判例法的判例,法院就会同大陆法系学者特别是法国法学家朴蒂埃所阐述的罗马法进行比较。于是,对于那些同大陆法系模式进行比较之后所裁决的各种问题,就可能做出概括(形成了判例),进而成为此后处理类似案件的依据。

在财产法方面,"iura in re sua"的结构和概念是地道的英国的,但是他物权(iura in re aliena)的结构和概念在形成时期就出现若干问题,这是可能做到并在实践中移植罗马法的关于地役权的部分。在契约法方面,关于"不可抗力"和违约损害赔偿责任在当时有待制定。实践中发生案件后,英国的律师和法官们就借鉴了外国法,判决的结果则

① *The Mercantile Law of Great Britain as Compared with Roman Law and the Codes and Laws of 59 other Countries*, 1850—1852.

② Harold Cooke Gutteridge, *Comparative Law, An Introduction to the Comparative Method of Legal Study and Research*, Cambridge University Press, 1st ed., 1946, p. 16;储有德:《比较法学基础》,上海社会科学院出版社1988年版,第16页。

③ 参见[英]贝尔纳德·鲁登(Bernard Ruden):《英国的比较法》,潘汉典译,载《比较法研究》1990年第1期,第57—59页。施米托夫(M. Schmitthoff, 1903—1991):《比较法律科学》,韩光明译,载《比较法研究》2001年第4期,第102—104页。

成了有效的法律。

在一些疑难案件中，英国的法律渊源有时太贫乏而不能为法院提供指导，这时外国法律也会被援引并为判决提供支持和援助。在这一时期英国司法实践中有一些著名的案例就是使用了比较方法，借鉴外国法的原则或内容进行诉讼或者审理。

1843 年的阿克顿诉布伦德尔（Acton v. Blundell）案件表明，在工业革命的时代背景下，英国还在考虑前工业革命时期的罗马的解决方法。在这个案件中，原告棉纺织厂在其生产过程中使用自己的工厂抽出来的水，被告则在相邻地挖掘一个煤矿，为此把煤矿的水抽掉，从而把原告土地下渗透的水也引走了。而当时可供引用的英国法的权威根据主要是关于对地上水的河岸权方面，结果双方都求教于罗马法资料和朴蒂埃教授关于罗马法的论著——《学说汇纂》（Pandectes）。针对这种案情，《法学阶梯》里有着原则的论述，而 2 世纪罗马学家乌尔皮奥·马切鲁（Mascelius）对于争论的关键部分也有着答案。财务上诉法院法官丁达尔（C.J Tindal）以《学说汇纂》为基础提出了有利于被告的观点。他认为："罗马法对于这些领域的问题并没有形成一条本身具有约束力的法律规则；但是，当我们的著作中并没有直接的法律渊源可供援引，而且对于我们已经得出的结论和理性也不能提供任何证明时，如果罗马法、最博学者的研究成果、各个时代的集体智慧以及欧洲多数国家的国内法基础能够提供某种支持，那么（它们）将会有利于我们根据某种原则对案件进行裁判。"换句话说，罗马法可以为已经做出的结论的正确性提供不少证据。随后，他援引了马切鲁的意见。

整个 19 世纪，英国都使用罗马法来解决私营企业和私营（有时是公营）公共事业之间的争端，尤其是有关饮用水的问题。1859 年，英国最高法院审理的蔡斯莫尔诉理查兹（Chasemore v. Richandz）案件，当事人是一个磨坊主和克罗顿卫生局，争端是后者为了给该镇供水而打了许多井。原告律师为了确立土地所有人有权像使用河川中的流水一样使用地下水这一主张，他援引美国案例和学说以及法国学者居亚斯(J. Cujas，1522—1590)有关《学说汇纂》中的条目进行申辩。上议院征询那些支持被告的法官的意见。大法官文斯里戴尔提出了美国的权威根据和朴蒂埃教授出版的关于《学说汇纂》的条目。在朴蒂埃这位罗马法学家的意见中，有一条规定：从事挖掘如果只是为了使自己的土地变得更好，而不是只是为了损害邻人(Si non animo vicino nocendi)，那么就没有责任。大法官文斯里戴尔说："这个原则在我国的法律里是一向不曾有过的。"1895年，布拉德福特诉皮克尔斯案件中(Bradford v. Pickeles)英国上议院的判决毫无疑问地把这一原则搬了出来。在这个案件里，皮克尔斯在自己的土地里打了一口井，不是为了自己的土地，而是为了切断在较低水位的该镇水源的供给。在上议院里，大法官华生认为：该行动不是抱着损害邻人的意图，这一点"在英国法上是不曾有过的"。这样，普通法的法院选择了那些支持他们的结论的罗马法的部分，而抛弃了在作者同一句话中那些不支持他们结论的限制条件。

在契约法方面有两个，在英语世界极具权威的案例曾经考察并且运用了大陆法。在赫德利诉巴克山戴尔案件中(Hadley v. Baxendale，1854)，原告是一家面粉厂厂主，他让被告运送人运送一个将被当作模型使用的旧轴。运送人由于粗心大意耽误运送，从而使该厂蒙受损失。当时在英国法律上缺乏明确的权威法律根据，于是双方的律师就引用一部美国的论著，即塞奇威克所著《损害赔偿衡量论》(Sedgwick on the Measure of Damages)，而该书作者在缺乏明确的普通法原则的情况下就信赖法国让·多马和朴蒂埃的著述里所介绍的并且在《法国民法典》第1149条至1151条中有具体表现的罗马法。[①] 上

① 《法国民法典》第1149条规定："对于债权人应付的损害赔偿，除下属例外和限制外，一般应包括债权人所受的现实损失和所失可获得的利益。"第1150条规定："如债务的未履行并非因债务人的欺诈时，债务人仅就订立契约时所预见或可预见的损害和利益负赔偿责任。"

议院议员阿尔德逊所作的判决书实际上是将《法国民法典》第1150条翻译成英文:“如果双方当事人已经订立合同,而一方违约……时,其损害赔偿应包括可以合理的认为自然发生的,而根据事物的通常过程……或者可以合理地认为在立约时双方当事人已经考虑一旦违约可能发生的结果。”

在1863年的泰罗诉考德威尔案件中(Taylor v. Caldwell),原告曾经订立合同使用剧场若干日,但是在期满之前,该剧场发生火灾,遭到破坏不能使用,由于被告方面提出“不可抗力”的抗辩,原告丧失了损害赔偿的请求权。法官布莱克本(J. Blackburn)所作判决的根据是《学说汇纂》“债的语义”一章(D. 45. 1, de verborum obligationibus),特别是赛斯特·彭波尼(Sextus Pomponium)的观点和朴蒂埃的理论。他说:“尽管在英国法院那里,民法法系并不是其自身的法律渊源,但是它对作为法律基础的原则的研究提供了很大帮助。”

由上可见,在这一时期,法律的比较研究已经褪掉了前一个时期的“炫耀性的比较”的色彩。不但如此,在立法和司法领域,比较的方法也得到了运用,外国法尤其是罗马法被经常用作为英国普通法的补充。随着资本主义的上升,经济和社会的发展,新的民商事法律关系涌现,英国法一时间缺乏调整的依据或者因为程式的繁琐而阻碍了纠纷的解决,此时,直接求助于罗马法或者法国法成了英国人的选择。但是,英国国内对这种法律比较和借鉴的做法的接受程度还是相当有限的。因为,英国人天生对外国法有一种排斥情绪,认为只有普通法才是自然理性的最完善的产物;英国的法律职业者们总体上都对学习和研究外国法有一种敌对情绪甚至毫无兴趣。例如,约翰·奥斯汀[①]留学德国的经历使他深受大陆法系法律思想(如萨维尼和耶林的法律思想)的影响,

① 约翰·奥斯汀(J. Austin,1790—1859),近代英国分析法学派的代表。

但是,对于法律比较研究则只是偶然提及。[1] 这是英国法的孤立主义的特点以及英国人“嫉妒”心理和“法律傲慢”心理在法学研究领域的直接体现。

第二节　英国近代比较法研究的兴起

一、时代背景

19 世纪,英国社会和法律经历了一场巨大的变革。18 世纪 60 年代至 19 世纪 40 年代,英国进行的工业革命引起了社会各个领域的变革。社会的急速变革迫切需要对法律进行相应改革。恰逢此时,欧洲法典编纂运动的积极响应者、著名法学家边沁(Jeremy Bentham,1748—1832)先后发表《政府片论》(1776)、《道德与立法原理总论》(1789),他用功利主义标准来衡量英国当时的法律,指责英国法的古老和不完善以及保守主义,全力主张通过立法改革英国的法律。1832 年,英国国会颁布《改革法》,开始大规模清除各个领域的中世纪残渣。[2] 新的社会发展趋势和法律改革的社会形势要求“法律家与时俱进”[3],而不能满足于对既成法律概念、理论的修修补补。这就促使了英国法学研究的兴起,历史法学派、分析法学派相继登上历史舞台。而对外国法尤其是大陆法系国家的法律予以关注的必要性也越发明显,加强对外国法的研究成为当时法律学研究的重要的课题。[4]

---

① Harold Cooke Gutteridge, *Comparative Law, An Introduction to the Comparative Method of Legal Study and Research*, Cambridge University Press, 1st ed., 1946, p. 16.

② 参见董茂云:《比较法律文化:法典法与判例法》,中国人民公安大学出版社 2000 年版,第 38 页。

③ Lawyers to the front.

④ 参见[日]水田义雄:《英国比较法研究》(上),劲草书房 1960 年版,第 16—17 页。

另一方面，18 世纪中叶起，近代英国法学教育体制也开始发生重大变革，英国法律讲座在大学里开设。1753 年，牛津大学第一次开设英国法讲座，1758 年又开设了“维纳英国法教授讲座”[①]。1800 年，剑桥大学设立了“唐宁英国法讲座”[②]。大学中讲授英国法，使得大学也开始成为培养法律专业人才的阵地，打破了以往律师学院（Inns of Court）垄断法律人才培养的局面。近代英国大学法律教育的发展，大大促进了英国近代法学的形成和发展。

在英国，把比较法学作为一门独立的法律学科予以确立的时间，应该是 1869 年。[③] 1869 年，法国比较立法学会成立，同年，亨利·梅因（Henry Sumner Maine，1822—1888）从剑桥大学转到牛津大学担任“历史比较法”教授。这种巧合促使波洛克于 1903 年在他的牛津大学告别演说“比较法学的历史”中宣布：“比较法学这一法律科学新的分支从 1869 年开始就得到了完全的确认。也是在这一年，比较立法学会在巴黎成立，梅因教授则成为首位被牛津大学聘请的历史比较法教授。”毋庸置疑，英格兰比较法学的这个历史时期是梅因的时代。[④]

二、梅因、戴雪、波洛克及梅特兰的有关论述

亨利·梅因是这一时期最负盛名的法律史学家，英国历史法学派的奠基人和主要代表，他先后在剑桥大学、牛津大学担任法学教授，讲授

---

① Vinerian Professor of English Law.

② Downing Professorship of English Law.

③ 参见贝尔纳德·鲁登：《英国的比较法》，潘汉典译，载《比较法研究》1990 年第 1 期，第 59 页；[日]水田义雄：《英国比较法研究》（上），劲草书房 1960 年版，第 3 页。L. Neville Brown, “A Century of Comparative Law in England: 1869—1969,” *American Journal of Comparative Law*, 1971, vol. 19, p. 232。

④ L. Neville Brown, “A Century of Comparative Law in England: 1869—1969,” *American Journal of Comparative Law*, 1971, vol. 19, p. 232.

法理学和法律史学，对法理学、法律史学、古代法和印度法都有精深的研究。1862年至1869年，他担任英国驻印度总督的法律顾问，在此期间协助编辑了印度法典。梅因生活在19世纪中后期，正值英国资本主义大发展时期。他既反对古典自然法学说，也不赞成边沁等人的功利主义法学，对德国历史法学派代表萨维尼的思想既苟同但又有所发展。他重视习惯法的作用，积累了大量资料，对罗马法和英国法以及整个古代法都进行了深入的研究。著有《古代法》、《古代制度史》、《早期的法律和习惯》、《平民政治》、《村落共同体》等。其中，《古代法》是其最重要的代表作。

1861年，《古代法》出版发行。在书中，梅因着重论述了主权、集体财产的早期形式、封建制度化过程、各种古代法典、法学家在制定法律过程中的作用、土地所有权、长子继承等内容。该著作把法学研究拓展到了法的起源领域，强调对法进行历史的、比较的研究。通过对历史上不同法律制度的比较研究，他认为法律并不来自于主权者的命令，而是沿着判决——习惯法——法典的顺序产生的。

对于比较法的任务，梅因阐述过著名的观点："……然而，有资格的法学家们普遍承认，推动立法和法律的实际改善，即使不是比较法的惟一任务，也是它的主要任务。"①1871年，梅因在其《村落共同体》中宣布："比较法最为重要的功能是减少立法困难并在实践中促进法律的进步。"一定意义上言，从1895年成立的"英国比较立法学会"②的名称中，我们也可以发现比较法在立法领域的这种积极作用。这个名称与梅因自己"比较法学"教授的职位紧密相联，加之得益于牛津大学的声望，比较法学的社会影响更为广泛。但是，如果说1869年开始比较法

---

① 参见[英]乔纳森·希尔：《比较法、法律改革和法学理论》，周昭益译，载《法学译丛》1990年第4期，第1页。

② The English Society of Comparative Legislation.

学被接受为法律科学的一部分，那么，正如梅因教授一开始就强调的，它是一种“附和”而非“纯粹”的科学。或者，如波洛克所言，“从技术层面来讲，比较法学被整体或主要当作为立法理论的女佣。”[①]

对于比较法的性质，梅因有着自己的见解，他主张比较法是对各种法律进行研究的一种重要方法。1875 年，在写给其牛津大学同事布赖斯(J. Bryce，1838—1922) 教授的信中，梅因说：“仅仅推荐几本关于抽象的法学的书籍，而无视将比较的方法引入法学研究，这对于牛津大学研究部来讲是不明智的，而对于我的教学来说是有害的。”然而，与他的观点不同，许多欧洲大陆的比较法倡导者，著名的如萨莱伊、朗贝尔、列维—乌尔曼等，则致力于发展所谓的“统一法理论”，或者把比较法单独列为法律科学的一个独立的分支。

在接下来的几十年里，进行比较法研究的热忱在英国丝毫没有减退。在牛津大学，梅因的年轻同事戴雪(A. V. Dicey，1835—1922)深深地为比较法的价值所吸引。1882 年至 1909 年，他担任“维纳英国法教授”。其三部著作《冲突法》、《宪法》、《英国的法律思想》中都充分运用了比较的方法，尤其是将英国法同法国法进行了比较。尽管戴雪关于法国行政法性质和水平的评述曾遭到部分英格兰学者的质疑，但是 F. H. 劳森教授赞誉其为“比较宪法学家”，重新树立了他的声望。

继梅因之后，1883 年，波洛克在牛津大学担任法理学教授。他成为具有另一不同风格的法学教授、伟大的法学家，他为比较法学增添了无限光彩。1883 年，在牛津大学就职演说时，他就发表了《英国在历史的、比较的法律研究中的机遇和责任》。[②] 他在契约法与侵权法领域内富有权威性的论述、他与梅特兰在英国法律史研究领域的合著《爱德华

---

① L. Neville Brown，“A Century of Comparative Law in England：1869—1969，” *American Journal of Comparative Law*，1971，vol. 19，p. 233.

② 参见[日]水田义雄著：《英国比较法研究》(上)，劲草书房 1960 年版，第 15—16 页。

一世之前的英国法律史》、更重要的是协助创办《法律季刊》(*Law Quarterly Review*)以及长期担任该刊主编(1884年至1919年)使他在英国法律学界有着唯其独尊的声望。他蜚声海内外,成为1900年在巴黎召开的第一届国际比较法大会中的杰出人物。当然,他对比较法学的贡献不仅仅体现在其著作中,而且还表现在担任主编期间,他在《法律季刊》中发表的关于比较法的诸多文章和评述中。

对此,有学者评述道:"他的开创性的著作清楚地表明其受到罗马法学者的影响。我们的现代教育有一个较小的但是始终存在的特色,可以追溯到这个来源。当代标准的合同法教科书常常有讨论所谓'创立法律关系的意思'一节。在波洛克的《契约法原理》出现讨论'约定出去散步或者在一起阅读一本书'的问题,据说这种约定并不是法律意义上的合约(agreement),因为那个意思不是旨在发生法律后果。波洛克十分清楚地说明,他只是翻译萨维尼著作里的一句话:'旨在建立法律关系的意思。'因此,这部现代英国合同法的开创性著作,是从一位德国学者对古罗马法研究的结论开始的。"①

与此同时,在剑桥大学,被誉为英格兰最杰出法律史学家的梅特兰(F. W. Maitland,1850—1906)教授对大陆法表现出了浓厚的兴趣。他翻译了德国法学家祁克(Ott. F. von Gierke,1841—1921)所著的《中世纪政治学说》。在他的著作当中,他把比较的方法和精湛的历史纪实紧密地结合在一起。虽然疾病使他过早地结束了法律研究生涯,但是他的文章(由H. A. L. Fisher编辑,1911年出版)、信件(由C. H. S. Fifoot编辑,1965年出版)的整理、编辑和出版以及著作《英国教会中的罗马教会法》的完成进一步印证了他在比较法领域的深厚见地。不可否认,他的榜样作用直接影响到第一次世界大战后剑桥大学比较法研

① 参见[英]贝尔纳德·鲁登:《英国的比较法》,潘汉典译,载《比较法研究》1990年第1期,第59—60页。

究的复兴。

梅因、戴雪、波洛克、梅特兰的学术声望推动了比较法学这一新兴学科的发展，并且对消除英格兰法律实践者中盛行的对比较法学的怀疑态度起到了很大帮助。这种怀疑主义当时在英国非常普遍，甚至曾扩展到了英格兰的司法界。上诉法院法官鲍恩（Bowen，1835—1894）著名的玩笑——“法学家应该是除对本国以外的其他外国法律知之甚少的人”就是一个有力的例证。

除了上述著名比较法学家外，这一时期还有一些学者致力于比较法的研究。例如，詹姆斯·布赖斯，他有多部比较法的著述和论文，例如《神圣罗马帝国》、《最先进民族与最落后民族之间的关系》、《古罗马帝国和大不列颠帝国在印度》、《罗马法和英国法在世界上的传播》，等等。而且，在这一时期，罗马法研究方面也取得了较大进展。主要罗马法学家及作品有：詹姆斯·缪尔黑德（James Muirhead）、谢尔顿·阿莫斯（Sheldon Amos）合著的《罗马法的历史和原则》，亨特（William A. Hunter）的《罗马法历史系统的解说》，罗比（Henry John Roby）、斯克拉顿（Edward Scrutton）合著的《罗马法对英国法的影响》，麦肯齐（Lord Mackenzie）的《以法国法、英格兰法、苏格兰法的比较观点研究罗马法》，等等。①

三、英国比较立法学会

1895 年，英国比较立法学会成立，这就使得英国法学家们加入了欧洲大陆比较法学研究的行列。此后该学会出版发行的会刊谱写了这样一部编年史：记载了当时英格兰比较法学家们所感兴趣的每一件事。在首期会刊中，英国比较立法学会的创始人们就宣布，学会将以“促进各国尤其是英帝国内各国及美国立法领域知识的交流”为宗旨。换而

① 参见［日］水田义雄：《英国比较法研究》（上），劲草书房 1960 年版，第 15—16 页。

言之,“学会的首要目的是汇集制定法的信息以及英帝国和美国的立法形式和方法”。对这一宗旨,学会始终坚持不渝。自 1896 年开始,学会会刊便专门辟出重要章节来回顾英帝国的立法情况。但会刊的内容并非仅限于此,其首期中就刊载了舒斯特(E. J. Schuster)关于《德国民法典》的文章、关于美国联邦立法情况的简介、关于处理法律纠纷的收费方法的比较研究等。后来的各期会刊更是包含了丰富多彩的外国法的内容,如日本司法系统(1899 年)、比较精神病法(1899 年)、法国法律教育(1900 年)、国际飞艇规则(1902 年)、穆罕默德离婚法(1906 年)、枢密院审判权(1906 年)、东非洲习惯(1909 年)、空战规则(1915 年),等等。

四、推动比较法学发展的主要因素

(一) 达尔文《物种起源》的影响

查理·达尔文(Charles-Robert Darwin,1809—1882)的《物种起源》对比较的研究方法做了披露。1859 年发表后,该著作立即对自然科学乃至包括法学在内的社会科学都产生了极大影响。将它从自然科学引入人类社会史和文化发展史,促进了比较宗教学、比较民族学和社会人类学的发展。此后,它又被引入法学研究领域,巴赫芬的《母权论》及前述梅因的《古代法》和《村落共同体》相继出版发行。波洛克认为,《物种起源》和《古代法》“属科学的不同分支,却是同一智力活动——就是现在我们所说的‘进化’的结果”。“现代比较法学并非法律领域内部的推动而产生,它是(达尔文)进化思想引发的创造性思想潮流的副产品。比较法学开始追随其它比较科学,例如比较解剖学……。从这时开始,尽管不是官方授意的而是孤立的个别天才的努力,从欧洲大陆到美国,比较法研究被接受为推动法律发展的一种手段。”①

① Harold Cooke Gutteridge, *Comparative Law, An Introduction to the Comparative Method of Legal Study and Research*, Cambridge University Press, 1st ed., 1946, pp. 16－17.

(二) 英帝国时代对比较法学的影响

19 世纪中叶至一战爆发，英国是世界发展的中心，经过对外殖民扩张成为世界帝国。在其他国家和地区，在不同的历史、文化背景下，甚至在更大的抵制下（如伊斯兰法），英国法被强制推行。由此，英国比较立法学会将注意力转至英帝国最高上诉法院——枢密院司法委员会的司法权限。这种司法权“在范围和种类上是无法比拟的。一年之内，将以此为参照来处理各国宪法问题，依据印度法或者穆罕默德法、《学说汇纂》的条目、路易十六的法令、巴黎地区的习惯或者其他法国大革命前的古老传统和法律或者诺曼底的古老传统处理各种案件。在那个年代，成立一个学会进行科学研究并对英帝国所属各殖民地国家各种各样的法律进行比较研究，是非常引人注目的”。[①]

以殖民地和英联邦的法律制度为主体来进行研究，是英国比较法学最为显著的特征之一。1916 年，伦敦大学“东方和非洲研究学院”成立，系统地学习和研究东方和非洲各种法律制度成为可能。如此以来，不但越来越多的个人开始致力于比较法学这一领域，而且比较法研究的范围也在不断扩大。

同时，我们还需知道，成为英国律师协会的一员，对那些来自前印度帝国、英国殖民地国家的学生来说是一种荣耀，因为这将使他们在其本国的职业生涯中具有更大优势。而得益于这些学生，印度法、罗马法、伊斯兰法在英国各大学法律院系、律师协会下属的律师学院内得到传播和学习。

总之，19 世纪末 20 世纪初，英国国内进行着一场法律改革运动，法学的勃兴成为历史的必然。自然科学的发达尤其是各门比较学科的产生，给英国的比较法学研究带来了积极影响。而英国殖民扩张的国

---

① L. Neville Brown, “A Century of Comparative Law in England: 1869—1969,” *American Journal of Comparative Law*, 1971, vol. 19, p. 236.

际形势和政治需要则为比较法学的发展提出了政治要求，并起到了巨大的推动作用。几位著名的比较法学家及其著作的出现和英国比较立法学会的成立宣告了英国比较法学正处于上升时期。在这一时期，我们可以发现，对殖民地国家和英联邦以及美国的法律的研究成为英国比较法学的显著特点。

第三节 格特里奇及当代英国的比较法学

一、格特里奇等学者的贡献

在两次世界大战期间，英国一些比较法学家活跃在他们各自的研究领域内，在比较立法学会会刊上发表他们的作品。其中最为杰出的代表毫无疑问应该是格特里奇。

（一）格特里奇及其《比较法》

第一次世界大战爆发，为了服兵役，格特里奇被迫放弃其所从事的律师职业。战争结束后，他在伦敦开始从事商法教师这一新的职业。1930年，日益增长的对比较法学的兴趣使得他最终获得了剑桥大学比较法学教授的职位，从此开始直到1956年去世，他一直致力于比较法学的研究工作，并在这一领域不断扩大他的影响力。20世纪30年代，他发表了一系列重要文章，其内容涉及隐私权法、侵权行为法、不当得利、制定法、法律术语等。这些文章开拓了一些新的法律研究领域。在与其他国家法律进行比较时，格特里奇发现了英国法的欠缺。关于他进行比较研究的目的，其同事利普斯坦（K. Lipstein）教授认为，“是从普通法内部探索新的形式、解决方法和救济手段，而不是把普通法现在和将来都不会轻易凭空接受的非普通法的形式、解决方法和救济手段强加于普通法之上。”作为一位享有国际声望的教授，格特里奇在剑桥大学招收了一大批年轻人，引导他们从事比较法研究，他们有的来自外国,其中就包括勒内·达维德。后者也是格特里奇的母校剑桥大学三一学院的校友,曾与他合著了前已提及的关于不当得利的文章(1934年)。当格特里奇教授在巴黎去世时,达维德以学生和朋友的双重身份撰写了一份讣告,刊登在《国际法与比较法杂志》上,表达了他对恩师的崇高敬意。

除了教学和著书,格特里奇还在政府事务和国际事务中扮演重要的角色。他在私法和国际私法的统一领域作出了许多贡献,尤以在货物买卖、谈判文件、外国判决的相互承认与执行方面为突出。法国著名比较法学家马克·安塞尔曾说过,格特里奇是二战前后国际双边、多边法律会议中最著名的英国代表。

但是,正如哈姆森(C.J. Hamson)教授所说,"他智慧的证明"在于《比较法——法律学习与研究的比较法导论》①(简称《比较法》)这部论著。该书于1946年出版,1949年修正,是迄今为止英国比较法学理论研究领域最为重要的作品之一,它第一次把比较法的理论系统化。该论著共13章,具体包括比较法的领域、比较法的历史、比较法的价值、比较法与国际私法、比较法与国际公法、比较的过程、判例法的比较模式、制定法的比较解释、法律专门用语的问题、比较法与法学教育、私法的统一运动、统一法的性质与特点、统一的进程。

格特里奇的比较法观点和理论在其《比较法》中得到了完整的展现。他给比较法下了一个定义,认为它并非一门独立的法律学科,而是一种对各种法律制度进行研究的方法,在英语里没有恰当的词语对它进行描述,只有德语里的"Rechtsvergleichung"最为适当。在比较法的目的和功能问题上,学者们有着各种各样、内容各异的见解,而格特里奇则认为比较法主要包括两种功能:记述性功能和应用性功能。并且,

---

① 即 *Comparative Law, An Introduction to the Comparative Method of Legal Study and Research*, Cambridge University Press。

他还认为当时的比较法正处于试验阶段，在功能和分类上尚达不到一个终极的结果或者说下一个定论。他主张为实用的目的而进行比较研究，而比较法的最高目标则是私法的统一。他对英国反对统一法的观点进行了辩护，同时又表达了对私法统一的信心。在“比较的过程”部分，他主张应选择处于同一发展阶段的两个不同法系的对象进行比较。与此相呼应，在该书中他着重对英美法和大陆法进行了比较。他还针对英国人对比较法研究的敌视态度或者漠不关心的心理进行了剖析，认为“在英国，普通法系，本可以提供给比较法学生一个富有广阔前景的领域，这里可以引起我们学习外国法的兴趣，但是英国法学家们的嫉妒的心理，却禁止了民法学家和教会法学家对普通法的任何侵蚀”，并认为正是这种做法才导致了英国比较法研究的相对落后。[①] 格特里奇还把比较法形容为法律科学领域的“灰姑娘”。他说，比较法在法律领域已经站稳脚跟，但它的地位并非安全无忧。比较研究必须在敌对的氛围中坚持下去，在漠不关心的“寒冬”里更要如此。

格特里奇的《比较法》不仅在英美国家比较法研究领域具有很高的权威，在大陆法系国家也有相当影响，并持续至今。现在该书已经被译成法语、日语、西班牙语等多种文本，而且其观点经常被法律学者们所采纳或者借鉴。例如，印度学者坦顿(M. P. Tandon)等人在著作 *Comparative Law* (*Alla-habad*,1984)中，在论述每个问题时，几乎都大段地引用了格特里奇《比较法》的内容。

利普斯坦教授肯定并总结了格特里奇《比较法》这部著作的影响，他写道，格特里奇“在比较法的研究上，兢兢业业，走出了一条根本上与众不同的道路。他深信没有谁，无论如何博学，能够掌握世界上所有的法系和法律制度，以至于能够把它们运用于个人实体上，更不用说将它

① Harold Cooke Gutteridge, *Comparative Law*, *An Introduction to the Comparative Method of Legal Study and Research*, Cambridge University Press, 1st ed., 1946, p. 12.

们整理成为一个法律综合体。对于外国法律细节的精通对他固然重要，但比较法赋予了他一种方法，正是这种方法为实现其目标提供了服务。而这些目标则是推进法律领域的合作，尤其是通过私法的统一、法律改革、法律教育、外国法在国内法院的承认与执行等方法和途径推进不同国家间法律领域的合作。他的著作全部致力于推动这些专业技术和方法的发展，这被他看作为比较法最为确切的功能”。①

更为重要的是，格特里奇使英国法学家们意识到比较法与家庭法、商法不同，它不是法律的一个分支，而是研究各种法的一种方法，是法学研究中最好的、适用范围最广、适用于法律的各个分支的方法。格特里奇曾重申，视比较法仅仅是一种方法的观点，才是具有英格兰独特风格的务实的观点。

但是，格特里奇的《比较法》也存在局限性和不足。例如，他所探讨的比较的范围只限于英美法系和大陆法系，忽略了发展相对落后的其他法系，而对于苏联为代表的东欧社会主义法系则根本没有提及。

(二) 流亡而至的比较法学家

两次世界大战期间，尤其是希特勒上台以后，几位欧洲大陆法律学者来到英国，这对英国比较法学研究产生了非常重要的影响。20世纪30年代，许多杰出的德国法律学者就先后来到英国寻求庇护，其中包括沃尔夫(Martin Wolff)、普林斯海姆(Fritz Schultz Pringsheim，进入牛津大学)、多布(David Daube，进入剑桥大学)、科恩(Dr. E. J. Cohn)，以及奥·凯恩—弗伦德(Otto Kahn—Freund，从那时开始在伦敦大学教授法律)。1939年至1945年的战乱使一些东欧学者纷至沓来，在英国他们继续从事法律研究和学习，并在英国的法律院系中搭建了自己的“舞台”。这些人中间有拉济诺维奇(Leon Radzinowicz，他后来成为

① L. Neville Brown, “A Century of Comparative Law in England: 1869—1969,” *American Journal of Comparative Law*, 1971, vol. 19, p. 238.

剑桥大学犯罪学系主任）、乔德凯伊（J. K. Grodecki，任莱彻斯特大学法律系系主任）和拉索科（Dominik Lasok，任埃克斯特大学法律系系主任）。毫无疑问，这些接受大陆法系、东欧社会主义法系传统法律教育的学者对普通法背景下的英国比较法学的发展产生的影响是巨大的，因为这些法学家，对普通法和大陆法或者东欧社会主义法都有着直接的了解，他们推动了英国比较法学的进一步发展。[①]

综上所述，两次世界大战期间，英国的比较法学得到了实质性的发展，我们可以称这一时期为英国比较法学的突破或者飞跃时期。这是因为：

一方面，在比较法学理论上，格特里奇提出了与此前英国大多数比较法学家不同的新的观点。其《比较法》是英国比较法学领域最为辉煌的著作，它确立了与德国、法国、美国等国比较法学著作完全不同的体系。不仅如此，格特里奇把比较法与家庭法、商法等具体部门法律相区别，认为比较法不是法律的一个分支，它是研究各种法的一种方法，是法学研究中最好的、适用范围最广、适用于法律的各个分支的方法。它没有盲目因循英国国内比较法学者，如波洛克所主张的比较法是一门独立学科的观点，成为国际比较法理论领域关于比较法含义和性质的争论的主要派别之一。一定程度上讲，学术的发展不在于理论的同一性，而在于是否有新的、独立且有价值的观点的出现，即我们所说的百家争鸣。因此，我们可以说，格特里奇使得英国的比较法学在理论上获得了一个重大突破。

另一方面，比较法学者队伍得到了壮大，比较法在观念上逐渐被更多的人所接受。流亡至英国的欧洲大陆的比较法学家们充实了英国比较法学家的队伍，增添了法律传统文化背景完全不同的“血液”，这些对

---

① L. Neville Brown，“A Century of Comparative Law in England：1869—1969，” *American Journal of Comparative Law*，1971，vol. 19，p. 239.

普通法和大陆法、社会主义法都有着直接了解的大陆法系以及社会主义法系的法学家，为比较法的研究开拓了新的视野。

此外，比较法在观念上逐渐被更多的人所接受。威廉·霍兹沃思(William Holdsworth)是英国著名的法律史学家，1922 年至 1944 年期间，他担任牛津大学“维纳英国法学”教授。他对比较法态度的转变非常值得我们关注。最初，他对比较法持有怀疑态度，这体现在他对 F. H. 劳森[①]的批评中，他认为推崇一部外国法律而不知道它如何运行是一件非常危险的事情。而另一方面，他的四卷本《英国法制史》的前半部分中则有着“16 世纪在国内和海外”的重要叙述。不但如此，其著作中还有许多比较的例子。F. H. 劳森教授认为，威廉·霍兹沃思参与“法律修正委员会”[②]的工作，归因于他对比较法态度的转变。

二、英国比较法学的全盛时期

格特里奇《比较法》的出版即标志着 1918 年至 1946 年这一阶段的结束，更预告了比较法学全盛时期的到来。第二次世界大战结束以后，比较法学在英国的兴盛体现在以下方面：若干杰出的比较法学家的不断涌现；多个比较法研究团体的建立；比较法教育的开展；比较法学研究领域的扩大。

(一) 比较法学家的不断涌现

在剑桥大学，《比较法》的出版使格特里奇确保了其在比较法学界的领袖地位。并且他的火炬顺利交接到两位年轻的同事手中，他们就是哈姆森和利普斯坦。前者于 1949 年被聘任为比较法学讲师，于 1953 年被授予比较法学教授职位。他在剑桥大学精心开设的“法国

---

① 劳森(F. H. Lawson)，英国著名比较法学家，是威廉·霍兹沃思于牛津大学时的年轻校友。

② 即 Law Revision Committee，成立于 1934 年。

法和英国法的方法”课程以及他以法国行政法为题材进行的写作,都对比较法研究起到了积极的推动作用。在演讲课上,他激励学生们把持续的热情投入到比较法中去;其著作《行政自由与司法控制:行政法院研究》,则展现了他对异国(法国)法律制度的深入见解,而这一课题自戴雪首次关注后,长期被英国法学家所忽视。与哈姆森的著作堪称为一个整体的是剑桥大学出版社于1953年出版的斯特里特(Harry Street)教授的《政府的责任》,此书与格特里奇的《比较法》属于同一系列,以法国法和美国法为参照、比较撰写而成。利普斯坦教授曾任英国国家比较法委员会主席之职,他继承了格特里奇的衣钵,主要从事国际私法和国际公法的研究,这对于其比较法学领域的建树颇有裨益。

在牛津大学,此时期则出现了一位多才多艺的比较法创新天才,这就是前已提及的F. H. 劳森。1948年,他被聘任为牛津大学比较法学教授,这是对其才华的最恰当的肯定。此前,他的天质早已经使其成为罗马私法和英国宪法领域的权威,但是他仍然不断扩展兴趣范围,并先后发表《民法法系的疏忽大意》、《一个普通法法学家眼中的大陆法》、《财产法入门》、《牛津法学派》、《罗马法读本》、《英国法中之救济》、《财产法》,并以此为基础编辑了《巴克兰和麦克耐尔:罗马法和普通法》[1]和《阿莫斯和沃尔顿:法国法入门》[2]。1977年,他又发表了《罗马法对西方文明的贡献》。此外,他还担任《国际比较法百科全书》(财产法卷)的主编。作为“汉姆林讲演丛书”(the Hamlyn lectures series)之一种

---

① *Buckland and McNair*, *Roman Law and Common Law*.

② 阿莫斯(Maurice Sheldom Amos)是一名英格兰法学家,他毕业于巴黎,在伦敦成为比较法教授;而沃尔顿(F. P. Walton)则是苏格兰法学家,曾多年担任加拿大麦克基尔(Mcgill)大学法律系主任,精通魁北克法律。他们俩都有多年留居法律制度主要来源于法国的埃及的经历,曾在那里担任审判工作或者进行法律研究。1935年,他们俩合著的《法国法入门》(*Introduction to French Law*)出版,该书首次用英语向英国读者系统地介绍了法国民法和商法,为英国人开拓了民法法系的新视野。它使得英国法律家们把学习法国法当做了解欧洲大陆其他国家法律制度的必经和便捷之路。

的他的《英国法的理性力量》，也是站在比较的立场上进行写作的，为外国法律学者了解英国法提供了一个新的视角。

后来，来自伦敦政治经济学院的奥·凯恩—弗伦德继任劳森教授的职位。此前，他就已经回答了格特里奇提出但未能回答的问题，即比较方法怎样才能在家庭法领域取得有价值的成果。他撰写的《作为一个学科的比较法》[①]、《论比较法的应用和滥用》[②]在比较法学界有较大影响。其中，《论比较法的应用和滥用》的主旨是将比较法作为法律改革的工具，从而探讨在借鉴外国立法时，外国模式怎样才能起到应有的作用，它又是怎样被误用，甚至滥用的。

在伯明翰大学，昂格尔(Josef Unger)先后担任国际法讲师和教授。他继伯明翰大学法学院首位主任、比较法先驱、加拿大教授贝克(Smalley Baker)之后，推动了比较法学的发展。

在爱丁堡大学，宪法学教授米切尔(J. D. B. Mitchell)以其《公共政府契约》(1954)一书，开拓了其研究的新领域。自此开始，他把比较法研究引入了“共同市场法”的领域。1968 年开始，他担任了“欧洲研究所”主任，并且促进了爱丁堡大学“欧洲政府研究中心”的发展。

在伦敦大学学院，在基顿(George W. Keeton)、利奥伊德(Lord Lioyd)、鲍威尔(Raphael Powell)及约翰逊(E. L. Johnson)等学者的推动下，比较法学得到了不断发展壮大。在伦敦国王学院，格拉弗森(Gravson)教授长期以来一直倡导把比较的研究方法引入英国法和美国法的研究当中去。他的年轻同事查尔罗斯(A. G. Chloros)则开设了法国法的选修课程，并著有第一本以南斯拉夫法律制度为题材的英文

① 即 *Comparative Law as an Academic Subject*，是作者于 1966 年在牛津大学做的就职演讲。

② 即 *On Uses and Misuses of Comparative Law*，是作者于 1973 年 6 月 26 日在伦敦政治经济学院第二届乔利讲座上所作的学术演讲。

著作——《南斯拉夫民法》。其后,科恩(E. J. Cohn)教授则开设了德国法课程。

此外,在其他一些大学,如埃克塞特、诺丁汉、南阿伯丁、曼彻斯特等大学的法学院,比较法的研究也取得了一定进展。如在曼彻斯特大学法学院,沃特利(B. H. Wortley)教授成立"罗马统一私法协会",吸收并发扬了格特里奇的兴趣及风格;考普曼(Brain Chpman)教授则倾心于以法国地方政府为对象的研究。

(二) 多个比较法研究团体的建立

上述诸位法学家以及尚未提及的其他学者的个人努力为比较法学全盛时期的到来做了良好铺垫,而 1945 至 1969 年期间涌现的一批协会和组织,则为英国比较法学展现了集体力量的可贵。

1. 高级法律研究学会

在谈及二战后成立的比较法团体时,我们首先关注的应当是战争结束伊始就在伦敦大学成立的高级法律研究学会(The Institute of Advanced Legal Studies)。早在 1934 年,"法律教育委员会"(Legal Education Committee)就已经意识到成立这一学会对研究生教育的重要性。这体现在该委员会的报告中——"尤为重要的是,'比较法律研究'的优势在英国仍然没有被意识到,致使我们在这一领域远远落后于欧洲大陆的许多国家。在此,还有必要设立一个学会作为学术研究的总部,在最为广泛的范围内推进法律的知识不断进步。为此,高级法律研究学会的成立将是顺理成章的事情。这样一个学会还必须定址于伦敦。"①1948 年,高级法律研究学会应运而生,并创建了具有相当规模、主要收藏有关英联邦各国和各外国法律制度的书籍资料的图书馆。学

---

① L. Neville Brown, "A Century of Comparative Law in England: 1869—1969," *American Journal of Comparative Law*, 1971, vol. 19, p. 244.

会主持进行了两大学术活动：一是《外国法律期刊检索》的创设，二是组织了数目可观的跨学科研讨小组。加入该学会常常被当作伦敦大学众多学生获取法学博士、硕士学位的重要前提。当然，英联邦国家和其他外国法学院的访问学者们也被学会吸引而至。

2. 国家比较法委员会

英国国家比较法委员会（The United Kingdom National Committee of Comparative Law）成立于1951年，是国际比较法委员会的创始成员之一。该委员会成立的目的之一，是为联邦政府在联合国教科文组织中遇到的比较法问题提供专家意见。但是，创建伊始，它就致力于鼓励与协调比较法研究工作在英国的开展。其成员包括英格兰、苏格兰、威尔士、北爱尔兰几乎所有的法律院系，英国法律委员会、国家律师委员会也不例外。除在国际比较法委员会中发挥成员作用外，英国国家比较法委员会还推动了一系列主题丰富的年会的召开。许多外国法学专家被邀请入会，年会的会议纪要多次被以专题论文的形式编辑出版，并得到了广大读者的青睐。英国家比较法委员会还协助出版了《英国法律索引》①。

3. 国际法与比较法研究会

在二战的艰难岁月里，英国比较立法学会坚持了其会刊的出版发行。然而，到了20世纪50年代中期，需要有较强大的管理集体以继续和扩大协会的工作。而且，在国际法领域该协会的工作内容与格老秀斯协会（Grotius Society，1915年成立）有所重叠。于是，这两大协会于1958年合并成为一个新的实体——英国国际法与比较法研究会（The British Institute of International and Comparative Law）。该研究会接

① *Bibliographical Guide to the Law of the United Kingdom*，第一次编辑于1956年。

管了《国际法与比较法季刊》[①]，并使其成为比较法、国际公法、冲突法领域内被广泛接受的、具有相当权威性的期刊。

在接管后的《国际法与比较法季刊》第一期，丹宁勋爵（Lord Denning）著文强调，它（《国际法与比较法季刊》）将成为英联邦法律研究的重镇。然而，这一季刊没有如英国比较立法学会会刊那样，将英联邦法律年度调查视为长期的、突出的、富有价值的专题。不过，令人高兴的是，在英国国际法与比较法研究会、牛津大学法学院的合作下，英联邦法律年度调查得到了继续开展。新的一系列调查的结果并没有被编入《国际法与比较法季刊》，而是单独成卷（1965 年起），其内容不但涉及新的立法，而且还包括判例法的演进情况。

4. 法律委员会

1965 年《法律委员会法案》的制定和通过，标志着比较法的价值得到了议会的认同。该法案创立了两个法律委员会：一者服务于英格兰，一者服务于苏格兰，分别掌管本邦法律的系统发展与法律改革。英格兰法律委员会（同苏格兰法律委员会一样）直接受《法律委员会法案》的特殊指导，“收集其他各个国家法律制度的相关信息，使其形象地重现在委员们面前，以减少其功能履行过程中产生的困难”。这是对比较法价值的法定的认可。对于比较法来说，法律委员会的成立是具有重大激励作用的事件。

英格兰法律委员会的成员组成也反映了比较法的重要性。1965 年任命的五个原委员之一，马什（N. S. Marsh）先生任法律委员会主

---

① *International and Comparative Law Quarterly*，这一季刊于 1952 年问世，其部分内容来自英国比较立法学会的期刊——Journal of the Society of Comparative Legislation and International Law（1918 年开始用这个名称），另一部分则是承载了生命短暂的“国际法季刊”——The International Law Quarterly 的内容。“国际法季刊”于 1947 年创刊，主要刊登有关国际公法和冲突法领域的文章、笔记等，1951 年就告停刊，共出版了四卷。

席，是英国国际法与比较法研究会会长，南阿伯丁大学国际法与比较法长期聘用教授，在英国国际法与比较法研究会中发挥积极的作用。然而，相对于委员会各位委员的优秀而言，法律委员会用来进行法律研究的资源却显得非常贫乏。其图书馆规模极小，研究人员很少。法律委员会一开始就宣布向法律职业者、各协会、各法律院系等寻求帮助。但即便如此，与其他国家如法国、德国为进行法律改革而向比较法研究提供的可观的资源相比，英国法律委员会具有明显的劣势。

（三）比较法学教育的开展[①]

这一阶段，在英国，一方面，人们对法律制度与国际经济发展、新的超国家的国际组织如欧共体的出现之间的互动关系有着越来越深入的了解；另一方面，与前者紧密相关，开展法学教育运动，且规模不断壮大，以使未来的法律学家在一定程度上理解法律科学，而非接受那种内容仅仅限于英国法律的培训。这种发展首先表现为一时之间英国大学的大规模扩展。新建成的法学院系有着充裕的资金和强大的师资队伍，已经可以把比较法学作为本科课程的一部分。

对于如何教授比较法学，众说纷纭、莫衷一是。一些比较法学家，如 R. W. 李[②]，仍然对本科期间开设罗马私法传统课程的价值坚信不移。长期以来，这种课程一直在牛津大学法学院开设，它能奠定英国学生掌握罗马法的各种原则、规则的基础，可以把罗马法与英国法的原则和规则进行比较，还可以推进对以罗马法为基础的现代民法法系的研究。而且，凭借“十分深奥、复杂但又富有技术优势”的特质，它也是值

---

① 参见 L. Neville Brown，“A Century of Comparative Law in England：1869－1969，” *American Journal of Comparative Law*，1971，vol. 19，pp. 249－251。

② R. W. 李(R. W. Lee)，英国比较法学家，除《罗马—荷兰法入门》外，还著有《比较法和比较法学家》(Comparative Law and Comparative Lawyers)等。

得研究的。劳森教授在《一个普通法法学家眼中的大陆法》中评论道："对于罗马法基本知识的一贯热衷，仍然是我们的一个优势。我们要克服困难，使罗马法研究继续下去。在美国，除了个别爱好者和专家外，已经没有人进行罗马法的研究。而我们中间也有一种消极观念在抬头，认为罗马法并不真实。当然，只有老师们对罗马法真正感兴趣，才能带动学生们学习罗马法的积极性。为了使罗马法这门学问彻底复兴，应当设立罗马法课程，作为学习现代大陆法的推动力。"但是，必须承认这样一个事实，即在此阶段，英国法律院系中罗马法的教育已经处于衰败状态。律师考试中对罗马法逐渐不重视的做法，使得几所法学院已经停止把罗马法作为第一学位课程的组成部分。罗马法的位置正在被一些杂乱的号称是在利用比较方法的课程所取代。

而另一方面，有些人则趋向于将学生直接带入现存的民法法系的法律制度，如法国法中去。这样的课程，不管是否贴有"比较法"的标签，至少可以分为三类：第一类，重点放在比较英国法与一些外国法的方法和技术上，例如，剑桥大学哈姆森教授开设的"法国法和英国法方法"课程；第二类，重点置于精细的实体法律制度上，这种例子可以从劳森教授的《民法中的疏忽大意》一书中找到；第三类，重点更多地放在外国法的来源和结构上，以此与英国法相比较。正如每个教师关注的重点不同，一些教师趋向于开设公开贴有"比较法"标签的课程，而另外一些则趋向于把比较的材料在任何可能的机会引入到各种以英国具体部门法为内容的课堂中去。在伯明翰大学，多年来所教授的"英国行政法"一向都把法国行政法和英国的判例法相比较。与此相仿，法理学课程（在英格兰独特的法律理论意义上）已经包含拿破仑法典和法国法律来源的理论。

（四）比较法学研究领域的扩大

第二次世界大战后，在伦敦大学东方和非洲研究学院，比较法学发展的最早表现是 1946 年非洲法讲师职位的设立。非洲法教授阿洛特(A. N. Allott)推动了非洲法研究的飞速发展。该院中的法律系则成了系主任、东方法法律教授安德森(J. N. D. Anderson)从事比较法研究的中心。

1959 年,安德森教授的力作《现代世界的伊斯兰法》出版。此书是根据安德森三次对伊斯兰各国的实地调查、二次出访中东、一次出任尼日利亚政府立法顾问等经历及所获资料而完成的。在此书中,安德森首先指出,与西欧法在本质上是世俗法相反,伊斯兰法在本质上是宗教的,这种宗教性说的是法的永恒性、不变性。在西欧,法律发展过程中尽管也受到基督教的强烈影响,但是当其遇到社会变化时,法律也能相应发生改变,即由于法律是权威人士或机构制定的,因而法律也将随着人员和机构的变化而不断发展;而伊斯兰法尽管到现代也发生了许多变迁,但在理论(教义)上、本质上是不变的,因为在伊斯兰国家,只有安拉才是惟一的立法者。安德森接着指出,伊斯兰法与西欧法的第二方面区别是西欧法调整范围较窄,而伊斯兰法则较宽,许多在西欧属于道德规则调整的事项,在伊斯兰世界也都受伊斯兰法律规范支配。安德森认为,虽然有上述区别,至现代,伊斯兰法还是发生了巨大变化,并日益与西欧法趋于混合。随着西方列强对穆斯林世界的入侵,伊斯兰法进一步发生变化。比如,伊斯兰法也采用了西方法典一样的立法方式,建立了各种世俗法院,吸收了若干西欧法的原则与制度。在埃及、约旦、叙利亚、尼日利亚、摩洛哥、黎巴嫩等地,都出现了大规模的法律改革运动。最后,安德森对现代伊斯兰法中保留传统痕迹最多的婚姻法和继承法做了详细分析。

20 世纪 50 年代末 60 年代初,英国根据汉姆林(E. W. Miss Hamlyn)的遗嘱,成立了以促进比较法学与人种学发达并使其普及为目的的汉姆林财团,它的一项事业就是出版比较法学丛书。在它的成果中,

1960年出版的由塞塔尔瓦德(M. C. S. Setalvad)撰写的《在印度的普通法》一书,为英国比较法学界吹来了一股新风。根据作者的介绍,此书旨在阐述印度法在与英国普通法相联系中,并且适合印度本国国情而发达成为一个独立体系的历史。该书的第一章,主要叙述了印度接受英国法的历史过程,指出印度法不仅接受了英国普通法的各项原则、制度,而且还潜移默化地吸收了英国法中"衡平、正义、良知"等原理。当然这种接受都是以在印度能行得通为前提。作者指出,这种接受,在陪审制度、人身保护令状、法官的独立、遵循先例主义、法的统治等方面表现得尤为突出。第二章阐述了在民法领域,印度是如何以英国的继承、契约、约因、(民事)错误、证券、不动产、侵权行为、国际责任等具体制度为蓝本而建立起了自己的法律体系。第三章和第四章分别论述了在刑法、宪法方面英国法对印度法的影响。由于作者是站在比较法立场上阐述英国法与印度法的关系,因此,该书不仅是当时西方国家了解印度法的入门书,而且也是普通法学中的一部比较法作品,尤其是作者深深触及平时不大为西方比较法学者所重视的印度法内容,从而进一步扩大了英国比较法学研究的范围。

至此,在英国,比较法已经被接受为法学研究的一种方法,也被接受为教授英国法的一种工具。比较法学正被越来越多地应用于法律改革中去。随着比较法学的价值和用途逐渐被认识,那些法律职业者和法官对比较法的怀疑抑或敌意正趋于消灭。自从英国加入共同市场的第一次尝试以来,英国法律家们的职业上的偏狭已经发生了显著改变。英国法对外国法的接受已经达到前所未有的程度,在主要关注英联邦的法律、大陆法系国家的法律、美国法律的同时,开始研究世界上其他法系的法律,如伊斯兰法、非洲法和东方法等。

三、20 世纪 70 年代以后的新发展

20 世纪 70 年代以后，英国在比较法学基本理论如比较法的概念、体系与方法等方面的研究取得深入的同时，对各种法系、各种法律制度的比较研究也有了进一步的发展。

（一）比较法学的理论研究

在比较法学基本理论方面，英国的学者们从法律移植或法律改革的角度对比较法学的理论进行了探讨。我们首先应当关注的是《论比较法的应用和滥用》这一篇文章。它是英国著名学家奥·凯恩—弗伦德，于 1973 年 6 月 26 日在伦敦政治经济学院第二届乔利讲座（Chorley Lecture）上所作的学术演讲，其主要探讨了比较法与法律移植的问题。他认为海外法律发展与英国的法律制定和法律改革有着越来越紧密的关系，英国法律在接受外国法影响方面达到了前所未有的程度，在这方面比较法显示了其重要作用。立法过程中使用外国法律规范有三方面的目的：首先，外国的法律制度可以为了立法的国际统一这一目的服务；其次，赋予某种由外国和本国共同产生的社会变化以法律上适当的效果；其三，在国内推动一项社会变革。由于将外国模式作为社会的或文化的变革的工具加以使用，导致了法律移植问题的出现。作者认为，政治因素对法律移植的影响作用要超过经济的、社会的和文化的因素。比较法在实体法方面具有比其在程序法上大得多的功能，使用外国的司法组织和程序为立法的模式常会导致挫败，这是比较方法的误用。使用比较的方法，不仅要求有关外国法的知识，也要求具备它的社会的、尤其是政治环境方面的知识，为了实际的目的而对比较法的使用只有在对法律的环境一无所知的情况下才会导致滥用。①

---

① 参见[英] 奥·凯恩—弗伦德：《论比较法的应用和滥用》，贺卫方将之译为：《比较法与法律移植》，载《比较法研究》1990 年第 3 期。

1989年,《牛津法学研究杂志》第1期,刊载了布里斯托尔大学法学讲师乔纳森·希尔的《比较法、法律改革和法学理论》一文。作者对德国比较法学家茨威格特和克茨的“实用形式”的比较法的观点提出了质疑,认为它面临一些严重的理论问题。他认为,“理论—叙述形式”的比较法,其比较者的任务和法律社会学者的任务相似,即客观地阐释法律现象,在这个意义上,比较法可以被认为是一门科学,一门社会科学。但是,“实用形式”的比较法并不能够产生超越主观的“价值”。在比较法的目的方面,作者对茨威格特和克茨“真正的国际比较法”、“普遍的法学基础”的观点进行了批判,认为即使人们承认通过比较研究可以得出普遍接受的原则,也并不意味着这些原则具有规范的意义。不但如此,在实践中,比较法不能提供一个客观的评价标准,比较法所使用的方式在很大程度上取决于比较法学者所选择的目的。作者承认比较法在法律改革领域的积极作用,认为对于外国的法律体系进行研究,既可以产生“较大程度的不偏不倚,在较大程度上不把英国法律体系的基本假说和价值观念认为理所当然”,又能提供“各种各样的解决方案,这些方案比局限于本国体系的哪怕是最富于想象力的法学家一辈子所能设想出的方案还要多”。作者提出了把比较法作为“实验方法的代替物”的新观点,认为人们不可能把法律和国家放在试管里或者泡沫室里进行试验,比较法的代替可以使人们更多地了解法律和法律发展的性质。作者认为,不能否认比较法对于法学研究和教育做出的贡献,比较法可以使人们了解外国法律制度,能够有助于阐明法律现象的性质,且更能生动地揭示法律和政治、道德价值观念之间的关系。“通过扩大比较法的地域范围,可以从不同的角度来看待我们自己的被视为理所当然的法律制度。比较法能够有助于说明,任何法律制度的形式和本质在多大程度上都不是‘自然的’,而是从运用道德的和政治的价值观念得来的结果。”[1]这是英国学者提出的一种不同于德国等其他国家学者、也有别于此前英国学者的关于比较法的作用和功能的新观点，体现了比较法学理论研究的深化。

（二）比较法学的研究范围

20世纪70年代以后，在对外国法研究方面，有三部著作最具有代表意义。[2]

其一，是胡克[3]的《东南亚法律史概说》一书。该书从东南亚各国法律传统入手，分析了它们对作为继受法的西方法的态度以及彼此的冲突与融合过程。具体包括：身份法。以三个法域为三章，即以印度法为中心，包括泰国、缅甸、柬埔寨等国法律在内的印度法域，包括伊斯兰教各国法的穆斯林法域，以及以中国为中心的东亚法域，并分别予以论述；契约法。作者重点阐述了西方各国法律如英国法、法国法、荷兰法、西班牙法等对东南亚各国的影响。从该书的内容可以看出，作者是从比较法的立场，对西方法与东方法的交流作了宏观描述。

其二，是伦敦大学教授巴特勒（W. E. Butler）出版的《苏联法》一书。作为巴特沃兹社推出的“世界法律体系”（Legal systems of the world）丛书中的第一册，该书是系统论述苏联法的教科书，其内容主要包括由苏联法的意识形态基础、法源、法学教育等三大部分组成的总论以及由宪法、民法、婚姻法、劳动法等各部门法内容组成的各论。由于西方近十余年间尚未出版过苏联法的概说书，因此，此书的出版，填补了这一领域的空白。同时，在此之前，由于冷战等国际环境，西方对社会主义的法律很少关注，即使研究，也是站在“你必须了解你的敌人”的

---

① 参见［英］乔纳森·希尔：《比较法、法律改革和法学理论》，周昭益译，载《法学译丛》1990年第4期，第1—6页。

② 参见何勤华：《法律文化史论》，法律出版社1998年版，第201—202页。

③ 胡克（M. B. Hooker），为坎特伯雷肯特大学埃里奥特（Eliot）学院的比较法教授。

立场之上，为帮助西方决策任务更好地掌握苏联的国情而开展的研究。而巴特勒的这本书，真正从比较法的角度开展了对苏联法律的认真研究。因此，该书对西方法的所谓“异质法”的研究起了巨大的作用。

其三，是海姆侯兹(R. H. Helmhorz)于1987年出版的《教会法与英国法》一书。他从教会法与英国法的关系，在世俗法不健全之法域，教会法的作用、影响以及与世俗习惯、文化的融合，在英国普通法发展过程中教会法的影响等三个角度对教会法与英国法作了比较分析。由于在英国，对教会法和英国法之关系缺少认真系统的比较法与法制史研究，故此书的出版丰富了英国比较法学的内容。另外，由于该书是作为哈姆布莱顿出版社(Hambledon Press)的历史丛书之一出版的，因此在英国学术界也有着较大影响。

第四节　英国法孤立主义影响下的比较法学

英国法的孤立主义的英语表述为“isolationism”或者“insurlarity”，日本学者将之称为“英国法の孤立性”。所谓英国法的孤立主义[①]，是指英国普通法固有的保守性、排外性，以及在此基础上在英国人中间产生的孤立、孤傲的态度和传统的对外国法的轻视和排外思想。

一、促使英国法孤立主义形成的因素

(一) 地理优越感造就岛国情节

从地理位置上看，北海和英吉利海峡将不列颠群岛与欧洲大陆隔离开来，使之成为欧亚大陆之外的岛国。英吉利海峡和多佛尔海峡是一道天然的屏障，帮助英国人成功地抵御了来自欧洲大陆的入侵者。

---

① 参见[日]水田义雄：《英国比较法研究》(上)，劲草书房1960年版，第113页。

英国的发展历史表明，英国所处的独特的岛国位置，在漫长的历史进程中为英国的发展带来无限契机，使人们对岛国形成了牢固的优越感和依赖感，这种感情让英国人在具有自信、民主和开拓精神的同时也具有了明显的排外思想，从而形成了岛国情结。大文豪莎士比亚很早就流露出英国人的岛民心态，例如，《查理二世》里冈特的老约翰说："这镶嵌在银灰色大海里的宝石，那大海就像一堵围墙，或是一道沿屋的壕沟。"莎士比亚言辞之间流露出自己祖国处于大海之中的优越感。这种岛国情结在扩张和殖民中不断成长和成熟，从民族意识变成民族自觉，并延续至今，投射到英国社会的方方面面，在法律上也不例外。独特的地理环境是促使法律的孤立主义形成的重要因素。

（二）统一的国家法的率先形成导致孤立主义的产生

法律孤立主义伴随着英国普通法的诞生而形成。1066 年，诺曼人在威廉公爵的率领下入侵英国，确立了其统治，并建立了中央集权的统一国家。依据强大的王权，威廉开始着手统一全国的司法机关。他从御前会议中分设出王室法院，并派遣法官到全国各地进行巡回审判。巡回审判既根据国王的敕令，又吸收各地的习惯法。这样，当各个巡回法官回到伦敦一起审理案件、磋商判决时，不知不觉就把各地方的习惯法糅合在一起，创造出一些具有普遍意义的法律原理、原则和制度，然后通过审判适用于全国各地。这种过程不断反复、继续，到 12 世纪以后便形成了通行于全国的普通法。

普通法是欧洲最早的国家法，它最早适用于整个王国，并由一个在全国范围内拥有初审管辖权的统一法庭予以实施。而与此相反，此时的欧洲大陆，则处于割据状态，并没有产生一个独立的国家法律体系，而是地方习惯法盛行。当罗马法复兴时，罗马法本身的特点与王国统一的需求存在内在的契合，因此很容易成为各国国王的选择，从而成为它们各自法律的基础。而此时，英国已经建立了一个自给自足的普通法体系，它成功抵御了罗马法的征服。因此，统一的普通法容易在英国引发一种民族感和伟大感，它能使民众意识到自己不同于欧洲大陆其他民族的独特之处。由此，这种民众意识导致英国人在推崇普通法的同时，漠视外国法的存在，淡于同外国法进行交流，自给自足的普通法把自己孤立起来了。

(三) 法官的特殊地位也会导致英国普通法的保守性

英国的普通法院法官是在英国特有的普通法的熏陶下成长起来的，这些普通法法官通过审判创造了英国的法律，在普通法的发展过程中起着举足轻重的意义。而这些普通法院的法官自然而然地形成了一种社会力量，为了维护自己的既得利益和传统信念，他们顽固地坚持普通法的传统。这种守旧思想必然会导致法官制造出来的英国法带有保守性和孤立主义。[①]

(四) 遵循先例的原则和严格的诉讼程序必然排斥外国法的影响

普通法的传统生命力在于遵循先例的原则。一方面，判例法的原则可以经过法官的具体解释被灵活运用于各种后来的案件中，从而丰富和发展判例法；而另一方面，判例法只以过去的经验为依据，以长期的司法实践为基础。因此，外国法很难被融入判例法的发展过程中。普通法法院在相当长的时期内是处理地方法院案件之外的特殊案件的法院，每一种案件都有自己特殊的诉讼程序。这样，在普通法法院事实上发展成为具有一般管辖权的法院之后，它的机械的复杂的程序仍然存在。这种诉讼程序也限制了英国法院对外国法的接受。

(五) 普通法成为抵制王权的武器时，其孤立性大大加强

在17世纪同专制王权的斗争中，普通法成了议会政党手中的强大

---

① 参见董茂云：《比较法律文化：法典法与判例法》，中国人民公安大学出版社2000年版，第38页。

武器。由于普通法在长期的历史发展过程中形成了某种韧性，它的繁琐的和形式主义的技术，使它能够顽强地抵御来自王权的压迫。自那时起，英国人便把普通法看作自由的保障，用它保护公民的权利，抵抗专制权利的肆虐。当普通法法院的法官逐步倾向于与英王进行斗争的国会一边时，英国法传统势力的排他性就更为强大了。

二、孤立主义对比较法学发展的不利影响

一定意义上来说，无论把比较法看作是一种法律研究的方法还是法律科学的一个特殊分支，与外国法比较的过程就是认识外国法、潜移默化受外国法影响，甚至接受外国法的过程。而保守的、孤立主义的普通法是不会主动地接受外国法或者为研究外国法提供平台的。因此，在发展的过程中，比较法学一直是受到孤立主义和英国人岛国情结阻碍的，当然，不同时期这种影响的程度并不相同。

首先，在罗马法的学习方面，曾经长期垄断英国法学教育的律师学院是坚决抵制的。[①] 之所以如此，是因为，如果继受了罗马法，那么这里培养出来的律师们的知识将失去价值。不但如此，这种孤立主义会使英国人产生对外国法的敌意，进而导致对比较法的研究产生怀疑。这种敌意和怀疑在英国法律职业者中间曾广泛存在，甚至扩展到了司法领域。

从一些比较法学家的著作中也可以找到孤立主义限制比较法学发展的证据。英国迄今最著名的比较法学家格特里奇一直对比较法的发展忧心忡忡。这种顾虑在其著作《比较法》一书中有着明显的体现。他提到："……但是，在英国法的早期历史里我们找不到'对外国法实质性的调查研究，以及把外国法综合起来的任何尝试'。外国法本来应该

① 参见[日]大木雅夫：《比较法》，范愉译，法律出版社 1999 年版，第 246 页。

已经被带到英国或者被英国所接受,但是,我们找不到接受外国法的痕迹。""虽然比较法在法律领域有了立足之地,但是它的地位并不稳固,比较法的研究必须在充满敌意的或者漠不关心的氛围里坚持下去。"①

虽然孤立主义的英国法和英国人的岛国情结限制了比较法学在英国发展的步伐,一定程度上也限制了英国对外国法的研究和引进,但一开始,孤立主义就没有能够完全阻止对外国法的研究。相反,比较法学使英国人认识到了外国法的重要性,并逐渐接受外国法。一定程度上来说,比较法学的发展历程就是英国法孤立主义受到挑战并逐渐改变其立场的过程。

三、英国比较法学的发展呈现多样性

英国比较法学突破了英国法孤立主义的阻碍,获得了发展、壮大、深化。这是一个世所公认的事实。不但如此,比较法学也并没有因为孤立主义的影响而变得单一和消沉。相反,英国存在着各种各样的有关比较法的理论和观点以及若干不同的比较法学派,比较法学的发展呈现出多样性的特点。

(一)有关比较法含义和性质的观点的多样性

对于比较法含义和性质的理解,在英国,存在着"法律科学的独立学科"和"各种法律的研究方法"这两种鲜明对立的观点。波洛克认为,1869年法国巴黎成立比较立法学会,梅因担任牛津大学历史比较法学教授职务,这两件事情的发生标志着一门新的学科一比较法学的诞生。这种把比较法当作为一门独立的法律学科的主张得到了广大英国比较

① Harold Cooke Gutteridge, *Comparative Law, An Introduction to the Comparative Method of Legal Study and Research*, Cambridge University Press, 1st ed., 1946, pp. 12—23.

法学者的认同。例如，施米托夫[①]、奥·凯恩一弗伦德、巴塞尔·马克斯尼斯[②]、L. N. 布朗(L. Neville Brown)、贝尔纳德·鲁登等等。而另一些学者则主张，比较法代表着一种研究方法，而不是一个法学部门。例如，布赖斯(J. Bryce)、霍兰[③]、詹克斯[④]，还有最为著名的比较法学家格特里奇。在格特里奇那里我们可以看到"学科"到"方法"的明显转变。1936年，他还认为比较法是法学的一个部门，它是对某个问题通过比较方法研究两个或几个法系的法律概念和规则。后来，在1945年，他又否认比较法作为一门学科的独立性，而把它看作是一种研究的方法。其理由是，通过对不同法系的法律规范的比较，决不能产生新的独立规范。[⑤] 其著作《比较法——法律学习与研究的比较方法导论》堪称为英国比较法学领域最为辉煌的代表，从其名称中就可以看出他对比较法的性质所作的界定。

(二) 两大比较法学派并存

在英国比较法学研究领域有着两个明显区别的学派：历史比较法学派与现代比较法学派。历史比较法学派的比较是纵向的比较，是从历史发展的角度，主要探讨两个或者两个以上的法律制度的共同起源，或者在预设共同起源的前提下对两种或者两种以上的法律制度的发展形态、发展过程进行比较分析。现代比较法学派，则与此相反，它是横向的比较，是对同一发展阶段的两个或者两个以上的法律制度进行比

① 施米托夫(M. Schmithoff，1903—1991)，出生于德国，英国当代著名法学家，国际贸易法学的创始人之一，曾任联合国法律顾问和联合国国际贸易法委员会主席，著作有《英国冲突法》、《出口贸易》、《公司法》等。

② 伦敦大学比较法教授，曾发表《比较法——一门尚需开拓的学科》等论著。

③ 霍兰(Holland，1835—1926)，英国著名国际法学者，曾任英国牛津国际法和外交学院教授，国际法研究院院士。

④ 詹克斯(Jenks，1909—1973)，英国国际法学者，曾任国家劳工组织总干事，著有《新法理学》(The New Jurisprudence)等。

⑤ 参见吴大英、任允正：《比较立法学》，法律出版社1985年版，第17页。

较,从而进一步阐明它们的本质性问题。

1. 历史比较法学派

根据侧重点的不同,历史比较法学派又可以分为两个分支:一是以梅因为代表的历史进化论比较法学;另一个是梅特兰开创的历史的文化交流的比较法学。

梅因进化论比较法学的提出也有着其政治背景、时代背景。当时,英国处于殖民扩张时期,英国的普通法被强制推行到殖民地国家,普通法成了英国与殖民地国家联系的纽带。因此,为了使得普通法在未开化的、落后的殖民地顺利推行,对殖民地的法律和习惯进行研究成为时代的要求。在这种情况下,以探索法律发展的轨迹为主题的《古代法》出版了。

梅因历史进化论的比较法学把历史法学、比较语言学、达尔文的进化论的思想结合到了一起。梅因对法律进行历史比较的观点,涉及对人类不同进化阶段法律的一般发展的研究,特别注重法律制度作为完整实体的发展。他的特定目的是,通过比较那些古代流传下来的法律资源与那些代表社会进化的相似阶段的古代欧洲或者现代东方的制度体系,进而说明社会秩序和法律在原始社会的产生。梅因认为,法律的发展顺序是判决——习惯——法令,东西方的古代法都是从习惯发展为法典的。经过分析,梅因得出了这样一个结论:所有进步社会活动,是一个"从身份到契约"的运动,即从罗马法的家父制度到中世纪的农奴制度、等级制度,最后发展到资本主义制度下的个人契约。波洛克在分析梅因的学说时,揭示了历史比较法学派这一分支的一般趋向:"梅因爵士认为,一方面,法律思想和法律制度如同生物的基因和物种一样有一个真正的发展过程,在发展的每一个阶段都有它们的一般特征;在另一方面,他也清楚地说明,这些过程需要和值得进行特别的研究,而不能仅仅将其视为它们所发生的社会一般历史的插曲。"

梅特兰创立的历史文化交流的比较法学，又可以称为比较法律史学。针对国内对法律历史研究极不重视的现状，1888年，梅特兰发表了《英国法律史为什么没有被谱写》一文，对英国法律史不被重视的原因进行了分析，并主张英国法律史应当与其他国家的法律史联系起来才能更好的理解，“历史包含比较”。梅特兰本人就是研究比较法的典范，在对法团制度的研究时，他就对比了罗马法的社团制度、教会法的拟制人格理论、德国的联合实体制度和英格兰的信托制度；对于英国村镇共同体的研究，则比较了法国的 Rsossillion 和比利时的 Namur；占有(tenure)则是德国 gewere 和法国 seisine 比较的结果。①

2. 现代比较法学派

被詹克斯称为“严格的方法”的现代比较法学派非常注重可比较性这个因素。他们认为，比较的问题总是一个个别的、具体的法律问题，而关键总是在于几个不同法律制度对同一法律问题的反映如何。严格遵守可比较性原则意味着，比较必须延伸到与被比较的不同法律制度相同的进化阶段。波洛克坚决主张这一点，他说：“对印度的法律和习惯与英国的现代法律进行直接比较，如果没有危险的误解，那么就像在一个至少还算著名的实例中确实曾经发生过的那样，除了荒谬只会一无所获。”R. W. 李在《比较法和比较法学家》一文中发表了同样的观点：“两个进行比较的法律制度越相似，比较的获得就会越多。”从改善和促进本国法律制度体系的角度来讲，现行法律制度的比较，对于法律改革和立法具有非常重要的意义。可以把本国的法律制度同与本国文化发展程度相当的国家的法律制度进行比较研究，从而解决立法上的难题。在英国，根据内容和目的的不同，现代比较法学派又可以分为立

① 参见李红海：《普通法的历史解读——从梅特兰开始》，清华大学出版社2003年版，第31页。

法比较、法律解释的比较、统一私法运动等分支。

法律移植是将国外的法律制度移植到本国并将其本土化的过程。当然，移植的方式不一而足，有的是全部移植，有的是部分移植，有的是少量移植，正如生物学领域一样，有连根带枝叶地整株的移植，也有只选择其中一枝的嫁接。法律移植是一个复杂的过程，其中之一就是对植体，即外国法律制度的认识、了解和把握。以研究外国法为主要内容的比较法学，无疑在这一过程中承担了重要角色。就一个具体的国家而言，其比较法学的发展历程，就是对外国法了解、接受的过程，一定程度上也是这个国家移植外国法过程的反映。

20世纪英国比较法学的发展历程，向我们展现了英国法从孤立到逐渐接受外国法的过程，反映了英国法由岛国的孤立主义向世界视野转变的过程，也是英国法从排斥外国法，到认识外国法，再到移植外国法的过程。英国的法律规则和法学理论的演化并非是由四面环海的小岛上的人所做出的一种独特且惟一的创造物，亦即一种与外部法律世界毫无联系的创造物。在整个历史进程中，英国一直在世界各个法律区域之间的航线上往返航行，传送和接收着法律思想和法律文化。英国的法律和英国的法律思想确实有着自己的某些特色，但是，它又掺杂着许多从各个法律区域间传来的各种因素。英国的法律和英国的法律思想并不是纯民族的和纯粹孤立的产物。

英国法的孤立主义有其地理环境、民族意识和法律文化发展的强力支撑。英国的比较法学之所以能够在这有目共睹的排斥外国法的普通法的背景下，为国际比较法学研究之先驱，并且发展壮大，逐渐被认可和接受，这是因为：孤立不是法律发展的必然特征，对外开放和交流是法律思想与法律制度发展进化的必然趋势。

第四章 比较法学在美国

第一节 美国比较法研究发展概况

一、19世纪中后期："法典化之争"中的比较法立场

19世纪，面对《法国民法典》影响下雨后春笋般成长起来的欧洲各国法典，美国的法学理论界和法律实务界曾经产生过浓厚的兴趣。一位名叫费尔巴弗佐(A. Feuerbachvuzo)的法律哲学家(他同时也是开业律师)问道："为什么法学家们至今尚未发展出一种比较法学？……只有多方面对比，差异方能完全显露；只有对相似与差别的观察以及对二者的推理，每种事物的特征和内在性质才能彻底确定；……只有通过对不同时代、不同地域与民族的成文法和习惯法加以比较，才能发展出最普遍的法学和最纯粹的法律科学。"①

1848年至1865年间，作为学习欧洲法的倡导者，著名的法律改革家戴维·菲尔德(David Dudley Field，1805—1894)陆续草拟了《民事诉讼法典》、《刑事诉讼法典》、《刑法典》、《公法典》和《民法典》，建议各州使用，以取代纷繁杂乱的判例。"菲尔德法典"的编纂，是19世纪美国法律史中的一个重要事件，也是美国法在发展过程中向欧洲学习、汲取

① 参见[美]埃尔曼：《比较法律文化》，贺卫方、高鸿钧译，清华大学出版社2002年版，第17页。

外界给养的重要成果。

然而，菲尔德的倡导，并没有得到太多的支持：虽然加利福尼亚等4个州采用了他的上述5部法典，另有29个州陆续采纳了《民事诉讼法典》，但是，大多数州对菲尔德的法典持怀疑态度。而著名法学家卡特(J. C. Carter，1827—1905)从一开始就是菲尔德的激烈反对者。他自称是德国历史法学派萨维尼的美国传人，主张：法律不是制定的，而是自然生成的；法典法并不像其倡导者所声称的那样，可以做到包罗万象、逻辑严整，相反，它比判例法更需要不时的解释和补充；法律的法典化不但不能达到使法律更趋合理的目的，而且必将阻碍法律的发展。1883年，卡特发表了《我们的普通法建议案》(*The Proposed Codification of our Common Law*)，进一步否定法典编纂的必要性，他强调，当诉讼实践遇到前所未有的新问题时，仍然必须到判例中去寻找最合理的答案。①

菲尔德和卡特之间的"法典化之争"，既是美国内战后政治权力格局变化的动态反映，也体现了美国在独立于英国半个世纪后，寻求法律进一步发展的现实要求。与不久前发生在德国的"民法典制定之争"不同，德国人的分歧只在"速定"与"缓定"之间，德国的日耳曼法当时已经非常罗马化了，只是需要时间，来完成进一步的整合。而在美国，法官和律师们早已适应了在判例中寻找可适用的规则，并在"从判例到判例"中体现"合理"与"正义"。菲尔德拟定的各部法典，显然不合大多数人的口味，况且，它们本身也不过是美国判例成果的"大陆式拼装"而已。因此，菲尔德的法典化的目标，显然不可能实现。

到19世纪末，菲尔德的支持者变得更少了。1905年，费城律师协会任命了一个特别委员会，要求就如何推进美国的比较法研究进行思

① 参见何勤华：《西方法学史》，中国政法大学出版社1996年版，第376—377页。

考,次年,这个委员会提出一份报告,建议费城律协与费城大学法律系合作翻译《德国民法典》,但是最后,没有什么值得一提的成果。[1] 而大多数美国法律家,则把眼光重新转回国内。费尔巴弗佐所惊异的"为什么至今尚未建立"的比较法学,很大程度上由于卡特派的实际胜利,而仍然没有被建立起来。

二、20 世纪初:现实主义法学派的比较法观念

作为法律现实主义学派的始创者之一,霍姆斯(Oliver Wendell Holmes,1841—1935)的比较法观念无疑非常值得注意。根据熟悉霍姆斯的人的回忆,1870 年前后,霍姆斯在钻研法律史的过程中,曾深陷于对罗马法的学习,有许多次、在不同场合,他都提到罗马法。1877 年,在坦普诉特纳案(Temple v. Turner)中,霍姆斯担任被告特纳的代理律师,他在庭审致辞的启首处,就引用了《学说汇纂》中的句子。到了 1891 年,霍姆斯已就任联邦最高法院的大法官,在最高法院的九名大法官中,他是独一无二的罗马法精通者,并且,在戴普西诉夏伯斯案(Dempsey v. Chambers)中,他坦然地引用《学说汇纂》中有关代理的基本原则作为判决的依据。[2]

然而,由于对夹杂在罗马法中的黑格尔/康德哲学和潘德克顿体系(Pandectenwissenshaft)的极端反感,霍姆斯对罗马法态度很快发生了转变。他认为,虽然英美法有着日耳曼法的渊源,但美国的法学院学生应该到事务所,而不是到罗马法的故纸堆中去学习法律。法学院学生可以从乌尔比安那里学几句法律格言,用来加强论辩的力量,但对罗马

---

① 参见米健、葛云松:《关于王宠惠〈德国民法典〉英译本的几封信》,载《比较法研究》2002 年第 2 期,第 134 页。

② Samuel J. Astorino, "Roman Law in American Law: Twentieth Century Cases of the Supreme Court," *Duquesne Law Review*, Summer 2002, p. 645.

法的过多学习，反面会玷污英美法的纯正性。当哈佛大学法学院院长、著名法学教育家兰德尔（Christopher Columbus Langdell，1826—1906）推行判例教学法时，霍姆斯不加掩饰地表达了他的愤怒[①]，因为在他看来，正是这种方法，试图把大陆法系的实在法的基本要素和系统化结构引入普通法。[②]

1881年发表《普通法》的时候，霍姆斯的上述观点还没有完全成熟，还没有明确到足以与相反的观点针锋相对的地步，他仅仅是特别强调法律的实效性："法律是实践性的，必须被建立在实际的、有效的基础之上。"[③]但到了1897年发表著名论文"法律的道路"时，霍姆斯的态度已完全确定："对一个英美法律知识分子来说，他从罗马法系中获得的法哲学、法理性，没有什么实际意义。"[④]

作为联邦最高法院大法官、著名法学家，霍姆斯的观点预示着美国法学在20世纪上半期的基本方向。这一阶段，美国本土的法律家和法学家们不再像之前那样，在作品中表现出浓厚的比较法特色。只有极少数例外，如约翰·哈扎德关于前苏联法律制度的作品。[⑤]当然，更重量级的，是约翰·亨利·威格摩尔，他的作品《世界法系概览》以无与伦比的优秀征服了世界法学界。除此之外，美国比较法学成了一个真空，成为

---

① Samuel J. Astorino, "Roman Law in American Law: Twentieth Century Cases of the Supreme Court, " *Duquesne Law Review*, Summer 2002, p. 644.

② 霍姆斯甚至使用"象征着黑暗力量"（represents the powers of darkness）的强硬措辞，来表达他不可扼制的愤怒。参见[美]约翰·亨利·梅里曼：《大陆法系》，顾培东、禄正平译，知识出版社1984年版，第91页。该书原名《大陆法律传统——西欧和拉美法律系统的介绍》，斯坦福大学出版社1969年版。

③ 参见 Oliver Wendell Holmes, *The Common Law*, Harvard University Press, 1881, p. 213。

④ 参见 Oliver Wendell Holmes, "The Path of the Law," 10 *Harvard Law Review*, 1897, pp. 457—475。

⑤ 参见 John Hazard, *Settling Disputes in Soviet Society*, Columbia University Press, 1960 & John Hazard, Communists and their Law, University of Chicago Press, 1969。

外来学者自由驰骋的领地。①

三、20 世纪前半期：国际比较法大会中的美国学者

(一) 1900 年：国际比较法大会巴黎会议

1900 年，在国际比较法大会巴黎会议上，法语是会议的正式用语。会议的主题报告者中，来自法国的有：巴黎大学的萨莱伊(Raymond Saleilles)、韦斯(André Weiss)、卡昂(Charles Lyon-Caen)、拉诺德(Ferdinand Larnaude)、普瓦特万(A. Le Poittevi)和艾斯曼(Adhémar Esmein)，里昂大学的朗贝尔(Édouard Lambert)和加霍(R. Garraud)，里尔大学的拜塞胡(Percerou)和麦斯特(Achille Mestre)，蒙彼利埃大学的列维—乌尔曼(Henri Lévy-Ullmann)，格勒诺布尔大学的居什(P. Cuche)，还有巴黎的律师克吕奈(Édouard Clunet)和拉授(Charles Lachau)；来自德国的有：柏林大学的科勒(Josef Kohler)、慕尼黑的法官卡恩(Judge Kahn)；来自意大利的有：那不勒斯大学的里奥(Dioda Lioy)。

主题报告者中，来自英美的与会者凤毛麟角，唯有牛津大学的波洛克爵士。在 76 篇会议论文中，法国籍作者占了 46 篇，其他的参加者，也都是来自意大利、德国、比利时的学者、法官、立法官员或律师。美国虽然也派员参加了这次会议，但没有留下重要的信息。②

(二) 1904 年：国际比较法大会圣路易会议

1904 年 9 月 28 日—30 日，国际比较法大会在美国圣路易大学举行大会。为了将会议办得如同巴黎会议一样成功，美国人将会议的论

---

① 参见 Pierre Legrand, "John Henry Merryman and Comparative Legal Studies: A Dialogue," *American Journal of Comparative Law*, Winter 1999, p. 6。

② David S. Clark, "Nothing New in 2000? Comparatave Law in 1900 and Today," *Tulane Law Review*, March, 2001, p. 876。

题围绕在法庭、程序和诉讼实践活动等关键问题上。四年前,法国人将会议的核心锁定在立法、法律文化上,用来体现他们的法学家的学者风范。美国人模仿了法国人,但又作了明显的区别:圣路易会议完全是由律师和法官主导的,大会的主席是美国联邦最高法院法官戴维·布鲁尔(David J. Brewer),14名大会副主席分别由4名教授、3名法官、1名立法官员、3名政府律师和3名普通律师担任。在来自17个国家的代表中,美国代表达481名,占一半以上。来自美国26所法学院的比较法学家参加了大会,包括斯坦福大学的内森·阿伯特(Nathan Abbott)、哈佛大学的詹姆斯·巴尔·艾姆斯(James Barr Ames)和萨缪尔·威利斯顿(Samuel Williston)、芝加哥大学的约瑟夫·比尔(Joseph H. Beale)、哥伦比亚大学的门罗·史密斯(Monroe Smith)、西北大学的约翰·亨利·威格摩尔。参加会议的还有来自法国、德国、意大利等国的学者,还有中国学者 C. M. Lacey-Sites,来自上海。[①]

(三) 1932年:国际比较法大会海牙会议

1924年,国际比较法学会成立。1932年,学会组织了国际比较法大会海牙会议。这时,学会有30个委员,都是教授和前教授,来自美国的委员是哥伦比亚大学的约翰·巴塞特·摩尔(John Bassett Moore)、门罗·史密斯(Monroe Smith)、哈兰·斯通(Harlan F. Stone)、哈佛大学的罗斯科·庞德、乔治顿大学的詹姆斯·布朗·斯科特(James Brown Scott),其中,门罗·史密斯是学会的三位副会长之一。学会分成4个研究小组,并分别任命一名主席:拉丁组,罗马的狄昂尼西奥·安切洛蒂(Dionisio Anzilotti);英美组,伦敦的爱德华·扬克斯(Edward Jenks);中欧和北欧组,巴塞尔的卡尔·维兰德(Karl Wieland);东方和殖民区

---

① David S. Clark, "Nothing New in 2000? Comparatave Law in 1900 and Today," *Tulane Law Review*, March, 2001, pp. 889—890.

组,开罗的乔治·布兰查德(Georges Blanchard)。学会的目标是,通过对法律的历史资料、各国的立法(特别是私法)发展状况的比较研究,推进法律的协调和融合。1927 年,耶鲁大学的埃德温·波查德(Edwin M. Borchard)接替门罗·史密斯担任委员,庞德则成为英美组的组长,摩尔成为学会副主席。1932 年,威格摩尔取代扬克斯和斯科特,成为学会的副主席。①

1932 年海牙会议的组织,被分为五个组成部分,每个部分都有多个主题:通论类,民法和民事程序法类,商事法、海事法和知识产权法,公法和刑法,国际公法和国际私法。与会代表来自 50 多个国家,共有约 350 名,其中约 20%共 71 名来自美国,当时正处美国经济大萧条时期,从美国远赴欧洲,一般须乘坐费用昂贵的汽船,仍有如此之多的代表们参加会议,简直令人惊异。这也很清楚地反映出,第一次世界大战之后,特别是得益于威格摩尔发表的几近完美的《世界法系概览》,美国学者在国际比较法学界的地位,已远非 1900 年巴黎会议时可比。

第二节 威格摩尔及其《世界法系概览》

一、威格摩尔其人

约翰·亨利·威格摩尔,1863 年 3 月 4 日出生于加利福尼亚州旧金山市,他的名字取自父亲约翰·威格摩尔和母亲哈里特·威格摩尔。在旧金山市的小学、中学陆续完成早期教育后,威格摩尔进入哈佛大学,于 1887 年取得 LL. B. 学位(Legum Baccalaureus,法学士)。在毕业前的

---

① David S. Clark, "Nothing New in 2000? Comparative Law in 1900 and Today," *Tulane Law Review*, March, 2001, pp. 892—893.

一年里，他参与了《哈佛法学评论》的创刊策划工作。之后，他在波士顿做了两年律师，随后进入法学界，开始法学教育和研究生涯。他的第一个法学教席，是从日本东京的庆应大学（Keio University）获得的。

幼年单调的城市生活，与青年时代乍现眼前的异国风情之间的巨大差距，激发了威格摩尔将这些不同的东西放到一起进行比较的热情。在庆应大学期间，他开始将大量精力投注到对日本法与美国法之不同的对比研究之中，其成果有《日本德川幕府时代的法律与审判》（Law and Justice in Tokugawa Japan）和《早期日本私法研究资料集》（Materials for the Study of Private Law in Old Japan）。

1893年，威格摩尔接受美国西北大学（University of Northwestern）的邀请，担任该校法学院教员，此后的几十年，他的绝大部分时间都是在这里度过的。1901—1929年间，作为西北大学法学院院长，威格摩尔将这个长期默默无闻的法学院，发展成为在美国具有相当影响力和领导力的法学研究中心。他对法学院的课程进行扩充、提高为法学研究设置的奖学金的金额、延长图书馆的开放时间，并且，更为重要的是，他利用不断改良的制度和他不容否认的个人魅力，将一大批有才华的教师吸引到西北大学法学院。

虽然法学院的事务非常繁忙，威格摩尔仍坚持为《伊利诺斯法学评论》（现名《西北大学法学评论》）、《刑法学与犯罪学月刊》、《航空法月刊》等杂志撰写专题文章。在那段时间里，除了作为西北大学法学院的关键人物外，威格摩尔也成了整个西北大学的重量级人物。他倡导通过学习芝加哥的大学教育方式，推进西北大学的职业化技能教育，还通过组织捐赠的方式创立了莱维·麦耶大厅，作为西北大学法学院的研究中心。甚至直到他不再担任西北大学法学院院长职务时，威格摩尔仍然凭借他对西北大学的贡献、他对法学院的创建之功、他令人印象深刻的高瞻远瞩和旺盛精力，而在西北大学校史上留下许多伟迹。

1904—1905年间，作为西北大学法学院教员，威格摩尔出版了此后令他声名显赫的多卷本证据法巨著《关于普通法审判中的证据法系统的论文集：包括美国所有相关法令和司法决定》[①]。在这部包罗万象的证据法巨著中，威格摩尔提出了许多令人耳目一新的观点。例如，什么是举证责任？威格摩尔认为，就是不举证的危险。但是，威格摩尔同时指出，书本不可能为实践提供一切标准答案，例如，对于什么是“超越合理怀疑”，威格摩尔说，其含义就是“难以捉摸，不可定义”的，必须在实践中由法官根据案件的实际情况进行裁决，没有绝对统一的标准。该书一出版，便迅速成为当时美国法律界最常用、引证率最高的著作。正是这部卷帙浩繁的证据法巨著，使威格摩尔跻身于顶尖法学大师之林。[②]

《证据法论》当然不是威格摩尔对证据法学作出的唯一贡献。在开始写作《证据法论》前的1899年，作为进入证据法领域的第一项工作，威格摩尔首先完成了《西蒙·格林利夫的证据法论文集》的编辑工作。1910、1935、1942年，他又先后三次完成了《美国法庭审判证据规则袖珍法典》的编辑。1906、1913、1932年，他先后三次修订了供学生参考使用的《证据法参考判例集》，1935年，他又出版了《证据法教科书》、《司法证据学》(*Science of Judicial Proof*)。

威格摩尔的盛名，一方面来源于其证据法巨著，另一方面，也来源于他在其他领域所做出的贡献。1928年，他出版了三卷本的巨著《世界法系概览》(A Panorama of the World's Legal System)。1941年，他出版了《司法万花筒》(A Kaleidoscope of Justice)。除了写作之外，威

---

① 即 A Treatise on the System of Evidence in Trails at Common Law, Including the Statutes and Judicial of All Jurisdictions of the United States，通常被简称为《证据法论》。

② John Henry Merryman，“The Future of Comparative Law Scholarship Hastings,” International and Comparative Law Review, Summer, 1998, p. 774.

格摩尔还大量从事书籍的编辑工作，他参与总编、主编的著作有《现代刑法学丛书》(9卷本)、《盎格鲁—美利坚法律史论文选》(3卷本)、《现代法律哲学丛书》(12卷本)、《大陆法史丛书》(10卷本)、《法律变革丛书》(3卷本)以及1915年的《古代法律资料》和1917年的《法国的科学与思想》。此外，他还在法律评论、法学杂志和报章上发表了大量法律论文、短评等。

威格摩尔在担任西北大学法学院院长的同时，还兼任《伊利诺斯法学月刊》的副主编。只要有机会，他就会充分利用他的评论主笔地位，针对许多重大社会问题发表法律评论。甚至直到1932年之后，他不再担任《伊利诺斯法学月刊》的职务，编辑主导权已经让渡给西北大学的学生，他仍然孜孜不倦地就社会问题发表评论。他还力促他的同事们也从事类似的工作，因为他深信，通过对重要社会问题进行法律方面的评论，可以为重要社会问题提供一种专业性的导向意见。

1922年，威格摩尔与他的同事一起向《伊利诺斯法学评论》提交了一份书单，题为"一百部法律小说"(A List of one Hundred Legal Novels)。威格摩尔说，通过阅读过去那些伟大小说，法律界人士可以获得许多法律知识和正义灵感。他的书单包括4类书：第一类是包含一些审判场景尤其是一些包含高超技艺的交叉辩论的小说；第二类是对于法律人士在审判过程中所从事的职业的典型性描绘；第三类是关于法律实施和对犯罪进行惩罚的方法的描绘；第四类是一些法律观念、一些个人为争取法律权利而发生的感人片段。①

---

①　在这个书单里，有狄更斯的《匹克威克外传》(*The Pickwick Papers*，1837)、《雾都孤儿》(Oliver Twist，1839)和大仲马的《基度山伯爵》(*The Count of Monte Cristo*，1844)，也有艾略特的《亚当·比德》(*Adam Bede*，1859)和菲尔丁的《汤姆·琼斯》(*Tom Jones*，1749)，还有雨果的《悲惨世界》(Les Miserables，1866)和斯蒂文斯的《绑架》(*Kidnapped*，1886)。五十多年后的1976年，一位名叫Richard H. Weisberg的作者又向西北大学法学评论提交了一篇题为"Wigmore's Legal Novels' revisited：New Resources for the expansive Lawyer"的文章，重申了威格摩尔的书单。

除了法学研究之外，威格摩尔还积极从事法学学术团体、法律职业联合会的组建工作。他曾经担任美国大学教授联合会的第二任主席。他是美国律师联合会的主要领导成员，并且是该会国际法和比较法分部的主席。1909年，他参与组建了美国国家刑法学和犯罪学委员会，并且担任了首任主席。在美国司法协会的创建和发展过程中，威格摩尔也发挥过重要作用。他还协助创建了西北大学航空法研究所、犯罪科学发现实验室等。

1889年，在马萨诸塞州的剑桥郡，威格摩尔与爱玛·亨特·沃戈(Emma Hunt Vogl)结婚。由于威格摩尔夫人在公共事务方面具有突出的才干，以至于几乎每一名西北大学的学生们都知道，他们的法学院第一夫人是一位德才兼备、凡事都能考虑周全的女士。在威格摩尔夫妇漫长而幸福的婚姻期间，他们游历了美国所有的名胜和世界上许多国家，特别是一些著名的法院和司法大厅、政府建筑、法学院、著名法学家和法官的故居与办公室等，这为威格摩尔写作《世界法系概览》准备了充分的资料。1943年3月20日，威格摩尔逝世，同年8月22日，威格摩尔夫人逝世，他们被安葬在艾灵顿国家公墓。他们没有子女。

二、威格摩尔的《世界法系概览》①

《世界法系概览》是梅因(John Henry Maine)的《古代法》之后，英美学者贡献的又一部划时代比较法巨著。全书共分埃及法系、两河流域法系、希伯来法系、中华法系、印度法系、希腊法系、罗马法系、日本法系、伊斯兰法系、凯尔特法系、斯拉夫法系、日耳曼法系、教会法法系、大陆法系、英美法系、法系的发展等17章，涉及16个法系。1928年，华

---

① 参见 John Henry Wigmore, *A Panorama of the World Legal System*, Library Edition, Washington Law Book Company, 1928。本章初稿完成后，此书中译本（何勤华等译）已由上海人民出版社于2004年9月出版。

盛顿法律图书公司出版了该书的三卷彩印本，1936年出版了单卷馆藏本，书中照片改用黑白印制，并增编了埃塞俄比亚、蒙古、尼泊尔和中国西藏部分。

威格摩尔写作《世界法系概览》的目的之一，就是要“在干巴巴的法律史中配上图片，变成活生生的历史”。照相机的发明和民用化，使威格摩尔得以成功地实现这个目的。他认为，通过展现著名法典、法律资料、法律执行机构、场所和建筑的照片，能够使读者看到各个法系之间的明显不同，再加之以文字说明，使世界各地的法律与司法史素材全面展现在读者面前，使读者能够俯瞰、概观、纵览这些历史，并留下深刻的印象。正因为如此，威格摩尔把这本著作称之为世界法系的“全景图”(Panorama)。

值得注意的是，这些照片大都是威格摩尔本人从世界各地搜集而来的，其中的一些花去了他相当多的时间。对此，威格摩尔既感来之不易，同时也非常自得，他自豪地宣称，用如此真实的资料来印证所讲的东西，而所讲的东西本身，又是建立在与世界各地的相关领域的权威专家的谈论之上的，这在当时，哪怕是在任何语种之中，还没有一本著作能够做到。威格摩尔认为，所用的历史素材越实际，就越能避免任何有关法律原则的技术性讨论，将历史建立在对具体事件的清晰描绘之上，唯其如此，方能为各个法系给出生动具体的形象，并使得整部法律史变得易于阅读和理解。

以下以希腊法系、罗马法系、日耳曼法系、大陆法系、英美法系为例，摘要介绍《世界法系概览》一书的主要内容。

（一）希腊法系

威格摩尔尽可能采用第一手资料，包括当时人们的记录和现存遗迹的照片，来反映古希腊的法律状况。他通过9个方面的描述，生动地展现了古希腊这一西方文明摇篮的法律制度的真实面貌。

1. 世俗的、民主的司法

与埃及、两河流域、印度及希伯来不同，古希腊的法律制度从一开始起，就基本上是世俗性的。荷马的史诗为古希腊法律史留下了最早的记录，诗中记载，尽管部落首领权力很大，但是司法却不是通行神圣的王命实施的，而是通过部族全体会议实施的。诉讼的双方在由自由民控制的大会上进行交互控辩，由精通法律的智者提出多种判决意见，最后由自由民通过喊叫来确定最好的一种判决方案。到了城邦时代，司法变得更世俗化，主要由城市官吏、而非僧侣或教士掌管。经由德谟斯提尼、梭伦和伯里克利时代的民主化改革，使司法制度也更富民主性。①

2. 由民众组成陪审团充当法官

在雅典，每年都拟定一个 6000 人以上的陪审员名单。按照梭伦创设的制度，雅典的审判完全由非专业人士进行，首席法官由抽签选出，陪审员在上述名单中征集，没有任何具有独立权威的法官，在举证和辩论之后，公民在离开时往瓮中投票，对诉讼结果进行表决。一般案件组成 501 人的陪审团，特殊案件则需要更多的人数。在著名的苏格拉底审判中，苏格拉底被五百人陪审团判为有罪。②

3. 亚里士多德和卢西恩关于陪审团的描述

威格摩尔援引了亚里士多德的著作《雅典政制》③和卢西恩题为"双重控告"的对话体短文，对古希腊陪审制度进行了深入的说明和分

---

① 参见 John Henry Wigmore, *A Panorama of the World Legal System*, Library Edition, Washington Law Book Company, 1928, p. 287。

② Ibid., p. 289.

③ 该书的纸书草稿于 1903 年在埃及被发现，1920 年，该书被翻译出版。威格摩尔的《世界法系概览》出版于 1928 年，由此亦可见威格摩尔运用资料之丰富、全面与及时。类似的例证还有，哥地那城邦法的碑铭发现后不到 50 年，在《世界法系概览》中，威格摩尔就向读者提供了它的照片。

析。根据亚里士多德的记录，实际上，雅典陪审团不但是司法机构，同时也是控制政府的主要机制，任何公民、任何争议都可以启动陪审团程序，以至于陪审团审判几乎成了雅典的标志。[①] 而卢西恩的短文则突出地反映了古希腊陪审司法鲜明的宪政特征。但是，威格摩尔指出，古希腊人为了确保公民自由，宁可实施一种粗糙的司法，这种司法制度下陪审团所享有的权力灵活性，对于在特殊案件中实现正义公平确实有益，但从总体上看，会削弱社会对于确立规则的热情，以至于不可避免地妨碍一种真正长久的法律制度的发展。[②]

4. 民事诉讼的状况

有关古希腊民事诉讼的记录，保留在各种演讲和碑铭之中，但没有专门的论文，但是，威格摩尔展示了一份约公元前100年左右的一起关于“连带之债”和“按份之债”争议的民事诉讼记录，在这份诉讼记录中，记载了古希腊民事诉讼中宣誓、运用法规条例、传票、论辩发言、证人作证、诉讼请求、法官投票等实况，生动、详尽地反映了当时民事诉讼的真实面貌。[③]

5. 在集市中进行的诉讼

古希腊的审判进行地点，会因案件的不同而不同。在雅典，民众大会、集市是审判的主要场所。不过，由于古希腊的司法活动和政治活动并不像现代那样有明显的区分，或者，换句话说，在古希腊，司法活动乃是政治活动的重要组成部分，因此，在波尼克斯山(pnyx)进行的民众大会、在阿留帕克山(Areopagus)的元老院，也经常是重要审判活动的

---

① 阿里斯托芬的喜剧《云》中描述了一个外地游客对雅典的印象，他说：“我不相信这就是雅典，因为我看不到陪审团审判。”

② John Henry Wigmore, *A Panorama of the World Legal System*, Library Edition, Washington Law Book Company, 1928, p. 293.

③ Ibid. , p. 314.

进行场所。①

6. 法庭上的雄辩

在希伯来、古罗马、英格兰、伊斯兰甚至日本，有名望的是法官和法学家，而古希腊呈现给世人的，却是那引人入胜的雄辩艺术。对此，威格摩尔指出，由于将案件的事实与法律方面都交由众多普通人组成的陪审团来决断，没有主审法官，也没有严格的上诉制度，因此必然的结果就是，案件的一般正义比严格的法律条文重要得多。由于诉讼是随时的、普遍的、五花八门的，一个专业的演说家阶层的出现就成为必然。威格摩尔还引述了大流士诉狄奥多西案中德谟斯提尼的辩词、埃斯切尼斯在指控克提西芬的案件中的控词，证明古希腊的雄辩艺术即使面对现代的陪审团，也能够产生强烈的煽动效果。②

7. 城邦的立法

公元前1600年克里特岛的米诺斯，传说是古希腊最早的立法者，但米诺斯立法没有传世，现存最早的古希腊法是公元前400年左右的哥地那城邦法。到了梭伦时代，民众大会通过的法律被刻在木板、铜牌或石碑上，这些法律大都采用“如果……就判”或“如果……就按……处理”的格式。到了公元前300年，立法技术发展到了相当高的水平，而且，如果法案被证明违反了城邦的基本法，那么，提案人要承担刑事责任。威格摩尔认为，这条法律实际上起到了现代西方“制约平衡制度”的效果。③

8. 交易与契约

由于拥有非常丰富的商业经验，古希腊人在交易和契约方面也体

---

① John Henry Wigmore, *A Panorama of the World Legal System*, Library Edition, Washington Law Book Company, 1928, p. 318.

② Ibid., p. 324.

③ Ibid., p. 335.

现了超乎寻常的聪明才智，形成了远远领先于同时代其他早期法律制度的交易和契约制度。威格摩尔先后引述了4份珍贵的契约资料：公元前200年左右的土地转让记录、制作于公元前350年左右的土地租约、公元前200年左右的贷款契约、公元前300年左右的公共工程契约。威格摩尔指出，这些契约文书精致的制作水平，反映了古希腊上百个小城邦繁荣的商业景象，而在埃及和两河流域，这种水平要到很久之后才达到。①

9. 缺乏法学天赋的古希腊人

威格摩尔总结道，古希腊人虽然有一个**司法制度**，但是，如果就罗马法意义，或就现代意义上来说，则很难说古希腊人有一个**法律制度**，因为，他们虽然有诉讼，却没有法典；虽然有诉讼的结论和刑罚，却没有缜密的判决和条文援引；虽然有滔滔雄辩，却没有系统的学理著作；虽然有哲学家、画家、建筑师，却没有职业化的法官和法学家。虽然古希腊人的政治经验、哲学思想、戏剧和雕塑等艺术至今仍被现代人学习，有些甚至难以超越，但他们没有什么法学天赋。②

(二) 罗马法系

古罗马的法律发展大致经过共和国时期、帝政前期、帝政后期三个阶段。与古希腊人不同，古罗马人拥有对法律秩序的激情和崇拜，在早期的成功扩张中，他们就将这种激情和崇拜带给了其他民族。经过《十二铜表法》之后4个世纪的法律实践，古罗马人凭借他们对宪政和法律思想的天赋，创造了一个非常发达的体系。

1. 古罗马前期的立法

公元前400年左右，古罗马人就制定了《十二铜表法》，这部法律被

---

① John Henry Wigmore, *A Panorama of the World Legal System*, Library Edition, Washington Law Book Company, 1928, p. 346.

② Ibid., p. 358.

铭刻在 12 块青铜牌上，原件没有保存下来，但通过公元前 186 年的元老院决议等碑文保存了下来，内容相当完整，反映了古罗马从一开始就拥有相当高的立法水准。随着城市经济的发展和法学水平的提高，古罗马人的立法水平也迅速提高，到了公元前 45 年的《朱利亚城邦法》，其法典的细致、详尽和规范，已经到了其他早期民族无法比拟的程度。除了鲜明的立法风格之外，在《朱利亚城邦法》中，也显示了古罗马人欲将自己的法律制度强加于被征服地区的坚定信念。①

2. 民事判决

古罗马的法院判决，无论是元老院、公民大会、裁判官还是其他机构作出的判决，如今都已佚失。现存最早的古罗马民事判决制作于公元前 117 年，它是一个关于两个部落之间土地边界争端的裁决。这份记录是在热那亚附近的一块青铜牌上被发现的，其中包括对裁判官判词的记录。威格摩尔在详细引述了这份记录后指出，当时法庭记录中描绘边界的措辞风格和技术，可以与现代新英格兰最优秀的转让契据起草律师的水平相媲美。②

3. 交易、契约和遗嘱

威格摩尔指出，由于得益于与古希腊的商业、文化联系，古罗马人已经采用相当成熟的财产交易和契约方式。为了证明这一论断，他引证了一个公元前 105 年的城市法令，涉及到在城墙上建造一个入口的合同，其中，包括了日期、主题、建造说明、重要物品放置地点、项目的生效条件、期限、付款、签字等多项内容，甚至包括“工程完成后承建人应当清除地上所有的瓦砾”等详细规定，其中的“建造说明”极为细致，以致考古学家能够根据其提供的信息，在任何精巧的细节上再现整座建

---

① John Henry Wigmore, *A Panorama of the World Legal System*, Library Edition, Washington Law Book Company, 1928, p. 374.

② Ibid., p. 384.

筑。威格摩尔指出，这些合同中所涉及的手段和技术，必须通过长期实践和细致起草才能达到，甚至是我们现代人在交易中常常期望获得的。①

4. 法律职业的发展

在共和国时期，古罗马人的法律技术还没有超过古希腊人达到的水平，法律与政治没有被区分，法律职业也没有得到充分发展，雄辩家们赢得最高的荣誉，他们是法律职业中最引人瞩目的、最具代表性的主要人物，从公元前200年开始，他们的名字就开始广为人知。作为罗马雄辩家代表的，是著名的西塞罗，虽然他是一名政治家兼法学家，但他却轻视法律知识的重要性。在一次辩论中，他声称："虽然我很忙，但如果我受到激发，我会在三天内宣布自己成为一位法律家。"从西塞罗的话里也可以看出，当时，与雄辩家相比，法律家是幕后的、名声远逊的人物，他们通常由占卜官或大祭司担任，充当着类似于日耳曼法中的"法律代言人"角色，他们知识范围比较狭隘，只关注法律的具体问题，仅仅满足于回答当事人的各种提问。②

5. 法院

罗马的法院被称为"巴塞里卡"(Basilica)，这些法院中的4个——朱利安法院、埃米利安法院、多米蒂安法院和康尼坦丁巴塞里法院均位于罗马主广场边，是所有法系中最先运用于司法的非宗教性建筑。当罗马的势力扩张到亚、非、欧三大洲后，诉讼事务急剧增多，不得不增建了20多个这样的法院。但在共和国时期，罗马的法律水平没有超过古希腊所达到的水平，非专业性的法庭掌握着终局裁判权，既缺乏法律的指导，也没有上诉程序，裁判决定往往是法律与事实、正义与仁慈、逻辑

---

① John Henry Wigmore, *A Panorama of the World Legal System*, Library Edition, Washington Law Book Company, 1928, p. 389.

② Ibid., p. 396.

与大众情绪的混合物。[①]

6. 帝政时期的职业法官

威格摩尔认为，通过与古希腊法的比较，可以发现，古罗马共和国时期那种不受控制的民众司法方式，不可能比古希腊发展出更好的法律科学。到了帝政时期，职业法官和法律家登上历史舞台，无论在民事案件还是刑事案件中，原先由非专业的陪审团掌握的事实与法律的决断权，现在转到了专业法官手中，而陪审团和雄辩家们则再也不是法律界的主角。虽然帝政时期的刑事审判记录没有流传下来，但是，威格摩尔引述了著名的阿波罗尼审判的记录，证明随着审判的专业化，司法的民主特征也日益淡化，法官们常常被政客之间的权力斗争左右。而发生在耶路撒冷的对耶稣的审判，堪称罗马史上最重要的审判。[②]

7. 奥古斯都时期开始的法制发展

奥古斯都时期，罗马法的发展进入决定性的、独具特色的阶段。奥古斯都皇帝认为法律应当得到更多的尊重和权威，因而颁布了《引证法》，规定某些法学家对于法律的解释意见具有法律效力。审判被要求遵循官方法学家的意见，这在世界各个法系中还是第一次出现，它极大地促进了法律原则的确定性、一致性和法律逻辑的发展，并使罗马法的发展明显不同于古希腊，形成了一种全新的法制类型：在这里，裁判官与现代意义上的法官已没有本质的区别，他们是世俗的而非宗教的，是法律家而非门外汉，是裁决者而非管理者或执行者。法律家职业迅速成长，出现了以乌尔比安、伯比尼安为首的法学家群体，专门性的法律

---

① John Henry Wigmore, *A Panorama of the World Legal System*, Library Edition, Washington Law Book Company, 1928, p. 406.

② Ibid., p. 408.

学校也雨后春笋般出现，法学教育迅速发达起来。[①]

8. 学说汇纂的编订

大约公元550年，查士丁尼决定着手整理、归纳那些庞杂芜乱的法律，以便使这些法律能够被遵守和运用。这项工作的成果是著名的《查士丁尼法典》、《法学阶梯》、《学说汇纂》。这些成果是从2000多部法律典籍中摘引出来的，而所有的摘引选录的原始著作被一律禁止再引用，违者处以重刑。但不久之后，西罗马帝国被日耳曼人攻占，罗马法也消失了5个多世纪，直到1135年《学说汇纂》被重新发现。其间，法学这门罗马人的科学，随着罗马帝国在欧洲大陆的消亡而消亡，恺撒的正义审判从此不复存在。

（三）日耳曼法

日耳曼人是公元前5世纪起活动于北欧、东北欧的民族，包括哥特人、盎格鲁人、撒克逊人、法兰克人、维京人等，他们自称德意志人(Deutschen)，罗马人和凯尔特人称之为日耳曼人(German)，意为“蛮族”。他们生性强悍勇武，将坚强勇敢视为最重要的美德。这种民族性格在其法律体系中也多有反映，例如，他们将因受害导致的复仇既视为权利，也视为义务，不进行复仇，意味着未履行义务。

威格摩尔将日耳曼法的发展划分为4个阶段：第一阶段是公元200年以前的口述法时代，第二阶段是将部族的法律用文字书写下来的时代，第三阶段是将地方习惯法编纂成法典的时代，第四阶段是罗马法典成为普通法的时代。

1. 第一阶段(公元200年以前)

史前阶段，虽然日耳曼人也崇拜法律秩序之神“索尔”和正义之神

---

① John Henry Wigmore, *A Panorama of the World Legal System*, Library Edition, Washington Law Book Company, 1928, p. 426.

“弗塞特”,但总的来说,他们的法律是世俗性的。家庭内部的争端,由首领实施正义,而整个部族的正义、氏族间的争端,则由公民大会作出决定。在这个阶段,日耳曼人没有用文字写下来的法律,他们甚至不会写字,法律条文和诉讼规则非常简单,通常只保存在法律发布者的记忆中,靠背诵和口耳方式来传播。其法律制度主要是由简明的诉讼方式和诉讼中机智的辩论组成的,这种法律制度主要用于限制氏族间无休止的武斗、复仇等暴力活动。[①]

2. 第二阶段(公元300—800年)

从公元300年到公元700年,4个世纪之间,日耳曼人从北部和东部向南部和西部迁徙,自700年后逐渐定居下来。在与罗马人和罗马化的凯尔特人的通婚和交往中,他们吸收了罗马文化,同时“第一次与文字打上了交道”。公元500年左右,根据国王的命令,他们编纂了第一部用文字书写的法律——《撒利克法典》,至今保存在圣·高尔教堂。[②]这部法典的开始部分,几乎与罗马《十二铜表法》完全相同。约公元650年,日耳曼人编纂了《伦巴德法典》,而撒克逊人则在不列颠岛完成了习惯法的编纂。但是,在这一阶段,日耳曼人的法律是属人主义的,不同部族的人,适用不同的法律。这种属人法在交往中给人带来很大麻烦,正如巴黎主教阿果巴德哀叹的那样:“任何五个人在路上(或者在一个桌子前)相遇,法兰克人、罗马人、伦罗德人或随便什么其他部族的人,他们会发现,没有两个人是生活在同一种法律之下的。”在这一阶段的晚期,出现了日耳曼史上最关键的人物——查里曼。他制定了最早的官方文字教育制度,并修改了日耳曼部族的早期法典,将民众大会

---

① John Henry Wigmore, *A Panorama of the World Legal System*, Library Edition, Washington Law Book Company, 1928, pp. 813—829.

② 威格摩尔为读者提供了日耳曼人的迁徙路线图、控制区域图以及《撒利克法典》原本的照片。

改为君主制下的议会，还派出私人代表巡回各地，考察地方审判机关的办案情况。威格摩尔指出，查里曼的这种派出巡回官员的方式，与后来英国陪审团制度有着直接的渊源关系。[①]

3. 第三阶段(公元900—1400年)

查里曼帝国并没有存续多久，很快又分裂为许多小国。这时，随着人们定居建房、开田农耕，查里曼建立起来的封建制度将人们束缚在土地上，法律也渐渐变得属地化。公元900年之后的几百年间，几百个小邦都规定了只在自己的区域内生效的法律，即使国王也不能干涉，甚至"国王未经男爵同意不得在男爵的土地上发号施令"。13世纪上半叶，撒克逊地区制定了《撒克逊明镜》，由一位名叫李普考的法官写成，每页边缘都配有色彩鲜明的插图，威格摩尔引用了一幅描绘"通过决斗解决争端"的插图。13世纪下半叶，士瓦本地区制定了《士瓦本明镜》，其中有关于选择国王的规定，如"必须从三位教皇认可的王子和四位世俗王子中选出；美因兹主教是德国的宗教首领，有优先发言权；莱茵的帕格拉夫在世俗人士中拥有优先发言权；四位世俗王子的父母双方或一方必须是德国人。"这些法典受到了普遍的欢迎，被称为"人民的法典"。[②]

4. 第四阶段(公元1400年后)

公元15世纪之后，由于受到罗马法、海商法、教会法的影响，日耳曼法进行了改造。威格摩尔指出，纯粹的日耳曼人通常不善创新，社会和政治制度不发达，法律也常常处于一种跟在其他先进法系之后亦步亦趋的状态，因而，虽然他们先后以掠夺者、模仿者的角色出现在历史上，他们的法律制度的发展一直很缓慢。即使13世纪的《撒克逊明镜》，也没有比早期的《撒利克法典》进步多少。进入近代社会，具有罗

---

① 参见 John Henry Wigmore, *A Panorama of the World Legal System*, Library Edition, Washington Law Book Company, 1928, pp. 831—839。

② Ibid., pp. 840—858.

马法和教会知识的博士很快取代了古代日耳曼法院的世俗法官，精致的罗马法理论和高效的教会法诉讼规程，渐渐取代了日耳曼法那种大众的、简单的、野蛮的方式。[①]

(四) 大陆法系

在《世界法系概览》中，威格摩尔并没有将大陆法系作为特殊的对象来处理，他并没有因为大陆法系是当代世界最主要的两大法系之一，而在其之上花费较多的笔墨。如同其他法系一样，威格摩尔将主要的笔墨放在了这个法系的形成、发展过程以及它的与众不同之处。而贯彻大陆法系发展的，无疑是湮灭了 5 个多世纪的罗马法的重现人间、重获新生，以及被不断地向世界各个大陆推广。根据这一点，威格摩尔通过 4 个阶段(或层次)的分析，展现了大陆法系的整体风貌。

1. 第一阶段：欧洲人对罗马法书籍《国法大全》重新燃起兴趣

1135 年后，由于《查士丁尼国法大全》的重新发现，意大利的波伦那城突然成为欧洲最负盛名的罗马法的研究中心。作为专门研究罗马法的年轻天才，伊纳留斯第一个就《查士丁尼法典》和《学说汇纂》开设讲座，成为法学这门新兴学科的奠基者，并被后人誉为“法律之光”。在那段时间里，成千上万欧洲学生蜂拥到伊纳留斯所在的波伦那大学学习法律。伊纳留斯及其开创的罗马法注释学派，担负着将复兴的罗马法上升为一门学科的重任。当时声名最显赫的人物，就是研究罗马法的专家；最畅销的书籍，就是《学说汇纂》。欧洲人对罗马法书籍重新产生的兴趣，甚至影响到了隔海相望的英国，威格摩尔说，布雷克顿在写作《英国的法律与习惯》时，手头就有一本较完整的《国法大全》手抄本。[②]

---

① 参见 John Henry Wigmore, *A Panorama of the World Legal System*, Library Edition, Washington Law Book Company, 1928, p. 861.

② Ibid., p. 983.

2. 第二阶段:罗马法的世俗化

在这一阶段中,罗马法在实践中不断适应新环境,并成为普通法而被接受。但是,它仅仅是第二位的,实践中,各种地方习惯在适用上都优先于罗马法。在罗马法的世俗化过程中,法学家们起到了极为重要的作用。在伊纳留斯及其代表的注释法学派之后,又兴起了以巴尔多鲁为代表的评论法学派。他们致力于将法学理论应用于解决实践中的法律问题,就案件发表具体的解决方案,而不囿于对罗马法条文的解释。他们将罗马法的原则引入日耳曼法和封建习惯法之中,并逐渐转变为意大利的实在法,使法律变得非常精细,并且富有可操作性,这与粗糙的日耳曼《撒克逊明镜》恰成对比。随着商品经济的发展,这些适应了现代发展要求的法律越来越多地进入司法实践,与之相同步,一个职业法律家阶层也迅速出现并扩展。大约两个世纪之后,意大利作为罗马法研究中心的地位逐渐旁落,法国兴起了以居亚斯为代表的人文主义法学派,居亚斯的"高卢方式"取代了巴尔多鲁的"意大利方式"。威格摩尔描述了居亚斯在布尔日教授罗马法时的盛况,"4000多人共听一课"、"教授们提到居亚斯时就要脱帽致敬"、"学生们自发组队护送居亚斯往返于课堂和宅第之间"。到了18世纪,罗马法的研究中心再次偏移到荷兰,涌现了以"简洁方式"研究罗马法的法学家格老秀斯、鲁兹等,其研究对苏格兰产生了重大影响。19世纪,过去几个世纪中被送到意、法等国学习罗马法的德国学生开始发挥作用,罗马法研究中心转移到了德国,到萨维尼、温德海德和耶林时代达到了顶峰。①

---

① 为了更清楚地显示当时当地受罗马法的影响,但又未彻底罗马法化的状况,在这里,威格摩尔非常恰当地引述了莱比锡大学法学教授、著名法官卡普佐夫(1595—1666)的一份法律意见书,这份意见书是用拉丁文写的,阐明判决的根据是罗马法,而为了让被告听懂判决结果,判决部分用的是德文。参见John Henry Wigmore, *A Panorama of the World Legal System*, Library Edition, Washington Law Book Company, 1928, p. 1016。

3. 第三阶段:罗马法的本国化

在这一阶段中,各国陆续将各种法律渊源融合成通行全国的法律体系,这一体系既非日耳曼化的,也非古典化的,而是罗马化的。在法国,经过3个世纪的努力,特别是得益于迪穆林、柯尔倍尔、朴蒂埃等人的努力,率先于19世纪完成了罗马法的本国化任务。其中,柯尔倍尔在路易十四时代实现了民事诉讼法、刑事诉讼法、商法、海商法和殖民地法的法典化,而朴蒂埃则撰写了包容民法所有领域的26本著作,证明了法国民法能够整合成一个和谐的体系,并提出了实现民法法典化的两个前提条件:政治统一和立法集权。法学家的理论准备和政治家的积极开拓,使法国民法典的制定过程成为有史以来最周密、最彻底和最理性的,这部法典成为历史上少数几部影响全世界的法典之一,在它的影响下,奥地利、荷兰、意大利、西班牙、德国、瑞士等国先后完成了对罗马法的系统阐述,制定了本国的民法法典。①

4. 第四阶段:罗马法的广泛传播

在这里,威格摩尔对世界各主要法系的影响力进行了简明的比较:伊斯兰法的扩张是通过宗教的影响,成为一个世界性的法系;早期罗马法的扩张,是借助武力的征服;英国法的扩张,是通过殖民征服。而近代罗马法,则没有借助上述任何一种手段,只通过两大因素决定了其命运:一是科学因素,几个世纪以来,人们一直在法律学校将罗马法当作通行的科学来学习;二是政治因素,即《法国民法典》作为法国大革命时期的产物,使欧洲人习惯性地将法典编纂与政治改革联系在一起。为

---

① 为了更清楚地显示当时当地受罗马法的影响,但又未彻底罗马法化的状况,在这里,威格摩尔非常恰当地引述了莱比锡大学法学教授、著名法官卡普佐夫(1595—1666)的一份法律意见书,这份意见书是用拉丁文写的,阐明判决的根据是罗马法,而为了让被告听懂判决结果,判决部分用的是德文。参见 John Henry Wigmore, *A Panorama of the World Legal System*, Library Edition, Washington Law Book Company, 1928. p. 1022。

了进一步加强证明，威格摩尔还特意摘引了罗马尼亚、希腊、塞尔维亚、智利和巴西的民法典的有关条文，与法国民法典的类似条文放在一起，直观地显示了《法国民法典》无与伦比的影响力。而当《德国民法典》颁布之后，整个大陆法系的影响也进一步提升，正如威格摩尔所提供的《大陆法系的世界分布图》所显示的，“从魁北克到开罗，从布达佩斯到布宜诺斯艾利斯……统辖着世界人口的六分之一”。[①]

（五）英美法系

由于《世界法系概览》一书的写作初衷，是为英美法系介绍其他法系的基本情况与发展沿革，因而，最初，威格摩尔没有将英美法系列入写作计划。但是，当他完成了其他15个法系的写作后，他发现，对于各种法律制度的比较研究，会使研究者对本国的法律系统自然而然地产生比原来更深刻的认识，他提问道：“为什么作为日耳曼人一支的不列颠岛定居者可以创出一个独立于日耳曼法的法系？为什么英国没有像欧洲国家一样将地方习惯法罗马化？英国法是怎样演变为英美法系这样一个世界性的法系的？”

为了回答这些问题，威格摩尔在《世界法系概览》中专列一章，讨论英美法系的形成与影响。针对上述三个问题，威格摩尔将英美法系的历史分为三个阶段：第一阶段是普通法的形成阶段，第二阶段是对罗马法的拒斥阶段，第三阶段是英国法在世界上广泛传播的阶段。

1. 第一阶段：普通法的形成（公元12—14世纪）

威格摩尔认为，至少有三点原因，导致英国法发展成为完全不同于日耳曼法的独立法系：首先，虽然不列颠岛曾先后被凯尔特人、罗马人、丹麦人、撒克逊人和半罗马化的北欧人的统治，但英国是一个与大陆完

---

① 参见 John Henry Wigmore, *A Panorama of the World Legal System*, Library Edition, Washington Law Book Company, 1928. p. 1033。

全隔离的岛国,人民的风俗习惯会自然地趋于统一。其次,这种结果的出现也有一定偶然性,实现英国统一的第一位最高统治者威廉一世,恰巧是一位精于运用强权的君主,他建立了一个强有力的中央集权国家,而非“国王未经男爵同意不得在男爵的土地上发号施令”的软弱无力的分权国家。第三,人种的演化也可能是原因之一,定居于不列颠岛的罗洛人、诺曼人,都是天生习惯于在各方面遵守法律的民族,他们对法律的热爱,曾使12世纪的英国“整个沉溺于对法律的学习”,比德国、荷兰、斯堪的纳维亚半岛的纯日耳曼国家提前两个世纪产生了法律职业阶层。整个法律职业的学习、授课、实践和审判,形成了一个等级森严的系统化组织,法院的审判活动从一开始起就非常正规,它所留下的称之为《年鉴》的法庭记录,使当代的研究者能够非常清楚地知道当时的审判活动的真实状况。[①]

2. 第二阶段:对罗马法的拒斥(公元15—17世纪)

威格摩尔指出,英国法没有像13世纪其他日耳曼人的法律一样,屈从于罗马法复兴的潮流,主要基于两个原因:一是强烈的爱国主义,代表人物之一是福特斯库,他写作了使普通市民能够阅读的《英国法赞美论》,唤起了人们用遵守法律来实现爱国主义的热情;代表之二是著名法官爱德华·科克,他写作了《英国法概要》,赞美被来自法国的罗马法专家嘲讽为“拙劣杂乱、胡言乱语”的利特尔顿的作品《土地法论》,并通过妙趣横生的书面论战,击败了当时在英国达到顶峰的大陆法教育的入侵。另一个原因是英国拥有一个强大的、致力于普通法统一的法律职业阶层。在英国,拥有欧洲大陆所没有的职业法律学校,在这些学校学习法律,是通往拥有高贵的经济和社会地位的政治家、法律家的必由之路。

---

① 参见 John Henry Wigmore, *A Panorama of the World Legal System*, Library Edition, Washington Law Book Company, 1928. p. 1058。

威格摩尔认为,由于这些学校和这些学校中教授、学习法律的法律职业阶层的存在,从一开始起,就注定了大陆法教育在不列颠岛的溃败。[①]

3. 第三阶段:英国法在世界上广泛传播

威格摩尔认为,科克时代的英国法还是非常粗陋的,甚至包含一些"荒谬的残暴和迷信"的成份,但是,从17世纪开始,由于一批努力使英国法科学化、理论化的学者——除了科克,还有培根、塞尔登、曼斯菲尔德、布莱克斯通等——的涌现。特别是1753年6月23日,布莱克斯通开设了历史上第一个英国法讲座,宣告了一个新纪元的到来。布莱克斯通的著作《英国法释义》很快风靡全世界,包括各个殖民地。而随着1787年美国的独立,英美法系的影响范围不断扩大,逐渐成为与大陆法系影响力不相上下的大法系。

在讨论英美法系的章节的末尾,威格摩尔还画出了各法系影响范围的世界版图,当时(1928年之前),世界总人口约18亿,其中3亿人生活在英美法之下,3亿人生活在大陆法之下,2.5亿人生活在伊斯兰法之下,统治了世界上将近一半的人口。不过,曾经有将近4亿人生活在中华法系之下,威格摩尔没有列举这一点,其原因,可能是当时中国的法律已转向大陆法,但还没有完全投入到大陆法系之中。[②]

第三节 当代美国的比较法学

一、概况

第二次世界大战之后,作为战胜国之一的美国,人民的民族自豪感

---

① 参见 John Henry Wigmore, *A Panorama of the World Legal System*, Library Edition, Washington Law Book Company, 1928. p. 1080。

② Ibid., p. 1098.

空前高涨，对本国政府和法律制度的信任度，也比二战之前有明显的提高。大西洋对岸的英国也是战胜国之一，他们对判例机制进行了进一步的调整，使之更适应现代社会的现实环境。大陆法系的代表国之一法国虽然也是战胜国，但是，拿破仑法典所代表的简明清晰的风格，已经被“德雷福斯案”等臭名昭著的审判所破坏，而战争期间政府的软弱无能，更使《人权宣言》所倡导的“人权神圣不可侵犯”成为一纸空文。这些都极大地降低了本国人民、也包括大多数外国观察者对法国政府及其制度的信心。而大陆法系的另一代表国德国则是战败国，他们的纳粹领导者在国际法庭被审判和惩罚，他们的法律制度在法西斯专政期间遭到践踏，在理性的名义下，被注入许多包含着宗教迷狂的非理性因子。

在这种时代背景下，美国国内的法律研究进一步加强了“向内看”的取向。除了具体的部门法研究外，基础法学研究领域，涌现出了经济分析法学派、批判法学运动、女权主义法学派等，而比较法学成果则相对不够丰富。最著名的比较法著作，要算鲁道夫·施莱辛格的《比较法》、约翰·亨利·梅里曼（John Henry Merryman）的《大陆法系》和埃尔曼（Henry Ehrmann）的《比较法律文化》了。到了 20 世纪八九十年代，不少学者对比较法的前途表示悲观，例如，著名法学家、堪萨斯大学法学教授夏皮罗（A. Shapilo）在其出版于 1981 年的一本书中说：“我认为可以公正地说，比较法是一个多少有些令人失望的领域。它的大部分内容是要说明一个国家的某些程序法或实体法与另一个国家的相同或不同。除此之外，没有谁知道下一步该做什么。”[①]但也有不少学者对比较法的前景表示乐观，如约翰·亨利·梅里

① 参见［美］A. 夏皮罗：《法院》，转引自乔纳森·希尔：《比较法、法律改革和法学理论》，周昭益译，载《法学译丛》1990 年第 4 期，第 1 页。

曼、乌戈·马太等。[①]

二战之后,由于大量外国(尤其是欧洲)学者在战争期间到美国定居,他们带来富含着浓厚的欧洲文化传统的法学理论,在学术风格上保持着独特性,在理论进路方面则具有边缘性,从而无论在视野方面,还是在深度方面,都直接促进了美国比较法学的发展。除了前面提到过的鲁道夫·施莱辛格外,还有芝加哥大学的马克斯·鲁因斯坦(Max Rheinstein)、加州大学伯克利分校的斯蒂芬·拉森菲尔德(Stefan Riesenfeld)和阿尔伯特·埃伦茨威格(Albert Ehrenzweig),此外还有瓦尔德米尔·格斯奥夫斯基(Vladimir Gsovski)和维拉·鲍尔加(Vera Bolgar)等。[②] 他们都是学院中的重要人物,不但能够独立开创出比较法研究的新领域,而且引领着美国新一代的比较法学研究人员。

作为美国比较法研究的理论阵地,《美国比较法杂志》除了发表大量美国比较法学者的论文之外,也发表欧洲学者的比较法论文。例如,该杂志 1990 年冬季号上就发表了德国著名法史学家弗朗茨·维亚克(Franz Wieacker)的重要论文"欧洲法律文化的基础"。[③]

二、比较法学家

(一) 约翰·亨利·梅里曼

约翰·亨利·梅里曼[④],1947 年在俄亥俄州圣玛丽安学院获 JD 学

---

① 参见 Ugo Mattei, "An Opportunity not to be Missed: the Future of Comparative Law in the United States," *American Journal of Comparative Law*, Fall, 1998, p. 709。

② 参见 Pierre Legrand, "John Henry Merryman and Comparative Legal Studies: A Dialogue," *American Journal of Comparative Law*, Winter # 1999, p. 5。

③ 参见[德]弗朗茨·维亚克:《欧洲法律文化的基础》,周仲飞译,载《法学译丛》1991 年第 3 期,第 18 页。

④ http://lawschool.stanford.edu/faculty/merryman/ , his email is merry@stanford.edu.

位，1951年在纽约大学获LLM学位，1955年在纽约大学获JSD学位。1953年开始在斯坦福大学法学院任教，1971年起任斯威泽讲座教授，1986年退休，目前仍是斯坦福大学荣誉教授。梅里曼教授的主要研究领域是“艺术与法”、“比较法”，《大陆法系》是其主要著作。[①]

1. 梅里曼论比较法学的当代命运

梅里曼认为，只要比较法学者持有正确的研究态度，那么，可以非常乐观地看待比较法学的未来，它将朝着许多重要的领域和方向发展。

---

① 梅里曼教授的其他著作和代表论文有：《比较法和社会变革：法律和发展运动的起源、类型、衰落和复兴》(Comparative Law and Social Change: On the Origins, Style, Decline & Revival of the Law and Development Movement), 25 Am. J. Comp. L. 457 (1977)；

《世界各地法律教育比较》(Legal Education There and Here: A Comparison), 27 Stan. L. R. 859 (1975)；

《意大利与美国财产法比较：政策、自治和多数条款》(Policy, Autonomy, and the Numerous Clausus in Italian and American Property Law), 12 Am. J. Comp. L. 224 (1963)；

《意大利模式：原则、法律与解释》——“The Italian Style I: Doctrine,” 18 Stan. L. R. 39 (1965); Idid., “The Italian Style II: Law,” 18 Stan. L. R. 396 (1966); Idid., “The Italian Style III: Interpretation,” 18 Stan. L. R. 583 (1966)；

《土地买卖的比较研究》(Toward a Comparative Study of the Sale of Land), in Ernst von Caemerrer, Soia Mentschikoff & Konrad Zweigert (ed.), Ius Privatum Gentium Festschrift für Max Rheinstein, vol. 2 (1969), Idid., “Ownership and Estate (Variations on a Theme by Lawson),” 48 Tul. L. R. 916 (1974)；

《权威的权威》(The Authority of Authority), 6 Stan. L. R. 613 (1954)；

《法律、伦理和视觉艺术》(John Merryman & Albert E. Elsen, Law, Ethics and the Visual Arts)(3rd ed. 1998)；

《国际法、发展和内陆国家的对外贸易》(John Merryman & E. D. Ackerman, International Law, Development and the Transit Trade of Landlocked States: The Case of Bolivia) (1969)；

《地中海欧洲和拉美的法律和社会变迁》(John Merryman, David S. Clark & Lawrence M. Friedman, Law and Social Change in Mediterranean Europe and Latin America: A Handbook of Legal and Social Indicators for Comparative Study) (1979)；

《比较法：西欧和拉美的法律体系》(John Merryman & David S. Clark, Comparative Law: Western European and Latin American Legal Systems: Cases and Materials)(1978)；

《大陆法系：欧洲、拉美和东亚》(John H. Merryman, David S. Clark & John O. Haley, The Civil Law Tradition: Europe, Latin America, and East Asia) (1994)。

他将比较法研究分为两种，一种是“以法文本为中心的研究”，另一种是“以法系统为中心的研究”。

梅里曼指出，“以法文本为中心的研究”，是比较法的早期阶段，从亚里士多德和梭伦开始直至当代，中间经过罗马法复兴时代著名的注释学派、评论学派，以及对教会法的研究，经过了漫长而光辉的历史。这种研究的特点，就是将权威的法律文本、特别是其中的法律规则作为研究对象，例如，对罗马法中盖尤斯的作品和查士丁尼法典的研究，又如，对合同法的比较、对财产法的比较等。这种比较法研究的实质，就是对规则的比较。在美国，由于联邦制之下各州法律的不同，美国的法律家们几乎都是被迫地成为规则的比较者，许多著名法学家就是在这种比较中成名的，例如威利斯顿(Williston)在合同法领域、威格摩尔在证据法领域，还有各部“法律重述”(Restatement)等。在欧洲，国际法院在比较了各国法律的基础上，制定了《文明国家公认的法律准则》，作为通用的法律渊源之一。而鲁道夫·施莱辛格的《各法律系统的共同核心》则是在研究了许多国家的法律的基础上，寻求合同法的通行原则的一次极为有益的尝试。①

与“以法文本为中心的研究”相对应的，是“以法系统为中心的研究”。梅里曼指出，他所说的“法系统”与传统意义上的“法系”、“法律体系”有不同的意义，具有相当程度的挑战性和开拓性。他所说的“法系统”包含两层含义，一层是：哪里有社会，哪里就有法律；另一层是：法律乃是人们的创造物，法系统则是社会系统的创造物。“以法系统为中心的研究”，意味着比较法将在以下几个方面展开：

(1) 法律的适用范围(Legal Extension)，即法律效力的空间范围。

---

① 参见 John Henry Merryman，“The Future of Comparative Law Scholarship,” *Hastings International and Comparative Law Review*，Summer 1998，p. 773。

(2) 法律的渗透力(Legal Penetration),即法律影响社会事务的深度。

(3) 法律文化(Legal Culture),即人们对法律的基本观念和深层感情。

(4) 法律机构(Legal Institutions),包括立法机构、司法机构、行政机构、警察部门、法律学校、法学研究机构、律师行等。

(5) 法律职业人员(Legal Actors),包括律师和辩护人、公证人、警察、检察官、法官、行政官员、法学教授和学者以及实际案件中的诉讼参与人等。

(6) 法律程序(Legal Processes),包括立法程序、司法程序、行政程序以及法学教育过程等。

(7) 法律的准规则,或哈特意义上的"二级规则"(Secondary Rules)。

(8) 法律活动的费用或成本(Legal Expense)。[①]

梅里曼认为,虽然在较长的时间里,由于陷入了较狭隘的研究视野,比较法学未能如愿做出更多的学术贡献,但是,可以确信,只要在研究方法上做出及时的调整,将研究的视角对单纯的规则、文本转移到第二级的法系统上来,那么,比较法学的前景还是相当广阔的。

2. 梅里曼的著作《大陆法系》[②]

1960 年,当梅里曼还是斯坦福大学图书馆馆员时,他就开始了其比较法研究。1969 年,他发表了向美国介绍欧洲大陆法律的著作《大陆法律传统——西欧和拉美法律系统的介绍》。这部著作已于 1984 年

---

① 参见 John Henry Merryman, "The Future of Comparative Law Scholarship," *Hastings International and Comparative Law Review*, Summer 1998, p. 777。

② 参见[美]约翰·亨利·梅里曼:《大陆法系》,顾培东、禄正平译,知识出版社 1984 年中文版。

被译成中文,书名译为《大陆法系》。全书分 19 章,内容分别为:三大法系概说,历史起源,革命对大陆法系的影响,法律渊源,法典与法典编纂,法官,法律解释,确定与衡平,法学家,法学,民法的一般原理,法律活动,法院系统,公法与私法的划分,法律职业,民事诉讼程序,刑事诉讼程序,公法,回顾与展望。

正如梅里曼在评述"以法文本为中心的研究"和"以法系统为中心的研究"的区别时所主张的那样,在《大陆法系》中,他没有具体研究那些现存的大陆法制度,而是着重叙述了那些对现代大陆法制度的发展具有深刻影响的重大历史事件和思想流派,这与威格摩尔在《世界法系概览》中所采用的处理方式迥然不同。

例如,在关于"法律解释"的章节中,梅里曼采取了下述的问题讨论方式:

首先,梅里曼指出,法律解释与分权理论有着紧密的关系,欧洲国家的统治者通常采取教条主义的态度,认为唯有立法者的权威解释,才是可被允许的解释。他列举了 18 世纪末普鲁士的《普鲁士法典》和"法规委员会"(Statute Commission)、法国准立法机关性质的"上诉法庭"(Tribunal of Cassation)和德国的"复审制"(Rivision),指出:"从主张只有立法机关可以行使法律解释权和严格分权原则,到立法性法院的出现,再到有权审查和纠正下级法院错误的法律解释的法院产生,这样一个过程中,必然伴随着对普通法院法律解释权的逐步承认。"

其次,梅里曼指出,实践中对法院法律解释权的承认,并未妨碍理论界限制法院的法律解释权的呐喊,以及习俗的影响。"法律应当是完整的、清晰的、逻辑严密的,而且要把法官的作用缩小到仅对事实适用法律的范围,这种把司法程序搞得过于简单化的观点,至今在民众甚至法学家的头脑中还有相当惊人的残余影响。"这种"法规自动适用"的观点,与普通法系中"判例机械套用"的观点非常相似。但实际上,"在任何一部法典中，几乎没有一条法规的适用，可以不用解释，它的意思不仅当事人和他的代理人弄不清楚，连法官也常常感到非常含糊”。

再次，作为站在大陆法系和英美法系之间的一名比较者，梅里曼提出了自己对法律解释的认识，并以此为基础，贯通两大法系法律解释实践的思想渊源。他引述《意大利民法典》关于法律解释的规定后指出，法律对法官的解释权进行限制，实际上是没有意义的，因为，“如果法律的意思是清楚的，那就不存在任何问题；而一旦法律的意思不清楚，那么所谓‘条文的真实意思’就是一种虚构。条文本身并没有固定的意思，它的意思要看运用它的人怎样理解。”而实际上，法律规范对许多新发生的问题甚至根本没有也不可能涉及……法律的确定性在实际存在的不确定的事实面前，就显得毫无力量。即使再完整、再清晰、再严谨的法典，也不可能使法官摆脱对法律条文进行解释性适用的负担。①

最后，梅里曼描述了两大法系的法官对于判例的不同操作方式，这种不同，既起源于法律解释观的不同，又由于法律解释观的某些相似点而具有相似性。在大陆法系，虽然从理论上说，任何法院都不受既往任何判例的约束，虽然它们并没有遵循先例规则，但是，法典万能的教条主义并没有对判例产生实际的排斥作用，律师和法官们经常会在审判实践中援引判例，而判例汇编则被法院广泛地用于弥补制定法的不足与缺漏。两大法系的法官们对判例的态度形不同而实同。“那些设想大陆法系中司法权力毫无用处，普通法系中法官又只能死死地按判例办案，并将这两个方面作为两大法系各自特点加以比较的人，显然对两大法系的实际情况都作了夸张”。②

---

① 参见[美]约翰·亨利·梅里曼：《大陆法系》，顾培东、禄正平译，知识出版社 1984 年中文版，第 50 页。

② 同上书，第 53 页。

(二) 亨利·埃尔曼

亨利·埃尔曼(Henry Ehrmann),出生于德国,后移民美国,达特茅斯学院政治学系教授,1995年辞世,享年77岁。他的主要著作是1976年由Prentice-Hall公司出版的《比较法律文化》(*Comparative Legal Culture*)。[①]

《比较法律文化》一书的基本着眼点,是“当代法律文化的比较”,主要分为法律的渊源比较、法律的目的比较、法律职业者的比较、法律方法与手段的比较和法律的限度比较等五个方面。埃尔曼认为,与政治文化一样,法律文化是一个文化环境的子系统,它是传递行为传统的重要工具。只有对多种法律文化进行分析,才能确认在法律规范和法律机构方面,什么是偶然的而不是必然的,什么是永久的而不是可变的。单个文化的法律会将它据以制定的伦理学理论视为当然,但是,比较所导致的反躬自问,能够促使对哪怕是单个法律制度更为充分的理解。埃尔曼指出,当我们观察包含着不同伦理观并运用那种可以产生不同法律后果的信条的其他法律文化时,我们便可以分辨不同社会中的伦理规则、法律规范以及社会控制的其他技术手段所处的位置。[②]

埃尔曼承认,他所使用的“法律文化”概念,与梅里曼在《大陆法系》中所使用的“法律系统”概念是非常相似的。梅里曼在《大陆法系》开篇之处将世界上的法律形式分为大陆法系、普通法系和社会主义法系三种,埃尔曼也在《比较法律文化》的第一章中,将世界上的法律文化族类分为以下四类:

---

① 该书已于1987年被译成中文,于1990年由三联书店出版,2002年清华大学出版社出版了其修订版。除此之外,埃尔曼的著作还有《法国的组织化活动》、《欧陆四国的利益集团》、《变化社会中的民主》及《法国政治》等。

② 参见[美]埃尔曼:《比较法律文化》,贺卫方、高鸿钧译,清华大学出版社2002年版,第16—17页。

1. 罗马—日耳曼法系：形成于欧洲大陆，它们的法律科学和与之相伴的法律文化的重要因素，都是在罗马法的基础上发展起来的。整个拉丁美洲、加拿大的魁北克、美国的路易斯安那都属于这个法系，而社会主义国家的法律也受到罗马—日耳曼法的修正。其中，魁北克和路易斯安那可以说是大陆法与普通法和睦相处的重要证据。

2. 普通法法系：包括英国的法律制度，以及美国、英联邦国家等以英国法为模式的法律制度。当然，美国与许多英联邦国家的法律制度已经走上独立发展的道路。在这个法系中，苏格兰法是非常独特的，虽然将英国贵族院视为最高法院，但其法律制度受到罗马法的强烈影响。

3. 社会主义法系：包括前苏联和东欧的前社会主义国家的法律制度，这些国家的法律由于其受罗马法影响的不同，也有着许多差别。

上述三个法系都是完全世俗化的法律制度，其规范和程序都脱去了一切神圣内涵，渗透着马克斯·韦伯所说的“法律形式主义”特征。[①]

4. 非西方法系：包括伊斯兰法、印度法、非洲的原始法，在那里，传统的法律文化很大程度上是其宗教生活的一部分。值得注意的是，埃尔曼当时也将中国和日本的法律制度分入非西方法系，因为在他看来，古代中国和古代日本都是由儒家思想统治的，其社会秩序的基础是礼，而不是法，立法和司法都不被看作保持和恢复社会和谐的正常手段。明治维新之后，日本的法律制度迅速走向罗马－日耳曼法化。而中国的 20 世纪 70 年代之前的法律制度是非常独特的，以致在非西方法系中属于一个特殊的类型。[②]

《比较法律文化》中最令人感兴趣的，是埃尔曼讨论“法律的目的”的章节。在埃尔曼看来，正义、功利和安全是法律的普遍目的。正义的

---

① 参见[美]埃尔曼：《比较法律文化》，贺卫方、高鸿钧译，清华大学出版社 2002 年版，第 27 页。

② 同上书，第 30 页。

命令要求平等，要求同等情况同等对待，但正义只表示了法律正规的一面，它会出现“禁止富翁也禁止乞丐睡在桥下、偷窃面包”之类的僵硬性；功利能在正义的正规、抽象的尺度上增添了灵活性和相对性，但不受控制的相对性又不能满足法律秩序的需要；安全是法律的实体规则和诉讼程序都必须尽可能地稳定，正如布兰代斯所言：“法律规则的确定常常比正确地确定来得更重要。”[①]

正义、功利和安全是三种相互之间极易冲突的价值，那么，如何实现这些法律的目的呢？埃尔曼从三个层面对比了各个法系实现法律目的的方式。

第一层面是“权利和义务”。西方法律制度都确认公民拥有法律许诺加以保护的权利，并规定其相应的义务以禁止干预他人的权利，但是，法律表达方式的不同会带来操作中的明显不同，而对法律适用严格性的掌握程度，更会影响公民的权利义务是否有巨大差别。而在东方，义务本位的法律文化仍有着强大的生命力，以至于在引入了西方的法律制度之后，其实践操作的深层次中仍潜藏着不少义务本位的东西。

第二层面是“法治”。埃尔曼指出，法律与权力之间的关系是辩证的，法律永远是部分原则加部分权力。如果法律要完成其目标，便必须以权力为支持，但是不受制约的权力却极易由于其反复无常而漠视正义与安全的要求。非常有意义的是，埃尔曼在这里引述了一位“在伦敦受过教育的中国法学家”的话，西方人的烦恼在于一直未能超越法治的初级阶段，而从2500年前开始，中国人就一直知道、而且今天仍然知道，要治理一个社会单凭法律是不够的。[②]

第三层面是“合法性”。埃尔曼认为，通过法律手段行使权力，必须

---

① 参见[美]埃尔曼：《比较法律文化》，贺卫方、高鸿钧译，清华大学出版社2002年版，第53页。

② 同上书，第74—75页。

被确认为合法，否则，它将难以完成社会赋予的职责，对于具体的法律规则甚至整个制度来说，合法性都有助于消除疑虑，促进接受。在美国，法律几乎是一种“国家意识形态”，尽管人们对法院不无批评之语，但总体来说，美国将其政府活动与人民生活都拉入了法律的框架之下。但是，埃尔曼同时指出，如果没有一系列经过专业训练的法律官僚，以规定方式行使法律权威、维持法律的组织结构，那么，合法性仍不免为一句空话。[①]

（三）大卫·克拉克

大卫·克拉克(David S. Clark)，现任美国比较法协会的主席。他毕业于斯坦福大学，先后获 JSM 学位、JD 学位和 AB 学位，曾在科罗拉多大学、休斯敦大学、路易斯安那大学、塔尔萨大学从事教学。1999年，他担任意大利特兰托富布莱特比较法讲席教授。2000 年，他担任英国内殿律师学院教授。2002 年，他被聘为美国威廉麦克法学院的法学教授[②]。

由于精通多国语言，克拉克教授能在欧洲、拉美、亚洲等许多地方进行讲学。他还获得了亚历山大·冯·洪堡和马克斯—普朗克科学研究基金的资助，得以经常到汉堡的马克斯—普朗克研究中心访问，进行比较法和国际私法的研究。

克拉克教授已经出版了 10 本著作和 50 多篇专业论文，内容涉及他的各个研究领域，如比较法、司法程序、法律社会学等。他于 2002 年发表的关于美国法介绍的著作，成为欧洲和美国法学院学生的必读参考书。目前，他正在撰写一本以比较法案例为主要内容的通用性读本。除此之外，克拉克教授还是三卷本的《社会科学百科全书》的主编，这本

---

① 参见[美]埃尔曼：《比较法律文化》，贺卫方、高鸿钧译，清华大学出版社 2002 年版，第 79 页。

② 即 Maynard and Bertha Wilson Professor of Law。

百科全书内容非常庞杂，除了法学之外，还涉及人类学、犯罪学、经济学、政治学、社会心理学以及社会学等。

1978年以来，克拉克教授就一直是美国比较法协会(American Society of Comparative Law)的活跃分子，并在协会中起了重要的组织协调作用。1989—1995年间，他担任协会的财务主管(treasurer)；1995—1997年，他是比较法协会派驻美国学术研究委员会的代表；1998—2002年，他担任协会的副主席；目前，他是协会的主席。①

2001年3月，克拉克教授在美国《杜兰法学评论》(*Tulane Law Review*)上发表了重要论文"1900－2000年间的比较法学"，系统回顾了20世纪比较法学的发展经历。②

(四) 鲁道夫·施莱辛格

鲁道夫·施莱辛格(Rudolf B. Schlesinger，1909－1996)，美籍犹太裔法学家，1909年生于德国。20世纪30年代，作为一名执业律师，施莱辛格曾协助犹太银行家取得胜诉。1938年，他到美国避难，在哥伦比亚大学法学院获得了第二个学位，并担任了《哥伦比亚法学评论》的主编。由于拥有丰富的欧洲法知识，施莱辛格很快在国际法和比较法领域崭露头角，除了担任纽约上诉法院首席法官伊尔文·莱曼的助理之外，他的大部分精力都放在了法学研究上。施莱辛格到康奈尔大学任教，作为康奈尔大学的校董之一，施莱辛格曾经领导该大学的教育与科研。1975年，他转入黑斯廷法学院(Hastings College of the Law)任教。

在他浩瀚的著作中，最著名的是他关于法律系统的共同核心的研究，和第一部比较法判例集，后者成为通行全美的比较法教科书之一，

---

① http://www.willamette.edu/wucl/faculty/clark.htm.

② 参见 David S. Clark, "Nothing New in 2000? Comparative Law in 1900 and Today," *Tulane Law Review*, March, 2001。

影响了整整一代法学院学生。施莱辛格积极主张将国际法和比较法引入美国法学院的正规课程，并取得了成功。他的学生称赞他是一位“真正的欧洲绅士”(a true Continental gentleman)，能够以一种诙谐幽默的方式，将各种复杂的法学理论串在一个故事里，并进行生动有趣的比较，令人听后难以忘怀。1996 年 11 月 10 日，他与妻子鲁丝在旧金山的寓所双双自杀，原因是鲁丝到了绝症的晚期，而他们非常恩爱，不忍仳离。①

施莱辛格的主要著作是《比较法》，这里介绍书中关于“两大法系判例比较”的部分。②

1. 关于判例的约束力问题

施莱辛格认为，所谓英美法系的司法遵循先例、大陆法系的司法不遵循先例的流行观点，只有在作出以下限定之后才可能是正确的：首先，英美法系国家的判例约束力是不同的；其次，德国、法国的程序上规定，其最高司法机构在违背先例时，也必须受到程序限制；第三，不少大陆法系国家规定，一系列就同一法律问题有相同认定的判决，是具有约束力的；第四，德国、意大利等国宪法法院的判决，是具有法定的先例意义的；最后，大陆法系承认具有法律效力的所谓“习惯法”，其实也就是司法部门所认可的通行规则，它们也往往产自司法判决。

此外，大陆法系国家的司法判决在本国不具有约束力，并不表明它们在向外移植过程中也不具有约束力。相反，不少地方在移植外国法的过程中，也相当程度地参考移植母国的判例。

---

① http://www.jewishsf.com/bk961122/obaprof.htm.

② 参见 Rudolf B. Schlesinger, *Comparative Law* (3rd ed. 1970); Arthur T. von Mehren & James R. Gordley, *The Civil Law System: An Introduction to the Comparative Study of Law* (2nd ed. 1977)。

2. 关于大陆法系中由司法判决产生的“习惯法”

在大陆法系，司法判决不能否定成文法，但却可以创制习惯法。但是，法官以创制习惯法的方式去作出某个判决，实践中极少出现，而且很大程度上受到了限制。这种规定无法落诸实施，原因就在于它过于立法化、过于追求普遍有效的规则、过于追求主动创制。而司法审判实际上是被动的、具体的，因而，这种对习惯法的创制，往往被法院的具体判决代替了。法国、西班牙都编制了法院的《判决录》，从收录在内的判决中，可以提炼出法律的具体规则。例如，法国的行政法就是在行政法院的判决中产生出来的，而各国有关交通肇事的规则，也是在有关交通事故行为责任的审判中丰富起来的。

3. 大陆法系国家的“判例法”状况

施莱辛格认为，毋庸置疑，“判决不产生法律”的大陆法原则，在实践中早已被突破，其原因，不外乎法官的守成意识、法律的安定性要求、法律公平适用原则和各国普遍存在的上诉制度。但是，两大法系在运用判例时的差异还是非常明显的，例如，大陆法系更尊重学术权威，而英美法系更尊重司法权威；大陆法系倾向于追随一系列前例，而英美法系可能只追随个别前例；大陆法系的法官仍然远比英美法系的法官更依赖法典，他们决不宣称自己创制了法律，甚至不宣称是在解释法律，而只承认在适用早已存在的法律。①

（五）马克斯·鲁因斯坦

马克斯·鲁因斯坦（Max Rheinstein，1899— ），芝加哥大学法学教授，又一名从欧洲移民到美国的比较法学家。他的主要著作有《婚姻稳定性、离婚和法律》、《死者财产权法》、《鲁因斯坦论文选》、《冲突法纲

---

① 参见［美］施莱辛格：《大陆法系的司法判例——两大法系判例拘束力之比较》，吴英姿译，载《法学译丛》1991年第6期，第30－34页。

要》等。[①] 在为《国际社会科学百科全书》撰写的"比较法与法律制度"的解释中,鲁因斯坦较系统地表达了他对比较法的基本看法,其中关于比较法起源的论述尤为精彩。

1. 比较法的历史

鲁因斯坦认为,虽然各国法律自古不同,但对法律的多样性进行学术研究,却是19世纪60年代以来不到200年的事。罗马帝国衰亡之后,日耳曼族粗陋的习惯取代了罗马人精细而复杂的法律体系,由于缺乏理论的根基,法律的比较研究根本不可能发展起来。从12世纪开始的罗马法复兴,历经注释法学派、评论法学派、人文主义法学派,以及荷兰和法国的理性主义自然法学派,都不能发展出比较法。因为,那时的罗马法学者们在课堂上讲授的,是一套放诸四海而皆准的原则,它们并不"以其被讲授时的形式"在任何地方实施,现实的法律生活是因地而异的。主流学者们的这种只关心"永恒不变的法"、只追求法律的"唯一正确答案"的教义学方法,成为法律比较研究兴趣的铁一般的障碍。[②]

在英国,在布莱克斯通之前,英国法几乎从未在大学课堂上被讲授过。人们通过学徒方式,通过法律实践学习法律。在那里,真正的法律专家是法律的实践工作者们,而非法学教授和学者,他们更像是工匠,而非理论家。他们对于学习那些不可能在诉讼中有任何用处的外国法没有丝毫兴趣。因此,所有英国的法律科学,也就成了对于实际有效的

---

① 参见 Max Rheinstein, *Marriage Stability, Divorce, and the Law*, Chicago: University of Chicago Press, 1972; Max Rheinstein & Glendon, Mary Ann, *The Law of Decedents' Estates*, Mineola, N.Y: Foundation Press, 1971; Max Rheinstein, *Max Rheinstein's Writings: A bibliography*, Chicago: University of Chicago, Law School, 1968; Max Rheinstein, *Syllabus for Conflict of Laws*, 2nd edition, Chicago: distributed by the University of Chicago Bookstore, 1947。

② 参见[美]罗恩斯泰(亦译作鲁因斯坦):《比较法与法律制度》,梁慧星译,载《法学译丛》1989年第3期,第1页。

规则的解释，在这种态度之下，没有必要、也没有可能产生比较法学。

然而，古代的比较法先驱，可以追溯到亚里士多德(主要是他在《雅典政制》中对各城邦宪政制度的比较)。近代史上前无古人的比较法先驱当推孟德斯鸠，他的《论法的精神》将法律看作社会现象的一部分，并将它的多样性归之于自然的、历史的、种族的、政治的以及社会环境的原因。这种方法在胡果、萨维尼、梅因等历史法学派大师那里得到了进一步的展开。正是在这些大师们对法律多样性的承认(并且是强调)的基础上，现代比较法学才有可能发展起来。

2. 比较法的方法

鲁因斯坦认为，比较法学研究的方法主要有两种：一种是微观的比较。通过这种比较，往往可以发现不同法律制度中的那些似乎相同的概念，极少具有相同的含义，而那些相同的、相似的制度，在不同的社会环境中可以具有不同的功能。另一种是宏观的比较。正如德国学者马克斯·韦伯、法国学者勒内·达维德那样，在世界各法系之间进行整体性的比较。通过采取这种宏观比较的方法，韦伯得出了也许是迄今为止最重要的比较法研究成果：一个社会的法律制度的状况，最终取决于支配该法律制度的人。①

3. 比较法学的任务

鲁因斯坦认为，比较法学证明了西方文明的统一性。他不无绝对地说，现在世界上没有任何一个国家，其法律不是发源于大陆、英美和社会主义这三大法系的。他进而指出，比较法学研究在今后一个阶段的任务，不仅仅是探究法律规范和法律制度的异同，还必须研究这些法律规范和法律制度的发生、运作的实际状况，以及与这些制度相互作用的

---

①　参见[美]罗恩斯泰(亦译作鲁因斯坦)：《比较法与法律制度》，梁慧星译，载《法学译丛》1989年第3期，第5页。

社会条件。这要求比较法学家必须成为社会科学家，完成这一任务所可能遇到的困难，将是非常艰巨的。

(六) 斯蒂芬·拉森菲尔德

斯蒂芬·拉森菲尔德(Stefan Riesenfeld,1909—1999)，美国著名法学家、法律活动家。出生于波兰的布雷斯劳，当时属于德国。1932 年，为了逃避国内的政治风潮，他举家迁往意大利，并在米兰大学获得了法学学位。1935 年，他到了美国伯克利，并于 1940 年取得美国国籍。虽然是欧洲移民，但他的长期合作伙伴、法学教授理查德·巴克斯鲍姆(Richard Buxbaum)称他是一个非常有爱国心的美国公民(a very patriotic U. S. citizen)。1999 年 2 月，拉森菲尔德因心脏病在伯克利去世。

在比较法、法律史、国际法、财产法、破产法、行政法等领域，拉森菲尔德教授都是具有国际影响的知名专家。在超过 60 年的法学教育和研究生涯中，拉森菲尔德教授撰写或主编了 32 部著作。他于 1987 年发表于《加利福尼亚法律评论》春季号上的文章"国会和总统在国际关系中的权力"曾被译成中文。[①] 他曾经作为法律专家，参加了巴拿马运河条约、台湾和伊朗的人质事件的谈判。在 70 岁高龄时，他代表美国参加了由国际法院审理的三起重大诉讼。

二战后，作为美国政府的法务官员，拉森菲尔德参加了在当时的西德进行的《德意志联邦共和国基本法》的起草准备工作。他还帮助夏威夷的工会起草了损害补偿规则，并在推动美国诉讼中的人权保护中起了积极作用。

拉森菲尔德教授拥有两个欧洲法学学位，精通法语、德语和意大利

---

① 参见[美]拉森菲尔德：《国会和总统在国际关系中的权力》，张健吾、周铭德译，载《法学译丛》1991 年第 5 期，第 32 页。

语，但他在就读法律学校时，曾经学过英语，成绩是全班最好的。从1935年开始，除了在哈佛大学教书11年、在美国海军服役3年（二战期间）之外，拉森菲尔德一直住在伯克利。1952年，拉森菲尔德成为伯克利大学教授，直至1976年退休，他一直在鲍尔特大厅从事法学教育。院长赫尔玛·希尔·凯伊（Herma Hill Kay）说，他算得上是这里最知名的人物，正是拉森菲尔德教授，使这个法学院在美国、特别是在欧洲享有声誉。授课时，拉森菲尔德从不用任何备课笔记，他善于调动学生的学习积极性，“我可以为你解释这些知识，但我不能为你理解它们”是拉森菲尔德教授的名言。46年间，他的每一次课都吸引着上百名同学前去听课。在同学心目中，拉森菲尔德是一名印象特别深刻的教授，一方面因为他浓重的欧洲口音，另一方面是因为他的幽默和天才。

（七）艾伦·沃森

艾伦·沃森（Alan Watson），美国佐治亚大学法学院的苏格兰裔教授，著名法律史家、比较法学家，恩斯特·罗杰斯讲座教授。他陆续在苏格兰格拉斯哥大学、牛津大学、费城大学获得法学、哲学的硕士、博士学位，并被格拉斯哥大学授予荣誉法学博士学位。[①]

艾伦·沃森教授的主要研究领域是比较法、法律史、法律演进和福音书中的法律研究，他既是目前世界上最权威的比较法学家、法律史家、罗马法学家、法律与宗教学家，也是最多产的法学家之一，其作品涉及法学的许多领域。[②]由于拥有多个博士学位，而且精通数国语言，他

---

① http://www.lawsch.uga.edu/academics/profiles/awatson.html，his email is wawatson@uga.edu.

② 笔者从 http://www.lawsch.uga.edu 网上下载了艾伦·沃森教授的著述目录，供读者参考：

《社会和法律变迁》（*Society and Legal Change*），(Scottish Academic Press, 1977). 2nd ed (Scottish Academic Press, 1998). 2nd ed (Temple University Press, 2001)；

《优士丁尼学说汇纂》（英译本）（*The Digest of Justinian*），(University of Pennsylvania

能在意大利、荷兰、德国、法国、波兰、南非、以色列、前南斯拉夫等地的

Press, 1985). 2nd ed (University of Pennsylvania Press, 1998);

《法律移植》(*Legal Transplants*), (Scottish Academic Press, 1974; American ed. University Press of Virginia, 1974). 2nd ed (University of Georgia Press, 1993);

《法律的渊源、变迁和歧异》(*Sources of Law, Legal Change and Ambiguity*), (University of Pennsylvania Press, 1984; European ed. T & T Clark, 1985). 2nd ed (University of Pennsylvania Press, 1998);

《法律的发展》(*The Evolution of Law*), (Johns Hopkins University Press, 1985; European ed. Blackwells, 1985). Il Trapianto di Norme Giuridiche (Edizione Scientifiche Italiane, 1984) (translation of Legal Transplants). Rev. Softback ed. (Johns Hopkins University Press, 1989);

《民法法系的形成和演变》(*The Making of the Civil Law*)中译本也有译为:《民法法系的演变及其形成》, (Harvard University Press, 1981). (China University of Politics and Law, 1992) (translated into Chinese by Li Jingbing);

《耶稣传略》(*Jesus: A Profile*), (University of Georgia Press, 1998);

《斯蒂芬的审判:第一位基督教殉难者》(*The Trial of Stephen: The First Christian Martyr*), (University of Georgia Press, 1996);

《耶稣和法律》(*Jesus and the Law*), (University of Georgia Press, 1995);

《耶稣的审判》(*The Trial of Jesus*), (University of Georgia Press, 1995);

《耶稣和犹太人》(*Jesus and the Jews: The Pharisaic Tradition in John*), (University of Georgia Press, 1995);

《法律史和欧洲的普通法》(*Legal History and a Common Law for Europe*), (Stockholm, 2001);

《古代法的批判研究:古代法、比较法和法律史》(*Critical Studies in Ancient Law, Comparative Law and Legal History: Essays in Honour of Alan Watson*), (Hart, 2001) (with others);

《西方私法的发展》(*The Evolution of Western Private Law. Expanded ed*), (Johns Hopkins University Press, 2001);

《脱离语境的法》(*Law out of Context*). (Georgia Press, 2000);

《古代法和现代边缘理解》(*Ancient Law and Modern Understanding at the Edges*), (University of Georgia Press, 1998);

《法律、道德和宗教:全球概观》(*Law, Morality, and Religion: Global Perspectives*), (Robbins Collection, 1996);

《法律的起源和变迁》(*Legal Origins and Legal Change*), (Hambledon Press, 1991);

《约瑟夫·斯托里和错误礼让》(*Joseph Story and the Comity of Errors: A Case Study in Conflict of Laws*), (University of Georgia Press, 1992);

《美国的奴隶法制》(*Slave Law in the Americas*), (University of Georgia Press, 1989);

《法律想象的失败》(*Failures of the Legal Imagination*), (University of Pennsylvania Press, 1988);

大学教授法学。作为高级法律专家，他多次参加关于欧盟法制定的重要会议，并曾受美国国际开发署(the U. S. Agency for International Development，USAID)的委托，与另一位专家组成代表团，赴亚美尼亚协助该国起草私法典。如今，艾伦·沃森教授已具有广泛的国际声望，他的大量著作、论文被翻译、介绍到许多国家，仅在亚马逊图书网上，就能买到他的20多本著作。在他的著作中，除了已被译成中文的《民法法系的形成和演变》之外，最著名的还有1974年的《法律移植与比较

《罗马法的精神》(*The Spirit of Roman Law*)，(University of Georgia Press，1995)；

《古罗马的国际法》(*International Law in Archaic Rome*：*War and Religion*)，(Johns Hopkins University Press，1993)；

《国家、法律和宗教：异教的罗马》(*The State*，*Law*，*and Religion*：*Pagan Rome*)，(University of Georgia Press，1992)；

《罗马私法研究》(*Studies in Roman Private Law*)，(Hambledon Press，1991)；

《罗马法和比较法》(*Roman Law & Comparative Law*)，(University of Georgia Press，1991)；

《罗马奴隶法》(*Roman Slave Law*)，(Johns Hopkins University Press，1987)；

《法律的性质》(*The Nature of Law*)，(Edinburgh University Press，1977)；

《罗马十二表法：人与财产》(*Rome of the XII Tables*：*Persons and Property*)，(Princeton University Press，1975)；

《罗马共和时代晚期的法律制定》(*Law Making in the Later Roman Republic*)，(Clarendon Press，1974)；

《罗马共和时代晚期的继承法》(*The Law of Succession in the Later Roman Republic*)，(Clarendon Press，1971)；

《公元前200年前后的罗马私法》(*Roman Private Law around 200 B. C.*)，(Edinburg University Press，1971)；

《古代罗马的法律》(*The Law of the Ancient Romans*)，(Southern Methodist University Press，1970)；

《罗马共和时代晚期的财产法》(*The Law of Property in the Later Roman Republic*)，(Clarendon Press，1968；reprinted Scientia，1986)；

《罗马共和时代晚期的人法》(*The Law of Persons in the Later Roman Republic*)，(Clarendon Press，1967；reprinted Scientia，1986)；

《罗马共和时代晚期的债法》(*The Law of Obligations in the Later Roman Republic*)，(Clarendon Press，1965；reprinted Scientia，1986)；

《罗马法中的委任合同》(*Contract of Mandate in Roman Law*)，(Clarendon Press，1961；reprinted Scientia，1986)。

法》、1977年的《社会与法律的变革》、1995年的《耶稣和犹太人》、1998年的《原始法与现代诠释》、1998年的《法律的渊源、变革及其非明确性》以及2000年的《西方私法演进史》。进入新世纪以来，他又分别在《爱丁堡法律评论》发表“文本之外的法律”、在《美国比较法杂志》上发表“猎狐、射鸟与比较法”等论文，受到学界的广泛好评。

《民法法系的形成和演变》是艾伦·沃森教授移居美国之后写的第一本书。在谈到这本书的创作动机时，他谈道，到了美国后，我理所当然地对美国对待法律的态度与民法法系国家的不同感到震惊，因而背负起了解释这一现象的任务，其结果，就是本书的问世。

在艾伦·沃森教授看来，《民法法系的形成和演变》不同于以往的法律史或比较法著作，它所探讨的是以下更新颖的、同时也是更深刻的问题：当法律演变时，它为什么演变？它为什么朝着它演变的方向演变？什么时候法律对外部的压力作出反应？为什么作出这样的反应？

艾伦·沃森教授认为，与法律变化相关的条件可以归纳为九个方面：

(1) 法律渊源；

(2) 压迫力量；

(3) 抵抗力量；

(4) 移植倾向；

(5) 创制法律的法律家；

(6) 自由裁量权因素；

(7) 一般原则因素；

(8) 惰性；

(9) 感性需要。[①]

① [美]艾伦·沃森：《民法法系的形成和演变》，李静冰、姚新华译，中国政法大学出版社1992年版，第256页。

艾伦·沃森教授非常强调法律移植的重要性和可行性，他的观点被称为“法律移植无机论”。在他看来，法律主要是通过借鉴而取得发展的，“就利用最少的资源获得最好的法律而论，一项具体制度发展的捷径就是仿效。”[①]移植不同于借鉴，它是全盘接受域外法律的某项具体制度。移植的可行性，主要取决于下列两个因素：一是在移植体与受移植体之间，有着共同的语言传统；二是移植体深孚众望，而且能够用易于理解的文体表述出来。

艾伦·沃森教授的法律移植无机论观点，是建立在以下理论基础之上的：法律体系之间的界限，与该法律体系运转所在的国家的社会的、经济的、政治的环境并不是相应的。不同法系的国家很可能经历了非常相似的发展过程，而经历不同发展过程的两个国家，却又完全可能在法律上走到一起。他认为，法律体系之间的区别和差距，“是法律史的结果，而非由社会的，经济的，或政治的历史造成的……例如，在民法传统内部，罗马的法律派系和日耳曼法律派系之间的区别，源于法律的理性对德国法律传统的浸透；而尽管法国大革命口头上呼吁这种法律的理性，但是直到拿破仑推动法典编纂时，它对法律法的影响甚少，并且几乎没有波及到《法国民法典》。”[②]罗马法、日耳曼法、教会法、采邑法在历史上曾有相当程度的不同，但是，经过历史的作用，它们构成了近现代西方的主流法律体系。在英国和美国，有相当程度的不同，却走在了普通法法系的同一道路上。绝大多数现代西方的法律体系，都可以被分属到这两个法律体系之中。

艾伦·沃森教授注重形式理性在法律中的重要性，这也是他的法律移植无机论的重要基石之一。所谓法律的形式理性，就是法律以其自

---

① [美]艾伦·沃森：《民法法系的形成和演变》，李静冰，姚新华译，中国政法大学出版社1992年版，第258页。

② 同上书英文版原序，第2页。

以为合理的制度形式存在着，但法律本身却不是目的。法律程序和法律规范，只不过是社会的工具，它们与法律的内在目的有着紧密的联系。必须牢记，既然法律仅仅是一种社会的工具，就必然有其局限性。在思考法律问题时，最容易误入的歧途就是认为：与正义、自由或社会规范比较而言，法律程序是无足轻重的，从而觉得强调程序的可行性就是避重就轻。①

对形式理性的极大强调，自然引申出了艾伦·沃森教授对于法律创制的崇拜和对法律移植的信任，同时，对于以判例为基础的法律，则抱以怀疑态度。艾伦·沃森教授认为，判例法的发展是缓慢的，而且，发展的范围极为有限。"尤其在短时期内，很难有什么有机的、系统的发展。重要的问题一直悬而未决。……在具体的案件中，当事人的道德品质与事实混淆在一起，以致具有约束力的先例可能反映个别情况的成分要多于社会的共识。……法官的判决只依有限的经验为根据，必须有一条判决的线索、而且可能从中抽象出判决理由，否则，在先例的基础上很难找到法律。"②

当然，以上阐述并未、也不可能囊括所有美国当代著名比较法家及其著述。事实上，其他许多学者，尤其是从事法哲学领域的研究者，在比较法领域也曾有过不少贡献。比如，著名的庞德，早于 1899 年在内布拉斯加大学法学院开始其最初的教学生涯时就曾讲授过罗马法及比较法，而在他即将结束职业生涯之前的 20 世纪 50 年代，他还担任了国际比较法学会的主席长达 7 年。在庞德众多的论著中，就有《比较法的复兴》(1930 年)、《法哲学与比较法》(1951 年)等论文，而其代表作《法理学》(1959 年)也包含了丰富的比较法内容。因此，社会法学大师、著

① ［美］艾伦·沃森：《民法法系的形成和演变》，第 33 页。

② 同上书，第 256 页。

名法律教育家庞德，还同时是著名的比较法学家，这一点不能被忽略。[①]

① 参见 Arthur Taylor von Mehren, "Roscoe Pound and Comparative Law," *Harvard Law Review*(June 1965), pp. 1585—1594; Mitchel Lasser, "Comparative Readings of Roscoe Pound's Jurisprudence," *American Journal of Comparative Law*(2002), vol. 50, pp. 719—751。

第五章　比较法学在日本

第一节　日本比较法研究发展概览

一、日本比较法学的发展轨迹

日本比较法学产生与发展，是在明治维新(1868 年)以后开始的。尽管早在古代的大化革新(645 年)时期日本便引进中国唐代的法制，并相应地学习研究中国古代法学，尤其是隋唐的律令注释学，[①]但这与近代比较法学差别甚大，尚不能称之为比较法。明治维新以后，为了编纂各大法典，日本政府派遣了一批法学家赴欧洲考察英、法、德诸国法制，在他们回国以后，便开始比较西欧各国法制的优劣，从中选择适合日本国情的立法经验和法学理论，借以指导日本的法典编纂事业，比较法学随之产生。下面首先对 20 世纪日本的比较法学发展轨迹作一简要描述。

进入 20 世纪以来，日本比较法学的发展历经了两个阶段，第一阶段是在第二次世界大战以前。这个时期是日本比较法的开拓时期，比较法的研究工作开始展开，并初步确立了自己的比较法理论和体系。这一时期的代表学者首推穗积陈重(1855—1926)。穗积陈重早在 1884 年便提出了自己的法系划分学说，即世界上的法律，大体可以分

---

① 参见何勤华主编:《外国法制史》，法律出版社 1997 年版，第 405 页。

为印度法系、支那法系（中华法系）、回回法系（伊斯兰法系）、英国法系和罗马法系（大陆法系）等五大法系，这种法系划分观点的提出早于西方比较法学者。与其法系划分学说相对应，穗积陈重还提出了著名的“优法存，劣法亡”的进化论思想，认为当时日本法属于劣法，为了实现现代化必须采取欧美优越的法律制度。不过在当时日本学者热衷于进行西方法律文献翻译，甚而主张全盘照搬西方法制的背景下，穗积陈重认为日本立法不应单纯地模仿外国法律，而应该与本国的实际情况相结合起来。[①] 由于穗积陈重在比较法学中取得了卓越的成就，所以他被认为是日本比较法学的鼻祖[②]。

与穗积陈重同一时期从事比较法研究的著名人物还有牧野英一（1878—1970）。牧野英一是日本著名的刑事法学者和法理学学者，他主张用自然法理论作为研究法律进化论的依据，进行比较法研究。虽然进化论是19世纪科学发展的结果，但是牧野英一认为它是贯穿社会客观存在的普遍的规律性东西。他从“刑法随着社会的进化而进化”这一命题出发，认为社会进化有两种法则：一种是制度从本能的、反射性的东西转变为有目的的、自觉的东西；二是制度从简单的东西转变为分工的、周密的东西。社会是在协调共同生存和生存竞争这一矛盾中进步的，犯罪则是这种生存竞争中的余弊。生存竞争的激化必将导致犯罪的增加，刑法亦需随犯罪的进化而进化。这一进化是从传统的、原始的复仇时代开始，进入由国家掌管刑罚的威吓时代，然后进入采用科学研究成果的科学时代。刑法的重点变迁，当从适应人道主义时代的个人主义、报应主义、客观主义向适应科学时代的团体主义、目的刑、主观

---

① 参见［日］浅井敦：《比较法学和日本的中国法研究》，段秋关译，载《法律科学》1991年第1期。

② 参见［日］西贤：《我国比较法学的发展》，载《神户法学杂志》第20卷（1971）。转引自何勤华：《20世纪日本法学》，商务印书馆2003年版，第42页。

主义进化，无论是在理论上还是在实践上，都必须有意识地促进其朝这一方向进化。牧野英一的理论深受穗积陈重的影响，但他并未全面照搬，而是对其进行了“扬弃”。①

在二战前日本比较法学者中，杉山直治郎（1878—1966）的贡献也引人注目。杉山直治郎的贡献在于，他首先将比较法与外国法这两个学科区分开来，确定比较法为一个独立的学科。他认为，外国法是研究该国的法律制度，比较法却必须通过对该国的研究确定其对本国法律的价值。换句话说，比较法不能只注意客观事实，更重要的在于进行价值分析，做出价值判断。杉山直治郎在其 1919 年发表的论文中指出，水经过净化才能够食用，比较法的功能就像净化、过滤一样，对于世界上无穷无尽的法律智慧进行分析，从而创造出独特的、符合国情的、理想的法律制度。同时期较有影响的比较学者还有高柳贤三（1887—1967）。高柳贤三通过对英美法和大陆法的研究，最早提出了机能比较的方法，即不仅应比较不同的法律制度，还应比较其体系构造、技能及其现实作用。这样便冲破了只强调不同法律制度之间的差异的教条主义的束缚，使比较法学成为一种实践的方法，成为一门社会科学。高柳贤三在英美法研究方面成就尤其突出，至二战以后，高柳贤三致力于对美国法的研究，他提出的“司法权优越”理论，不仅加深了对美国法的理解，也为推动日本资产阶级民主主义的发展，促进当时的政治体制改革，帮助确立日本式的违宪审查制度为出发的三权分立原则做出了贡献。② 除此之外，末弘严太郎（1888—1951）主张采用社会学的方法，把法放在社会之中，以“活法”，即现实生活中的法律作为比较法的主要研究对象，这也是一个很大的贡献。田中耕太郎（1890—1974）在其《世界

---

① 参见顾肖荣、陆庆胜：《牧野英一》，载李海东主编：《日本刑事法学者》（上），法律出版社、[日]成文堂 1995 年版，第 70—71 页。

② 参见何勤华：《20 世纪日本法学》，商务印书馆 2003 年版，第 46—47 页。

法理论》(1933 年出版)一书中提出了建立各国普遍适用的"国际共同法"思想，以求法律的国际统一，这与穗积陈重等学者的观点有一脉相承之处。①

日本比较法学发展的第二个阶段是在第二次世界大战以后。二战以后日本比较法学获得了长足发展，并最终作为社会科学中的一个分支学科，确立了它在日本学术界的地位。

二战以后日本比较法发展的首要标志，便是一批专门的研究机构开始出现，并且随之出版了一系列的杂志与论著。1950 年 5 月 19 日，在杉山直治郎的倡导下，日本成立了比较法学会。该学会的宗旨是，促进国内外各种法律制度的比较研究以及加强研究人员之间的相互协作。比较法学会成立以后，从 1950 年至 1962 年，平均每年举行两次大会，1962 年至今，改为每年召开一次年会。在该学会之下，学者们成立了英美法部会、大陆法部会和社会主义法部会，每年开展学术活动。同时，在日本比较法学会的领导下，日本的比较法学者还与外国学者通力合作，成立了各种双向的学术研究团体。1959 年 12 月成立了日法法学会，1964 年成立了日美法学会，1976 年成立了日德法学会。这三个学会有力地推动了日本与法国、美国、联邦德国这三个西方主要资本主义国家的法律文化交流，这也使日本的比较法学走向世界。

与此同时，日本还成立了一批专门从事比较法学研究的学术机构。1949 年 6 月，在杉山直治郎的长期努力下，在中央大学成立了日本比较法研究所。50 多年来，该所除了开展比较法研究、编辑所刊《比较法杂志》之外，还不定期地用西文出版比较法论文集，撰稿人涉及英、美、法、德、日、意、加、西(班牙)、瑞(士)诸国，从而扩大了日本比较法学在

---

① 参见[日]浅井敦:《比较法学和日本的中国法研究》，段秋关译，载《法律科学》1991 年第 1 期。

国际上的影响。1958年,早稻田大学成立了比较法研究所。其宗旨是对日本及其他各国法制进行比较,在促进日本法学研究、教育的同时,对世界的法学发展做出贡献。最初,该所侧重外国法对日本法的影响,随着外国对日本法制信息需求的增加,其作为面向外国传播日本法基地的功能也在增加。① 对拉美国家的法律的研究也是该所的一个侧重点,早稻田大学比较法研究所曾编辑出版不定期刊物《早稻田大学比较法研究所纪要》、《早稻田大学比较法研究丛书》(其中,1964年由水田义雄翻译英国学者格特里奇的《比较法》,对推动日本比较法学的发展做出了重要的贡献),1961年至1963年用英文出版了《早稻田大学比较法研究简报》(全3册),以及从1964年起定期出版刊物《比较法学》(每年两期)。1960年,东洋大学也成立了比较法研究所,编辑出版了所刊《比较法》。此外,在东京大学法学部,设置有比较法与比较政治研究室;在神户大学,设置有外国法研究室,并在明治大学、东京大学法学部,设置了外国法文献中心;等等。这些学术机构与设施,在推动日本比较法学教育与研究方面做出了很大贡献。

日本战后关于比较法的期刊杂志以及论著的出版相当繁荣。综合性的比较法杂志主要有两份,即日本比较法学会编的《比较法研究》和中央大学日本比较法研究所编的《比较法杂志》。前者自创刊起至1961年,每年出2期,1962年以后每年出1期,至2000年已出至62期。该刊除了刊登过不少较有价值,产生了一定影响的论文和资料外,还刊登了大量国际比较法学术交流动态的报道以及每年新出版的世界各国及日本的比较法论著的书评与目录,因此参考价值较高。后者作为一份连续出版物,在日本国内外也颇具影响,受到学术界的重视。除

① [日]酒卷俊雄:《早稻田大学·日本法学丛书出版宗旨》,载[日]大木雅夫《比较法》,范愉译,法律出版社,第1页。酒卷俊雄系早稻田大学比较法研究所所长。

了上述两份综合性杂志外，还有三份国别比较法杂志，即日美法学会编的《美国法》(年刊，1965年创刊。在美方则用英文出版《日本法》)、日法法学会编的《日法法学》(年刊，1961年创刊)、日德法学会编的《日德法学》(年刊，1977年创刊)。它们也发表了大量的比较法文章。

除杂志之外，战后日本还出版了一批有质量的比较法论著，如西贤的《我国比较法学的发展》(载《神户法学杂志》第20卷，1971年)，野田良之的《日本比较法的发展与现状》(一、二，载《法学协会杂志》第89—90卷，1972—1973年)，伊藤正己主编的《外国法与日本法》(岩波书店1966年)，五十岚清的《比较法入门》(日本评论社1968年)、《比较民法学的诸问题》(一粒社1976年)、《比较法学的历史与理论》(一粒社1977年)、高水武的《从比较法到比较宪法》(风社1973年)、宫崎孝治郎主编的《新比较婚姻法》(全9卷，劲草书房1960—1978年)、大木雅夫的《日本人的法律观念——与东洋人的比较》(东京大学出版会1983年)、《资本主义法与社会主义法》(有斐阁1992年)、《比较法讲义》(东京大学出版会1992年)、田中茂树的《比较法文化论与外国法教育》(载《比较法研究》1995年)、北川善太郎的《民法典与比较法》(载《比较法研究》1996年)，等等。这些论著，从各个角度拓宽了日本比较法学的范围，提高了研究水平。

战后日本比较法学的繁荣还表现在比较法教育的蓬勃展开。二战后，在东京大学、神户大学、广岛大学、东洋大学、立教大学、北海道大学等10多所大学中开设了“比较法总论”的课程；在东京大学、京都大学、明治大学、庆应大学、早稻田大学、九州大学、熊本大学、九州国际大学等40多所大学中开设了外国法、罗马法、英美法、法国法、德国法、苏联法、中国法、比较宪法等比较法各论的课程；在东京大学等法学部，比较法总论和各论，不仅是本科生的限制选修课，还是研究生的必读课程。[①]

总体来看，战后日本的比较法学的发展，是在继承西方，尤其是德国、法国的比较法成果的基础上又开拓出自己的研究领域。这一时期的主要代表人物是野田良之(1912—1985)、五十岚清(1925—)和大木雅夫(1931—)。野田良之是著名的法国法专家，曾任日本比较法学会会长。他提出了著名的“比较法文化论”，认为法由于其文化、社会背景的不同而有区别，文化由于人们的思维方法不同而有差异。西方法是基于游牧文化而发展起来的，而日本、中国等东方法则基于农耕文化。游牧文化与农耕文化具有不同的内容，因此不能片面地重视西方法，西方法也不是现代法律的唯一表现形式。应该强调，在西方法之外还有其他文化环境中的法律，东方法有其固有的文化特征。因此日本法的现代化不能全盘接受西方，只能有选择地吸收其中的部分内容。五十岚清则对涉及比较法的定义与性质，比较法的目的、对象、方法，比较法学的体系，比较法的历史沿革等一系列的根本性的理论问题进行了研究，大大深化了比较法的领域。大木雅夫是专门从事西方、日本及中国的法观念比较研究的学者。他认为，过去人们往往仅从儒教的影响着眼，歪曲了日本法的真实情况。分析一种法律制度，不应仅仅注意其所受观念的支配，还必须重视现实制度、地理环境、社会构造的影响。他通过对西欧与远东(中国、日本等)法观念的比较指出，不能忽视日本的地理位置对其法律制度、法律意识以及国民性格的影响。大木雅夫的《比较法》一书，可称是代表其学术水平的经典著作，这本书不仅对世界迄今为止的各种比较法学研究成果和不同观点作了精练的概括，而且在前人的基础上提出了本人独到见解，其视角结构亦令人耳目一新。

① 以上关于战后日本比较法学的发展概况，主要参见何勤华：《当代日本比较法学的发展与特点》，载《社会科学》1990 年第 5 期；何勤华：《20 世纪日本法学》，商务印书馆 2003 年版，第 42—45 页。

大木雅夫的影响早已超越日本和亚洲,获得了世界性的声誉。除上述学者之外,在比较法领域取得杰出成果的还有仁井田陞、滋贺秀三和真田芳宪等学者。以下将用专门的篇幅对这些学者的成就予以介绍。

二、穗积陈重的比较法思想

穗积陈重是日本近代著名的法学大家。1855年穗积陈重出生于日本四国伊予的宇和岛藩的一个中层武士之家,他接受启蒙教育是在藩校的"名伦馆",内容主要涉及汉学、国学(日本文化)、算术和柔道等。1871年,也就是明治维新后的第三年,穗积陈重作为南校贡进生进入东京学习。1874年开城学校开设了英吉利法学科,穗积陈重等9人作为法科学生入学,1876年以后穗积陈重先后游学英国、德国,1881年回国,任教于东京大学法学部,并在日本历史上第一次开设了"法理学"课程。穗积陈重在日本明治民法典制定过程中发挥了重要作用,1915年被授予男爵称号,1916年称为枢密院顾问官。1917年担任日本学术界最高地位的学士院院长,1925年出任枢密院议长,1926年4月去世。[①]

穗积陈重在比较法方面的成就首推他的"法系说"。早在1884年穗积陈重便指出,世界上的法律制度,大致可分为五大法系:印度法系、支那法系(中华法系)、回回法系(伊斯兰法系)、英国法系和罗马法系(大陆法系)。这五大法律家族互相竞争、此消彼长,其中的规则是优胜劣汰。这方面最典型的例子是支那法系(中华法系)的解体。[②] 穗积陈重的法系划分早于西方比较法学者。由于18世纪末叶以来的欧洲人一直自恃于自己立于世界进化的潮头,所以在他们的视野中长期只存在一种而不是多元的文明,法系的划分学说自然出现较晚,这在1900年国际

① 参见何勤华:《20世纪日本法学》,商务印书馆2003年版,第53—54页。

② 同上书,第55页。

比较法大会中的共同法理论中也得以体现。但是法系之划分在比较法学说中又是必不可少的。将漫无头绪的大量法律体系加以划分、分类，无疑为比较法研究提供了方便，如果在划分的大集团中每个集团都有一个或者两个法律秩序作为该整个集团的代表，那么在一定的前提条件下，比较法学者可以集中力量对这些代表性的法律秩序进行调研和比较考察。西方学者对法系学说的确立一般认为是在两次世界大战之间。1913 年绍塞尔—霍尔以人种作为重要分类标准进行法系的划分；1934 年马尔蒂内斯·帕斯用生物起源学进行分类，[①]所有这些都晚于穗积陈重的学说。当然，与 20 世纪以来的西方学者如达维德、茨威格特等人的法系学说相比较，穗积陈重的法系说还略显粗糙。同时，穗积陈重的法系说本身也是其共同法理论的一部分，这在精神实质上与 1900 年世界比较法大会的总体潮流是一致的。二战以后的比较法学家则与之不同，他们在目睹了各种法律体系之间的严峻对立之后，已不再将发现共同法作为比较法的唯一目的。法学家们已经清醒地意识到多种文明的存在，面对多样化的法律秩序，开始努力将它们进行分类整理，构造“法的剧场”或“法系地理学”。当前的比较法趋势是已对当代世界主要法系进行比较考察为主，而不再是追求“人类的共同法”。[②]

穗积陈重的最重要的学术思想便是其系统的法律进化论思想，而其法律进化论思想最终的目标则是追求法律进化之顶点的民主主义和国际主义。穗积陈重拟定的《法律进化论》第二部的第三部分便是统一论。按照穗积陈重的理解，法会随文化的发展而表现出世界化之倾向，各国国民必受其本国之特有法与世界之共有法的共同支配。[③]“世界

---

① 参见[德]K. 茨威格特、H. 克茨：《比较法总论》，潘汉典等译，法律出版社 2003 年版，第 100 页。

② 参见[日]大木雅夫：《比较法》，范愉译，法律出版社 1999 年版，第 58 页。

③ [日]穗积陈重：《法律进化论》，黄尊三等译，中国政法大学出版社 1997 年版，第 279 页。

共有法”的理想始终贯穿于穗积陈重研究的过程。在这种观念的影响下穗积陈重对世界各种法律秩序的考察通常更加注意探究其相似的一面，并力图从中探求出世界各种法律秩序发展进化的共同规律。穗积陈重认为，“优法存，劣法亡”正是这种规律的集中表现，而西方国家的法律状况，则正代表了世界各国法律发展的趋势所在。

穗积陈重在比较法上取得的成就还体现于他在研究中对比较方法的应用。穗积陈重在其研究之中非常重视使用比较的方法，其《法律进化论》本身便是一部对不同类型的法律传统和法律秩序进行比较研究的巨著。比如穗积陈重认为，在法规形成的最初阶段，法潜藏在国家主权者的心中；在第二阶段，法的知识独占于少数特权者之间；在法规形成的第三阶段，则颁布于官吏之中；到最后阶段，法规则颁布于一般人民之中。在这四个阶段里法始终作为社会力而存在，不同之处在于人民对于这种社会力认识的自觉程度存在区别。世界各国法律发展均经历了这种发展过程。如在法律发展的第二阶段，中国便有“刑不可知，威不可测”之说；印度此阶段则由婆罗门独占圣律之知识；古罗马由高僧团体独占教律知识。

为什么会出现这种“秘密”法的状况呢？穗积陈重通过比较考察，认为原因有三：首先是为了权力的维持。中国古代皆称帝王受命于天，人民服从帝王，无异尊崇天命，统治者正是利用这种心理来维持其权力。如果使民知法，那“民知在上者，不敢越法而罪己，又不能曲法以施恩，则权柄移于法”，统治者的权力便无法维持了。古罗马亦是如此，所以据传卡力古拉(Caligula)帝曾细书新法令而高悬于长杆之上，由此而任意刑罚。第二个原因是为了利益之获得。长老记忆典故、“记诵法规之人”通晓例规、僧侣精通诉讼程式，这都可以由之得到社会的尊重并进而掌握权势获得报酬。如果法律为大众所知，那么这种利益之根源势必被断绝。这种通过独占法律知识以获利的现象，不仅在较为原始的社会形态中如此，即便是“文明国”亦是如此，所不同的只不过是古代独占者常有限制，局外人严禁有此知识。而在现代，任何人都可以通过学习此知识而加入到独占者的行列之中。第三个原因在于拟制之政策。法制与专制的区别在于是否依照法律进行统治。如果法规公布，那么就会“权柄移于法”，统治者失去了自由；反之，不示民以法，则权柄在君，君可以自由统治人民，可以行仁政，亦可以行虐政。在中国春秋时期郑国子产欲铸刑鼎以公布成文法，而晋国的叔向则致信表示反对。叔向的理由之一便是制定法律，公示于民，则法化为硬性，不能实行适合于犯罪的刑狱，故须严秘法文，俾其有弹性。古代圣王所谓“议事以制”，亦不过举其大纲，依犯罪之情状而定刑律。西方亦有相似之思想，西塞罗便说至严之法为至大之害（Summum jus，summa injuria），这也与后世存量刑之范围，置刑之轻减加重的规定，并设无定期刑相同。近代自由法思想亦与之属于同一系统。古代法令之中，只警告人民不得犯法，而不明示如何制裁的方法，便是由秘密法向公示法过渡的现象，中国如此，日本也是如此。古代日本，布告人民的法令，通常只是公示违法者应处之刑。而不明示刑罚到底是什么，或者将编订的法规仅仅颁布于官吏之中。前者如平安时代的《类聚三代格》、《类众符宣抄》，后者如武家时代的《御成败式目》等等。① 但是在另一方面，穗积陈重又有将这一规律机械运用之嫌，简单将中国宋明乃至清代时期的法律颁布状况与日本中世纪相对应，得出中国近代前法律只是公布于官而未公布于民的结论，同属所谓“第三期颁布法时代”，则十分牵强，因为中国《宋刑统》在宋代便印刷出版，公诸天下，而《大明律》也的确如其序中所云：“编写成书，刊布中外。”②

---

① ［日］穗积陈重：《法律进化论》，黄尊三等译，中国政法大学出版社 1997 年版，第 138—147 页。

② 参见《大明律·序》。

从以上介绍中可知，穗积陈重在广泛吸收前人研究成果的基础上，深入钻研、推陈出新，取得了一系列的重大成就，而穗积陈重也因此被称之为日本比较法学的“鼻祖”。

三、仁井田陞和滋贺秀三

仁井田陞和滋贺秀三均为日本著名的中国法制史学者。在他们的研究中都非常注重使用比较方法来揭示某种法律传统的本质与特征。这也使得他们在中日，以及东西方法律的比较研究方面取得了较高的成就。仁井田陞是东京大学教授，也是日本的中国法制史学科的奠基者。早在20世纪三四十年代便以《唐令拾遗》、《唐宋法律文书研究》和《支那身份法史》而获得其学术地位，战后更是出版了《中国农村的家族》、《中国法制史研究》等著作，为发展中国法制史学科做出了贡献。仁井田陞教授很注重研究具有相类似传统的东亚各国之间的法律交流现象，如在论述到东亚法典的形成这一问题时充分使用了比较法的方法。[①] 仁井田陞认为东亚历史上存在着法律的继受现象。之所以会有继受发生，其原因在于具有共同的基础（这其中最重要的是经济基础）和共同的需要。如中国与蒙古虽然相邻，但是由于不具备这种共同性，所以双方的法律制度只不过停留在某种程度上的影响关系而已；相反，日本、朝鲜、越南由于更多地存在着这种共同因素，所以对中国法律，尤其对唐代法的继受就比较频繁。不过，这三个国家对中国法的继受各有不同。在刑法和交易法上，受中国的影响最大，而在亲属法和继承法上东亚各民族并没有抛弃自己的固有法而完全臣服中国法。

对此，仁井田陞作了具体分析。如：在关于刑法体系的律令格式这

① 参见[日]仁井田陞：《东亚法典的形成》，霍存福、丁相顺译，载《法制与社会发展》2003年第1期。

一方面,各国对中国法都较大程度地继受[①],日本制定律令主要参考唐律,而朝鲜之高丽法律在受唐律影响的同时,也较多地受到了宋元明法律的影响。黎氏安南的刑律是越南流传下来的法典中最古老的刑律。黎氏是明代时期从明王朝中独立出来的,其法典是远距唐代的后世——15世纪制定的。但是从黎氏安南的刑律篇目可以看到,它与唐律有很多共同性,其内容中有很多是受唐律影响而不属于明律之内容。例如属人法主义与属地法主义的原则、民间的扣押等等都是如此。同时黎律受唐令影响较大,所以仅仅比较唐律与唐令还不能断言唐律中所没有的内容就是越南固有法。

与之形成对照的是,在亲属法方面东亚各国的固有法成分保留较多。中国自古就有"同姓不婚"之法则。朝鲜虽然有禁止同姓婚之规定,但是其是否具有效力则令人怀疑;由于资料方面的原因,日本是否继受了唐律中的"同姓不婚"之原则不是很清楚,但是日本对近亲婚的科罚范围是极其狭窄的、制裁是极其轻微的。越南黎朝前期的法律中与中国一样有禁止同姓通婚的规定,但是在后期黎律中却被取消了。阮朝的律文中,虽然有禁止同姓婚的规定,但是在其注解中又特别规定虽然同姓但是如果不属于源系也不禁止婚姻,这点与清律不同。很大程度上接受了清律影响的阮律正是在中国的同姓不婚的问题上没有应和,并且在律的注解中表现出了抵抗性。在继承制度方面也是如此。中国历来是家族"同居供财",而日本则不然。日本律令虽然参考唐律令也规定"同居共财",但是其实质并非唐代那样的"共产家族",而是以家长专有主义为基础的非共产的家制度。越南的黎朝刑律虽然和唐律

① 但是仁井田陞认为,就"律"而言,日本律的编纂年代更为古老,《唐律疏议》是永徽年间制定颁布并对日本产生影响是错误的,日本的《养老律令》才是东亚现存最古老的法典。最早提出这种说法的是日本学者佐藤诚实,仁井田陞对此进行了阐释发挥。我国有学者并不同意这种观点,参见杨廷福:《唐律初探》,天津人民出版社1982年版,第1—30页。

一样，承认儿子也是家中财物的所有人，但是考察黎朝时期的财产继承文书则可发现，它并未区分唐代法律意义上的“己家财物”，而是区分了“夫妻财物”。朝鲜的情况与之类似，被称为父母财产的法习惯未必规制着现实的社会。围绕着家族共产制问题就可以解释遗嘱继承制度方面的现象，如为何中国以诸子均分为原则，而日本与越南则都是以遗嘱继承为原则。通过对很多具体事例的考察，仁井田陞指出，以唐为首的中国法律对于东亚各国的影响力是巨大的。但是，在某些方面，特别是在亲族法方面，东亚各民族并不是屈服于唐代法律而抛弃自己的固有法，而是保留了适应自己社会的特色。

滋贺秀三教授1921年出生于日本山口县，是日本当代著名的东洋法制史学家。滋贺教授早年毕业于日本东京大学法学部，并历任该法学部助教、副教授、教授，1981年退休。后为东京大学名誉教授、千叶大学法经学部教授、财团法人东洋文库教授。1969年被授予日本学士院奖，与仁井田陞、岛田正郎一起，是战后日本东洋法制史、中国法制史学界的主要代表人。①

滋贺教授著述颇丰，其中具有代表性的则是《中国家族法原理》一书。《中国家族法原理》的写作源于滋贺教授同仁井田陞教授的相互辩论。滋贺教授年轻时曾写过关于中国家族法研究方面的小册子，但是发表后受到了仁井田陞的严厉批判，于是滋贺秀三准备资料、整理观点对仁井田陞反驳。辩论持续一段时期后便著出《中国家族法原理》一书。1969年5月，滋贺先生以此书获得日本最高学术奖——日本学士院赏。

滋贺写作《中国家族法原理》一书主要使用了三种资料：第一是历代的法律；第二是判例；第三是有关习惯的三种调查。按照滋贺教授的

① 何勤华：《20世纪日本法学》，商务印书馆2003年版，第148页。

说法，这三种资料便是三根支柱，他的目的便是要弄清这三种资料的基本原理。通过这项研究工作，滋贺秀三“痛感到日本特有的家族法与中国特有的家族法的基本原理是多么不同啊！”[①]正因如此，尽管滋贺先生自己尚未对此深入报告或介绍这个问题，但使用中日比较以及东西方比较的方法考察研究在滋贺先生的著作中已是多有体现。

比如滋贺先生在使用“家”这个词语时，便以比较的方法对其进行了界定。滋贺先生指出，在中国，家作为私法意义存在的同时，还是公法意义上的存在，即亦是通过国家权力掌握人民的单位。从后者的角度来看，作为词汇更喜好使用的，与其说是“家”，不如说是“户”。本书所指的“家”是从法律意义上而言专指私法意义上的“家”。撇开公法性的一面，就家的概念之多义性而言，又可分广狭两种情况。广义的家，是指同一家系的人们的总称，而狭义的家，则是指共同维持家计的生活共同体。概括而言，汉语中的家，可以说是意味着共同保持家系或家计的人们的观念性或现实性的集团，或者是意味着支撑这个集团生活的财产总体的一个用语。中国的“家”和罗马的 familia 有很大的相似性。据乌尔比安说，familia 是一个“有时可以指物有时又可以指人”的词语。提到其指物，如“十二表法”中“最近亲的宗族应当取得遗产”这类场合就是如此。说到指人的场合，进一步可以分成两意，在本来的意义上，无论是依据天生或是后天的事由，称现在正服从于同一权力之下的某些人们叫做家；在广义上，总称一切宗族成员叫做家。将上述这类话语和中文里家的语义相比较的时候，不得不对两者之间有如此完全的对应关系感到惊讶。不过，二者之间还是存在着巨大的差异。在罗马那里，服从同一权力的人们在本来的意义上是作为家来理解的，一边以家父权这样的法概念为中心，一边在此也仍然是，实质上以共同维持家

---

① [日]滋贺秀三：《中国家族法原理》，张建国等译，法律出版社 2003 年版，第 536 页。

计的共同体这样的社会性现象作为家父所有的这件事，如果作为社会经济的关系来看的话，无非是在单一的家计之下营造共同生活的现象。家父死亡后，在作为共同继承人的兄弟之间暂时共操家计的关系也得继续下去，这种情况以 consortiun 这一特别的名称来称呼。可是在中国，不存在相当于家父权那样的词汇，想要给予中国的家以相当于乌尔比安所做出的法律性定义时，作为代替家父权定义内核的语汇所能想到的是，将共同维持家计这类关系自身作为一个法概念来把握的叫做“同居共财”——或是作为其同意语的“同居”、“共财”、“共居”、“同爨”、“同居共爨”等等诸如此类的词汇。①

再以中日比较来看，对于日本的家来说，通过血缘或是配偶关系而结成的一群人这样的存在的本身，至多不过是作为家的质料，在其上面或是家业或是家名这种固有目的与人们的生死无关而存续，如同要求人人献身的同时还要让人们沐浴其恩惠那样的永续性的目的，通过加以所谓的形相，然后家才可以作为家。在构成那样的家的概念中，正因为家本身的价值、目的等要素是内在的，因而才产生了作为家的责任者“当主”(意为现在的一家之主、户主)这一概念，自然也就产生了用来称呼当主的交替的家的继承这样的用语，这也正是中田薰博士所讲的“存在被形式化地思维的家的观念”。而在中国，像这样的“存在被形式化地思维的家的观念”是不存在的。在中国，家不论是广义上还是狭义上，都不出同宗者集团以外的涵义。②

由以上介绍可知，作为日本的法制史学科之代表人的仁井田陞和滋贺秀三教授在研究过程中均注重对比较方法的使用，在这之中，对中日法制史的比较研究的重视，是日本法制史学者的一个共同特点。就

① [日]滋贺秀三:《中国家族法原理》，张建国等译，法律出版社 2003 年版，第 43 页。

② 同上书，第 50 页。

研究方法而言，仁井田陞比较注重历史的连续性。仁井田陞认为应该把道德、法律放在一定的历史条件下进行考察。中国绝非1949年后成立仅有数十年的中国，研究中国法制史要把中国放在千百年来的大背景中。滋贺秀三却提出了另外一种不同的研究方式，他认为一方面当代的中国法在总体上与古代中国法有本质的不同，而与现代外国的法制存有相当多的共同之处，同当代中国法也保留有不少传统因素和影响。因此，在研究中国法时，既要注意其中断性又要注意其连续性。滋贺秀三在他的《确定判决的执行力和既判力》一文中指出，在日本，由于"确定判决"具有执行力和既判力两个要素，所以"一事不再理"已成为常识。即使判决错误，法院也不能重新受理改判，中国却不同，在历史上便没有"确定该判"的概念，法官的判决，只有"执行力"，没有"既判力"，上级官吏可以改变已经生效的判决，纠正其错误，当代中国法正是继承了这一传统。因此，研究中国法时应注意，虽然法律形式不同，但确是为了解决共同的问题。也就是说，有很多共同性的问题是以不同方式表现的，这是不同类型的国家之间在法和法学方面进行对话、交流的基础。滋贺秀三的这一观点得到了很多学者的认同。①

四、野田良之和真田芳宪

野田良之是日本早稻田大学、学习院大学教授，曾任日本比较法学会会长，也是日本著名的法国法律专家，曾经长期在巴黎大学主讲日本法。② 野田良之早在1954年出版的《法国法概论》中，就将法国法律文

---

① 比如日本爱知大学浅井敦教授赞同滋贺教授的这一主张。浅井敦教授认为，研究中国法，必须把历史和现实联系起来。中国既是社会主义国家，又属于第三世界、发展中国家，历史上的问题一直持续到当代，并未完全解决。对此，不能简单对待，应该进行理论的、历史的、现实的、具体的分析。参见[日]浅井敦：《比较法学和日本的中国法研究》，段秋关译，载《法律科学》1991年第1期。

② 参见[日]浅井敦：《比较法学和日本的中国法研究》，段秋关译，载《法律科学》1991年第1期。

化的历史发展、基本结构以及三大要素（罗马法、日耳曼法、教会法）作了系统考察，并认为一定的法都是某一特定文化背景的产物。在1978年发表的《试论比较法文化学》[①]一文中，野田良之发展了自己的思想，而在1983年发表的《作为比较法的基础的法的"原型"初探》一文中，野田更是进一步地阐述了其"比较法文化学"的理论。[②]

首先，关于比较法文化学的定义。野田良之的比较法文化学的目的在于弄清在人类社会中起作用的法，作为人类社会的所创造的文化的一部分究竟具有怎样的性质。比较法文化学与法人类学的领域非常接近，但是两者的不同点在于后者是以实证性、多边性诸文化事实之研究为课题，而前者则是通过诸文化事实为基础的广泛文化比较来掌握其特征为中心课题。比较法文化学属于比较法学的一部分，但是一般比较法均以现行实定法为考察对象，而比较法文化学则更注重对文化的考察。

其次，关于比较法文化学的内容。在这一问题上野田良之主要是从作为法文化学的核心问题——心理作用着手展开论述的。野田良之认为，世界各国的法律尽管在其结构上有很多相似的地方，但在其机能上确有相当大的差异。这完全是由于这些结构上颇相似的法适用于在性质上大不相同的国家的缘故。那么世界各国的法在性质上为什么千差万别呢？野田良之认为这完全起因于制定并执行法律者的精神或心理的差异，只有去考察该文化集团的整体所表现出来的心理，并且以这种心理为中心来把该文化的诸种要素的特色都归纳于这一中心之上才能抓住该文化的整体特色。作为文化要素之一的法律，其特色是指在某一文化集团中一直起作用或现在正在起作用的"关于法的心理"的特

---

① 参见[日]野田良之：《试论比较法文化学》，战宪斌译，载《比较法研究》1987年第4期。

② 参见何勤华：《20世纪日本法学》，商务印书馆2003年版，第138页。

色。至于产生心理差异的原因，野田良之认为这大致可以归纳为内部原因和外部原因，外部原因又可区分为三大类型，即游牧民型——非定居型，农耕民型——定居型，以及狩猎、采集型——前二者的混合型。外部原因则和个人的性格息息相关。但是测定某一个人的性格是容易的，要测定某一集团的整体性格则相对困难。野田良之根据自己的研究认为，在有多种性格存在的场合下，在不同的社会历史或社会条件下，该文化集团的性格必然以其文化集团的某一代表性的性格型表现出来，而其他居次要位置的性格则隐藏于这代表性的性格后面。这种代表性的性格和居于次要位置的性格并不是一成不变的，往往根据不同的历史和社会条件而交替变化。

第三，关于获得法文化总体观的途径。对此问题，野田良之认为，要掌握法律全貌基础之上的法律心理，其捷径有两条：其一是批判性地研究由很多学者提出的该法律全貌的特征；其二是尽量广泛具体地研究构成该法律的诸要素，这些要素中最有直接关系的当是宗教（包括神话）、语言、自然观、社会观、时间、空间观念等。通过对这些要素的研究，最终的目的在于掌握法律最根本的源泉——基本心理。心理在很长的历史期间内是基本不变的，所以只要把法文化的连续性确认下来，就能追溯到过去时代的法心理。

最后，野田良之认为，比较法文化学的目标在于百折不挠地运用这种比较的方法把世界上所有的古今中外的法文化研究透彻地加以比较，同时以心理为基础，把各法文化的彼此相似点归纳成类，借以把整个世界的法文化分成几个类型。这种目标也可以看作是从法学角度对人类历史上所表现出来的诸种文明的类型加以分类的目标。

真田芳宪是日本中央大学教授，日本比较法研究所所长，当代日本著名法学家。真田芳宪认为，比较法既具有作为比较实用法学的侧面，同时又是所谓基础法学的组成部分之一，与法史学、法哲学、法社会学、法人类学等各学科之间具有密切的协调关系。在真田芳宪所承担的“基础法学与比较法”这一课题之中,他对上述观点作了充分的阐发。①

首先,关于比较法的认识论构造。对于比较法只是单纯的方法,还是法律学或独自的比较学中的一个独立的部门学者们产生了很大的争论,如康斯坦丁内斯库便在批评茨威格特的“样式理论”时说,比较法学者在一百年前就提出了比较法是单纯的方法还是独立的学问的问题,这种局限于抽象、表面讨论的争论,最终还是脱离不开不毛之地。对此问题,真田芳宪也认为参加比较法是单纯的方法还是独立的学科之争论,或从正面回答这个问题,与为此所耗费的经历相比,所得甚少,只能以两手空空而告终。与其这样还不如着眼于比较法这一学问在至今为止的比较法研究中发挥了什么样的功能,而且正在发挥着什么样的功能的问题,从而弄清比较法认识论的构造。这恐怕会比单纯议论这一问题更有益处。

比较法在科学比较各种法秩序的共性和个性时,最重要的是要首先确定作为研究对象的活法,此后再将各法秩序的活法的共性和个性作为要解决的问题。真田芳宪认为,如果从学术功能方面来分析,可从以下三个方面来理解比较法:第一,作为记述科学和说明科学的比较法。这又可以分为三部分,即规范—记述的比较法、规范—说明的比较法以及因果—说明的比较法。第二,作为理论科学和经验科学的比较法。前者大体可从三个方面加以分类:以数量众多的法秩序的共性与个性为线索组成几个法系,并记述其式样,从而展开有关法制度的理论;以解释学的方法说明法秩序的共性和个性,并在该作业中展开法的一般理论;将各法系和法制度与社会生活放在一起考察,从而设定各法

---

① 参见[日]真田芳宪:《比较法的方法与今日的课题》,华夏译,载《比较法研究》1993年第3期。

系中所见到的共性和个性的原因和结果。后者也有三种构造：调查和确认各种各样法秩序中活法的共性和个性的资料；为了认证从解释学上说明法秩序的共性和个性的理论的准确性而进行的相互比较；认证有关各种法秩序的活法中所见到的共性与个性的社会原因或结果的假说，或证明其真伪。第三，作为纯粹科学和应用科学的比较法，前者以认识各种法秩序的共性和个性以及认识其社会因果关系的无目的认识为使命，而后者则在法的适用及法的现实中起补助判断的作用。

第二，微观比较法中的功能比较方法与社会学的比较方法。比较法可以从其研究对象具体的个别性或整体的形式性角度分为微观的比较法和宏观的比较法。真田芳宪认为，在微观比较法中必须特别强调指出的问题之一是引入功能比较方法。功能比较方法并不是单纯的法制度比较，它确切地证明了在许多情况下即使是类似的法律制度也会显示出不同的功能。在把法律制度作为重点比较时，尽管不同法系的法制度之间存在差异，但法律对相同问题的解决却会出现惊人的相似。功能主义比较方法在1964年通过的国际动产买卖统一立法的工作中，其有效性已经被充分地证明，而今天在欧共体（欧盟）法的形成中也起着显著的作用。不过真田芳宪又指出，这种功能的比较方法虽然确实是实现比较法学术目的行之有效的方法，但是其并非是唯一的万能良药，社会性质、社会体制的不同都会使得功能比较方法的局限性表现得非常明显。作为功能比较方法的补充，需要法社会学的方法。从纯粹科学角度出发，通过法社会学的方法，可以将能够利用的比较法之成果配合为下列四种类型：相同社会结构下的相同法、相同社会结构下的不同法、不同社会结构下的不同法以及不同社会结构下的相同法。从应用科学角度出发，法社会学之方法可展示以下两个问题，即以外国法秩序为基础的法政策的评价问题和因法的继受而出现的异种法构造、社会构造的共生问题。

第三,法比较中的社会学研究方法。比较法为了实现自己的目的,必须在其与各种事实条件的关系上考察作为考察对象的各国的活法,这种目的是否可以实现,完全取决于是否能够准确地利用有关法规范、法制度本身形式上、实质上的意义以及法规范、法制度发挥功能时的道德、意识形态、经济、社会、政治环境等各种条件的正确情报。由此,真田芳宪提出,必须借鉴使用社会学的研究方法。具体而言,真田芳宪着重指出5种:统计、问卷调查、采访、文件、试验。这5种方法各自具备特有的效用性,但是也有其局限性。除此之外,还应注重对研究对象所在国的实地考察、对不同社会形态之间观念差异的认真探讨。

第四,宏观比较法中远东法、日本法的位置与比较法文化论的比较法。茨威格特和达维德的法系理论中都是用了“远东法系”这一概念,对此,真田芳宪认为这是不科学的。“远东”一词本身概念模糊,其地理范围不甚确定。这导致“远东法”一词也颇为含糊。远东法当以该地域各国法秩序中存在同质的联系为前提,但是在茨威格特和达维德的理论中都没有提出任何远东法系内各法秩序的内在共同性,从文化角度来看亦然。之所以会出现上述这种现象,真田芳宪认为这与西欧比较法学者的欧洲中心偏向和以法解释学和制定法为中心的比较法方法论有着密切的关系。在对近代日本法进行定位的问题上,真田芳宪认为不能简单地将近代日本法划入西方法系。因为,从西方引进的法律规范和制度,即使名称保持统一性,但在日本已经发生了重大变化,有的发挥着与原本的目的和功能不同的作用,有的丧失了原本的目的和功能,有的甚至由于与日本的土壤水土不服而枯亡。除此之外更重要的是日本建设近代国家的过程中,国民自发的、主体的精神受到压抑,日本传统的各种文化未能得到自主发展,只是在保存封建遗制的土壤上移植了西方文化结出的果实,极少考虑应该称之为培育西方文化土壤的西方传统的社会、宗教、文化方面的价值体系。因此,近代日本法是否属于欧洲法系的问题仅靠对日本法律秩序的上层结构进行分析显然是不足的，还需要进一步从社会结构的相关关系中进行综合分析和研究。为了实现这个目的，必须从法律结构论的视点中脱离出来，借助包括宗教学、文化人类学、社会人类学等在内的各学科的力量，站在比较法律文化论的广阔视野上进行分析。[①] 真田芳宪提出，在世界性的大潮中，比较法将肩负起一方面增进法的调和统一，另一方面确立尊重多种文化价值的复合观念的使命，为此目标而努力也正是赋予从事比较法研究的学者之历史使命。

五、五十岚清的比较法研究

五十岚清是日本北海道大学教授，当代日本著名的比较法学家。他在《比较法与日本法学》、《比较法入门》、《比较法学的历史和理论》等论著中，对涉及比较法的一系列基本问题作了系统论述。关于比较法的定义与性质，五十岚清认为，比较法是以比较在各种法律体系中的法律制度功能为目的的学问。比较法虽不像宪法、刑法、民法那样有自己独立的研究对象，但它与法律哲学、法史学以及法社会学一样，也有自己独立的研究对象、目的和方法，因此，它应当是一门独立的社会科学，而不仅仅是一种研究方法。关于比较法的目的、对象和方法，五十岚清认为，比较法的目的主要有四方面，即阐明实定法（制定法）的结构、功能与法的一般理论；为本国立法与改革提供经验；为法学教育与法学研究提供资料；促进各国间的法律文化交流。比较法的研究对象包括现行法律制度之间、现行法律制度与历史上的法律制度之间、发达国家法律制度与发展中国家法律制度之间、发达国家间的不同法系之间以及

---

① 参见[日]真田芳宪：《日本近代法的诞生与欧洲》，崔延花译，载《比较法研究》2003年第2期。

社会主义法与资本主义法之间的比较研究。比较法的研究方法一般包括选定对象、收集资料、阅读整理、发现不同法律制度间的不同点(制度比较)与一致点(功能比较)、探究异同点产生的社会原因、各国比较法学者间的协作等等。关于比较法的体系,五十岚清和各国学者相同,都将"法系理论"作为构造比较法研究体系的主干,即通过将世界各国法律体系划分为若干系统进行研究。除此之外比较法体系还应当包括比较法的概念、对象、体系、作用,比较法的历史沿革,比较法教育,比较法国际会议问题等。[①]

作为一名亚洲的学者,五十岚清在其研究之中更多地注意到亚洲(尤其是东亚)和西方之间、东亚各国间的法律制度、法律文化以及法律传统的比较。

在法系说方面,五十岚清主张在中国大陆和台湾地区以及日本、韩国各国之间存在着可以称之为"东亚法系"的法系。[②] 西方法学家,以达维德和茨威格特为代表,都曾经主张过以中国和日本为中心的远东法系的存在,但是后来茨威格特在其《比较法总论》第三版中开始否定中国法与日本法之间存在着法的共同性的观点,从而也放弃了"远东法系"的概念。五十岚清认为,东亚法系在若干国家和地区之间事实上是存在的。这表现在,首先,从法制度上看,上述东亚各国都有着以中国为中心的历史传统。以法律制度的角度,自公元7世纪以来,中国唐朝的律令制度被引进到韩国和日本,成为当时这两个国家法律制度的基本内容,但19世纪以后,这两个国家又都从不同的程度开始继受西方法律,而最早引进西方法律的日本又成了亚洲其他国家仿效的对象,因此日本法对这些国家和地区的法律制度都产生过很大的影响。二战结

① 何勤华:《20世纪日本法学》,商务印书馆2003年版,第49—51页。

② 参见[日]五十岚清:《东亚法系的建立》,林清译,载《环球法律评论》2001年秋季号。

束后，除中国外，日本、韩国又同时在很大程度上接受了美国法的影响。其次，民法典的重要性也是法系分类中需着重考虑的因素。日本从19世纪末受法国和德国的影响制定了民法典，中国自晚清后，也用很长时间最终于1929年至1930年间制定了民法典，在这部法典之中可以看到德国民法和日本民法的影响。这部法典至今仍在中国台湾适用，由此可以认为台湾属于东亚法系的一个地区。韩国于1958年制定的民法典同样受到日本民法和德国民法的影响，故而韩国亦属于东亚法系。中国大陆在改革开放以后，民法典的部分法典化正在不断得到推进，而且其立法方向与东亚各国并无不同。此外与日本民法典有相似之处的还有1935年《泰国民商统一法典》以及1995年颁布的《越南民法典》。

仅从上述方面进行分析，尚不足以将东亚法系从大陆法系中区分开来，故而五十岚清又从文化层面进一步加以论述。从法文化角度来看，首先，东亚是地理上的概念。地理相近的国家之间，由于存在着历史性的文化交流，加之气候条件相近似，自然具备共同的文化要素，但在今天经济全球化的世界上，若以此论证法系之独立，则失之牵强。其次，东亚各国共同的文化要素首推儒教。自古儒教便对东亚诸国产生过巨大影响，而进入80年代以后，认为东亚各国经济发展的关键在于儒教的存在这种观点以得到了广泛的认同，至于认为“应该在法律之外寻求其他社会型规范，应该在裁判之外更多地利用和解、调停手段”的观点则无疑是受儒教影响的表现。不过今日东亚各国受儒教影响程度各不相同，此种论证还待补充。最后，汉字文化圈的作用也不可小视，共通的语言是文化上共有的一个佐证，但这点在今日也面临危机。在中国可以看到简化字政策的实施，在韩国又可以看到谚文字母完全替代汉字的倾向，这都是中国和韩国当共同考虑的问题。通过上述论述，五十岚清认为，将日本、韩国和中国台湾地区作为东亚法系进行把握是可能的，而且今天中国的法制进程也在朝着这个方向发展。

五十岚清教授还就日本民法在比较法中的作用进行了研究。日本现行民法典的制定是在1896年至1898年之间。起草人梅谦次郎(1860—1910)曾说:“自不待言,广泛地参考外国的民法是为取其之长补我之短”,从这里便可以看出,这部法典是比较法的产物。五十岚清在考察日本民法典的制定过程之后指出,日本民法典在整体上是对法国民法典和德国民法典的混合继受。但实际上还不仅限于此,它还参考和引进了其他国家的法律制度,例如英国的判例法等。因此,应该说日本民法典是一部名副其实的比较法的产物。然而,如果换一个角度,我们还可以看到,日本民法典并不是一部完全继受外国法的法典,它在多方面还吸收了日本的传统习惯法。如在家族法中采用了日本特有的家族制度就是最为典型的例证(在第二次世界大战之前,日本民法学者向国外介绍日本民法时,其主要内容就是日本的家族法);此外,在物权中规定了日本习惯法上的入会权亦是如此,而对解约金等的规定也都是基于习惯法。

五十岚清还将东亚各国的民法典与日本民法典进行了比较研究。泰国在19世纪后半叶为了实现近代化开始编纂民法典,最初准备采用英国法模式,后来转而采用法国和德国法模式。五十岚清指出,在这部民法典的编纂过程中,日本民法学家政尾藤吉的贡献备受世人瞩目。泰国民法典于1935年以民商合一的法典形式颁布,按有些学者的观点,这部法典与其说是比较法的产物,不如说是日本民商法典的翻版。中国民法典的编纂始于20世纪初。当时日本和法国的法学家参与了这次民法典的编纂,但其采用的模式却主要是当时刚刚成立的德国民法典。民法典最终在1929至1930年间编纂完成,该法典也有同日本民法典相似的内容,至今仍在中国台湾适用。长期以来,中国台湾的民法学者和实务界人士一直从日本民法的学说和判例中汲取了大量的有用的东西。中国大陆在改革开放之后立法事业得以推进。从民法领域而言,中国并未在立法中以特定的外国法作为自己的立法模式,而是基于中国现状的基础上,采取一种通过比较法的方式广泛地学习外国法的态度;同时又在试图通过采用潘德克顿这种基本体系,同东亚其他国家保持一致。

韩国在近代化的过程中曾经是日本的殖民地,因此韩国在殖民地时代,除家族法之外,适用的是日本法。韩国独立后,于 1958 年制定了民法典,其中有很多规定和日本民法典相同,但是日本民法典中一些起源于法国民法的制度并未被该法典采用;相反,韩国民法典中又采用了许多日本民法典中并不存在,而在德国法上可以找到的制度。韩国当今的青年学者大多受业于德国,撰写的论文中大量引用德国的学说和判例,但是日本法对韩国法的影响仍然存在。这表现在,首先,日本的学说和判例实际上也在被大量引用;其次,在《假登记担保法》(1984年)以及《关于大型建筑物的所有及管理的法律》等立法上,使人感到有优先于德国的日本立法的影响。

越南于 19 世纪后半叶沦为法国的殖民地,因此曾受到过法国的法文化影响。解放后曾经以独特方式进行过社会主义法制建设,但在改革创新政策出台之后,为了适应新的市场经济的需要,于 1995 年制定了民法典。这部法典在编纂过程中可以看到有代表性的日本学者森岛昭夫的参与;它采用的是潘德克顿体系,在内容上也有同日本法相似之处。但是在其民法典上不存在亲族编,另加入了知识产权编等方面,仍然保留着社会主义国家民法的共同特点。

通过上述观察可知,日本对于进入 20 世纪后开始的东亚各国的民法典编纂以及其后的民法学发展都产生过相当的影响,这是不争的事实。五十岚清认为,从比较法的角度来看,日本民法还具有如下特点:第一,日本民法典的“不动性”乃是其在比较法上的首要特色。日本民法典自颁布以来,已历经 100 多年的历史,但除 1947 年对法典中的家族制度进行修改之外，其它仍多为100年前原貌。与之相比，德、法等西方诸国的民法典均经历了多次修改。之所以会这样，与日本基本法典的严格立法程序密切相关。草案制定阶段及其后的审议阶段繁复的论争机制往往使得法案难以通过。五十岚清认为，从这一点上看，在没有高度实现民主化的国家反而倒有可能实现比较合理的立法。第二，与上一点相应，日本民法典，特别是财产法编没有变化，但仍然能够对应今天的社会，这主要是依靠特别法与判例法的作用，故日本民法领域的特别法和判例法之影响可谓为其重要特点。特别法多是比较法的产物，但其是否能够充分发挥作用颇值怀疑，而判例法在比较法中的位置却并不明朗。因为要理解判例就必须探索日本人的法文化。第三，纵观日本民法，它究竟是具有普遍性的法典还是特殊法典，五十岚清认为这是一个难以做出结论的问题。日本民法典的许多规定都可以追溯到罗马法，而其直接继受的又是在法国和德国久经打磨加工过的大陆法传统。当今英美法系和大陆法系日益趋同，故日本民法具有相当的普遍性。其特殊性则体现在特别法与判例之中。但在日本，许多民事纠纷都在裁判之外通过和解或调停便已解决，故而仅就判例难以清楚了解日本法的实际情况，更多的研究还需将制度与文化结合起来进一步予以探索。①

五十岚清教授还对比较法教育问题提出了自己的观点。关于何为比较法教育的目的，五十岚清认为从实践效用来看，对从事涉外事务的学生来说，比较法教育是能够有实际用处的，而且这种用处随着涉外活动的展开将表现愈来愈明显。从理论的目的来看，比较法首先在于使学生知道有不同于本国法的法律制度和法律思想存在，借以使学生从

---

① ［日］五十岚清：《日本民法在比较法中位置》，渠涛译，载《中日民商法比较研究》（第1卷），法律出版社2003年版，第18—33页。

本国法结构的框子中解放出来,扩大其视野。不仅因此促进各国间的相互理解,而且还可以期待进而对世界和平有所贡献。其次,对于解释日本本国的实定法,比较法也起着有益的作用。因为日本是法的继受国,所以在法律教育方面,一向是追求这一目的的。至于比较法的真实目的,五十岚清认为应当是超越仅限于解释本国法这一狭隘目的,而是通过比较法来更好地理解本国法的基本精神。这一点可以说是欧洲比较法教育的中心目的。但是由于日本的法律是建立在与欧洲不同的文化基础之上,所以要达到这一目的,仅仅作法律技术上的比较尚嫌不够,还非深入到法律文化的比较之中去不可,尽管要做到这一点是相当困难的。①

第二节　大木雅夫及其《比较法》

一、大木雅夫其人

大木雅夫教授 1931 年出生于日本福岛县,1953 年毕业于东京大学法学部,曾留学德国,师从德国著名比较法学家茨威格特,曾任日本上智大学法学部教授,日本学术会第二部长,日本比较法学会理事长。大木雅夫是继五十岚清之后日本又一位著名的比较法学家,也是目前日本从事东西方法律文化比较的代表人物。② 其主要著述有:《关于法系的批判与考察》(1980 年)、《日本人的法观念——与西洋人的比较》(东京大学出版会,1983 年)、《关于远东法观念的误解》(1986 年)、《萨莱伊与达维德——现代比较法学的歧路》(1987 年)、《资本主义法与社

① 参见[日]五十岚清:《比较法教育论》,姚梅镇译,载《国外法学》1981 年第 1 期。

② 参见何勤华:《20 世纪日本法学》,商务印书馆 2003 年版,第 126—127 页。

会主义法》(有斐阁1992年)、《异文化的法律家》(有信堂1992年)等。1992年东京大学出版会出版了集中反映大木雅夫比较法学说理论的《比较法讲义》,这本书由范愉译为中文,并在1999年由法律出版社出版,取名为《比较法》。

大木雅夫自20世纪80年代以后,一直致力于比较法律文化理论的研究。在批判总结野田良之、川岛武宜(东京大学教授)以及千叶正士(东海大学教授)等学者成果的基础上,大木雅夫提出自己独到的观念。大木雅夫认为,西方人对法有一种敬畏的感情,认为法是神圣的,但这种感情并非西方所特有,古代东方社会如埃及、巴比伦、希伯来、印度等国的人民对法也是既畏惧又敬仰的。只是这种畏惧和敬仰或是由于古代法律规范与宗教教义结合,故人们出于对神的畏惧而生;或是由于法律和君权(神授)结为一体,故人们慑于"天人合一"之君主专制的淫威而发。而在西方,人们尊敬法、遵守法,则是基于"法是正义的象征"这一信念。就日本而言,日本具有法治主义与权利意识的传统。大木雅夫主张日本人的权利意识和西方人其实没有根本性差异。他认为无论是东方人还是西方人,任何人对自己所希望的事情几乎是一样的。实际上,虽然在表面上看起来日本人讨厌打官司,但其实只要有利于自己,有这样的情况的话,就会很积极地利用法院。另外,西方人也不全是都喜欢打官司,实际上也有追求调解的可能性。而表面上看起来日本人对权利的意识比西方人缺少得多,但这只是因为日本在历史上一直没有完善司法机构,无法表现自己的权利意识而已。大木雅夫这种观点虽然标新立异,与很多学者如川岛武宜、植田信广(九州大学教授)的看法均相左,[①]但是它启示我们要历史地看待法律观念、法律意识的

① 参见[日]植田信广:《日本传统法律文化及其历史背景》,载《中外法学》1996年第4期。

形成，同时也要注意到某一民族或国家的法律观念、意识的形成都非由一种要素所决定，而是受多种因素制约。在研究某一民族或国家的法律观念时，既要看到占据主导地位的主流思想，也不能忽视其他各种法律观念的存在和影响。[①]

大木雅夫早在1959年便在立教大学开设比较法课程，1970年以后，大木雅夫调任上智大学从事教学与研究工作，再次开设了比较法课程。从1973年开始，大木雅夫继任第一任比较法课程的主讲者野田良之，在东京大学担任比较法基本原理课程的主讲。为了能够使得授课达到清晰易懂的效果，弥补课堂讲授之不足，大木雅夫决定自己写作讲义。大木雅夫曾经精研翻译法国学者达维德的《比较民法原论》、《当代主要法律体系》，以及德国学者茨威格特和克茨的《比较法原论》，深深为其理论所折服，同时也日益为自己能否有所超越而困惑。二战以后比较法的基础理论是以德国和法国为学术中心展开的，大木雅夫认为，倘若将耗时费财的基础理论研究留待欧美学者去完成，日本学者只直接专注于实际应用，这也许是获得实利的捷径，然而，如此一来，将导致永远无法脱离追随欧美之窠臼。[②] 有鉴于此，大木雅夫义不容辞地承担起基础理论研究的重担，构建自己的比较法理论体系，于1992年完成出版了这本《比较法讲义》(中译本称为《比较法》)。虽然由于时间制约，很多内容未能填充进这本书，如关于以中国法为首的亚洲各国法、伊斯兰法、印度法等内容均被割爱，但是这已经清晰地反映出大木雅夫的基本学术思想。下面就大木雅夫这一著作的基本内容作一介绍。

二、关于比较法学科的基本理论

(一)在有关比较法学科历史、现状和未来方面，大木雅夫在本书之

---

① 参见何勤华：《20世纪日本法学》，商务印书馆2003年版，第140—141页。

② 参见[日]大木雅夫：《比较法》，范愉译，法律出版社1999年版，第Ⅲ页。

开篇便提出，法学是一门“视野狭隘的学问”。[①] 近代以降，科学领域中发生了天翻地覆的大变革，各种学科纷纷从旧有窠臼之中独立出来，并将其视野向全世界扩展。而法学则不然，不论是 17 世纪的人文主义法学，还是其后的自然法思潮，抑或是 19 世纪的历史主义法学，其发展始未能脱离古希腊，罗马之藩篱。为何会有如此之景象呢？大木教授举出了下述三点理由：首先，法的变化落后于社会的变化。虽说制定法典对一个社会具有革故鼎新之意义，但一个社会最初便有立法之状况则相当罕见，法律通常尾随社会之变化而变化，只有经济结构、社会习惯、传统信条、正义观均发生变化后，再施之以相当之政治压力，法律才会发生变化；其次，法律家本身便具有保守主义倾向。法律的任务就是设立法律规范，对法律规范进行解释和适用。正如路德所言，不依圣经传教的人不是神职者，不依法律审判的人不能称之法律家。不仅如此，法律家传统上都是出身于上流或中等阶层，故而，当他们担任法官或其他公职时，总是与赋予自己利益的体制休戚与共。也正因如此，法律家们作为法的操作者，不可避免地具有既有体制拥护者的特性；第三，科学之发展，通常遵循从特殊到一般的规律，而法学则不然，法学走的是从普遍性到特殊性逆向发展之路。17 世纪前，西方世界中的法学仅指罗马法，教会法或自然法，此后随着各国的法典编纂运动展开，法学走向了国家化，实定法的知识不再跨越国境，法学更加“视野狭隘”。

但是上述法学的这种特性正是比较法存在的理由。大木教授指出，法是一种文化现象，因此，只要是准备研究它的现象形态、功能、前提条件和效果等等，就不可能将视野封闭在国境之内。在这个意义上，法学通常必然是普遍法学。这种在法已经明显成为民族法之时自觉应

① 参见［日］大木雅夫：《比较法》，范愉译，法律出版社 1999 年版，第 2 页。

运而生的比较法学被大木教授称之为“比较法的再生”。[①] 1900 年第一次国际比较法大会在巴黎召开时，波洛克曾说：“我们今天所理解的比较是一门最现代的科学。今天活在世上的人亲眼目睹了它的诞生。”但是比较法思想的历史则不止于此。大木教授认为在比较法产生以前应用比较方法的事例便已零星见诸史籍。古希腊斯巴达的来库古、梭伦之法、罗马人制定《十二表法》时均考察过其它不同社会之法律。至于公元 3 世纪前后编纂的《摩西律法与罗马汇编》则已可被视为比较法业绩的作品了。而无论是《异同辨文献》还是《英国法赞美论》都证明了在中世纪的一千年里，比较法并非空白。[②]

17 世纪的欧洲是一个激荡的时代，绵延的战争使得帝国的权力和教会权威失落殆尽，最后惟一可依靠只能是人本身以及人的理性了。笛卡尔(Rene Descartes)和斯宾诺莎(Baruch de Spinoza)都是这个时代理性主义的先驱。但是 17、18 世纪的法学家所追寻的乃是“天赋之理性”，探索的是“人类与生俱来的法”，这对于比较法的产生而言，无疑是“一片不毛之地”。这种不利状况到培根(Francis Bacon)得以改变。英国素来具有独立的法律传统，而且是经验主义的故乡，培根又适逢“新科学”的诞生时代。这种“新科学”以理论与实践相结合为特征，以往科学中的偶像被破坏殆尽，于是培根呼吁为了认识本国法的价值，必须把本国法从“枷锁”中解放出来，而且他本人也表现出这样的比较法思想，即构筑一个普遍正义的体系，以此为根据判断各国法的正当与否。与此同时，欧洲大陆也出现了几位堪称比较法鼻祖的学者，如荷兰的格劳秀斯、德国的莱布尼茨，他们都将其理论建立在人类经验的基础之上。如莱布尼茨认为自然法是以实定法为补充，并受实定法制约的

---

① 参见[日]大木雅夫：《比较法》，范愉译，法律出版社 1999 年版，第 14 页。

② 同上书，第 25 页。

普遍法，为此他甚至提出了一个收集所有民族、各个时代的法，建造一个“法的剧场”的计划。再至普芬道夫（Samuel Von Pufendoef，1632—1649）、托马修斯（Chirisfian Thomasius）时期，近代自然法学达到了它的顶峰。与之相对，意大利的维科（Giovanni Battisto Vico，1668—1744）与法国的孟德斯鸠则开始从历史发展过程中考察各个民族法律制度的特征，大木教授指出，他们为随后必然到来的历史主义架起了一座桥梁。①

所谓历史主义，就是试图以历史化的方法来思考一切问题的立场。以往科学致力于思辨，而历史法学派强调应从历史事实加以追认提出假说。大木教授认为，正是历史法学派将法拉回到地上，这为现代比较法的诞生创造了不可或缺的前提条件，不过历史法学派的代表人萨维尼却仅致力于研究罗马法而排斥其它诸国法，这实际上阻碍了比较法的发展。自19世纪以来，对历史法学派的批判一直持续不断，费尔巴哈、黑格尔和耶林等伟大的法哲学家最终为比较法开辟了发展的道路，在这以后比较法的发展又受到进化论的发展，这也成为了民族法学，或法律民族学的开端。这种学派把人类的各种现象，社会制度和法律制度的类似性作为毋庸置疑的前提，并且认为，所有民族的法都向着单一的方向，服从同一个进化规律而发展，因此各个民族的法或法律制度之间的差异，只是因为在这条单一的道路上处于不同的发展阶段而已。这已经和萨莱伊的观点几乎一致了，萨莱伊的理论依据依旧是共同法论，不过将作为共同法基础的罗马法与自然法换成了比较法而已。萨莱伊看来，比较法无非只是过去构成历史的东西在现在的延长。这种共同法理论在二战后已为法系严峻对立的现实所否定，因此从格特里奇到达维德已经将单纯的比较方法视为比较法。这样单纯的结果，或

① 参见［日］大木雅夫：《比较法》，范愉译，法律出版社1999年版，第40页。

许会导致比较法本身的消忘，但人们已达成下述之共识，那就是：如果要实现现代世界各种法律体系之间的协调，那必定从互相理解开始。[①]

正因如此，大木教授认为，当前比较法的发展正处于歧路之上，一条道路是萨莱伊所代表的共同法论，一条道路是达维德开创的主要法系论，直至今天，上述两派均未产生出为其奠定基础的哲学或法哲学。于是大木教授指出，这正要求现代比较法像耶林所说那样将普遍性的思想与民族性的思想一视同仁、并行不悖，在今后进行持之以恒的探索。[②]

（二）关于到底什么是比较法？比较法究竟是一门独立的学科还是一种单纯的法的比较方法？比较法的本质为何？对此问题大木雅夫教授与其导师茨威格特的观点是一致的，那就是"议论无用论"。大木教授引用英国学者甘兹马的话说：在距今并不遥远的前一个时期，曾进行过关于比较法究竟只是一种方法抑或是一门学科的讨论。其实我们不如把这个问题搁置起来。因此对这种微妙问题的研究，通常不会取得成果。比较的方法是极其灵活的，它可以囊括有关外国法研究的一切活动。至于格特里奇和达维德将比较法视为"比较方法"的观点，大木雅夫则并不以为然。在大木看来，达维德所著《当代主要法律体系》一书，正导致了对其说自我否定的结果，其主要法系论恰与比较法律史学与法律地理学多有重合；而这种理论并未对有关法的比较的方法论问题作出专门（或深入）的研究。

为了揭示比较法的本质便需要对法样式的构成要素进行了界定。茨威格特提出了五要素说，康斯坦丁内斯库则提出了九要素说。对此大木雅夫认为学者间观点虽各有侧重，然而在社会科学中对诸多要素

---

① 参见[日]大木雅夫：《比较法》，范愉译，法律出版社 1999 年版，第 57 页。

② 同上书，第 58 页。

中决定性要素的探索则非常重要，这只有通过国际性的共同研究方能最终解明。

最后大木雅夫提出了自己对“比较法”这一名词的界定。大木认为，在最一般的意义上，它在各法律秩序的精神与样式的联系上，揭示各法秩序的形态学上的特征以及它们相互在类型上的亲缘性；作为其特殊性，比较法主要研究各种法律秩序中可比较的各种法律制度和解决问题的方法，以认识和完善法制为课题。[①]

（三）对于比较法的目的与功能是什么，大木认为需将此问题单一化。现代科学之间的界限日趋模糊，若要以自己的独特性和其它相邻的法学部门争夺势力范围，那只能导致自己失去领地。为此，大木将比较法的目的分为理论目的与实践目的分别加以考察。

大木认为，从理论目的来说，比较法首先可以深入法的认识，扩大法学视野。纯粹理论性的比较法，都总以知识欲，扩大视野的欲望和更好地认识本国法的欲求为出发点的，承认这一点，就意味着脱离了对本国法的赞美或法学地方主义的窠臼，而比较法的精神亦正在于此。其次，比较法可以帮助我们确认法的发展趋势，虽然目前连自然科学家都不再信奉18、19世纪之意义上的规律，更不用提社会科学领域有什么“规律”存在，但是大木认为，各种经济，社会结构类似及政治状况并无明显隔离的法律秩序，完全有可能经历几乎相同的道路，形成一种“普遍趋势”。因此，在保留对各法律秩序中的法律制度在具体状态的特殊形态的研究的同时，通过比较法对最近的将来法的发展趋势作出预测，不仅是可能的，而且也将继续是今后比较法最重要的课题之一。最后，虽然“共同法论”已失去昔日之光辉，但认识各法律秩序的共同基础与确定理想类型仍是现代比较法学的核心功能。不过大木自己亦承认，

---

① 参见［日］大木雅夫：《比较法》，范愉译，法律出版社1999年版，第67页。

在什么范围内探求共同法，大约会成为比较法从现在直至将来的一个难题，所以最近比较法已向着阐释各法律秩序的形态特征方向发生了较大的重点转移。

除此之外，比较法还有其实践目的。这主要表现在为立法提供资料，普遍性解释方法以及法的统一功能上。大木强调，为立法提供资料不应仅是翻译各国之法律，还必须包括对其条文的实效性进行慎重追求，以利用各国的经验；由于现代的立法者大多数都以比较法折衷主义的方式行动，所以在进行填补法律阙漏及一般的法律解释时，比较法理所当然地会得到最有效的应用。针对法律统一功能的困难，大木认为比较法可将其范围局限在有亲缘关系的各法律秩序之间，致力于地区共同体法的形成，不仅以此取代各国法律的统一，而且尝试促进它们之间的协调化、正常化乃至于同化。

(四)关于比较的方法。尽管拉德布鲁赫说："某些科学如果必须忙于从事探讨自己的方法论，就是有病的科学。"但大木雅夫还是认为方法论仍是最重要的课题之一，尤其作为以比较方法为必需要素的学科，比较法更应重视对方法论的探讨。①

研究比较法首先面临的即是如何对进行比较的法律秩序以选择。茨威格特和克茨认为将研究对象限定在"母法秩序"上，没有必要深入探讨"子法秩序"，大木雅夫对此并不以为然。大木指出并非只有母法秩序才能垄断法的独创性与成熟性，大木教授以《比利时民法典》之于《法国民法典》、《土耳其民法典》之于《瑞士民法典》为例，论证了子法秩序也有主张这种独创性与成熟性的权利。大木雅夫认为，在选择比较对象时，如果将范围限定在有关研究目的预期可达到的必需而有益的

---

① 参见[日]大木雅夫：《比较法》，范愉译，法律出版社 1999 年版，第 81 页。

结果之处,这大约就足够了。[①]

进行具体比较时所采用的方法通常是应用功能主义原则,对这一原则的重视始于耶林,经过威格摩尔与帕温德的推动,最后由茨威格特和克茨定型。这种功能主义的比较法使比较法获得了长足进步。不过大木雅夫认为,若将功能主义的比较法视为万能,则会产生一定的危险,它将导致重返人类共同不法之理想的道路,而为功能主义的阴影所隐盖的结构主义或单纯的法律概念的比较仍具有其自身的价值。

在比较法的程序方面,大木认为,应首先认识作为比较项的外国法律制度。在这一阶段尤其应注意要必须按照外国法的原样去认识它,这是一条"铁的法则";对外国法的认识还不应仅从法条着手,习惯、判例、学说著作都应纳入视野,而且所有这些还要放到具体的社会、政治、经济背景中去理解。其次,在具体比较的阶段,大木认为,必须把包括被比较双方的法律制度在内的事项逐次关联起来以确认其异同,在确认之后还要进一步深入探究该异同之原因,这既包括历史沿革,经济、政治乃至于各种社会方面的原因,亦包括立法者独创的因素。比较法的最后阶段便是评价。尽管大木雅夫也承认有许多领域并不适于评价,但是这些领域是有限的。比较法,尤其是功能主义的比较法,就是对各种法律秩序中针对所发生的事实问题采取的不同解决方法进行比较,以图探求更好的解决途径,这也同时是法学自身发展的目的。通过评价性活动既可达到查阙补漏之效,又可提炼出新的原则,因此其作用乃是不可或缺的。[②]

---

① 参见[日]大木雅夫:《比较法》,范愉译,法律出版社1999年版,第85页。

② 同上书,第104页。

三、法圈论

(一)关于法圈论的基本观点。[①] 大木雅夫认为法圈的产生乃是比较法与分类学相结合的结果。这一结合发生在20世纪的两次世界大战之间。在第一次世界大战之前,在西方世界,普通法(common law)与大陆法(civil law)之间存在着深深的隔膜,一战以后此局面得以告终。也正因为如此,学者们开始明确意识到法系和法圈的观念。在大木雅夫的学说中,"法圈"是对法律秩序的第一级分类,在其下则可划分为"法系"。在二战之后,由于社会主义法获得了突出的地位,西方法学家更将目光投向了全世界。面对多种文明的存在和多样化的法律秩序,法学家们开始努力进行分类整理,构造"法的剧场"或"法系地理学"。比较法学者们对如何划分法圈都有着自己不同的标准,对此现象大木雅夫认为,与严格的科学不同,社会、历史科学的各种关系都是相对的,对它们的分类难免带有假说的性质。大木雅夫基本赞成茨威格特和克茨的观点,即根据主题关系相对性原理和时间相对性原理对法律秩序加以分类。对于前者,大木雅夫认为,此原理虽然是恰当的,但是其中亦存在着不容忽视的重大问题,正如康斯坦丁内斯库所说,如果把诸如宪法、行政法或劳动法的法律秩序的一部分都抽出来分别加以分类,那就会失去"法律体系"的意义,而其内在的统一性也就随之破坏殆尽。对于这一问题如何才能解决,大木雅夫亦心存疑虑,因为以比较法现有的水平尚不足以对法律秩序整体进行分类,即使是康斯坦丁内斯库本人也没有完成此目标。对于后者,大木雅夫则充分肯定时间相对性原理的重要性。大木雅夫指出,比较法研究并不是仅仅以频繁改废的实定法为素材。因此,确定法律秩序的特征并对其进行分类,必须

① 参见[日]大木雅夫:《比较法》,范愉译,法律出版社1999年版,第105页。

在跨越过去与现在的时间联系中进行，从这一观点出发，最重要的是外国法的继受现象。无论是以承认继受国的法过去与现在之间的断裂为主，还是将法的连续性与断裂性并重，都只能依每次继受的具体情况作出判断。对此，日本法、中国法、非洲法的例子都说明了时间相对性原理的重要性。

（二）在具体划分法圈的标准方面，大木雅夫显然倾向于茨威格特和克茨的观点，以下列五个要素作为构成法律样式特征中的所有要素中的本质性要素：法律秩序在历史上的来源与发展；在法律秩序中占统治地位的法学思想方法；特别具有特征性的法律制度；法源的性质及其解释；意识形态的各种因素。①

关于法律秩序的历史发展这一问题，最为复杂棘手的就是如何利用其划定欧洲大陆法之范围了。达维德注目于德国法和法国法具有共同的法源和数世纪以来一直相互影响的一面，主张将二者作为同一个单位归纳为罗马法—日耳曼法族；茨威格特则认为法国法和德国法各具有独立之个性，因为如果把以前的历史和后来的发生的历史事实相比较，考虑到后者的影响更大时，可以认为前者对于法律样式的构成意义已经丧失。鉴于此，应将罗马法圈和德意志法圈相区分。大木雅夫认为，以法典和学风的继受作为标准划分罗马法圈和德意志法圈，若与通过变更法律体系的革命而形成的社会主义法圈相提并论，难免有些失之均衡；但是若要拿趋于统一的欧洲和宣告解体的苏联相对照，则亦不无问题。所以大木雅夫提出，应当使用介于法圈和法律秩序之间的概念，在大陆法圈内区分罗马法系和德意志法系，这样也许会更为妥当。②

---

① 参见［日］大木雅夫：《比较法》，范愉译，法律出版社 1999 年版，第 113 页。

② 同上书，第 119 页。

（三）关于特殊的法学思想方法和法律观念。大木雅夫指出，在法律思维方法问题上，应当警惕直接提出国民性的问题。若在我们的科学之中匆忙提出国民性作为理由，实际上不啻于未作任何说明。大木雅夫以大陆法与英美法、远东法与西方法为中心，探讨了作为式样构成要素的特殊的法学思想方法。在大陆法与英美法问题上，首先，大陆法和英美法之间在思想方法上具有根本性的差异。大陆的法律思维所追求的是，在应受法律调整的领域内，应最大限度地布满实现确定的、在任何情况下都能适用的规范。与之相反，普通法的思想方法轻视那种大原则或过分抽象的一般概括，尽可能避免在社会领域内布满法律规范，因此不追求行为规范的定势化，而只求在社会秩序出现混乱时能够提供有效的救济。不仅如此，在有关法的问题的看法方面，大陆与英美之间也存在着相当大的本质性分歧。其次，大陆法和英美法还有互相接近的倾向。虽然大陆法和英美法各自的历史形成迥然不同，但都属于调整高度发达的工业国家的法，这就注定了二者必然具有超出预想的诸多共同点。目前判例逐步在大陆成为重要法源，英美制定法地位的提升都说明了这一点。如前文所述，在远东和西方的法律观念问题上，大木雅夫认为西方人对于远东，特别是法律观念存在误解。日本或远东并不如西方学者所夸大的那样，和西方人在法律思维方面具有巨大鸿沟。

（四）关于具有特征性的法律制度。大木雅夫指出，类似的法律制度发挥类似的功能应该是一般原则，而类似制度发挥不同的功能似乎应属例外。由此大木雅夫对茨威格特的“一定的法律制度由于其突出的独特性而具有影响法律式样构成的力量”这一观点颇为赞赏，相反，对于康斯坦丁内斯库的“法律秩序的分类不能以法律制度的类似、区别或独特性作为基础”之说法颇不以为然。不过大木雅夫补充道，对具有特殊性的法律制度之选择一定要是适当的，否则，脱离实定法的法律制度的比较法，只能招致比较法自身的贫困。

（五）关于法源及其解释方法，大木雅夫认为，这是非常重要的样式构成要素。比如说伊斯兰法把《古兰经》作为至高无上的渊源，即使从19世纪后半叶起继受了西方现代法，但仍未从根本上失去其宗教法的鲜明特征，因此必须将伊斯兰法作为一个独立的法圈看待。可以说，这是法源乃是重要的样式构成要素的最好证明。前苏联法虽然在形式上法源同大陆法相当类似，但是其法源价值序列同大陆法正好相反——大陆法源价值序列为宪法、法律、命令，前苏联法则为其倒置之态，所以可以将其从西方法圈中区分开来。至于大陆法与普通法在法源上的区别更是明显，前者奉行成文法主义，后者采取不成文法主义，虽然并不存在通常所说的那样深刻的鸿沟，但是在对法律规范或法律准则和对法典的看法上，以及法律解释的方法上，二者的差异仍然显而易见。

（六）关于意识形态方面的各种重要因素，大木雅夫认为在这其中最有意义的莫过于神圣的或宗教的意识形态以及世俗的或政治性的意识形态。宗教法与世俗法的区分，以及资本主义法与社会主义法的区分都说明了这一点。虽然目前有所谓的"趋同论"（例如"自由主义法的社会化，社会主义法的自由化"倾向），但是意识形态的生命力往往是出人意料的顽强，即使走向未来，长期以来"多种法"并存的状况也将持续下去。可以说，法圈论的存在理由正在于此。

最后，关于对法圈的分类的观点，大木雅夫认为，法圈分类是长期经验的产物，而且本来就是为学理目的服务的，绝对的分类是不存在的，即使是上述茨威格特和克茨所提出的样式构成要素亦有必要重新加以探讨。大木雅夫在采纳茨威格特的五要素说之后又特别提道人的要素或主体性要素的重要性。在各个法律秩序中活跃着承担法律运作的法律家，而法律家之间有不同种类的职业，其中又出现一种阶层分化，显示出他们乃是构成一个法律秩序独特样式的主要角色。所以大木雅夫认为应当在五要素之外，再添加“法律秩序创造者的主体性要素”。考虑到这一点，大木雅夫提出了以下法圈分类的试提案：西方法圈，这其中包含罗马法系、德意志法系、北欧法系，以及继受西方法的日本法等；普通法圈，这其中包括英国法系和美国法；脱离社会主义的发展中国家法圈，这其中包括苏维埃法、东欧各国法和亚洲共产主义法系；宗教性或哲学性的混合法，包括伊斯兰法、印度法、远东各国法。①

四、法典论

（一）关于法典比较的基本观点

在对各种法律秩序进行具体比较时，大木雅夫采取了从法典着手比较的方式。大木雅夫之所以这样做，是因为大木雅夫认为法典比较在比较法学中具有重要的意义。

大木雅夫所说的“法典”有其特定的含义，它特指 18 世纪末叶以来所谓“自然法编纂”之后产生的各种法典。② 这种“自然法法典”不同于在此之前的那些将既存的法加以集成、并试图对其进行的改革的所谓“改革法典”，而是指具有新社会的设计图之意义的法典。这种法典的基础是自然法，并且是有计划地、从体系性观点出发合理地编纂而成的。属于这种自然法法典的有以《巴伐利亚刑法典》为首的巴伐利亚的三部法典、《普鲁士普通邦法》以及《奥地利普通民法典》等。在这些法典中，导向法典编纂之路的，或多或少的都可归功于自然法，因而在此确实包含着新社会之设计的意义。当然，这并不是说这些法典都是脱离于本国法律秩序的自然法体系，18 世纪末以来的近代法典的编纂，实际上是把大学所教授的作为理想法的自然法与日常适用的实定法加

① 参见[日]大木雅夫：《比较法》，范愉译，法律出版社 1999 年版，第 154 页。

② 同上书，第 154 页。

以统一的事业。这一事业尤其要剔除实定法中错综复杂的、落后于时代的不合时宜的内容,进行体系性的整理,确立其作为民族法的地位,从而宣告自然法与实定法的二元主义的结束。这样的法典编纂诚然是以自然法学为先导,但因其素材分别取自于各国的实定法,所以并未与传统断然决裂。归根到底正因如此,可以说,法典往往典型地、集中地、具体地体现了该法律秩序的式样,故而大木雅夫认为,采取从法典比较到法源比较的途径,将会取得更加富有成效的成果。

至于英美等判例法国家如何进行法典比较的问题,大木雅夫做出了如下的解释。大木雅夫认为如果考虑到法典法国家中的判例亦受到重视,而判例法国家正逐步向法典化进展这种动态的话,那么无论是从法典还是从判例出发都未尝不可,对于习惯于法典的人来说,若从法典出发进行研究,其效果可能会好于茫然对法源的一般比较。不过在论及普通法法圈的法典时,最好特别注意法典与判例法的关联。①

(二)关于《法国民法典》和《德国民法典》的比较

大木雅夫力图从历史的观点出发,对《法国民法典》和《德国民法典》进行比较,具体而言是从民法典编纂的历史情况、民法典的编纂过程以及民法典的精神与本质特征三个方面展开。

1. 从民法典编纂的历史情况来看。法国历来便有着成文法地区与习惯法地区的区别,到16世纪末,法国从大西洋岸边的纪德龙河口到日内瓦湖以西形成一条界线,明确地将在罗马法影响下成为成文法地区的南部,与习惯法地区的北部划分开来,其比例大约是2:3。虽然由于大学不断进行的罗马法研究之推动,南部成文法地区到16世纪就已明确确立。但是作为法国所独具的特征是,在现代法形成之前,习惯法的地位具有今日所无法想象的不可动摇性,甚至拥有决定对以后的

① 参见[日]大木雅夫:《比较法》,范愉译,法律出版社1999年版,第156页。

《法国民法典》之特征的力量。这一特征归因于对习惯的特别珍重。法国对习惯法的尊重可以追溯到古代，如 1278 年的王令便命令律师，在适用习惯的场合，不得大胆主张使用成文法，到 1454 年查理七世更是要求巴里治法院对其领地内的习惯进行编纂，并命令国家方面的代表参加协作编纂。由于担心继受罗马法的神圣罗马帝国权力的侵入，国王们不断禁止在大学教授罗马法，及至 15 世纪末叶，罗马法的借用已销声匿迹。与之形成对照的是，德国自古便主张继受罗马法，并且实行对罗马法的全面继受，德国人认为德意志人的神圣罗马帝国乃是罗马帝国再世，因此德国继受罗马法完全是理所当然的（当然，大木雅夫也提到德国继受罗马法还有更客观的原因，如德意志境内的法缺乏统一性，由于缺少成文法而导致的法的发现的困难等等）。较之《德国民法典》，《法国民法典》具有更多的日耳曼因素，此种背景自然为重要因素之一。除此之外，法国的人文主义也推动了习惯法的编纂，罗马法不复被人尊崇，它只是作为“书面理性”因起补充作用而被承认，而学习罗马法的博士们正是利用其罗马法之学识为整理和统一习惯法而服务。德国的情况与此截然不同，德国从未进行过有组织的习惯法采录，德国的启蒙主义运动更加倾向于理性主义，以沃尔夫为代表的理论体系把建立在各种最高级命题基础之上的具有综合性和体系适应性的概念作为科学判断的最高依据，从而排除了以往法学中从各种权威性法源的文本中得到分析性结论为根本的方法。以萨维尼为潘德克顿法学派正紧随其后，将历史的方法和体系的方法首尾一贯地结合起来，从而开辟了体系性法原理学的道路。[①]

2. 从编纂过程来看。在法国大革命前和大革命爆发后的 10 年，民法典始终未曾编就。1800 年 8 月 13 日拿破仑设立了民法典编纂委员

---

① 参见［日］大木雅夫：《比较法》，范愉译，法律出版社 1999 年版，第 196 页。

会，开始了民法典的起草工作。在草案提交国务院立法委员会讨论时，南北双方发生了激烈对立。然而令人惊异的是，每当趋于达成妥协之际，常常是以放弃大革命时期的立法为最终结果。拿破仑在创制法典中起到了重要的作用，但对于法国人来说，这未必是一件幸事。大木雅夫指出，19世纪乃是社会问题开始产生，人们已开始讨论社会正义问题的世纪。诚然，实现剥削者与被剥削者之间的平等的愿望正是法国大革命爆发的根源。但是，法国却并没有制定出罗伯斯比尔所主张的、强调所有权社会性的“社会法典”，而是由拿破仑制定了“市民法典”，这里诞生的乃是19世纪资本主义或市民社会的悲剧。德国法的统一较法国晚了一个世纪，这其中固然有萨维尼的原因，但最根本的原因则在于政治上的分裂状态。萨克森王国于1863年公布了《萨克森民法典》是因为该王国的立法和法律实践在几个世纪时间内已经实现了萨克森法与普通法的统一。此法典在开头设立总则的“潘德克顿体例”被科沙克(Paul Koschaker，1879—1951)评为“完全是用模型浇铸出来的潘德克顿法学教科书”。[①] 这部民法典对《德国民法典》的编纂产生了巨大影响。《德国民法典》采用了《萨克森民法典》的5编体例，在1887年完成第一草案之后，批判如暴风骤雨般席卷而来，主要集中于用语的晦涩和不明确、参引的繁琐性、内在式样的唯理性以及与现实生活的脱节等等。面对舆论的反对，联邦参议院在1890年又成立了一个新的委员会，但并没有在实质上纠正其缺点。《德国民法典》最终于1895年完成，并在1900年1月1日开始实施。

3. 从精神与本质特征来看。大木雅夫指出，《法国民法典》既是习惯法与成文法的妥协，也是传统与合理主义自然法的统一。而且，在法典编纂中总以前者优先。正因为如此，马克思说，《法国民法典》并非近

---

① 参见[日]大木雅夫：《比较法》，范愉译，法律出版社1999年版，第198页。

代市民社会的产物，它于18世纪既已产生，未必能够反映在19世纪才得以发展的市民社会的要求。与之相应，《德国民法典》作为潘德克顿法学的法典化亦反映出了德国法学家的保守。大木雅夫认为，《德国民法典》是光辉的潘德克顿法学所完成的19世纪之子，但却并未成为20世纪之父。一般而言，伟大的法典都是过去灿烂的法律文化的结晶，但是却很难成为孕育应然的未来社会的种子。法典编纂的这种历史命运，在《德国民法典》中也得到了印证。《法国民法典》与《德国民法典》在法律技术、文体、用语上的区别显而易见：前者简洁明了，后者抽象复杂。但是大木雅夫指出，使民众容易理解并不一定有益或是体现民主。由于法律主要是法律家运作的，所以必须在专门性、技术性知识的基础上加以运用，是故《法国民法典》的简洁性反过来会招致其意义上的弱点；《德国民法典》的起草者在其用心良苦的用语和概念构成中的抽象技术或即物性的冷峻文体掩盖下，做出了自己的道德努力，即在新的法治国中，给予每个人以平等获得其应有之物的权利。

（三）关于苏联的民法典

在对《法国民法典》和《德国民法典》进行了比较之后，大木雅夫接着又论述了苏联的民法典和英美的法典。大木雅夫认为通常所说的“社会主义”的国家和法，指的是从十月革命后到1987年的这70年的事。① 虽然这个社会主义国家前途未卜，但是在资本主义国家和苏维埃式的社会主义体制对抗的同时，资本主义法的社会化亦成为了其自身的目标。达维德曾说：“对于社会主义各国法的研究不仅使我们认识到一个不同于我们的世界的新世界；而且对我们是充满教益的。它引导我们批判地考虑我们的法。”大木雅夫认为，这正是比较法的精神所

---

①　大木雅夫《比较法》一书的中译本写为“1977”年，当为“1987”年之误。参见［日］大木雅夫：《比较法》，范愉译，法律出版社1999年版，第209页。

在。[①]

大木雅夫在分析苏联民法典之前，首先考察了马克思列宁主义的法律观和俄罗斯法的传统。马克思列宁主义在苏联经过不断的阐发之后，最后维辛斯基提出了继资产阶级法之后的社会主义法的这一特殊的概念，即法是确认、保护和发展各种社会关系的手段，即有计划地调整国家的经济和社会结构的手段。而俄罗斯传统社会虽然长期受西方法的影响，但是其法的传统十分薄弱，既无法律传统的稳固性，也难奢谈普通民众的法律意识。大木雅夫认为，这或许正容易成为播种马克思列宁主义的法律观的土壤。

在1917年的十月革命之后，司法人民委员会于1922年公布了《苏俄民法典》。这部法典同资产阶级法有很多类似之处，大木雅夫认为这并非偶然。大木雅夫指出，1922年《苏俄民法典》是在资产阶级法上嫁接了社会主义法律原则，这种嫁接正是继受的一种形态。只有坦率地承认了这个基本事实，才能真正理解苏联60年代的新的法典的编纂事业。1961年苏联通过了《苏维埃社会主义共和国和各加盟共和国民法立法纲要》，1964年又公布并实施了《苏俄民法典》，这也同样反映出上述特点。虽然形式上的类似并未伴随内容上的类似，但是这种类似性决不能等闲视之。

（四）关于英国的法典化问题

大木雅夫认为，尽管改革普通法的思想在英国早已产生（例如培根等人表述过的那样），但是这并未促成普通法的法典化。英国法典编纂受挫的原因并不能简单化地理解。欧洲大陆各国的法典编纂与统一分裂的地方法息息相关，而英国并不存在这个问题。同时，英国人们对于法官的信赖程度也要远比作为“法律的宣示者”的大陆法律家们高得

① 参见［日］大木雅夫：《比较法》，范愉译，法律出版社1999年版，第210页。

多。在思想上，英国也不像其他国家那样推崇自然法，英国人甚至认为自然法思想本身便是一种危险的思想。抽象的理论所推动的改革，只会对人类社会带来破坏，在历史上，唯有传统是优于理性的。①

五、法律家论

茨威格特在划分法系时，提出了五个样式构成要素，即法律秩序历史上的来源与发展；在法律秩序中占统治地位的特殊的法学思想方法；特别具有特征的法律制度；法源的种类及其解释；意识形态的各种因素。大木雅夫认为这五个要素都是客观性要素。法律家在法律秩序的构成中发挥了重要的作用，因此有必要将其独立出来作为一个要素加以论述。

(一) 法国和德国法律秩序的创造者

首先，从民法典的起草者来看，《法国民法典》的编纂委员会成员无一例外都有长期从事律师职业的经历。为什么会出现这种情况呢？大木雅夫解释道，这和法国特殊的历史原因息息相关。在司法官被大革命废除之前，这一官职都是通过继承和买卖获得的。由于家财替代了学识的重要性，那么其司法官的素质自然乏善可陈。至于大学教授，在 16 至 17 世纪则处于衰败和堕落之中，教授的职称、学位均可自由出售和借贷。后来通过考试来选拔大学教授，但是法袍贵族的出身和权势者的支持往往又成了其中的关键因素，这在学术权威方面使得法国的教授与德国的教授无法相比。不仅如此，在大革命期间，大学甚至因被视为培养特权阶层的机关而遭废除。在这种境况下，较少受体制羁绊而能发挥些许个人力量的，也就只有律师了。也正因如此，大多数法学精英自然汇集到了律师协会的麾下。《法国民法典》的编纂者们都出

① 参见[日]大木雅夫：《比较法》，范愉译，法律出版社 1999 年版，第 250 页。

身于法律世家,思想倾向与旧的法袍贵族具有相当的同质性。在起草编纂工作时,平均年龄已逾六十,中庸稳健,经验丰富,这些维护旧法并且年龄老迈的法律家们是不可能创制出一个新型法典来的。同时,律师通常都是擅长言辞和言论的,所以《法国民法典》的优美文体的背后,必定也凝聚着编纂委员会委员们对语言的敏锐感觉。①

与之相比较,《德国民法典》的编纂是经历了两次反复,通过参与人数较多的、典型的委员会活动而进行的。因此,每个委员的个性对法典样式的影响相对较小。《德国民法典》虽然是在实务家的统帅之下编纂而成,但是此时的大学给予实务界以巨大的影响。冯伯尔特、萨维尼的教养理念并未消失,而且编纂委员们都出身于人文科学学府,曾以拉丁文为必修课。因此,他们所创制的《德国民法典》不能不成为忠实反映所有潘德克顿法学之特征的作品——诸如以严谨的概念抽象体现的维理主义、为不谙拉丁文的民众所无法理解的法律德语,以及复杂的参引技术等。由于致力构建潘德克顿法学的中坚无一例外都是教授,所以最终德国法不可避免地打上了教授法的烙印;并因此决定了一般立法,乃至《德国民法典》的独特式样。这种情况,与以律师为代表的经验丰富的实务家制定《法国民法典》形成了鲜明的对照。②

其次,从教授和实务家的关系来看,法国的实务界对学术界历来就抱有一种无视的态度,而且自古以来,教授和法官就互持对立的情绪,尤其是法官对站在高高讲台上不时对判决加以批判的教授们抱有强烈的不满。法国的判决书书写得简明扼要,既不阐述附论,也不征用先例,更不援引学说。德国则不同,法学界对实务界历来持有一种清高的态度,而实务家们对此安之若素。尽管在德国也曾发生过理论和实践

① 参见[日]大木雅夫:《比较法》,范愉译,法律出版社1999年版,第271页。

② 同上书,第273页。

决裂、学校与法庭分离的现象，但是教授们保持了其单方的优越地位，而实务家则始终追随其后。在判决书中，较之判例，实务家们更热衷于频繁引用学说，而其内容甚至可与学术论文相媲美。《德国民法典》的理由书中明确指出，在法律解释存在疑义时，对此拥有决定权的，不是法官，而是教授。

第三，从法律家资质的形成来看，大木雅夫指出，无论是法国还是德国，法律家都是主要出身于上流社会。然而，在法学教育和法律家的培养上，法国和德国之间存在有很大的差别。法国法律家的培养制度是多元化的，也就是说根据法律家的职务种类的不同，由各种学校分别进行培养。法官虽然也有从其他法律职务转任而来的制度，但大部分是由国立法官学院培养；律师的培养则由律师培训中心担当。与法国的培养方式不同，德国采用一元化的法律家培养制度。德国大学没有毕业制度，若想成为法律家，必须通过两次国家考试，第一次考试合格，便可成为研修生，在法院、行政机关、检察院和律师事务所等机构进行为期两年的研修，之后，若通过第二次国家考试，便可成为"候补官"，但其中成绩优秀的才能被任命为法官、检察官和各省的官员，或是在有名的律师事务所中就职。就法学教育而言，德国的授课和研讨都具有极高的学术性和强烈的偏重理论的特征，而法国的律师培训中心研修之重点则在于"雄辩术"的训练。

最后，关于法律家之间的阶层分化，大木雅夫认为，法国的律师和德国的教授在各自的法律秩序中发挥了特别重要的作用，并因此占据着举足轻重的作用。至于法国的大学教授，大木雅夫指出，从根本上，对于大学教育而言，法国大革命并非一件幸事，而《拿破仑法典》的至高无上性又使得学者的活动被限于法典注释的范围之内。实务家与教授们彼此互相蔑视、深存芥蒂，使得教授应有的威信几乎无从谈起。这种状态延续长久，以至于在19世纪末模仿德国大学进行改革之时，甚至曾广泛地剥夺了教授会议的自治权。今天的法国,虽然教授地位甚至比日本教授地位还要高,但是由于学生数量剧增导致的教授数量的增加,显然也不利于教授权威的提高,而注释法学派的传统又使得教授过于关注法条。至于法国的法官,若从普通法法圈法律家的角度来看,乃是一种专业性事务官,无非是立法者所设计建造的机器的操作员而已,甚至他们审判时也赤裸裸地宣称是以"政府的名义"。所以无论是教授还是法官,在法国的法律秩序中都难以充当排他性角色。与之相对,法国律师所居之地位,可以说是卓然超越于其他法律职业之上,律师们为自由和权利所作的日常的斗争,对社会产生了普遍的影响。若从作为自由与民主之基础的现代法的角度审视法国的法律式样,律师的作用尤为举足轻重。再从德国来看,法官较多的出自下层的社会,进行审判的官员无非是编在官僚机构中的专司审判之职的官员而已,处于行政官的下层,而德国律师的地位更加低下。与法国不同,即使在现在,德国律师也经常受到唯求使委托人胜诉、不顾及法律与公益的指责。在德国,雄辩与诡辩并无区别。在这种风土人情之中,律师的智能即使能够得到承认,在政治上的影响力也是微乎其微。具有这种道德与特性的律师是不能成为德国法律家的代表的。在德国,法律家的理想代表应当是法学家。众所周知,德国大学的教授在世界上具有无与伦比的地位,而很久以来,德国大学与实用法学的紧密相连又使得学者地位优越于官僚的努力得以实现;同时,在历史上,德意志众邦林立,立法与司法机关软弱无力,也使得教授学说备受重视,因此从文化、尤其是法文化的观点来看,教授们以其实力雄踞以往的法律家内部序列之首。[①]这也是德国不同于法国和英美各国的方面。

① 参见[日]大木雅夫:《比较法》,范愉译,法律出版社1999年版,第306页。

(二)英美的法律家和苏联的法律家

大木雅夫认为,英国法的承担者,乃是法官。英国不存在《拿破仑法典》式的法典。而且,作为英国法之发端的“令状”,无论如何绝不是堪称“神圣的令状”(Holy Writ)之类的东西。任何一种法源,如果采取了书籍文字的形式,就可称为有学识的法律家得心应手的素材,但是由于英国没有这种可被奉为圣典的法典,结果,法未能成为有学识的法律家施展才能的领域。而法官在既无法学家又乏法律著作的情况下,亲手创立了普通法,不仅如此,即使对议会的制定法,法官也掌握着通过解释适用赋予其效力的权力。再从法官的产生阶层来看,英国法官大多出身于上流社会,作为少数精英,其地位高居要人之列。他们不仅具有法律知识,且以广博的教养和廉洁的品质赢得了一般民众的信赖,堪称是法律秩序样式构成的主要角色。

美国法虽然以英国法为母法,但其法律家形态却与英国法迥然不同。相对于英国一元化的法官系统,美国情况较为复杂。美国各种法律家职业之间的可变性本来就相对较高,再兼之广泛实行的法官选举制,导致一元化进展迟缓。从法官人数上来看,也非所谓超精英集团。对于美国法官的独立性,要结合他们所处的社会地位和权限,以及活动方式进行探讨,才能准确把握。尽管如此,在美国,法官作为法律家精英,在法律式样的构成上仍然起着主导的作用。英国的大学教授在法的世界里几乎微不足道,但是美国则不然。由于美国不存在像英国贵族院那样单一的最高法院,因此,法院未能承担起统一法律的重要使命。为美国统一法律秩序作出持之以恒、卓有成效的贡献的,正是大学的教授们。美国的教授们很早就汲取欧陆各国的法学思想和法学理论,并将之发扬光大;在教学方法中也注重各学科,尤其是与社会学的交融。美国的教授还通过与从事实践活动的学生相联系对审判实践也产生了一定的影响,甚至有些教授本身便担任了高级法官,因此大木雅夫指出，当今的美国法已经逐步显示出了一种“学者法”的姿态。①

关于苏联的法律家，大木雅夫认为苏联的法官在遭到歪曲的选举制度下，对其选举机关负有报告义务，而选举机关则可以罢免法官；不仅如此，法官还不得不忍受来自党和其他国家机关的露骨的干涉，所以他们的地位并不高。这样，在法官选举之际，往往从推选候选人开始就举步维艰。优秀的法律家不愿或不屑成为法官。因此法官绝不是构筑苏维埃法律秩序的主要角色。至于律师，大木雅夫认为其地位可谓“悲惨”之至，无论是法律家内部还是普通人，对律师的评价均不高。苏联大学的教授虽然社会地位较高，但是在专制与专政的权力之下，他们建立批判性、独创性学说的可能性非常之低。不过苏联研究所是以其成果的实用化为目的，故而其研究员在苏维埃法律秩序的形成中，作用颇令人瞩目。在对上述法律家进行考察之后，大木雅夫提出检察官在苏联法律秩序样式构成之中承担着极为重要的作用。苏联的检察机构具有在全苏联范围内独立、统一的中央集权组织，其“普遍监督”制度的效力波及国家生活的方方面面，在苏联公民的日常生活中，人们相信，向检察官申诉比向法院提起诉讼更容易及早得到救济。年轻的优秀法学家们往往把检察官作为成功立业的捷径，渴望能就任其职，因此大木雅夫将检察官作为苏联法律秩序的“创造者”。

作为法律秩序式样构成的主要角色，大木雅夫列举了法国的律师、德国的大学教授、英国的法官、美国的法官以及苏联的检察官。大木雅夫将其称之为各自法律秩序的“创造者”，然而大木雅夫也强调，在这些法律秩序的创造者身旁，其他职业的法律家也分别从各自的立场支撑着本国的法律体制，即使是消极的作用也罢，他们终究为该法律秩序增添了特有的色彩。所以大木雅夫指出，一方面注意片面的夸张，另一方

① 参见［日］大木雅夫：《比较法》，范愉译，法律出版社1999年版，第335页。

面竭尽全力避免武断,这才是比较法存在的意义之所在。

从上述对大木雅夫的《比较法》的介绍中我们可以看出,大木雅夫的理论深受西欧比较法学者,尤其是其老师茨威格特的影响。但是大木雅夫并不囿于成见通说,而是提出很多自己的观点,创造出自己的理论体系。在大木雅夫的理论体系中,首先为比较法这一学科定义正名,大木雅夫认为"一个研究数国法的愚人,有时会比一个满足于一国法研究的智者获得更胜一筹的认识"[①],这也正是比较法学科存在的意义所在。其次,就如何来建立这个学科的体系而言,大木雅夫则不愿只将其构筑为比较法律制度论,而更愿将其构筑为比较法文化论。大木雅夫的这一思想在《比较法》中多有体现。大木雅夫研究不仅仅只限于考察法律制度,他更多地去探究制度的历史背景、时代潮流以及与之相关的风俗、文艺、宗教等等事项,力图把握住特定社会中法文化的精神实质。在对比较法思想的历史发展之研究中,大木雅夫向人们展开了一幅辉煌的、波澜壮阔的历史画卷。从笛卡尔到孟德斯鸠,从自然法思潮到历史主义、民族主义和实证主义,从"共同法论"到"比较法学",这都使得读者对此学科有了更深刻的了解。在就法系(法圈)的比较来说,大木雅夫也不仅仅着眼于考察"特别具有特征性的法律制度"或者"法源的种类及其解释"之间的异同(这一点非常为茨威格特所重视)[②],而更加强调对特殊法学思想和法律观念的探讨。大木雅夫著名的"远东与西方法律观念的比较"理论正是这一思想的体现。在"法典论"中,大木雅夫也着力于对法典编纂的时代背景、编纂者的状况、法典的精神与本质特征研究,而不是拘泥于形式化的一些比较。最后,大木雅夫的"法律家论"尤其体现出其研究的特色所在。茨威格特根据法律式样对各种

---

① [日]大木雅夫:《比较法》,范愉译,法律出版社 1999 年版,第 16 页。

② 参见[德]K.茨威格特、H.克茨:《比较法总论》,潘汉典等译,法律出版社 2003 年版,第 108 页;[日]大木雅夫:《比较法》,范愉译,法律出版社 1999 年版,第 130—132 页。

法律秩序进行分类，大木雅夫认为其式样构成中遗漏了作为法律秩序担当者的法律家这一主观性要素。大木雅夫指出，法是法律家所创，所以“创制何种法直接取决于由什么人来创制”，[①]比较法学为了明确揭示法律秩序的式样，就应看到，在各种法律秩序内部活动的各种类型的法律家之中，都存在着对特定法律式样构成具有影响力的某种职业的法律家。大木雅夫选择了法、德、英、美、苏五个国家，从出身的阶层、资质的形成、法律家的分化等方面对其“法律秩序的担当者”进行了比较研究，这更加深化了人们对不同法律秩序之间异同的认识。大木雅夫的比较法研究在日本产生了很大的影响，并以其在研究领域取得的杰出成就成为当代日本比较法学界的代表人物。

第三节　日本比较法学的特征

日本的比较法学历经百余年的发展，取得了令人瞩目的成绩，为比较法学的发展与壮大做出了自己的贡献。同时，日本的比较法学在其发展过程中，也形成了自己鲜明的特色。概括起来主要有比较法学对西方学说的继承性与自己的独创性、比较法学发展过程中对现实问题的关注以及在东亚各国法律比较研究上的卓越贡献三方面。

一、比较法学的“继受性”与“独创性”

日本的比较法学是在明治维新以后通过对西方学说的引进学习而发展起来的。在日本比较法学的发展过程中，有着明显的受西方学说思潮影响的特征。日本比较法学的始祖穗积陈重，早年留学西欧，此时正值达尔文的进化论风靡全球之时，生物界的“优胜劣汰，适者生存”的自然规律亦被很多社会科学者所接受。在穗积陈重的研究中也可以明

① 参见[日]大木雅夫：《比较法》，范愉译，法律出版社1999年版，第264页。

显地看出进化论的影响。按照穗积陈重的观点,“法律进化论”正是体现出“优法存,劣法亡”的演变规律;“法律进化论”的顶点,则是对于“民主主义和国际主义”的追求,也就是所谓“各国国民必依其本国之特有法与世界之共有法以受支配。”[①]这种对“世界共有法”的追求,和当时西方比较法的潮流也是一致的。比如在 1900 年巴黎举办的国际比较法大会上,萨莱伊便提出“文明人类的共同法”的口号,而朗贝尔则提出“立法共同法”的观点。[②] 而类似的观点在此后数十年仍然影响着许多学者,如在 20 世纪 30 年代出版的由田中耕太郎所著的《世界法理论》便秉持这种观点。除此之外,从穗积陈重的研究中还可以看到历史法学派的萨维尼、梅因等学者之影响痕迹。比如穗积陈重的“潜势法”理论便与萨维尼的“法律是民族精神”观点一脉相承,以至于穗积陈重自己也说:“则法者,关于法律事项,存于人民之本能的具有之意识,在法规背后,有为其根据之民族法,成法之规则,总不外此民族精神之发现及民族法之适用而已。故彼之所谓民族法者,于其适用以前,为民意法之潜势法。”[③]而其“法的第二次发现”等理论也可以看出,与梅因有关“法律拟制”、“自然法与衡平”等学说的关联。[④] 穗积陈重的《法律进化论》中所大量使用的例证,往往是来源于西方学者的第二手资料,而在这其中也难免为收集材料的偏好观点所左右。这些都使得其学说不免有囿于西方眼界之局限。从同属日本比较法学开拓者的牧野英一身上,我们也能看到西方自然法理论的影响。再如 20 世纪上半期日本比

① [日]穗积陈重:《法律进化论》,黄尊三等译,中国政法大学出版社 1997 年版,第 279 页。

② [日]大木雅夫:《比较法》,范愉译,法律出版社 1998 年版,第 54 页。

③ [日]穗积陈重:《法律进化论》,黄尊三等译,中国政法大学出版社 1997 年版,第 11 页。

④ 参见[日]穗积陈重:《法律进化论》,黄尊三等译,中国政法大学出版社 1997 年版,第 52 页;[英]梅因:《古代法》,沈景一译,商务印书馆 1959 年版,第 13 页。

较法学的代表人物高柳贤三，最早在日本提出关于功能比较的方法[①]，而在这一方面，早在19世纪后期，西方的比较法学家，如耶林、拉贝尔等人就已经倾向于此种研究。[②]

二战以后，日本的比较法学获得了较大的发展，但是我们还是可以看出西方学者影响的痕迹。如若比较大木雅夫著的《比较法》和茨威格特、克茨著的《比较法总论》，便可以看得出这种师承关系。大木雅夫的很多观点都是建立在对茨威格特、达维德与康斯坦丁内斯库的总结与继承之上，但是对茨威格特的学说继承尤多。这也许和大木雅夫是茨威格特的学生有关。在比较法学的一些基本理论方面，大木雅夫基本沿用茨威格特的观点。如在法律样式构成要素方面，茨威格特采用的是五要素说，即一个法律秩序在历史上的来源与发展；在法律方面占统治地位的特别的法学思想方法；特别具有特征性的法律制度；法源的种类及其解释；思想意识因素。大木雅夫认为较之达维德的放弃探讨与康斯坦丁内斯库的绝对分类而言，茨威格特的五要素说较为适当，于是便以此作为自己法圈分类的标准。尽管大木雅夫认为关于茨威格特的五要素说有自己的缺陷，即缺少人的要素或主体性要素[③]，并将自己的这一观点写成专章“法律家论”进行阐述，但是就此问题实际上茨威格特和克茨早已经意识到，并进行了相当详细的论述，对于此大木雅夫亦不否认[④]。不仅如此，此种观点在茨威格特之前韦伯与鲁因斯坦也都曾经表述过。如韦伯认为，利害关系者之间的相互作用和法律专家的工作更值得关注，而鲁因斯坦则认为，法的形成和适用是一种艺术，这

① 参见[日]浅井敦：《比较法学和日本比较的中国法研究》，段秋关译，载《法律科学》1991年第1期。

② 参见沈宗灵：《比较法研究》，北京大学出版社1998年版，第41页。

③ [日]大木雅夫：《比较法》，范愉译，法律出版社1998年版，第150页。

④ 同上书，第265页。

种法的艺术表现为什么样式，取决于谁是艺术家。日本比较法学者的成就与西欧学者相比，在基本理论上多受后者影响，具有相当程度的“继受性”，这是其较为明显的一个特征。

在接受西方学者思想的同时，日本的比较法学者还表现出了很强的独创性。日本比较法学者的独创性也早在穗积陈重时期就表现出来了。穗积陈重“法系划分”之学说，早于西欧的比较法学者。时至今日，对法系的划分研究仍是比较法学科的基本内容之一。而在穗积陈重的具体研究之中，更多有推陈出新之处。如梅因在其《古代法》中通过对印度—欧罗巴(Indo-European)系各种早期文明形态的考察得出，法律的观念始于神托裁判[①]。穗积陈重则认为，梅因作为法学泰斗，此种看法颇具卓见，但是以神托裁判为法律观念之起源，则未免失之宽泛；而神托裁判起于惯习观念之先，又未免颠倒历史顺序[②]。穗积陈重将规范法之发生，细分为“民意潜势法之现化”、“神意潜势法之现化”与“君意潜势法之现化”，显然更较梅因科学。穗积陈重在对西方学者批判继承的基础上，广泛吸收人类学、历史学、考古学和社会学的成果，因此使其《法律进化论》具有了独立的学术价值[③]，为比较法学科的发展做出了贡献。

在从大木雅夫的研究之中，我们也可以看出这种推陈出新之处。如上文所述，大木雅夫师承茨威格特，在很多基本理论方面沿用茨威格特的观点，但是大木雅夫又多方吸收其他学者的成果，不断将茨威格特的学说深化。如在“功能主义”这个问题上，茨威格特和克茨认为：“全部比较法的方法论的基本原则是功能性原则[④]”，而大木雅夫则认为，

① [英]梅因：《古代法》，沈景一译，商务印书馆 1959 年版，第 2 页。

② [日]穗积陈重：《法律进化论》，黄尊三等译，中国政法大学出版社 1997 年版，第 16 页。

③ 参见何勤华：《20 世纪日本法学》，商务印书馆 2003 年版，第 61 页。

④ [德]K. 茨威格特、H. 克茨：《比较法总论》，潘汉典等译，法律出版社 2003 年版，第 46 页。

虽说功能主义的比较方法，使比较法获得了长足的进步，但是不可将其绝对化。从根本上说，比较法所采用的方法是受研究目的所支配的。所以，最好根据需要广泛并独创性地应用历史学、社会学和统计学的方法以及其他各种方法[①]。大木雅夫在自己的研究之中的确也是如此实践的。大木雅夫的比较法理论之中，最具特色的便是对法律秩序的创造者的研究，并在其《比较法》中设专章“法律家论”予以探讨。如上文所述，关于所谓“法律家”在比较法研究中的重要意义，从韦伯到茨威格特，很多学者都已有过相关论述。但是大木雅夫用了相当之精力对此问题进行了深入而细致的研究。大木雅夫在“法律家论”一章中，首先细述研究法律秩序创造者的意义，然后从法典的起草者、教科书与判决书的风格、法律家资质的形成、法律家内部阶层的分化等问题入手，探究法、德、英、美诸西方国家法律秩序创造过程中，作为主体的“人”的因素。其中大木雅夫从广泛联系社会背景、经济状况、教育制度、思想意识等方方面面展开论述，目光敏锐而独到，其研究方法与结论都很具学术价值。而大木雅夫对于前苏联的法律工作者，尤其是对于检察官的有关论述，对社会主义法系研究而言，亦不无裨益。

日本比较法学者的独创性主要表现在具体研究中对已有问题的深化、对比较法学科中新兴与前沿问题的开拓等诸多方面，二战以后其研究之领域更是不断扩展，成果迭出。如前节所介绍的野田良之对于“比较法文化学”的研究、真田芳宪将功能主义方法与法社会学的结合、川岛武宜与大木雅夫对于日本人的法律观念以及“远东法”问题的辩论、五十岚清对比较法学科的界定、对比较法教育以及“东亚法系”的论证都是这一时期优秀成果的体现。也正因如此，日本的比较法学在世界比较法界占据了重要的地位。

---

① ［日］大木雅夫:《比较法》，范愉等译，法律出版社1998年版，第90页。

二、比较法学的"现实性"

从上述对日本比较法学发展百年的介绍中可以看出,对日本现实状况的紧密关注始终是其比较法学的一个特点,而这一特点的集中表现便是日本比较法的发展与其不断进行的法律移植息息相关。

日本比较法学之发端,便是在移植西方国家法律的大背景下进行的。可以说这个学科正是日本"脱亚入欧"过程中的一个副产品。日本在明治维新以后开始创建资产阶级法律制度,这与旧有的,受中国隋唐律影响的传统日本法截然不同,而西方资产阶级法律制度所赖以存在的社会基础与日本也大相径庭。如何选择适合于日本自身的近代法律体系,这促使日本学者对西方各国法律进行比较研究。被誉为日本比较法学"鼻祖"的穗积陈重,其学说的基础便是建立于对西方各国法律的比较研究之上。穗积陈重本身便是日本明治民法典的编纂者之一,他在1876年被送到英国伦敦学习法律,但到1880年他又前往德国柏林。他在陈述这一举动的原因时说道,比较法的研究对于当代的日本来说是非常必需的,而这一点德国的进展远甚英国,因为不列颠人民的自傲使得他们不会去学习为其所不屑的别国法律,正处于法律变革之中的德国无疑又为日本提供了有用的范本。穗积陈重的"法系说"、"法律进化论"的目的也正与其"优法存"、"劣法亡"的理论相一致,都是为了寻求适于人类各民族的"通素"之所在,[①]最终达到法律进化之顶点的民主主义和国际主义,而此时的各国国民必同时依其本国之特有法与世界之共同法之支

① 穗积陈重认为,在同一环境中的民族,虽异种异世,但大概有同一生活之需要,因之其性情及风俗习惯,常有互相类似者。又在文化程度相同之民族,虽异种异世,然其法律生活程度,大抵相同。故仅就外表观察法现象,自觉复杂无极,倘汇类之、比较之、分剖之,详细而研究其异同之由来,必可寻出通素之存在。参见[日]穗积陈重:《法律进化论》,黄尊三译,中国政法大学出版社1997年版,第3页。

配。[①] 其后日本学者田中耕太郎也阐述了类似的观点。

日本比较法学的发展过程,也深深烙有法律移植的印记。日本对外国法的继受,受到了诸多日本政府聘用的外国法律家的帮助,并参考了许多外国的法制,体现出二重、三重的复杂的继受过程。在此方面,最为典型的是日本民法典的编纂过程及随后对德国学说的全面摄取过程。日本民法典是对德国法要素和法国法要素的法典继受的混合产物,而民法学说和体系则是全面依据德国法学而形成的,但是在明治之初,对日本最有影响力的却是一直支援德川幕府的法国,和支援作为新明治政府主要力量的萨摩藩、长洲藩的英国。在明治政府最初招聘的法律顾问中,法国人有 16 人,英国人有 5 人,而德国人则一名也没有。但是在 1871 年的普法战争之后,日本朝野之间纷纷认为新兴德国充满朝气,且与日本国情相同,研究德国的政治、风俗比研究英国、法国更有利于日本,于是学术界,包括比较法学科研究的重点自然转向了德国。明治初年在大学或专门学校只讲授英国法或法国法,或者二者同时讲授,为改变这一状况,1881 年成立德意志学协会,以北白川能久为总裁,加藤弘之、井上毅、青木周藏、品川弥二郎、穗积陈重等德国法专家聚集到了一起,在协会专修科讲授德国法。几乎在同一时期,在东京大学法学部长穗积陈重、东大校长加藤弘之的努力下,开设了德国法。1887 年开设了法律学科德国部。这种状况使得英国法学家梅特兰在《英美法》一文中感叹亚洲新兴国日本不是接受了英美法而是接受了德国法,令人遗憾:"我知道远东的新兴国已从德国吸收了民法。在我看来,日本人向我们显示了他们知道应该在什么地方借什么东西。日本人从欧洲吸取了许多东西,其中大部分可以贴上德国造的标签。这是德国的法律家可以引为自豪的。我对日本友人未能认为英国法具有明

① 参见何勤华:《20世纪日本法学》,商务印书馆 2003 年版,第 61—62 页。

确性和技术上的卓越性而感到悲哀。”[①]日本法学对德国法学的继受一直持续到20世纪20年代第一次世界大战后，整整伴随着日本资本主义法律体系的最终建立，而日本比较法学领域对德国法研究的重视则一直持续到了二战结束之前。

二战结束之后，日本作为战败国，被置于盟国远东委员会的控制之下，美国军队以“盟军”名义进驻日本。按照国际条约的规定，战后的日本应向和平、民主、独立的方向发展，基于此，日本进行了战后的各种改革，这一时期的法制改革主要是国际社会（尤其是美国）的压力所致，改革的特点之一是一方面体现了资本主义民主与法治的精神，另一方面表明对英美法律部分内容的吸收，同时日本固有的法律传统和特色也没有被完全抛弃。[②] 由于美国的占领和英美法对日本产生了影响，在比较法领域对英美法的教学与研究也开始加强，如东京大学法学部等开设了英美法总论的讲座、《现代英国法》（下山瑛二等主编，成文堂1980年版）和《英美法的诸种形态》（田中英夫主编，东京大学出版会1980年版）等。[③] 不过尽管战后美国法对日本有全面影响，德国法还是没有被排挤出去。亚洲法与西洋法的比较研究，特别是日本法在参与德国法间接影响这些国家的过程，都引起了学者的注意[④]。

20世纪80年代以后，日本的比较法学获得了较大的发展，这表现为在其继承西欧比较法成果的基础上又发展出了自己的理论。但是这一时期的日本比较法学者仍然十分关注比较法的现实性与实践作用。日本比较法学者、爱知大学教授浅井敦在论及当代日本比较法学界对比较学目的的观点时，尤其强调到比较法的实践目的。浅井敦教授说

---

① 参见[日]北川善太郎：《日德法学一百年》，李毅多译，载《中外法学》1992年第4期。

② 参见何勤华主编：《日本法律发达史》，上海人民出版社1999年版，第28—29页。

③ 参见何勤华：《20世纪日本法学》，商务印书馆2003年版，第29页。

④ 参见[日]北川善太郎：《日德法学一百年》，李毅多译，载《中外法学》1992年第4期。

到，比较法可以对法律解释提供参考资料。各国都存在一些不易理解、难以解释的法律规定，便可以利用比较法进行解释。日本法学界特别重视这一点，因为日本是经过德、法、英以及美国法才建立起现代法律制度的，所以日本法学者强调，在解释日本法时，必须参考“母法”，即该法条的来源和本意，否则便无法理解掌握。除此之外，比较法的实践性还体现在对各国立法提供范例，即在一个国家建立完善法律制度时，比较法可以提供立法范例作为参考。至于对“共同法”的追求这一目标，浅井敦教授仍然和世纪之初的穗积陈重一样，认为这是比较法实践性的又一体现。虽说建立一个使用于各国的统一法律是不可能的，但是日本学者认为，在特定的法律领域内，形成统一的法律规定是现实的，也是有意义的。如建立统一的商法典，不仅需要，而且也不是不可能。因为无论资本主义国家还是社会主义国家之间都有大量的商业贸易关系，都需要基本的法律秩序。[①]

最后，日本比较法学对现实的关注还体现在通过比较的方法对日本本国法律传统、法律文化的研究。日本在明治维新以后的近代化时期由于迅速地、全面地引进了欧洲的法律制度，因此从法律制度的角度来看，明治以前的日本古代法和明治以后的近代法之间完全没有连续性。明治维新后的日本，在形势上完全变成了一个立足于欧洲近代市民法的法制国家，但是另一方面，在接受欧洲法的同时，思想观念上又留下了一些日本特有的传统生活方式和法律观念，而且这些传统观念扎根于人们心灵深处，往往和外来的法律思想、法律制度产生矛盾，有时甚至发生激烈冲突，[②]所以对日本传统法律观念及其产生背景的研

① 参见[日]浅井敦：《比较法学和日本比较的中国法研究》，段秋关译，载《法律科学》1991年第1期。

② 参见[日]植田信广：《日本传统法律文化及其历史背景》，载《中外法学》1996年第4期。

究无疑也是学者们感兴趣的课题。如川岛武宜在其《日本人的法律意识》一书中通过东西方比较的方法，认为资本主义以前的欧洲法本身在根本上便是由权利观念构成的，而日本人缺乏法律意识的原因在于日本社会还是残存着家长制和团体性结构的很落后的社会。随着日本社会现代化的发展，法律意识也会同时发展的。[①] 大木雅夫则通过日本和西方、日本与中国的比较研究，提出相反观点，认为日本具有法治主义传统，并且具有强烈的为权利而斗争意识。[②] 这都体现出了日本学者对本国法律文化、法律传统的关注和在研究本国问题上比较法方法的应用。

三、日本比较法学在东亚法律比较研究领域的贡献

日本比较法学者在东亚诸国法律比较研究中取得的成果尤其引人注目。早在日本比较法学科的开拓者穗积陈重的著作中，利用比较的方法对中日之间法律的比较研究以及南太平洋岛国早期原始习惯、习惯法的比较便经常可以见到，而随着日本明治维新后殖民侵略活动的开展，为了配合对殖民地之统治，由官方支持的，对东亚地区法律、习惯进行学术方面的比较研究也取得了一定的成果。[③] 在二战以后，日本比较法领域对东亚各国研究进一步深入起来，如上文所提到五十岚清

---

① 参见[日]植田信广：《日本传统法律文化及其历史背景》，载《中外法学》1996 年第 4 期，何勤华：《20 世纪日本法学》，商务印书馆 2003 年版，第 75 页。

② 参见[日]大木雅夫：《关于远东法观念的误解》，何勤华译，载中国儒学与法律文化研究会编：《儒学与法律文化》，复旦大学出版社 1992 年版；何勤华：《20 世纪日本法学》，商务印书馆 2003 年版，第 126—141 页。

③ 如由著名学者织田万主持的“清国行政法”研究，便是在日本对台湾进行殖民统治时期进行“旧惯调查”的背景下展开的。参见[日]织田万：《清国行政法》，中国政法大学出版社 2003 年版；何勤华、李秀清：《外国法与中国法——20 世纪中国移植外国法反思》，中国政法大学出版社 2003 年版，第 67 页。二战时期日本学者对华北农村进行的习惯调查也属此类。

教授的研究成果便是一个代表。[①] 在大木雅夫、野田良之等人的研究中也可见到对“远东法”等问题的关注。不过日本学者在东亚法领域的探讨之中，令其备感关注的焦点还是有关于中国和日本之间的比较研究。

中日两国法律比较研究中，对于传统法文化的关注，始终令人瞩目。而在古代法律的比较研究里，隋唐律和日本古代法律的关系又是其中的一个重点。早在20世纪20年代，便有广池千九郎的《倭汉比较律疏》、中田薰的《唐令与日本令的比较研究》等作品问世。[②] 除上文介绍过的仁井田陞和滋贺秀三教授以外作为日本的“第三代”中国法制史学者[③]——东京大学池田温教授和明治大学冈野诚教授的成果亦是非常杰出。如池田温教授利用敦煌残卷等内容重新审视唐代律令，并和日本古代法律进行比较研究，得出很多颇有启发的结论。池田温教授认为，唐令的内容包含有今天行政法、民法、诉讼法、刑法等诸方面，这种诏令性质的法典约始于公元3世纪，一直延续到明代，但明令内容和唐令完全不同，较为简单，由六部构成。日本古代的律令开创于中国隋唐时期，日本现在流传下来的又“养老令”，养老是日本8世纪的年号。若将日本“养老令”和唐“开元令”进行对比，就能看出两者编目名称大体一样，但细节又有若干差异，而有些令在唐令中有，日本则无，或者日本有唐令则无，这都体现出实际社会生活的不同，而在篇目方面，养老令将户、田、赋役置于前列，则又体现出日本对新建的田制、赋役的重视。在官员待遇、资荫制度方面日本与唐代也有诸多不同之处。古代日本社会之发展，较之隋唐属于后进，因此日本尽管努力模仿唐朝的律

---

① 参见[日]五十岚清:《东亚法系的建立》，林清译，载《环球法律评论》2001年秋季号。

② 参见何勤华:《20世纪日本法学》，商务印书馆2003年版，第32页；石田琢智:《日本移植唐朝法律考述》，载《法学》1999年第5期。

③ 参见何勤华:《20世纪日本法学》，商务印书馆2003年版，第35页。

令制度来编纂自己的律令,但是在具体方面也有为适合日本社会而作的改变、修订。这些都是学者应当关注的。①

对中日法律的近代化转型的比较分析,则是中日法律比较研究的另一个热点。如日本拓植大学的石田琢智博士认为,自19世纪中叶以来中日两国均在西方殖民主义的武力威胁之下,开始了法律的近代化转型,但是二者之间又有所差别,这主要体现在以下几方面:首先,中日两国的社会背景不同。日本自封建时期就已确定了二元性的政治结构,天皇与封建贵族势力共同执掌政治权利,在倒幕运动时倒幕派的实力早已远胜幕府。而中国的一元化政治结构使顽固势力异常强大,社会变革难以进行。自经济上看,日本的资本主义成分也远超中国。而就历史传统和文化观念来看,日本也没有"中国中心论"的束缚;中国变法维新前内外矛盾之剧烈也和日本相对稳定的国内外形势形成鲜明对比。第二,变革的过程也不同。与日本相比较,中国的清末改律体现出这样一个基本走向,即传统法律思想的变迁、西方法律和法学的引入、封建法律的改良以及对帝国主义的屈服。清末改律的重要阶段同时也是修律的司法改革的实施阶段,这一阶段的立法活动受到了日本近代法律文化的影响,并奠定了中国近代法制的基础。第三,中日从事法制近代化的主体也不同。日本明治维新既有群众基础,又有强大的军事实力,而明治维新成功以后,日本近代资产阶级便登上政治舞台,通过政府决策、法令等潜移默化的影响和渗透,积极推进了日本法律文化近代化的发展。中国戊戌变法局限于上层分子,农民为文化保守主义所笼罩,即使后来的改制修律,也不过是为了维护君主专制的统治,因此中国的法律改革不可能取得与代表资产阶级的日本一样的效果。第

① 参见[日]池田温:《隋唐律令与日本古代法律制度的关系》,陈国灿译,载《武汉大学学报》(社会科学版)1989年第3期。

四，立法的目的也不同。日本法律文化近代化不仅要雪清西方列强所施加的耻辱，而且要大力发展资本主义，成为与近代资本主义强国并驾齐驱的发达国家，进而称霸世界，而清末仿照西方立宪，不过是“皇位永固、外患渐轻、内乱可弥”。第五，中国的法律改革中，程度和范围都不及日本，缺少政治体制改革支持的司法、法律改革难以贯彻实施。最后，日本法律文化近代化对发展资本主义商品经济起了积极的作用，而中国即便在大大缩小和法制发达国家差距的今天，现代法制体系还不完善，如何将已立之法付诸实践，还存在一些问题。通过上述比较分析，石田认为中国传统的理念和习惯，已成为一种对抗先进外来法文化和改革的惰性力量，不排除这种力量，要想取得真正的成功是很困难的。①

从法文化角度进行的中日比较研究是日本学者非常重视的。在大木雅夫的《日本人的法观念——与西洋法观念的比较》一书中便对远东法圈与帝王思想、中国的法律传统（儒家轻法、道教重德、法家严刑）、日本人的法律意识的形成等一系列问题作了深入的比较分析。② 其后在大木雅夫的《关于远东法观念的误解》一文中对此进行了进一步阐述。③ 这里尤其应当注意，日本札幌学院大学教授铃木敬夫的成果。铃木教授致力于研究中国和亚洲的法律思想和法律文化研究，从1982年起先后发表了《法的支配——朝鲜殖民地统治法的成立过程》、《社会

---

① 参见[日]石田琢智：《中日法律的近代化转型的比较分析》，载《政法论坛》2001年第6期。

② 参见何勤华：《日本法律文化研究的历史与现状》，载《中外法学》1989年第6期。

③ 大木雅夫认为，从意识形态来看，中国与日本就很不相同。虽然中国古代法律对日本产生了广泛的影响，但是并不能说日本的法律观念就是在中国法律文化影响的律令法制一种因素之下培养出来的。考察日本人的法律观念，还必须注意到从镰仓幕府以来近700年间武家法的培育、催化作用。参见[日]大木雅夫：《关于远东法观念的误解》，何勤华译，载中国儒学与法律文化研究会编：《儒学与法律文化》，复旦大学出版社1992年版。

主义法小考》等文。铃木教授认为，当今亚洲的法律思想，分别代表不同的法律文化类型，是值得重视的一种社会现象。中国目前的法学发展很快，并且建立了独具特色的法学体系，这一体系的思想理论基础是马克思主义、毛泽东思想，但是却受到了中国几千年传统文化的影响。如何处理文化和法律现代化的关系，是中国法学发展的关键问题之一，也是日本学者应该关心、注目的课题之一。①

最后需要提及的是，日本学者在比较社会主义法方面也取得了一系列成果。20 世纪 90 年代以前，日本比较法学者很注意了解中国法的基本理论。这里不仅包括注意社会主义法的一般原理，而且还着重探讨这一原理在中国具体条件下的发展，研究中国法与苏联法、东欧各国法的区别。一方面对社会主义法和资本主义法进行比较，另一方面区别对待、具体分析各社会主义国家法律形式的多样性。在此领域研究较高水平的是福岛正夫(1906—1988)。福岛教授通过对社会主义法的比较研究，从苏联、东欧法入手研究中国法，取得了可贵的成果。②而浅井敦教授则提出“比较中的中国法”课题。浅井敦认为，从法的历史社会条件来比较，中国法的首要特征是“儒教文化型”。当代中国社会仍然广泛地受儒教文化的影响，并朝着一定的方向继续发展，法律规范与道德规范融合统一，与秩序、正义观念相比较，法律处于次要地位；其次是“重视调节型”，行政方法优于司法方法。从法的政治思想条件出发，中国法的特征是“政治主导型”。外国学者往往不理解中国审判和党委的关系，便是未能注意这一特征的缘由。在中国，法是从属于政治的。第三，从法的技术条件来比较，中国法的特征是“单纯简便型”，

① 参见何勤华：《日本法律文化研究的历史与现状》，载《中外法学》1989 年第 6 期。

② 参见[日]浅井敦：《比较法学和日本比较的中国法研究》，段秋关译，载《法律科学》1991 年第 1 期。

诉讼手续简单易行，尚未形成系统的、周密的、完整的、稳定的法律体系。[①] 浅井敦教授的这一观点虽然有可值商榷之处，但是其研究方法却代表了日本比较法学者在中国法和社会主义法研究的一种趋势。

除了以上三个显著特征之外，日本比较法学研究机构的稳定性也在世界比较法学界独树一帜。比较法学的繁荣发展，离不开一支稳定的、高素质的研究队伍，而健全的研究机构、研究团体则是这支队伍发展壮大的保障。在日本，比较法的研究组织和机构非常健全，活动也很频繁。1950年，在杉山直太郎的倡导下，日本比较法学会成立。在日本比较法学会之下，学者们成立了英美法部会、大陆法部会和社会主义法部会，每年展开学术活动；1959年后成立的日法法学会、日美法学会以及日德法学会更是有力地推动了日本与法国、美国和德国的法律文化交流。这些学会定期召开学术会议，出版会刊；在学会之外，又有各种比较法研究所、研究室以及研究中心。由于它们的正常活动，在日本形成了一支稳定的比较法研究队伍，从而使日本比较法学的发展具有良好的组织基础。这方面的经验和做法，尤其值得我们参考借鉴。[②]

---

① 参见[日]浅井敦：《比较法学和日本比较的中国法研究》，段秋关译，载《法律科学》1991年第1期。

② 参见何勤华：《20世纪日本法学》，商务印书馆2003年版，第52—53页。

第六章　比较法学在中国

第一节　中国比较法研究概况

中国是世界上历史最悠久的国家之一，各族人民共同创造了辉煌灿烂的文化，包括法律文化。但在两千多年的封建社会中，由于历史、社会条件所限，中国并没有狭义的比较法研究，即中国法和外国法的比较或不同外国法的比较，但广义的比较法研究，各诸侯国或王朝之间法制的比较，却像成文法典一样古老。[①] 直到清末沈家本（1840—1913）负责修订法律，作为现代意义的比较法研究才开始出现。在中华民国时期，比较法研究有了进一步的发展。

一、清末的比较法研究

（一）概述

早在战国时期，就有对各诸侯国法律之间的比较研究。中国历史上第一部成文法典《法经》，据《唐律疏议》记载，就是由李悝"集诸国刑典，造法经六篇"。它清楚地表明李悝在起草法律过程中进行了"比较法"研究。

自秦统一后，历代封建王朝法律之间的比较研究也绵延不断。我

---

① 参见沈宗灵：《中国的比较法研究》，载沈宗灵：《比较法研究》，北京大学出版社 2002 年版，第 634 页。

国古代文献断代史著作中的《刑法志》，对以往各代的刑法及其他法律和司法制度都予以概述和评论——如东汉著名史学家班固（公元32—92）所编《汉书·刑法志》，系统地阐述和比较了自周到西汉末期（约公元前11世纪—公元23年）的法制。汉代以后，中国出现了一批被称为“律家”的注释法律者，其著作中对法律作比较研究的代表作有明代丘浚所著《大学衍义补》。另外，我国历史上也有其他对各封建王朝之间法律进行比较研究的专著，较著名的一部著作是清末法律家薛允升（1820—1901）所写的《唐明律合编》。

但是，直至19世纪末，中国没有出现严格意义上的比较法研究，[①] 这是中国的地理位置和政治经济文化与亚洲邻近各国相比之下具有相对的先进性和自我优越感使然。这种现象不足为怪，然而这对于中国法制的发展却是不利的。[②] 因此，虽然我国在很早的时候就已经有了运用比较的方法进行法律研究，但由于它们仅限于对本国法律的比较研究，没有对外国法的比较研究，因而不能称之为比较法学。

中国封建王朝闭关自守的大门被西洋人的长枪火炮打开以后，先后经历了洋务运动、维新变法和清末修律几个阶段，尤其是在最后一个阶段，可以说达到了当时运用外国法、比较法的高峰。

1902年在资本主义列强压力下，清廷下诏“专以模范列强为宗旨”、“参酌各国法律，修订现行律例、务期中外通行”，以使“与各国无大悬绝”。于是先后翻译参照了法、日、美、芬兰等国家的法典、法规30多种，展开了修律活动。此时的修律是因为中国面临亡国灭种的危险，清廷为了逃避灭亡的恶运而不得不进行的。中国同世界上一些遭受帝国

① 参见陶广峰：《清末民初中国比较法学的产生》，载江平主编：《比较法在中国》第一卷，法律出版社2001年版，第176—177页。

② 参见潘汉典：《比较法在中国：回顾与展望》，载江平主编：《比较法在中国》第一卷，法律出版社2001年版，第12—13页。

主义侵略、独立受到威胁的半殖民地国家一样，试图向外国学习。“要救国，只有维新，要维新，只有学外国。那时的外国只有西方资本主义国家是进步的，它们成功地建设了资产阶级的现代国家，日本人向西方学习有成效，中国人也想向日本人学。”毛泽东的这段关于鸦片战争失败以后至20世纪初期中国人的情况的论述恰好确切地说明从清末开始，以学习乃至模仿为目的，对西方资本主义国家的法律(也包括日本的法律)进行比较研究的历史事实。这一个时期包括从清末直到民国时代。[①]

因此可以说，清末对外国的学习所进行的法律改革是不得已而为之。也就是说，中国严格意义上的比较法学的出现是在西方列强入侵之后伴随清王朝的法律改革开始的，是从沈家本主持修订法律时才开始的。中国的比较法研究，始于“师夷长技以制夷”，渐至认识到中国的技艺、练兵不如人，正是由于其政教国体不如人。由此可见，比较法在中国自产生伊始便显示出其重大的实用价值和巨大的用武之地。而当时中国比较法学先驱们对西方政治法律制度的比较研究，也正是后来清廷进行政治法律改革的重心。

(二)比较立法

在清代末年，1904年，作为法律起草机关的修订法律馆正式办公，并在以后的一段时间里，先后译出了德、日、俄、法等国的若干刑法、刑事诉讼法和法院组织法，进行了旧法的修改工作；延聘日本学者冈田朝太郎等任修订法律顾问和法律教师；派人出国考察；制定了一系列的法律和法典草案。在修订法律的步骤上，沈家本强调调查研究。留学外国的毕业生回国后首先从事翻译主要国家的法律，从日译本转译以节

---

①　参见潘汉典:《比较法在中国:回顾与展望》，载江平主编:《比较法在中国》第一卷，法律出版社2001年版，第12—13页。

省时间。同时聘请日本法律家参加法律的草拟工作。这种立法在日本强烈影响下，主要模仿德国法以及其他大陆法。在法律体系的结构方面，中国法制史上首次抛弃了过时的作为中国法律传统特征之一的诸法合体的架构，分别制定了大清现行刑律和大清新刑律、民律草案、商律草案、民事刑事诉讼律等等。西方资本主义国家的一些法律观念、立法与司法原则，被援用于新制定的法律中，当然，同时还保留着某些传统的封建法律观念和制度。

（三）比较法教育

当薛允升和沈家本两位法学家进行比较法律研究的时候，正是中国封建法制受到西方法制思潮猛烈冲击的时期。沈家本等在对外国法律进行比较“甄采”的同时，清政府着手进行法政价值观念的培养，采用西方学制，设立法律学堂，使比较法学的研究和运用形成了前所未有的文化氛围。

1906年，根据沈家本和伍廷芳的建议成立法律学堂，后改称“京师法律学堂”，开设的课程包括清朝的现行法律，在没有中国法的领域讲授外国法，学制三年，并聘请日本法学家担任主讲。据有的材料统计，到1909年全国已有各类法律学堂47所，在校学生达10282人。① 他们获得的不少是日本的、德国的法律知识。其他大学所设外国法、比较法课程比之政法学堂尤有过之。据光绪二十九年（1903年）十一月所订《大学章程》，当时的政法科大学分二门，一政治门，二法律门。政治学门科目的主课有：政治总义、大清会典要义、中国历代古今法制考、东西各国法制、比较警察监狱学等。补助课有：各国政治史、法律原理学、各国宪法民法商法刑法、各国刑法总论。

当时，清政府以外国法律为蓝本，进行修律和兴办法政教育的目的

---

① 参见《沈家本法律思想国际学术研讨会综述》，载《中国法学》1991年第1期。

说是为了“默收长驾远驭之效”，以“有裨治理”，实际上是怕“墨守旧章授外人口实”，迫不得已而为之。于是对引进外国法律课程采取貌似审慎、其实虚与委蛇的态度，致使落后的中国法学教育根本不能适应变化了的形势，把比较法作为教学内容相应设置专门课程也就提不到教育日程上来。法律学堂、法政学堂在中国法律课程之外，只开设了私法和国际公法两门课程，没有专门从比较法学的角度培养法学的人才。比较法学仍停留在学者、法律家书斋案头，而未登上法律学堂的讲坛。

中国传统的法学教育中没有比较法学教育。对中国法律的比较研究，中外法律的比较研究是清末才有的事。从19世纪末的比较法学教育作为法学教育的一门新学科在中国的出现，是近代中西方法学在教育领域兼容实施的产物，也是中国人博稽中外，以中西方文化丰富法学、开拓法律文化领域的大胆尝试。在清末民初大倡法政教育的时刻，比较法学教育在法学教育领域已错过登堂入室的机会。尽管如此，这一阶段，由于近代法政教育的兴起，中国各地普遍设立法政学堂，外国法学在中国传播，毕竟为对中外法律的比较认识打下了一定的常识基础。

（四）比较法学家

薛允升是我国最早运用比较方法研究中国法律得失优劣的法学家。他开比较法学研究之先，对唐明两朝法律逐条对照、比较，在比较中疏征考订，在分析律文源流沿革中解释法意，注意比较宽严，论其得失，进而又对两朝法律整体结构进行对比。其《唐明律合编》是清末最为著名的比较研究的专著之一。

沈家本，清末法学家，光绪进士，历任天津知府、保定知府、刑部左侍郎、大理院正卿、法部右侍郎、资政院副总裁等职。光绪二十八年（1902年），兼任修订法律大臣。作为一个冷静、务实的法律家，把比较法律研究和比较方法的使用予以总结深化并运用于中外法律探求中。

对古今中外法律研究,沈家本提出了“律与律之同异,例与例之同异。律与例之同异,亦尝参稽而明辨乎?律重例轻之故,古律与今律重轻之故,此律与彼律重轻之故,亦尝博综而审定乎?”等这些纵横上下左右交叉比较的思维和问题。[①] 他提倡起草法律的原则之一是“参考古今,博稽中外”。他告诫说:“当此法治时代,若但征之今而不考之古,但推崇西法而不探讨中法,则法学不全,又安能会而通之,以推行于世?”他反复强调,在立法时对外国进行比较研究必须同时对本国法深入的理解,才能作出价值判断,不能迷信西方法制而轻视中国法。

同时,沈家本研究法学与培养法学专门人才。沈家本在《法学盛衰说》一文中概括了中国几千年来法学盛衰的变迁,并探索其原因,认为“法学之盛衰与政治忽实息息相通”,“法令为政治得失之所系”,他希望改变中国法学界现状,提倡大兴研究法学之风。为了培养法学人才,沈家本主张并建立了法律学堂。他说“律例为专门之学,人多惮其难,故虽著讲读之律而世之从事斯学者实鲜”,针对法学人才少的情况,他主张办法律学堂,培养法学专门人才。[②] 沈家本作为一个法律家为我国比较法的发展作出了重大贡献。

二、民国时期比较法的发展

(一) 比较法著作

民国时期,比较法进一步发展,但总的来说,也未发展成为法学的一门独立学科。王世杰(1891—1981),于20世纪20年代初在北京大学讲授“比较宪法”达五六年之久,1927年在其授课讲义的基础上出版《比较宪法》一书,1936年又出版他与钱端升合编的修订本。除了《比

---

① 王中立、马芳城:《近代中国的比较法学教育》,载《比较法研究》1991年第3期。

② 张国华主编:《中国法律思想史》,法律出版社1998年版,第473页。

较宪法》外，这一时期还出版过其他一些部门比较法著作，如董康的《比较刑法学》、李祖荫的《比较民法债编通则》、吴传颐的《比较破产法》等书。程树德的《九朝律考》、杨鸿烈的《中国法律发达史》及《中国法律在东亚诸国之影响》均是这一时期出版的。同时，还有学贯东西、融会中外的王宠惠（1881—1958）、吴经熊（1899—1986）和杨兆龙（1904—1979）等人的论著，也都非常重视运用法律的比较。此外，还有少量的比较法译著也得以出版，其中，比较重要的是意大利学者密拉格利亚（Luigi Miraglia，1846—1903）的《比较法律哲学》由商务印书馆于1940年出版。

尽管有上述著作问世，并且还有若干法理学著作对比较法学的概念等也有一定的阐述，①但是，从研究的内容、范围、方法等，与现代比较法学研究的领域和方式相比，显然是很单薄无力的。

（二）比较立法

在民国时期，中国比较法的研究主要是围绕各项重大立法的需要而进行，因此"比较宪法"的论著是比较多的。在一些《大学丛书》即标准法学教科书中，一些学者在评述本国法律时也常常征引外国学者的观点或外国相应的立法例进行比较和评论其得失。在法理学方面，吴经熊以对西方当代各国法哲学代表人物的思想评论著名。

孙中山曾经对欧美各国宪法作比较研究，"五权分立说"就是他对西方"三权分立"学说的发展。他说过"我们要集中外的精华，防止一切流弊，便采用外国的行政权、立法权、司法权，加上中国的考试权和监察权……完成一个五权分立的政府"。

---

① 比如，朱采真在其著作《现代法学通论》（世界书局1935年版）第1页中提出，比较法学"是以研究或批评各国的立法例为目的的一门学科"；吴学义在其著作《法学纲要》（中华书局1935年版）第80页中则认为，比较法学"是以比较异法系、民族、国家之法律制度，明其相互间之异同，对将来之立法，现在之解释，供给重要资料为目的"。

孙中山也强调比较立法。他指出：开展立法工作必须组织中外专家参加调研，否则不易告成。① 清末的法律改革家伍廷芳被孙中山任命为新政府的司法总长。在这个时期，中国政府立法更进一步仿效西方各国。除了中国的法律家之外，同清末一样，还聘请了外国的法学教授，如法国的艾斯卡拉(J. Escarra)、宝道(G. Padoux)、美国的庞德等人，分别担任中央政府、司法行政部、教育部等顾问，从事有关立法、司法行政和法学教育的咨询工作。

国民党政府时期，比较法研究在立法工作中处于重要的地位，而且继续以西方资本主义国家的法律为其研究的主要对象，在法律的制定上与司法行政的管理上，主要仿效西欧大陆法系。

（三）比较法教育

民国时期，大学引进了中外比较法课程，但仍未着意培养比较法学的专门人才。民国建立公立、私立的法政专门学校和法学院，扩大了外国法律课程范围，除设国际私法、国际公法两门课程外，增加了罗马法，还将比较法制史定为选修课。② 为了取得较好的教学效果，有关当局聘请了外国法律家、法学家到中国法学讲坛主讲这些课程，他们中对中国法律有一定研究的，进行了中外法律的比较讲授。为了培养吏治和法制人才，教会所办的部分大学中设立了法科和法学院。办得比较出色的有东吴大学、燕京大学法学院等。

1928年以后，国民党为确立其一党专政的所谓"法统"地位，倚重法政人才的培养，加强了法学教育的课程管理，统一制定了法学院共同课目表，经过几次调整于1938年正式颁布。根据国民党政府教育部的统一要求，法学院共同课和专业课均分必修和选修两种。共同必修课

---

① 近代史资料:《辛亥革命资料》第353页，转引自潘汉典:《比较法在中国:回顾与展望》，载江平主编:《比较法在中国》第一卷，法律出版社2001年版，第18页。

② 参见《法政专门学校规程》(教育部部令)第五条，载《民立报》1912年11月13日。

有三民主义等9门。专业必修课23门,专业选修课中开设三四门比较法学课程:比较法学概论,比较民法,比较刑法,比较司法制度。标准正规的比较法学课程在中国法学教学中登台。因为设此选修课的目的旨在调整学习中国法律的学生的知识结构,选修课一般未有严格的规定约束,选修这类课程的学生只是选学其中1至2门,自然也仅是了解其中1至2门比较法学知识,因此,在国内大专院校中比较法学教学还没有展开全面系统的专门教育。不过这期间,已实现了由开设外国法律课程向开设比较法学专门课程的过渡。[①]

东吴大学成立于光绪二十六年(1900年),它是在同治九年(1874年)设置的苏州博习书院基础上与上海中西书院两校合并而成的,创办者是美国基督教会,首任校长是孙乐文(D. L. Anderson)。1906年东吴大学在上海中西书院旧址开办了东吴大学法科。1915年鉴于列强在华领事裁判权废除后中国要进行司法改革,大量的涉外法律问题需要有足够的专门人员进行处理,而当时的公立私立法学院培养的人才人数既不足敷用,也没有接受过专门系统的比较法学教育。为了解决当时社会既博习外国法律又熟悉中国法律及各自特点的专门人才的需求问题,美国教会瞅准时机,便把在上海这个外国人荟集、法律事务繁忙城市中的东吴大学法科于1927年改名东吴大学法律学院,1935年又改为东吴大学法学院,其英文名为"中国比较法学院",(The Comparative Law School of China , Soochow University),这是由罗炳吉法官提出来的。在1949年以前,法学院对外一直沿用这个名称,这一名称恰当地反映了东吴法学院的教学风格或特色。[②] 校章规定的创办

---

① 参见王中立、马芳城:《近代中国的比较法学教育》,载《比较法研究》1991年第3期。

② 1942年秋,东吴大学法学院为瞒过日伪当局,曾借用上海南洋路爱国女子中学校舍开学,并将其中文名改为"中国比较法学院"。参见王国平编著:《博习天赐庄——东吴大学》,河北教育出版社2003年版,第120页。

宗旨是:“使学生充分掌握世界主要法律体系的基本原理。”

东吴法学院是一所著名的法学院。而其所以著名,大抵是由于两方面的原因,一是东吴法学院在其开办的过程中,培养了不少优秀的法学家或法律家,如曾任海牙国际法院法官倪征日奥,即为该校的毕业生、教授和教务长;二是它的富有特色的法律人才培养方式,即注重英美法教学,培养具有比较法素质的法律人才。养成优秀的法律人才,自然需要提供某种有效的专业课程和教学方法[①]。东吴法学院为美国的法律家所创办,其学制和课程设置自然以美国的法学院为模式,授课的内容也以英美法为主。但在20世纪20年代后期,中国主要法典的渐次制定,法学院的教学方法和课程结构有所改变。

以1929年8月向国民政府教育部立案为分界,大体上,法学院前后的学制与课程发生了变化。在前期,大学分正预科,法律正科均为法律课目,教材为选读各国法学原理及判例,注重比较法方面。课程的顺序是先读私法,后读公法。在形式上犹如一所搬到中国的美国法学院。并聘请德国教授、法国教授,以此来突出比较法学习。直到20年代以后,本国的教师才多起来。30年代末期,法学院最终迫于政府的命令而改设标准四年制学程。这意味着东吴法学院的办学模式逐步脱离美国的法学院模式而转向大陆制。但东吴法学院注重英美法和比较法训练的传统,仍在相当的程度上得以保持。[②] 在1940年至1944年间,必修课,除中国各门法律课程外还有一系列外国法、比较法课程共约20种,主要包括普通法的各个基本学科和大陆法、民商法、苏俄法等;采取苏格拉底式的教学法,并使用外语及外国课本,以培养学生听说写的外语能力;设有“模拟法庭”进行演习。有人认为东吴法学院的办学方针

① 参见王健:《中国近代的法律教育》,中国政法大学出版社2001年版,第239页。

② 同上,第243页。

的沿革为:"本校原以英美法与中国法为依据,而旁参以大陆法,继应时势之需求,改以中国法为主体,以英美与大陆法为比较之研究。俾学生对于世界各大法系之要理,皆有相当认识。是以本校课程之编制,除依照教育部令所颁布之法学院法律系课程外,更参照欧美各国法律学校课程之优点,使本校学生毕业后,除在国内法界服务外,得免试插入世界各国之著名大学院,继续其高深法学研究,此则本校适内而应外之鸟瞰也。"①

由上可以看出这所学校办学的突出特点是:一是突出比较法学的教学与研究。学校以设英美法律课程为主,兼习其他各国法律,但重点放在比较教习和研究上,即着重对比考察各国法律的特点,论证并阐明其实施得失,强调比较法学的运用。二是教材针对性强。其内容多是当时使用的中外法律、法令、案例,规定学生入学皆习英文,使用英文课本,教师用英语讲授,学生以英语交流,要求学生有较好的解决司法实际问题的能力。三是重视高质量、高层次人才的培养。由于当时对比较法律人才需要极为迫切,该校便以较短的学制培养出各国在华机构和政府当局所急需的政法、财经等方面的涉外司法人员。受"五四"以来"收回教育权"运动的影响,1927 年后比较法律学校从校长到学系主任等管理人员逐渐由中国人担任。到 40 年代,东吴大学比较法律学院开始采取中国国立大学培养研究生的传统方法招收比较法学专业的研究生,由导师负责授课,学生撰写论文,同时注意学生的实际锻炼和知识运用。②

朝阳大学也是比较法教学的一个基地,人们往往把它与东吴法学院相对比,认为东吴法学院是英美法派(即注重英美法教学),而朝阳大

---

① 盛振为:《十九世纪之东吴法律教育》,载《法学杂志》1934 年第 7 卷第 2 期。

② 参见王中立、马芳城:《近代中国的比较法学教育》,载《比较法研究》1991 年第 3 期。

学则宗大陆法系，注重法典的学习。在朝阳大学的创办人和讲授专业的教师当中，留学日本的法科毕业生占有明显的优势。① 不仅如此，在大学创办初期，还有几位日本的法学家在校任教，在其聘请的外籍教师中，没有一名来自英国或美国的法学教师。在其创办后的较长一段时期里，朝阳大学保持了较为浓厚的大陆法的教学风格，然而这种教学风格也并不是一成不变的。20 世纪 40 年代以后，至少在法律教学方法方面作出的某些措施，显示出英美法系注重法律实务的教学方法。

此外，上海的震旦大学于 1911 年开办法科，讲授法国法，也讲中国法，学校不仅开设法文和英文课，而且大部分法律教学用法语进行。燕京大学法律系注重各国法律的学习，开设了各国法律制度概要、中国法律史、欧陆英美法律学史、法德日文法学名著选读、高深法理专题研究等。

当然，近代中国比较法学教育，以比较法学的研究为基础，从课程引进开设，到设立专门学校，就其起主导作用的方面来说，有发展中国近代法学教育，维护中国教育主权、司法主权的爱国人士努力奋争的作用因素，但不能忽视的是，西方列强的同化政策也是一重要因素。

总的说来，这段时期比较法的研究比清末有所发展，但仍然没有超出学习与模仿西方资本主义法的范畴。

（四）比较法学会与杂志

1913 年 10 月，在上海就曾成立中国的第一个比较法学组织——比较法学会，德国民法典的首位英译者、著名的王宠惠当选为首任会长。② 顺便应提及的是，1929 年和 1931 年，王宠惠以比较法学会会员和国际常设法庭法官的身份参加了于海牙召开的国际比较法会议，会

① 参见王健：《中国近代的法律教育》，中国政法大学出版社 2001 年版，第 243 页。

② 这是本书第一作者于 2005 年 3 月 3 日晚，经电话请教著名比较法学家潘汉典教授所了解到的资料。南京大学张仁善教授对相关资料的查找也给予了指点。

后他还先后在《中华法学杂志》上发表《介绍比较法学国际会议》和《比较法学国际会议续文》等文，将国际比较法学会议的各种信息介绍到国内，这促进了国内学界比较法的发展。① 1947 年，任比较法学会会长的是杨兆龙，他还当选为国际比较法学会理事。②

中国专门以比较法作为研究对象的杂志是东吴大学法学院的《法学杂志》，英文版名为 *China Law Review*，创刊于 1922 年，是著名的比较法论坛。此外，东吴大学法学院的英文版《中国法学杂志》(*China Law Review*，1922 年至 1940 年)，也是一个比较法论坛。1975 年美国已将其复制重版发行。稍后，朝阳大学也出版了在北洋政府时期被奉为法学权威刊物的《法律评论》。该刊虽非专以比较法学为对象，但也发表了大量的比较法学专论。

虽然中国专以比较法为研究对象的刊物出现并不早，但刊载外国法或对不同国家不同法律体系进行研究的杂志早在维新变法时即已出现，如《时务报》、《湘学新报》、《国闻报》以及稍后的《清议报》、《新民丛报》、《欧美法政介闻》、《法政交通学杂志》等，就曾刊载过大量的研究西方法律、法学的文章。

三、新中国的比较法研究

1949 年以后，中国大陆地区的比较法进入了一个与此前有很大不同的时期，总体而言，社会主义法系学者对比较法的研究相对于西方学者曾长期处于被动、保守的局面。在经历了由消极的拒绝，到承认，再

---

① 参见刘宝东:《法学家王宠惠:生平·著述·思想》，载《比较法研究》2005 年第 1 期。

② 值得一提的是，1948 年，设在荷兰的海牙国际法学院，在世界范围内评选出 50 位杰出的法学家，中国有两人当选:一位是王宠惠，另一位就是杨兆龙。后者还受聘为该院比较法学家。参见陆锦碧:《献身民主与法治的先驱——纪念著名法学家杨兆龙教授百年诞辰》，载《杨兆龙先生百年诞辰纪念暨学术思想研讨会论文、资料汇编》(未刊稿)，苏州大学法学院 2004 年 11 月编。

到积极的参与的过程后，如今已成为比较法领域的又一支生力军。对比较法在我国的发展历程，在学者中一般已形成了一个通说，即从比较法的研究与教育的内容及其作用考察，大体上可分为三个阶段：1949 年至 1960 年代初；1960 年代初至 1978 年；1978 年之后。[①]

（一）第一阶段：1949 年至 1960 年代初

建国初期中国的比较法研究主要限于对前苏联法制的研究与移植，一如二战前世界比较法学界认为不同社会制度的法律没有可比性一样，学界对中国与西方法律的比较极为有限。

这个时期新中国的法律教育与研究是在马克思主义、毛泽东思想的指导下进行的。主要是对内比较，即只有社会制度相同的法律体系和法律制度才是比较法研究的对象。社会主义法系学家一致认为，不同社会制度间的法是不存在可比性的。即使进行“比较”，至多只是进行对照，其目的是阐明各自法的优越性。对于外国法的比较研究，基本上以苏联作为主要对象。学习苏联的社会主义法学理论、立法、司法经验，成为法律界和法学界的指导，而对于西方资产阶级的法律理论与实践则进行彻底的批判乃至全盘否定。因此以不同国家的法律、制度和法律秩序的比较为其主要内容的比较法研究，就局限于苏联和一些东欧国家的法律。而另一方面，对于英、美、法、德、日等普通法系和大陆法系的资本主义国家的法律一般地采取了蔑视的态度，或者采取所谓“反衬的”方法，旨在阐明社会主义国家法律的无比优越性，谴责封建主义制度和资本主义制度的反动的本质和腐朽性，等等。因此比较法作为资产阶级法学的研究方法被否定了。

实际上，当时比较的标准是法律的性质而非法律本身。如果用比

---

① 参见潘汉典：《比较法在中国：回顾与展望》，载江平主编：《比较法在中国》第一卷，法律出版社 2001 年版，第 20 页。

较的方法来研究的话，也单纯是阶级性的角度，而不是从法律本身的技术性的角度。这种纯功利性的对照，与其说是一种比较，不如说是对自己法律制度的歌颂和对对方法律制度的攻击。可见，他们不是把比较法作为一门科学的学科进行研究，而是作为一种政治斗争的工具在使用。正是基于这种原因，西方学者普遍认为，20 世纪 60 年代前社会主义法系不存在比较法。当然这种说法也不尽然。因为，比较法经历了两个阶段：作为一种方法的初级阶段和作为一门学科的成熟阶段。社会主义法系在 20 世纪 60 年代以前，作为一种方法的比较法学已存在，只不过是当时没有系统地运用这种研究方法，比较法还处于一种不成熟的阶段，但并不能因此否定比较法的存在。当时的苏联、匈牙利等社会主义国家的法学家，已着手比较研究相同社会制度的法，不少法学家的著作中都含有比较法的因素。可见，社会主义法系学者并不否认比较法的存在，只是否定按照资产阶级的法律价值观和模式，“把比较法的目的看作是制造一种特别的超国家的比较法”以便建立一种超乎国家之上的世界法律制度的观念。① 这与其说是否定比较法，倒不如说是反对资产阶级理论家企图利用比较法的超国家理论，来为建立“世界法”寻找理论依据，以便建立世界国家或世界政府的政治目的。

这一阶段，我国的比较法学家显得较为保守，还没有摆脱“比较法是发现两者差异，应阐明社会主义法制的优越性”的政治框架，虽然匈牙利、波兰等国家的法学家表现了大胆探索的勇气，开始注重比较法的实际效用，但仍存在很大的局限性。

从比较法研究的范围看，主要局限在立法比较，即比较研究各国的法律和其他规范性文件，尽管比较立法研究，通常作为主要参考或借鉴

---

① 参见[苏]B. A. 图曼诺夫：《论不同类型法律体系》，潘汉典译，载《比较法研究》1989 年第 1 期。

的是苏联以及东欧的法律。例如，在1954年制定新中国第一部宪法的前后，也曾经比较研究苏联和东欧各国的宪法，并出版几部资本主义国家的宪法。在草拟刑法典的过程中，也曾翻译出版了包括印度刑法和阿尔巴尼亚刑法典等外国刑法资料作为比较研究的基础资料。

从比较法研究的目的看，主要是为研究外国法律而收集资料；从比较法研究的方法看，多是宏观比较，即对各个法律制度整体之间或各个法系进行比较，方法单一，而且注重功利的研究方法，对现实问题研究不够。可见，社会主义法系比较法研究仍在徘徊中前进，只是在为比较法的兴盛做资料上的准备。

在法学教育领域，苏联法律与法学教材大量地被翻译成中文，广泛介绍苏联法学理论，包括其比较法的观点，例如，苏联著名法学者齐夫斯的《法学中的比较方法论》(载《苏维埃国家与法》杂志)提出对不同社会制度的(即资本主义国家的)国家和法比较研究，是一种“反衬”的比较，旨在阐明社会主义制度的国家与法优越性，而对于相同社会制度的(即社会主义类型的各国)国家与法的比较研究则是探索其共同性。这种观点在中国法学界并不陌生。

这个时期作为外国法与比较法研究资料出版的主要有中国政法学会和法学研究所编辑的《政法译丛》、《政法研究资料》、《法学研究资料》等期刊，其内容主要包括苏联的法学与法律论述，以及对资本主义的法律制度与法学的批判性的文章。

同样在这个时期里，在1957年夏中国法学界的座谈会上，倪征(日奥)先生曾沉痛地发出“救救比较法”的呼吁，但是并没获得与会者的重视。

(二)第二阶段:1960年代初至1978年

这一时期，比较法经历了一个曲折的阶段。在十年动乱中，在打着反对封、资、修的旗帜下的大批判中，20世纪50年代引进的苏联法学连同早被蔑视的西方法学一道被彻底地否定了。曾经在1954年宪法中引进的一些外国法法律原则和制度，如“法律面前人人平等”、律师辩护制度等在文化大革命期间制定的第二部宪法中被取消了。比较法研究当然无从谈起。[①]

（三）第三阶段：1978年之后

自1978年年底以后，中国实行改革开放政策，加强民主与法制建设，中国的比较法学进一步开展，中国与西方法律的比较研究不断拓展和深入。进入20世纪90年代以来，国际经济、文化交流急剧增加，中国进一步实行改革开放政策和建设社会主义市场经济，又提出了依法治国的治国方略，从而使比较法学在中国取得了前所未有的繁荣，发挥了巨大的作用。这一阶段，对外研究的面拓宽了，主要是寻找各种法律的相同、相似点，这标志着社会主义法系的比较法已发展成为一门独立的体系，而且以惊人的速度发展着。一批法学家积极进行了比较法的学科建设，不但明确了比较法的研究对象、性质、特征、目的和研究方法以及任务和作用，而且大胆地开拓了比较法研究的新领域。这个时期，比较法研究发生了一个显著的变化，在进一步开展“内部比较”研究的同时，全方位地、多角度地进行“对外比较”研究，比较的客体不再限于原先的相同社会制度之内，而是扩展到不同社会制度的法律体系。

首先，比较法在立法中发挥了作用。比如，在1982年宪法制定过程中，在总结我国经验的基础上，曾经广泛地收集和研究世界上许多国家的宪法和法律，不少的法学研究机构和法律院校的教授和研究人员都曾参加了各种调查和比较研究的工作。在宪法中接受了当代外国普遍采用的概念和制度。此外，借鉴外国某些立法经验，不仅局限于涉外的法律领域，而且更广泛地扩大到许多法律部门，如关于环境保护法、

① 参见潘汉典：《比较法在中国：回顾与展望》，载江平主编：《比较法在中国》第一卷，法律出版社2001年版，第20—24页。

企业法、破产法、义务教育法、行政诉讼程序法等。在立法过程中相当普遍地研究、参考和借鉴了国外相应的法律制度，包括不同法系的和不同社会制度的各国法律。例如，在制定环境法的准备阶段，不仅研究东西方主要国家的特定的法规，而且广泛调查研究许多国家宪法关于环境保护的基本原则，然后根据中国的国情与需要和可行性，对外国的经验作出抉择，"择善而从"，而不是"照抄照搬"。在这类工作中，比较法正在发挥着日益重要的作用。

其次，比较法教育有了突飞猛进的发展。在大部分法律学校开设了一些比较法课程，如比较法总论、比较宪法、比较民法和比较刑法等。与此同时，比较法的教科书也有了较大的进步。如龚祥瑞的《比较宪法与行政法》，就是这一时期较有影响的教科书。该书底稿是作者在北京大学讲授比较宪法与行政法的讲义，除中文新旧文献外，参考英法文的论著近百种，呈现出视野开阔、阐释纯熟的特点，作者的学识与智慧一展无遗。

再次，比较法的论译著相继刊载、出版。1979 年起，中国社会科学院研究所编辑出版了《法学译丛》，这是全面介绍东西方法律和比较法的专门期刊，它根据中国当时立法、司法、行政、国际贸易等实际工作的需要以及教研工作的要求，选择东西方各国法律和法学的重要文献进行翻译。从当代德、法、美、匈、苏著名的比较法学者的论述，直到法哲学的各个流派，从古典的如德国耶林的《为权利而斗争》，直到当代的新自然法学派的代表人物德沃金等人的著作，也在这个杂志中得以反映。此外，北京大学法律系、西南政法学院、华东政法学院等法律院系，除了出版法学研究杂志外，也纷纷编辑出版外国法的翻译刊物，从而为我国比较立法、司法等实际工作和比较法学的研究，提供东西方各国信息及最新资料。此外，各部门法学也陆续出版比较法研究专著或翻译丛书，如比较宪法、比较刑法、比较刑诉法、外国刑法学、外国法律知识丛书以及“外国法学名著译丛”等等。外国著名学者关于比较法和外国法的书也被译为汉语，如达维德的《当代主要法律体系》、彼得·哈伊的《美国法律概论》等。

最后，对外的学术交流不断加强。一方面，我国的法学教师和其他研究者陆续到欧美澳日各国的大学和研究机构进行讲学、研究，另一方面外国法学界人士也到我国进行访问，并举行各种讲座和学术讨论会。这对于比较法在中国的发展也起着积极的作用。

第二节　沈宗灵及其《比较法总论》

当代中国比较法学的不断发展，离不开一大批相关学者的努力和贡献。其中，沈宗灵教授就以辛勤的耕耘和丰硕的成果，成为了当代中国著名的比较法学家。

沈宗灵（1923— ），浙江省杭州市人，北京大学法学院教授，早年毕业于复旦大学法律系，1948 年在美国费城宾夕法尼亚大学研究生院获人文科硕士学位。曾经在我国的许多法学院校任教，其中包括复旦大学、武汉大学等。曾任中国大百科全书法学编辑委员会委员及该书外国法部分主编，中国法学会法学理论研究会和中国法学会比较法学研究会总干事，国际法律哲学与社会哲学学会中国分会第一任主席，北京大学法律系比较法—法律社会学研究所所长。1994 年当选为国际比较法学会联系成员。近年来主要从事法理学和比较法学研究。[①]

沈宗灵教授的学术著作成果丰富，主要有《美国政治制度》（1980年）、《比较法总论》[②]（1987 年）、《现代西方法理学》（1992 年）、《比较法

---

① 参见沈宗灵：《比较法研究》，北京大学出版社 2002 年版，扉页。

② 以下所指的《比较法总论》，若无特指，皆为北京大学出版社 1987 年的版本。

研究》[①](1998年)等。另有学术论文、教材及《通过法律的社会控制、法律的任务》、《人和国家》等译著。其中,《比较法总论》是其重要的代表作。

一、沈宗灵与我国比较法

改革开放时期,比较法有了长足的发展,这一过程与沈宗灵教授的辛勤劳动是分不开的。

1987年,沈宗灵教授出版了《比较法总论》,这本书被誉为是"我国一本重要的比较法著作,具有较大的参考价值,也可作为高等学校法律专业的教材"。[②] 系统地阐述比较法的一般理论,并对世界主要法系的有关问题进行了详细的论述,同时,它阐明了作者自己关于比较法的观点,对中外法律制度进行了较全面的分析比较,填补了我国系统地进行比较法研究的空白。

在该书的绪论中,沈宗灵教授首先论述了不同法律之间的可比性。他指出,在比较法的研究中,不仅可以对社会制度相同的法律进行比较,不同社会制度的法律之间也存在着可比性。这是"在承认不同本质的前提下,在法律现象方面发现异同。因此,在这一比较过程中,我们必须注意法律的本质和现象、内容和形式、根本目的和暂时目的之间的差异"。比较法虽然以通过比较的方法来研究法律为其主要特征,但它在法学领域中的地位和作用是不容忽视的。它可以加强国际经济、文化交流,加速培养外国法专门人才;促进对本国法律的了解和改进;推动国际法和国际私法的发展;扩大本国法律教育和法学研究的领域。[③]

---

① 以下所指的《比较法研究》,若无特指,皆为北京大学出版社2002年的版本。

② 沈宗灵:《比较法总论》,北京大学出版社1987年版,扉页。

③ 参见沈宗灵:《比较法总论》,北京大学出版社1987年版,第27—36页。

同时，沈宗灵教授认为比较法虽然不存在加以调整的社会关系及相应的法律规则，但比较法也有自己的研究对象（不同国家法律）和研究成果，因此，近代意义的比较法不仅仅是法学研究的方法，而且也是一门独立的法学学科。

1996年，在该书的基础上，顺应时势的变化，对其中的基本内容作了若干修改和刷新，从而有了《比较法研究》。

在出版比较法专著的同时，沈宗灵教授还写了大量的比较法论文，如《比较法学》（《百科知识》1981年第4期）、《西方国家选举权的发展概况》（《人民日报》1981年2月2日）、《比较法学的几个基本理论问题》（《北京大学学报》1985年第1期）、《比较法概说》（《学习》1986年第19期）、《注意比较法学的研究》（《法学》1991年第11期）、《当代中国的判例——一个比较法研究》（《中国法学》1992年第1期）、《比较法学的一些理论问题》（《中国法学》1992年第4期）、《对〈比较法的力量与弱点〉一书的评述》（《中外法学》1994年第6期）、《论法律移植与比较法学》（《外国法译评》1995年第1期）、《二战后美国法律对民法法系法律的影响》（《北京大学学报》1995年第5期）、《欧洲联盟的法律与比较法学》（《中国法学》1996年第1期）、《为建立比较法而努力》（《政治与法律》1996年第3期）、《比较法的方法论》（《法制与社会发展》1996年第3期）、《中国大陆与香港法律制度的重要差别论要》（《中国法学》1996年第6期）、《评波格旦著〈比较法〉》（《中外法学》1997年第4期）、《对三种法律模式：世界上主要法律制度的分类学与变化》（《中外法学》1999年第1期），等等。

所有的这些工作对我国比较法的发展打下了良好的基础，使人们对比较法这一新兴学科有了一定的了解；同时，带动了一大批年轻学者也致力于比较法的研究。沈宗灵教授是新时期比较法学的代表人物。

二、《比较法总论》及《比较法研究》

(一)《比较法总论》的内容简介

1.《比较法总论》明确系统地论述了以下几个方面的基本理论问题。

(1)关于比较法和比较法学的概念。这是中外法学家们的一个跨世纪的争论问题。沈教授在总结和分析英国、法国和前苏联等国学者对这一概念的不同解释的基础上,指出:比较法是对不同国家(或特定地区)的法律制度的比较研究;比较法主要特征是通过比较的方法来研究法律制度;比较法研究有三个形式,即一是总论,包括法系、整体的社会法律制度,二是部门法,三是专题。由此可知比较法不仅是法学研究的一种方法,而且是法学的一门独立学科。方法与学科当然是密切相关,前者是科学研究手段,后者是科学研究对象的一定领域。[①] 这种理解不仅将外国学者的观点引入国内,而且详细阐述了作者自己观点的理论依据。

(2)关于比较法学与其他法学学科的关系。沈教授综合地分析了比较法学与法学理论、法制史、各部门法学、外国法学、国际法学的关系,他精辟地指出,比较法学为法理学提供大量比较法知识,而缺乏这些知识,一般法学理论有可能成为思辨哲学或导致片面的结论。反过来,法学理论对法律的比较研究具有指导作用。比较法学和法制史的密切联系不仅体现在比较法制史方面,而且也体现在对现行法的比较上。在比较法与部门法的关系中,他特别强调,部门比较法与部门法学是有区别的,特别应注意防止部门比较法学代替部门法学的倾向。外国法学与比较法学之间的密切联系是不言而喻的。但是,仅仅研究外

---

① 沈宗灵:《比较法总论》,北京大学出版社1987年版,第7页。

国法还不是比较法，只有对专门从事探讨的问题有着特定的比较的见解，才能够谈得上比较法。比较法和国际公法、国际私法之间的联系，特别是比较法在促进国际公法、国际私法的作用是很显著的。[①]

（3）比较法学的历史发展。在西方，自古希腊至19世纪以前，虽然有对法律的不同程度的比较研究，但比较法并未形成一门学科。比较法作为一门学科是在19世纪中期开始兴起的，至第二次世界大战后则取得了巨大的进展。

①19世纪以前法律的比较研究

古希腊：大小城邦林立，不同政治制度并存，提供了一个有利条件，公元前6世纪，雅典执政官梭伦（Solon，约公元前640—公元前560年）在制定法律时对各城邦的法律进行了比较研究。亚里士多德（Aristotle，公元前384—公元前322年）除了在他主要著作之一《政治学》中经常使用比较方法外，还特别对希腊158个城邦政制进行了广泛的比较研究。

古罗马：万民法的发展中包括了法律比较的因素。公元4世纪的《摩西法与罗马法合编》（Collatio Mosaicarum et Romanarum Legum）是第一本法律比较研究的作品。

中世纪：由于教会和神学的统治地位、封建割据、世俗政权的法律在社会生活中的次要地位以及成文法数量极少等因素，缺乏比较法得以发展的条件。自12世纪开始，形成了新的职业法学家集团，但他们的兴趣集中在对罗马法的注释或使罗马法与实际生活结合。在中世纪的西欧，能列为法律比较研究的有罗马法与教会法的比较研究，以及在英国的关于罗马法与英国普通法的比较研究等。

在17至18世纪资产阶级革命时期，比较法有了较大发展，对比较

---

① 参见沈宗灵：《比较法总论》，北京大学出版社1987年版，第11－15页。

法作出了贡献的有培根、格老秀斯、莱布尼茨、维科和孟德斯鸠等。

②19世纪中期的兴起

德国创办了《外国法学和立法评论》期刊、法国开设了"比较立法讲座"和"比较立法学会"。1900年巴黎召开的第一次国际比较法大会，标志着比较法正式成为一门学科，最值得注意的是法国的萨莱伊和朗贝尔两位学者的观点。

③二战后的巨大发展

战后国际形势的巨大变化是推动比较法学迅速发展的一个重要因素。各国通过比较而相互增进了解、借鉴使得比较法逐渐转向部门法，最有代表性的是《国家比较法百科全书》大型工具书的出版；1924年在海牙创立了国际比较法学院和总部设在巴黎的国际法律科学学会。

④比较法在中国

在两千多年的封建社会中，真正意义的比较法不存在，但广义上讲，存在国别比较、朝代比较。真正意义的比较法是从清末沈家本主持修律后开始的。民国，仅东吴大学设有法学院，出版最多的是比较宪法。解放后，在立法、著作、译作、刊物、高校成立的研究所、中外法学家交流等方面都注意比较法的研究。总之，比较法在我国还处于初创阶段。

(4)关于法系的含义。不同法系的划分及其标准在近代比较法学研究中是一个非常重要的范畴。对法系含义的理解，不仅在西方许多国家的学者中有不同解释，在近些年我国一些学者的论说中也不一样。沈宗灵教授运用比较研究的方法，以西方一些著名法学家的论著为依据，认为法系可以理解为：一些国家或地区的法律总称，即指同类法律总称；同一类法律具有一种共性或共同的传统；法系这一用语本身并非指一定社会制度的法律。他同时指出法系概念对于比较法学的重要意义。其功绩就在于，把已被西方学者使用混乱的法系概念明晰起来，对于我国比较法学研究关于法系的理论认识，具有引导作用。①

(5)关于对比较法学的分类。沈教授潜心研究并综合了当代许多国家的比较法学家对比较法学的分类，第一次将不同角度的分类法介绍到我国，这种分类大体是：

①从比较对象的多寡，分为双边比较和多边比较；②从比较对象的时间，分为比较法制史和现行法的比较研究；③从比较对象的层次，分为不同社会制度法律比较、同一社会制度的不同法系的比较、不同国家法律各自作为一个整体的比较、不同国家的同类部门法之间的比较，以及对同类具体法律制度、法律规范或概念之间的比较；④从比较的目的，分为叙述比较法、应用比较法等。②

(6)关于对宏观比较和微观比较的研究。宏观比较与微观比较，是比较法学的一个分类，这是根据比较对象的范围而划分的。对于这两种比较的具体含义，中外法学家们有着不同理解。沈教授具体指出，不同社会制度或不同法系之间的比较属于宏观比较；同一社会制度或同一法系法律之间的比较属于微观比较；对不同国家法律进行总的或整体比较，属于宏观比较；对不同国家的同类部门法的比较，属于微观比较。③ 沈教授对此阐述的意义就在于，他为我国学者进行比较法学研究指明了研究范围，提供了研究方法，起到了指引作用。④

---

① 刘兆兴：《沈宗灵教授对当代中国比较法学发展的贡献》，载沈宗灵、罗玉中、张骐主编：《法理学与比较法学论集——沈宗灵学术思想暨当代中国法理学的改革与发展》（下册），北京大学出版社、广东高等教育出版社 2000 年版，第 864 页。

② 参见沈宗灵：《比较法总论》，北京大学出版社 1987 年版，第 46 页。

③ 同上，第 9 页。

④ 参见刘兆兴：《沈宗灵教授对当代中国比较法学发展的贡献》，载沈宗灵、罗玉中、张骐主编：《法理学与比较法学论集——沈宗灵学术思想暨当代中国法理学的改革与发展》（下册），北京大学出版社、广东高等教育出版社 2000 年版，第 865 页。

2. 在接下来的部分中，论述了民法法系、普通法法系、苏维埃社会主义法律制度和当代中国社会主义法律制度。

一般法学家将法系分为英美法系和大陆法系，而沈宗灵教授在对当代世界法系进行综合分析后将世界法律主要分为民法法系、普通法系、苏维埃社会主义法系和当代中国社会主义法系，并对其概念、分布、历史发展、法律的分类、渊源以及法律教育和法律职业等问题进行了详尽的论述。当然各章有其偏重，突出其不同之处和特色，重中之重是中国现代的法律发展（比较法之最终目的）。之所以如此安排，主要考虑各个法系的产生先后、影响大小以及叙述方便等因素。将中国放在最后，不仅是因为中国法律是最年轻的法律，也便于与前面的法系、法律进行深入比较。

在论述中国问题时，沈教授首先明确指出："我国的法律是社会主义的，但又是社会主义初级阶段的法律。它代表工人阶级领导下的全国人民的意志，服务于社会主义现代化建设事业。"在法律分类方面，由于"当代中国是单一制国家"，总的来说，"法律是全国统一的"。除了实体法与程序法的一般国内法分类外，部门法的分类在法律的分类中也具有重要意义。具体地讲，部门法可划分为宪法、行政法、刑法、民法、经济法、劳动法、环境法、诉讼程序法等。

在法的渊源方面，沈教授认为，"以法律的效力渊源而言，当代中国法律的渊源主要是指各种制定法"，"从理论上或法律上说，习惯也被认为是中国法律的渊源之一……它的作用主要是在有关少数民族中适用法律方面"。"中国不承认判例作为法律的一个渊源"，"国家的政策……中国缔结或参加的国际条约……也是中国法律渊源之一"，"中国很强调党的政策对立法和法律实施的指导作用；……但它们一般并不明确主张党的政策是法律的渊源之一"。另外，"中国不承认法理、法律学说或权威性法学著作是法律渊源之一。中国强调马克思列宁主义、毛泽东思想是法律的指导思想，但并不讲它是法律的渊源之一”。

沈教授还对当代中国的法律思想作了专门的论述，指出：“当代中国法律思想是具有中国特色的马克思主义法律思想”，它是“围绕中国现行法律和法制所形成的思想”。“这种思想是指正在实践或实践已经证明是正确的思想，它既不是西方法律思想，也不同于其他社会主义国家的法律思想，它是开放型的，而不是封闭型的”。[①]此外，传统的法律思想、鸦片战争后传入的西方法律思想、20 世纪 50 年代广泛输入的苏联法律思想，对当代中国的法律思想产生着不同程度的影响。其中，“中国传统法律思想是同中国历史上的民族文化、民族传统、民族气质联系在一起的，它的影响是根深蒂固的”。但是，不能将传统的法律思想同当代中国的法律思想混为一谈。对此，西方的一些学者是存在着重大误解的。对传统法律思想必须谨慎对待，既不能全盘否定，也不能全盘肯定，对于其重视道德教化在调节和控制人的行为方面的作用、徒法不足以自行的观点、重视调解在解决一般纠纷中的作用、司法官员应具有公正廉明和刚正不阿的品质；制定法传统等积极因素应借鉴吸收。对于其以三纲五常为核心的封建主义教义、轻视法律的作用、轻视诉讼和权利观念淡薄、法即是刑、轻视法学等倾向，则必须加以批判和摒弃。

（二）《比较法研究》在《比较法总论》基础上作了一定的增修

在《比较法总论》一书中，沈宗灵教授把内容分为五大块：比较法学的几个基本理论问题、民法法系（大陆法系）、普通法法系（英美法系）、苏维埃社会主义法系和当代中国社会主义法律制度。

但时至今日，世界形势已经发生巨大的变化，针对世界法律领域的新现象，如：西方两大法系的日益靠拢，混合型法的普遍发展；欧盟的成立，欧盟法律的兴起与独立发展；美国作为惟一的超级大国，在西方取

---

① 参见沈宗灵：《比较法总论》，北京大学出版社 1987 年版，第 487—492 页。

得了经济上的主导地位，它对民法法系的重大影响，以及其在法律上的领导地位；20世纪90年代东欧剧变，前苏联解体，社会主义法系趋于消亡，俄罗斯联邦法律制度形成；德国统一，东德法律由西德法律所取代；中国法律的巨大发展，依法治国成为治国的方针，“一国两制”开始实现而带来法律领域中的变化；伊斯兰原教旨主义的复兴，伊斯兰教法的艰难改革，等等，《比较法总论》一书中的相关内容已显陈旧，针对新的时代背景，沈宗灵教授及时对《比较法总论》进行调整和补充，从而出版了《比较法研究》，主要体现在：

一是新增两大方面内容，包括：欧洲联盟法律，两大法系的差别与演变，美国法的影响；作者近几年发表的比较法专题研究论文。

二是对原书部分章节做了删减或增添：基本理论部分精练了不少，突出重点；民法法系部分的最后增加了德国1990年的统一与法律的变化；苏维埃社会主义法系部分，补充了俄罗斯联邦法律；当代中国社会主义法律部分，删除了当代中国的法律思想，更多地着墨于依法治国、一国两制和法律移植等中国法制建设中所直接面临的问题。

（三）评价

尽管与比较法学较为发达国家的著名比较法学家的经典著作相比，沈宗灵教授的《比较法总论》及《比较法研究》在归纳总结法律演变规律、探讨原因及提供独到创新观点等方面尚嫌单薄，但是，它们仍具有值得肯定的若干优点：

一是在理论方面，深入浅出，浅显易懂，令初学者不会感到枯燥乏味，更觉有如细细甘甜，引人入胜。

二是系统描绘了各大法系、中国之法制建设现状，纵横交错、宏伟辽阔、史料周详，对西方整个法律发展历史、演变、趋向作了详尽的论述。它为进一步的深入研究提供了机会和素材。

三是在编排结构上，体现了比较法学科教学和科研的层次性，具有一定的科学性。

因此，在阐述中国当代比较法学的进程时，沈宗灵教授这两部著作的地位是不可能被忽视的。

三、沈宗灵在比较法其他领域内的贡献

（一）关于法律移植理论的论述

“法律移植”一词尽管在西方比较法学中早已使用，但是在我国比较法学中的运用只是近些年来的事。其含义一般是指特定国家（或地区）的某种法律规则或制度移植到其他国家（或地区）。相当于中国国内所讲的对其他国家或地区法律的借鉴、吸收、接受、引进等。我国一些比较法学家对法律的移植也多有阐述。其中，沈宗灵教授深刻系统地论述了法律移植的若干理论与实践问题。

他认为，“有些西方法学家主张第三世界国家要实现现代化，必须‘全盘引进’西方国家法律，这种意义上的法律‘移植’当然是完全错误的。”在其《论法律移植与比较法学》及其他论文中，全面地介绍了西方比较法学中关于法律移植的内涵、对象、范围、原因、方式、效果等观点。运用纵向和横向比较研究方式，列举并且评判了西方一些国家在不同时期的学者们关于法律移植的不同观点，分析了法律移植的复杂性，客观地指出近年来法律移植在中国的反应，并且指出，当代中国借鉴和移植国外（或特定地区）的法律，是我国选择接受的而不是外力强加的；我国在借鉴和移植国外（或特定地区）的法律时，必须研究移植来源国或地区以及本国的各种社会和自然条件。

有学者认为，沈宗灵教授这种深刻全面地对法律移植问题的研究，在我国法学界当属首创，不仅填补了我国比较法研究的一项重要空白，而且对于当代改革开放的中国立法实践，具有重要指导意义。

（二）对判例、判例法和判例法制度的研究[1]

判例、判例法和判例法制度，是当代世界各国许多学者研究的一个重要的比较法课题。长期以来，中国微弱的比较法学研究尚未触及于此。在当代，改革开放的、不断发展社会主义市场经济的中国，迫切需要健全和不断完善与之相适应的法律体系和法律制度，为此，摆在法学学者特别是比较法学者面前的不可逾越的课题就是必须对判例、判例法和判例法制度进行理论联系实际的研究。在我国一些对该问题的研究者中，沈宗灵教授是探索的前列者。在《当代中国的判例——一个比较法研究》中，他充分地论证了中国不应采用判例法制度的理由，即主要是因为判例法制度不适合中国现行政治制度，中国不具有如同普通法国家存在的判例法历史传统，中国法官缺乏判例法方法论经验，判例法自身的缺点也是中国不能采用该制度的原因等。

尽管中国不应采用判例法制度，但是中国应当加强判例的作用。沈教授在论及判例法的缺点的同时，还指出其优点。他引用G.佩顿的观点，认为判例法能体现所有人在同样情况下获得同样对待的原则。追随以前判决的做法也有助于有效的司法业务。判例法最突出的优点是它本身具有一种有机成长的原则，能适应新的情况。他进一步指出，在中国的法律制度尚不完善，法律比较抽象从而给具体实施带来困难的状况下，中国更应当加强判例作用，以补充制定法。沈教授还对改进我国判例工作提出具体的建议。

这些方面的研究成果，不仅在理论探索方面为我们进一步研究指明了思路，界定了范围，标示出比较研究的方法，而且使对该问题的研究直接联系当代中国法制建设的实际，从而为我国比较法学家们的比

---

① 主要参见刘兆兴：《沈宗灵教授对当代中国比较法学发展的贡献》，载沈宗灵、罗玉中、张骐主编：《法理学与比较法学论集——沈宗灵学术思想暨当代中国法理学的改革与发展》（下册），北京大学出版社、广东高等教育出版社2000年版，第866－867页。

较法学研究，及其成果直接运用于实践，并为实践所检验，树立了榜样。

第三节　中国比较法学的现状

一、比较法近年来的总体发展

经过这几年的发展，比较法的独立地位在我国已经确立，这主要体现在以下方面①：

（一）比较法学作为一门独立学科的地位得以确立

第一，20 世纪 70 年代末迄今，特别是近几年，大量的有关比较法和外国法的著作如《比较法学》（吴大英著，1987 年版）、《比较法总论》（沈宗灵著，1987 年版）、《外国行政法教程》（姜明安主编，1987 年版）等出版，（法）勒内·达维德著的《当代主要法律体系》、（美）格伦登等著的《比较法律传统》、（德）茨威格特和克茨著的《比较法总论》、（日）高柳贤三著的《英美法源理论》等一系列译著被翻译出版。一批专门的刊物如《外国法译评》（后改名为《环球法律评论》）、《比较法研究》、《中外法学》等的创办，并编辑刊登了众多优秀的比较法论文。

第二，自 1993 年起，《中国法律年鉴》在“各学科发展概况”栏目中单独介绍了“比较法学”，对过去一年比较法学的研究成果加以汇总、评述。

第三，一些比较法和外国法研究机构和学会纷纷确立，如中国社会科学院法学研究所设立有关外国法的若干研究室，北京大学法学院设立“比较法与法律社会学研究所”，中国政法大学、华东政法学院设立

---

①　参见孙琬钟：《比较法在中国：历史与发展》，载江平主编：《比较法在中国》第一卷，法律出版社 2001 年版，第 2—6 页。

“比较法研究所”，苏州大学法学院设立“东吴比较法研究所”。1990年10月，作为中国最高级别法学学会的中国法学会正式设立“比较法学研究会”，成为直属中国法学会的若干重要法学学科研究会之一。

第四，法学本科教育或研究生教育中普遍开设比较法课程或外国法课程。

（二）有关基本理论的研究已形成应有的框架和体系

中国的学者们认为，比较法是一门独立的学科，而不只是一种研究方法。比较法的研究对象、范围和方法有其自身的独特性，即一般而言，比较法以不同国家的法律制度的比较为研究对象，但也有例外，即一些特殊地区的法律制度，以及同一国家中代表不同法系的地区的法律制度之间的比较，也可以作为比较法研究的对象。例如，中国内地与香港、澳门地区法律之间的比较，以及海峡两岸之间的比较，也都属于比较法研究的范围。

关于比较法的研究方法，我国学者在以往有关理论研究的基础上不断深入探索，例如，提出将比较研究方法分为认识论意义上的方法和操作意义上的方法两类，以此区别理念、制度意义上的比较与实证研究两种比较层面。提出依前者进行比较时应遵循人类千百年来在物质资料生产实践和思想理论实践中逐渐形成的具有意义的认识论方法，即坚持制约性、联系性、阶级性的观点和方法；而操作意义上的方法则具体包括确定比较对象、确定可比性、确定比较形式（纵向比较与横向比较、宏观比较与微观比较、内部比较与外部比较、功能比较与结构比较等）。

此外，对于比较法的作用、比较法与各学科之间的关系、关于法律移植的理念与实例研究、法律文化的比较等方面的研究都取得了一定的成绩。

(三)宪法学及部门法学的比较研究更加具体、深入,专题比较研究更趋于微观比较,选题越来越具实用性

相对于基础理论研究而言,在中国,宪法及其他部门法学的比较研究更丰富和具体,有关比较宪法、比较刑法、比较行政法、比较诉讼法及比较行政立法的研究不断深入,比较研究范围还涉及到民法、经济法、婚姻法、收养法、国家赔偿法等几乎所有的部门法。

专题比较研究近年来十分繁荣,既有对诸如法律文化、法治成本与代价等宏观问题的研究,也有对诸如国家赔偿、代理、法律援助、证据、审判方式等具体法律制度的研究,还有对如权利、义务、权力的概念等更具体问题的比较研究。其选题极为广泛,真实地反映了当今中国立法与法学研究工作所具有的开放性的特点。其研究的深度,则反映出起步较晚的中国比较法学研究的日渐成熟性。

(四)比较法研究成果在国家立法、司法以及国民法律意识的理性化过程中发挥了十分积极的作用

首先,比较法研究充分显示出其在完善中国立法方面的作用。近20年来,借鉴外国立法经验已成为一项立法原则。中国借鉴外国法律的立法实例很多,有学者统计约有30例。①

其次,在司法领域,比较法研究成果发挥了其规范作用。例如,在刑事司法领域,1996年修订刑事诉讼法、1997年修订刑法时,吸收了无罪推定原则的精神,取消类推,加强辩论制等等。

最后,在法律移植、法律文化问题等方面,比较研究使中国对法律在社会政治经济生活中的作用,在法律的制定、完善、运行等问题的态度上进一步理性化。

---

① 参见沈宗灵:《当代中国借鉴外国法律的实例》,载《中国法学》1997年第5、6期。

二、比较法学发展的现状

(一) 比较立法

当今中国的立法,是伴随着改革开放而日益发展的,20多年来取得了举世瞩目的成绩。这不仅表现为制定了大量的法律、法规,使社会生活的主要和基本方面有法可依,而且也表现为注意学习和吸收国外立法的有益经验,认识到比较法在立法中的重要作用。吸取外国立法经验已成为我国立法机关的一项立法原则。

在立法领域,在起草一些重要的法律时,我国的立法机关都要充分考虑和认真研究外国相关法律的规定,对一些国际通行的做法和惯例,在做出法律规定时尽量与之接轨,如劳动法、海商法、公司法、消费者权益保护法、商标法等的规定,都充分借鉴了外国的法律。[①] 在制定宪法、刑法、刑事诉讼法、民法通则、民事诉讼法、行政诉讼法等一系列法律时,在许多问题上都大胆地借鉴了国外的有关法律,如宪法的基本框架问题,刑法的基本原则问题,民法中的严格责任原则,刑事诉讼法中的有利被告原则、无罪推定原则,公司法中的有关公司组织结构和不同公司类型的规定,等等。具体有如下的作法:

首先,国家从事立法工作的机构和人员,已把了解国外法制建设特别是立法情况,作为开展立法工作的重要条件,列入重要议事日程。这些机构和人员对外国法律进行或全面或专题考察。在立法实践中,大到某一立法项目的设立、立法思路,小到法律名称、法律规范的内部结构等,都要对国外的情况有所了解、有所分析和说明。

其次,在具体的立法过程中,对外国的法律形式进行了一定的借

① 参见孙琬钟:《比较法学研究方兴未艾、任重道远——中国法学会常务副会长孙琬钟先生在比较法研究与法制建设研讨会上的发言》,载《比较法研究》2002年第3期。

鉴。即对法律技术进行采纳，也就是借鉴国外法律体系中那些可以分离的现象或者法律的独特部分，以及法律规范各部分的运转措施。这种借鉴方式，对提高立法的规范性和质量，加强本国法律与国外法律的交流，都有积极的意义。对现代立法经验较为缺乏的我国来说，既很有必要，也很有效，其运用范围几乎涉及所有领域的立法。

再次，对外国法律从立法的形式和内容两方面都予以借鉴。这是一种事实的承认，也是一种单纯的应用性借鉴，它把国外的某些立法做法看作是一种客观事实予以承认，以增加某一立法或制度的适用性。[①]它一般针对的是三种情况：(1)我国法律所要解决的问题与国外法律相同，而我国尚无这方面的立法经验；(2)我国法律解决某一问题的方法有多种，且各自理由充分，根据实践和本国立法经验难以确定哪种方法为好；(3)我国法律若不借鉴国外法律的某些规定，就不能适应现实的需要，如在知识产权领域，由于其国际统一性越来越大，如果不采取国际上的有益作法而坚持自己的作法是行不通的，必然会造成很大的损失。

最后，在立法的过程中，对外国法律或规定也可以个别接受。这主要是指某一类立法的许多内容直接采纳国外法律的有关规定。在这种借鉴中往往会触及本国法的原则与民族特性，因此在立法中应比较慎重。目前这主要运用在体现民族特性较少的商事法领域。

（二）比较司法

在司法领域，比较法研究成果也发挥了其规范作用。我国正在进行的从法官中心到当事人中心的司法改革；在法律职业方面，我国20世纪80年代以来推行的律师资格考试制度，不同形式的律师事务所制度，近年来推行的法律援助制度，法官、检察官资格评定制度；对判例的

① 参见汪永清：《比较法与当今中国立法》，载《法律科学》1992年第6期。

作用,学者通过理性的比较研究和选择后,认为我国在目前情况下并不适合发展判例法,但应加强判例在完善和补充成文法的不足、规范司法、法制宣传等方面的作用。据此,司法实践中正在进一步规范判决的制作,并把它作为推进司法制度改革的一项重要工作。

不论是在比较立法,还是比较司法中,运用比较法都应注意一定事项,这已是学界共识。

1. 从中国的实际出发,把是否符合中国实际和人民的利益作为借鉴外国法律的评判标准。也就是说,在比较立法与司法中,对国外经验的借鉴,都有一个按本国的经济文化等客观实际和人民的需要加以取舍的过程,以确定哪些是有用的,是可以借鉴的,哪些是脱离实际的,是不可以借鉴的。而不能主观地、片面地去追求什么理想形式,照抄照搬国外的法律。

2. 注重对解决问题的法律比较。在立法实践中,首先碰到的是,哪些问题可以通过立法来解决,某项立法采取何种方法,规定何种内容才能解决这些问题等。这种情况对正处于改革和发展时期,过去法制基础又比较薄弱的我国来说更是如此。①

3. 注意使立法和司法符合公认的国际准则。国际条约和国际惯例所内含的原则、规则和制度,反映了国家间的相互要求,其涉及的国内法的问题,往往在很大程度上具有普遍性,尤其是涉及贸易等方面的国际条约和国际习惯更是如此。② 因此在实践中,重视对国际条约和国际惯例的研究,对其中公认的国际准则,都尽量使之符合其要求。这在涉外经济中更应如此。

(三) 比较法教育

为了使比较法能够良性地发展,加强比较法的教育是必需的。近

---

① 参见汪永清:《比较法与当今中国立法》,载《法律科学》1992年第6期。

② 同上。

年来这方面也取得了较大的成绩，主要表现在两个方面：一是，学制的设置更为合理。20 世纪 80 年代以来我国实行的学位制度，特别是近年来实行的法律专业硕士学位制度，派遣大量的留学生到欧美日本等国学习、进修，在教学实践中尝试运用案例教学法，统一的司法考试制度，等等，都参照了许多国家的有关法律制度和实际经验，①同时也结合了我国教育的特点；二是，比较法课程的设置更全面。比较法概论的课程从 1980 年开始就在许多大学讲授，在各大学有关的研究生教学中还开设了外国民商法、外国刑法、外国诉讼法、外国行政法和外国宪法等外国法的课程。② 研究比较法学也为提高我国的法律教育水平所必需。

此外，特别值得一提的是，自 2004 年开始，中国政法大学招收比较法研究生，这一举措无疑对于该学科建设及研究生教育具有深远意义，在我国的法学教育史上尚属首次。

（四）比较法研究及学术交流

一方面，比较法基础资料进一步完善。为了适应对外开放，更多了解外国法律的需要，各种外国比较法的译著纷纷出版。其中影响较大的比较法著作主要有前述法国勒内·达维德的《当代主要法律体系》、德国茨威格特和克茨的《比较法总论》，和日本大木雅夫的《比较法》、美国孟罗·斯密的《欧陆法律发达史》、日本穗积陈重的《法律进化论》，以及比较法律文化的著作，如美国埃尔曼的《比较法律文化》、美国卢埃林的《普通法传统》、美国庞德的《普通法精神》、《普通法的变迁》、美国胡克的《法律多元主义》、弗里德曼的《法律制度》、美国昂格尔的《现代社会

---

① 参见朱景文：《世界与中国框架中的比较法——十一届三中全会与比较法》，载《法学家》1999 年第 1 期。

② 参见刘延寿、张晓秦：《法理学与比较法学——法学的基石——兼评〈法理学与比较法学论集〉》，载《中外法学》1999 年第 6 期。

中的法律》、德国格罗斯菲尔德的《比较法的力量与弱点》、美国威格摩尔的《世界法系概览》等等。同时,国外著名学者比较有影响的相关论文也被译成为中文,如《国外比较法学论文选辑》①、《比较法学的新动向——国际比较法学会议论文集》②,就是中外学者有关比较法的论文荟萃。

尤其值得一提的是,近年来由高鸿钧和贺卫方两位教授策划主持的"比较法学丛书"系列著作的相继出版,更具有了广泛影响和规模效应。

另一方面,就学术交流而言,不仅有大批的研究人员赴国外大学和研究机构从事比较法方面的学习、研究和讲学,而且越来越多的外国比较法学者也来到中国讲学、交流,如德国的克茨、日本的大木雅夫等都造访京、沪等地的高校。最近几年,这样的双向交流更为频繁。这一切,对于比较法在中国的发展起着积极的作用。

(五)比较法学年会及其他相关研讨会的召开

1990年11月30日,中国法学会比较法学研究会在北京成立,大会选出了研究会的领导机构,同时决定,在适当的时候和适当的地点召开研究会学术讨论会;另外,会议也要求研究会开展多方面的活动,例如组织人员从事比较法学的专题研究活动,开展对外学术交流,同时也加强国内学者及其与实际工作部门间的信息交流等。

1992年4月7日至10日,北京国际比较法学会暨中国法学会比较法学研究会第一次学术会议举行。合并召开的这两个会议在北京大学举行。前一个会议由北大法律系比较法与法律社会学研究所主办。10余名外国学者和40多名中国学者出席了会议。中外比较法学者聚

---

① 该书由王正泉等译,王明毅校,群众出版社1986年版。

② 该书由沈宗灵、王晨光编,北京大学出版社1993年版。

集一堂，就比较法学的方法论、比较法的作用、法律移植、比较法教学、比较法学与法律文化等议题展开了卓有成效的讨论。比较法学研究会学术会议的举行，有助于促进国内比较法学界的交流及对于相关专题研究的深入探讨。至2004年夏，比较法学年会已成功召开了八届，并且年会论文集《比较法在中国》也已出版了多辑。

除年会外，其他的相关研讨会也已召开过多次。比如，2002年5月6日，正值中国政法大学建校50周年以及该校比较法研究所建所、《比较法研究》杂志创刊15周年，中国政法大学比较法研究所主持召开了"比较法学与法制建设座谈会"。[①] 这些都促进了我国比较法学的发展。

三、开展比较法研究的意义

对比较法的作用，大家有不同的认识，早在1900年，就有人指出了比较法的两大作用：它既是"解释法律的宝贵工具"，又是"立法进步的有力工具"。瑞典比较法教授波格旦所总结的比较法的作用，有助于我们加深对此问题的认识。他认为比较法主要有以下作用[②]：

第一个用途是一般教育。因为就像学习法制史和法理学一样，比较法有助于法学家的全面教育，使他增进对其他民族文化和生活方式的知识，比较法研究扩大公众对法律作为社会现象的理解。

第二个用途是使人们增加对本国法律的进一步了解。

第三个用途是运用应有法(lege ferenla)。比较法知识不仅在创立新法，而且在运用应有法，例如法官提出判例或法学家创议法律改革时，都有明显作用。

---

① 参见胥汉：《比较法学与法制建设座谈会纪要》，载《比较法研究》2002年第3期。

② 参见沈宗灵：《评介波格旦著〈比较法〉(1994年版)》，载《中外法学》1997年第4期。

第四个用途是法律的协调和统一。比较法对法律的协调和统一特别重要。协调是有意识地使两种或两种以上法律规则更相同;统一是指在两种或两种以上法律制度中有意识地引入相同的法律规则。如果有分歧意见,而且对相互法律思维和法律概念又缺乏了解时,法律的协调和统一就会成为一个困难的过程,这时比较法就有很大价值。

第五个用途是运用现行法(lege lata)。波格旦教授认为即使在法院和其他机构解释和运用本国法律规则时,比较法也有其价值。在解释和适用国际协调或统一规则,或来自其他法律制度的规则时,固然需要比较法,即使有些国家的法院在对法律的解释和适用时完全是国内法,并无任何直接国际背景或联系的法律规则时,但也同样需要比较方法。例如法院在为本国法律填补空隙时就需要比较法之助。填补空隙可被认为是开发现行法与应有法的边缘。

第六个用途是国际公法。《国际法院规约》第38条列出了该法院可适用的法律渊源,其中包括文明各国所承认的一般法律原则。对世界上各文明国家共同法律原则的确定,惟一可以科学地承认的方式就是比较现行的法律制度。人们可以利用比较调查来确定这种共同原则的内容。在有些情况下,为确定国际公法习惯法,比较法也可做出贡献。

第七个用途是国际私法和国际刑法。法院和其他机关适用外国法时就涉及国际私法规则,这种运用当然要求它们获得待适用的外国法律制度的信息。获得这种信息和适用外国法本身并不等于比较。但适用外国法要求对外国法与法院所在地法之间的某种间接比较,即使在判决中并不明确讨论这一问题。同样问题也发生在承认和执行外国判决上,外国法律和外国判决如果显然违反法院所在地某种法律原则时就不能加以承认或执行。

在国际刑法方面也需要某种法律比较,在许多国家,一个人不能因在外国所为行为而受罚，如果这一行为在行为地国家是不受罚的话。

第八个用途是教学目的。以上已提到比较法研究有助于法学家的一般教育并增进对本国法律制度的了解，这说明了比较法在教学上的价值。对打算研究外国法律制度的人来说，比较法是有很大价值的。因为对一个需要研究外国法律的某些规则的人来说，如果不需从头学起的话就方便得多，他可以利用自己本国的法律知识并集中了解其中差别。再有，比较法学家已有关于法系的知识，这就使他们可能利用有关法系的知识来研究某一法系中的其他法律制度。

以上是波格旦对比较法用途的较为全面的概括和总结，在中国这一具体的情况下，比较法研究的作用，可以从以下方面加以分析。

第一，研究比较法学有助于提高我国法学研究的理论水平。例如，在法学界关于"法治"与"人治"问题的讨论中，许多同志对我国古代的孔丘、孟轲、荀况、韩非的学说与古希腊柏拉图、亚里士多德以及近代法国资产阶级法学家孟德斯鸠、卢梭等人的学说进行了历史比较研究，这对于我们分清先秦法家主张的法治、近代资产阶级法学家主张的法治的区别，认识发扬社会主义民主和健全社会主义法制的必要性，是有益的。

第二，它有利于实现对外开放政策、国际经济和文化交流。自1978年年底以来，中国将对外开放作为长期的基本国策。为了实施这一政策和促进国际交流，我们迫切需要大批具有外国法知识的专家。但"外国法"，即便仅指现行外国法来说，是相当浩繁的。企图培养出一个精通世界所有各国法律知识的专家是不切实际的。培养出精通个别国家整个法制的专家（如美国法专家、日本法专家）或精通很多外国的某一部门法专家（如税法专家或专利法专家），也肯定不是一件容易的工作。

除了上面所说的后一类专家外，我们也可以通过比较法渠道来培养外国法专家。正如 M. 鲁因斯坦教授所讲的:“在法律方面,国际实践是以比较法为基础的。一个美国律师想向本国当事人就进出口贸易、国际运输、筹集国际资金、在外国经商等事务提供咨询,他不必一定是精通外国法律的每一细节的专家。但他应了解这一外国法律的基本制度。如果他要同外商或通过一个外国律师顺利地进行谈判,他首先要了解这一外国法律的精神。他应当了解这种法律精神怎样发生作用,人们怎样提出论据,使用什么术语以及术语的意义。如果这个美国律师天真地推定他的外国对手以他本人习惯的方式来思考和辩论,或推定对方用的术语就像美国法律用语一样的意思,那结果就可能是悲惨的。”了解外国法律精神,了解它怎样发生作用,人们怎样提出论据,使用什么术语,这些术语具有什么意义——所有这些要求都意味着本国法和有关外国法的比较。

第三,比较法研究有利于改进本国法。为什么西方国家比较法研究在 19 世纪后半期迅速发展起来,其理由是不难说明的。这主要是由于一系列本国立法的制定,比较法研究显示出它在改善本国法中的功用这一事实。在中国,起草重要立法时总是使用比较法研究,这已成为立法过程中的重要举措。随着中国立法事业的推进,比较法研究的价值必将得到更明显的体现。

第四,比较法研究有利于扩大法律教学和研究的领域。中国学习法律的学生,作为一个整体来说,应以学习中国法律为主,但这并不是说法律教学和研究的内容仅限于中国法律。如果我们对国际交往采取闭关自守的态度,那是很愚蠢的,其后果也会是严重的。研究比较法学有助于对外国情况的了解。比较法对发展法律教学是一个重要的帮助,因为它引导法学教师和学生进入本国法以外的一个新的广阔领域,即能获得外国法和比较法的知识,从而也就加深对本国法的理解。同时,由于同我国建立外交关系的国家日益增多,我国同外国的国际交往日益频繁，因此，对国际法和外国法的研究将更为必要。

四、比较法学所面临的问题

全球化已经成为我们时代的一个重要特征，它为比较法的大发展提供了更好的机遇，也为比较法研究提出了新的课题和挑战。这里，我们提出比较法在中国的发展中面临的若干迫切的问题，以供共同探讨。

首先，对待不同社会制度国家的法律制度的态度问题。

比较法发展的历史表明，若对待不同社会制度的国家的法律不进行具体分析，一揽子采取完全敌对或蔑视的态度，不利于日益密切的国际关系和各国人民的友好往来，也不利于本国的发展；另一方面，不加区别地盲从或完全赞同，甚至盲目照搬别国的法律制度，不顾本国国情，势必导致失败。因此，在对待作为研究对象的别国法律，特别是不同社会制度的国家的法律时，必须坚持科学的客观的态度，避免民族沙文主义，避免盲从。中国作为一个社会主义国家，有中国特定的国情，在对待资本主义国家的法律和社会主义国家的法律时，是否应当无条件地否定资本主义国家的一切法律制度而赞赏或仿效社会主义国家的一切法律制度，这是一个首先必须明确的问题。

资本主义社会制度同社会主义社会制度从总体上考察，确实属于两个不同的历史范畴和属于两个不同的社会阶段，因此，在某些带根本性的阶级性的法律制度上彼此是不可能取代或者趋同的，但是某些法律制度，特别是法律技术、程序，在不存在社会主义或资本主义本质的规定性与排他性内涵的情况下，各国可能取得共识，相互借鉴或吸收，“去粗取精”经过改造是可能加以利用的。

任何国家法律制度的建立与发展都有其特定的历史文化及社会背景条件，对某一制度进行研究只是比较法学的第一步，而对该制度生成背景或存在条件的研究是第二步，而且是较高层次的研究，应从制度透视背景。

因此,在比较研究不同社会制度的法制时,必须采取历史辩证法的观点,进行科学的具体分析,恢复其历史地位,辨别其功能和社会效果。在评价、借鉴或引进外国法制的问题上,必须在宏观上和微观上进行全面的综合的考察,一切从有利于发展社会主义民主和促进国家富强和本国国情的实际的角度出发。①

"法律是一门科学,有自身的体系,左右、上下,特别是与宪法不能抵触,立法要有系统的理论指导。对外国的经验,不管是社会主义国家的,还是资本主义国家的,不管是英美法系,还是大陆法系,以及对我国历史的经验,都要参考、借鉴。但是要根据我国的实际情况,吸收其中对当前立法工作好的东西,吸取精华,抛弃糟粕。"②20多年阐述的这一立法指南,至今仍是我们在进行比较法研究中必须首先端正的基本态度。

第二,比较法的研究问题。

在传统的比较法研究中,一般是以法律规范或法律规定为其对象,即甲国的法规与乙国的法规的比较研究。法规诚然是法的重要组成部分,但在现实中法规的贯彻执行情况和社会效益,与法律规定未必是一致的,即应然法与实然法是有一定距离的。而且法律的实施,同人民对法律、法律设施的态度,即人民的法律心理、法律意识、法律思想体系,以及执法机构的效能等都有密切的关系。这一切在比较法的研究中如果缺乏适当或足够的注意,很难保证对他国的法律实际获得正确的了解,从而比较的结果也只是表象的,据此做出价值判断或借鉴是很危险

---

① 参见潘汉典:《比较法在中国:回顾与展望》,载江平主编:《比较法在中国》第一卷,法律出版社2001年版,第25—26页。

② 1985年12月4日,彭真委员长在全国《民法通则(草案)》座谈会上的讲话要点,载《中国法律年鉴》(1987年),第641页。

的。

由此看来，比较法研究应当以法律文化为其对象，其中当然包括有关的法，同时在一定情况下，要广泛地对特定的法律现象进行宏观的考察和微观的社会实际的调研，包括对有关的社会地理条件、风土人情等的考察。

第三，关于外国法的移植问题。

这是比较法领域内一个具有重大理论意义和实践意义的课题，在我国市场经济建设的今天尤其如此。在相同的社会制度的各国之间，或者在相同法系的各国之间，特别是在具有相同的历史文化背景的各国之间，采纳或推行外国某些法律或某些制度是屡见不鲜的。当代各国引进外国某些法律和法律制度，是不胜枚举的。其中有成功的，也有失败的。结合中国社会现实需要，总结世界各国的立法经验，探索有关利用、借鉴、引进或移植外国法律制度和法律制度的各种社会的、政治的、经济的，乃至宗教的诸种条件和历史背景，找出它的规律及其成功经验和失败教训，为解决中国社会现实问题提出科学的方案和建议。这是比较法学领域一个富有现实价值的学术问题。

第四，中国比较法研究的新领域：中国大陆法制与香港、澳门、台湾等地区法制的比较研究。

在中国，比较法研究正在向着更广阔的领域和新的对象扩大。在"一国两制"的构想下，中国面临一个具有不同法律体系或"法族"为背景的多种法律和政治制度并存的局面，由此而来的是如何调整和协调这些不同法律体系的诸种关系问题，以及如何解决不可避免的法律冲突问题——这种法律冲突包括属于社会主义的中国大陆法律，同属于资本主义范畴的普通法系的香港地区的法律和属于资本主义范畴的大陆法系的澳门地区的法律之间的冲突问题，还有一个互相借鉴、取长补短的问题。这是一个较为复杂的课题。但是，由于中国大陆和港、澳、台地区的中国人有着悠久的历史文化传统，与实现统一和谋求富强的共同愿望，这些都是解决的有利条件，特别是香港、澳门特别行政区基本法的制定，为今后妥善协调法律关系提供了重要的法律依据。①

因此，我国法学者包括我们的港、澳、台的同行们，携手共进，开展这一领域的比较研究，是一项刻不容缓的历史使命。

第五，法律文化的比较研究是近年来我国法学界关注的热点之一。不少学者对中国的传统法律文化和中西法律文化的比较作了很有价值的研究。但是，迄今这种研究还有若干不足。就方法论而言，似乎缺乏理论创设与历史事实的有机结合。要么是纯理论的推论，要么侧重于历史的描述。就比较而言，一般比较古代，近代中西法律文化，对现代，尤其是当代中国与西方法律文化的比较，几乎很少涉及。我们应努力克服这些不足，不仅要比较传统法律文化，而且要研究现实法律文化，比较分析当代中国走向法治的历史条件与西方社会从法治的自由社会转为后自由社会的途径和原因。在这方面，昂格尔的比较法律文化理论提供了一个很好的参照坐标。②

第六，人才的培养。比较法快速的发展，必须有一支从事比较法研究的队伍。现在我国法学研究人员奇缺，青黄不接，已经成为一个十分突出的问题。从我国法学界和法律院系的人才队伍状况看，致力于法理学和比较法学的教学科研人才队伍与比较法的发展需要相差甚远，且队伍很不稳定。

从事比较法研究，必须具备外语知识，因此，大力提高法学研究人员的外语水平，是十分重要的。当前，除了应该使有真才实学的原有的法学研究人员尽快归队之外，还需要培养新的人才，包括招收研究生，

---

① 参见饶艾、张洪涛：《比较法在社会主义法系的崛起与发展趋势——兼谈中国比较法研究现状及面临的新课题》，载《求索》1996年第2期。

② 参见张乃根：《昂格尔的比较法律文化理论评介》，载《比较法研究》1991年第4期。

有计划地派遣研究人员出国考察、进修和学习，邀请外国学者来我国讲学或进行学术交流。同时，还需要搜集外国法律文件和法学著作，并加强国内外学术情报交流，这也是开展比较法学研究的不可缺少的条件。①

第七，比较法学应该展开进一步的深入研究。当代中国法律制度是以大陆法系法制为模式建立，又不断受到英美法系法制的影响渗透，这一事实决定了我们必然要不断深入研究认识西方法律制度。正因如此，翻译介绍西方法学理论的法律文献便成为法学领域，尤其是比较法学领域长期以来投入甚多的一项工作。今后，尝试以既有翻译介绍为基础对西方法律制度展开全面的深入研究，并将这种研究同解决我国现实问题结合起来，应是比较法学进一步发展的现实任务。②

第八，针对全球化，比较法必须顺应时势的变化。今天我们所面临的形势与 20 世纪 70 年代末、80 年代初相比又发生了很大的变化。20 多年的改革开放，已经使我国的经济、政治和社会生活具有了更多的全球色彩，在加入 WTO 后，我国面临着不得不对国内的现有产业结构及有关法律进行改革的问题。在政治领域，我国已经签署了《经济、社会、文化权利国际公约》和《公民及政治权利国际公约》，也面临着如何与我国现行宪法及其他法律的有关人权条款协调问题，同样的问题也发生在其他领域，环境保护、卫生、知识产权、社会保障等等，都面临一个如何协调国际标准和国内法律规定的问题。一方面，与国际的通行作法接轨，履行我国的国际条约的义务；另一方面，又要适合中国的国情，维护我国在经济上和政治上的独立。实践证明，拒绝接轨，得不到发展所

① 参见朱景文:《世界与中国框架中的比较法——十一届三中全会与比较法》,载《法学家》1999 年第 1 期。

② 参见江平:《新世纪、新视角、新境界——寄语新世纪的中国比较法学》,载《比较法研究》2001 年第 1 期。

需要的资金和先进的技术与管理经验，只能把自己排除在世界经济与政治发展潮流以外；而盲目接轨，不顾各国现有的条件和改革开放的时间表，只能给各国经济与社会生活带来更大的混乱。随着我国改革开放的进程，研究我国国内法与参加的国际条约之间的关系，并制定相应的对策，应该成为我国比较法学今后相当长时期的主要任务。①

另一方面，全球化又对国家主权形成了严重的挑战。按照一些西方学者的观点，全球化意味着非国家化，即减少国家在国际资本、服务、商品、金融流动中的干预，反对贸易保护主义，废除一切对外国资本的歧视措施，降低以至取消关税。经济全球化、非国家化以跨国资本雄厚的经济实力为基础，如果主权国家为了保护自己的民族经济，采取高关税等贸易保护措施，跨国公司会撤销投资，把资本转移到较少贸易障碍、适于其获取更大利润的地区。面对强大的压力，主权国家不得不作出让步。有些学者认为，这种强大的跨国资本力量正在取代国家，而形成一种全球资本主义的"利维坦"，任何公众力量和主权国家在它面前都显得无能为力。全球化作为一种经济力量，是不以任何人，包括主权者的意志为转移的。在某种程度上，它表明资本的力量已经发展到这样一个阶段，它要冲破国境的界限，实行经济的一体化、非国家化。传统的、在一国范围内、属该国管辖、受该国法律调整的经济模式，由于跨国资本的介入，股份制的发展，受到了挑战，国家主权本身也受到了挑战。研究全球化形势下主权观念的变化，研究国家对经济活动的管理权限及管理方式方面的变化的理论意义，同样是当前比较法研究面临的新课题。②

另外，总结以往中国比较法学的研究方向，会发现人们的注意力大

---

①　参见朱景文：《世界与中国框架中的比较法——十一届三中全会与比较法》，载《法学家》1999年第1期。

②　同上。

多集中在一些西方大国，如英美或法德、日本的法律制度，但这并不意味着对其他国家可以忽视。在当今经济日益全球化的大趋势下，全球范围内的国家交往势必会越来越普遍频繁，比较法学者应该更为敏感，具有更为广阔的视野，走在所有法学学科的前面，对那些大国之外的国家，如澳大利亚、巴西、南非及中国周边的一些亚洲国家的法律制度展开研究。这也是21世纪比较法学研究的一大课题。

总之，目前，中国的比较法正处于全面发展时期，它已逐渐融入世界比较法的大潮流之中，成为其重要的组成部分。东西交流促成世界范围的大交流、大比较，信息互补，知识互补，成为21世纪的大趋势。“比较学”势必成为世界范围的大学问，法学的发展也必然形成比较法学热，或者比较法学将成为法学学科体系中的主流。这都有赖于学者们继续不懈的、艰苦的共同努力。

第七章 比较法学发展的新趋向

——介绍《世界法律传统——法律发展的持续多样性》

比较法学自其诞生以来就颇多坎坷，屡遭挫折，被排挤于主流的法学学科以外。但自 20 世纪 70 年代以来，经济全球化的趋势日益明显，并对世界各国法律的发展产生深刻的影响，为比较法学科的发展带来了新的机遇。各国尤其是西方的比较法学者开始对传统的比较法进行深入的思考和批判，探寻比较法发展的新方向，实现了比较法研究的诸多突破，有学者将其总结为——“在比较方法上，从一元转向多元；在学术旨趣上，从普遍主义转向特殊主义；在学科定位上，从技术导向转向理论导向；在研究模式上，从封闭式研究走向跨学科的研究；在研究主题上，从单一走向多元化”。[①]《世界法律传统——法律发展的持续多样性》(*Legal Traditions of the World* ：*Sustainable Diversity in Law*)一书可谓这一趋向的代表之作。该书是加拿大著名法学家、比较法学者帕特里克·格雷教授研究比较法的最新力作，于 1998 年 8 月获得了第 15 届国际比较法学会的大奖，并于 2000 年由牛津大学出版社出版，被誉为“近年来所出版的比较法论著中最有趣味、最博学的书”[②]，“一部杰出的作品”，其作者也由此被誉为“当代比较法学者中的

① 黄文艺:《论当代西方比较法学的发展》，载《比较法研究》2002 年第 1 期。

② 引自英国沃威克大学(University of Warwick)法律教授 Julio Raundez 所作的评论。

一位领军人物”①。

一、关于作者

帕特里克·格雷(Patrick Glenn)教授于1962年获英属哥伦比亚大学(University of British Columbia)的文学士学位,1965年获女王大学(Queen's University)的法学士学位,1966年获哈佛大学法学硕士学位,1972年获斯特拉斯堡大学(Strasbourg University)的法学博士学位。1971年至1973年在加拿大麦克基尔大学(McGill University)开始教学生涯、任法学院助理教授,1973年至1978年在该大学法学院任副教授,1978年在该大学法学院任教授至今。1987年起成为该大学医学、道德和法律中心(Centre for Medicine, Ethics and Law)委员,1989年起担任该校比较法研究所(Institute of Comparative Law)所长。

此外,帕特里克·格雷教授曾于1967年在英属哥伦比亚律师协会(British Columbia Bar)工作,1977年在海牙国际法学院(Hague Academy of International Law)担任研究主任(Director of Studies),1979年在魁北克律师协会(Quebec Bar)工作。1986年至1991年担任加拿大法律教师协会比较法部副主席,1987年起担任加拿大比较法协会主席至今。同时,他还是国际比较法学会的准会员。

帕特里克·格雷教授曾于1972、1975、1985、1987年在舍布鲁克大学(Université de Sherbrooke),1973、1974、1990、1991年在蒙特利尔大学(Université de Montréal),1985年在瑞士的弗莱堡大学(Université de Fribourg),1988年在法国的埃克斯大学(Université d'Aix),1989年在波兰的西里西亚大学(University of Silesia),1992

---

① Thomas E. Carbonneau, "Book Review: Legal Traditions of the World: Sustainable Diversity in Law", *American Journal of Comparative Law*, 2000, vol. 48, p. 729.

年在太平洋法兰西大学(Université française du Pacifique)做过访问教授。

帕特里克·格雷教授精通英语、法语、德语,并且能够阅读意大利文和西班牙文。他的学术兴趣极其广泛,尤其在比较法、国际私法、民事程序、移民法以及审判法等领域建树颇多,在比较法研究方面尤有心得。除《世界法律传统——法律发展的持续多样性》一书外,帕特里克·格雷教授还发表过多篇有影响的关于比较法研究的论文,如《说服性权威》(Persuasive Authority)①、《比较法和法律实践:论取消边界》(*Comparative Law and Legal Practice*: *On Removing the Borders*)②,等等。作为麦克基尔大学比较法研究所的所长,目前他正在从事关于俄国民法典和中国司法教育的国际项目的研究。

丰硕的研究成果为帕特里克·格雷教授赢得了多项荣誉:1988 年他成为麦克基尔大学的 Peter M. Laing 法律教授,1993 年获得魁北克律师协会成就奖(Quebec Bar Merit Award),1999 年成为加拿大皇家学会成员。

二、问题的提出与理论构建

比较法从诞生以来,就一直面临着它究竟是一种研究方法还是一门法学的分支学科的追问。而这种“身份不明”的尴尬则源自其理论研究的薄弱。针对这一状况,各国比较法学者以法系的划分为核心问题,开始了比较法的理论体系的构建过程。可以认为这一过程从 1884 年穗积陈重提出“五大法系论”开始,经 20 世纪 50 年代法国的达维德、70 年代德国的茨威格特、克茨等诸多学者的深入探讨,直至 90 年代初日

① 本文作为加拿大关于“作为法律的国际统一的学说”主题的报告向 1986 年 8 月在悉尼和墨尔本召开的第 12 届国际比较法大会提交。

② *Tulane Law Review*, 2001, vol. 75, p. 977.

本学者大木雅夫所著的《比较法》一书集其大成，已趋于成熟。而法系划分理论的成熟对于增进各个国家、民族间的相互了解及法律方面的相互借鉴起到了非常重要的作用。

但是法系划分理论仅仅起到一种分类的作用，只是对各国法律的一种静态研究，无法解决各国法律的相互影响等动态问题。因此，从20世纪70年代起，随着各国之间法律交流的增强，法律移植、法律全球化等问题成为研究的新热点。而从实践来看，法律移植过程中所产生的本土法律文化与外来法律观念之间的冲突，以及美国等西方国家通过法律与发展运动人为抬高现代西方国家法律地位的行为在比较法学者之间引发了激烈的争论。而争论的核心问题就是各种不同社会、历史背景的法律之间究竟是何种关系，西方国家单方向第三世界国家推行法律输入是否合理，法律未来的发展方向是否与经济全球化一样也趋向于统一。对这些问题的回答，需要新的理论构建。《世界法律传统——法律发展的持续多样性》一书即是为回答这些问题而构筑理论地基的诸多尝试之一。

在该书中，作者没有选择"法律体系"、"法律文化"等概念，而是选择"法律传统"作为其理论构建的起点。他认为前者是以国家法律体系的概念为基础的，与西方的系统思想紧密相连，是西方文明的产物，是静态的概念，无法满足动态反映法律交流的需要，也无法代表考察世界各种法律现象所需要的中间立场。① 在全球化的背景下，随着国家权威的衰弱，疆界的消失，这两个概念已逐渐失去其生命力。而传统则是西方社会和其他社会、西方法律和其他法律所共有的，也是决定社会特性的关键因素。它既是动态的又是稳定的，先于现代国家体系，并可能

---

① Patrick Glenn, *Legal Traditions of the World: Sustainable Diversity in Law*, Oxford University Press, 2000, xxii.

比它更耐久。因此成为作者选择的理论起点。

该书的第一章和第二章对“传统”的相关理论进行了充分的阐述。在第一章，作者主要对传统概念予以重新厘定。他认为时间和信息是构成传统的两大因素之一。

首先，传统具有时间维度。传统最显著的特性就是“所谓的过去(pastness)”，[①]传统是过去向现在的延伸和现在对过去的理解。而现在与过去的交流则依赖于随着人类文明的发展不断变化的记录方式，主要包括：保存至今的过去的实物、口述记忆、书写以及数码形式，此外还有美术、诗歌和宗教仪式等不常用的形式。它们各有不同的优缺点。正是过去的记录方式和现在的理解手段的不断变化的联合，构成了一个完整的传统。

其次，传统是多元化信息的组合。由于在一个特定的社会中从过去带到现在的东西是信息，因而传统被看作由信息组成，而并非波科克(J. G. A. Pocock)所提出的“一个行为的不断重复”，后者只是传统的直接表现或结果，而非传统本身。由于没有传统能够对信息的记录实施有效的控制，信息的选择和记录在某种程度上是任意的，因此可以把一个传统看作是一个由多样化的信息混合而成的信息库，具有多元性，作者形象地把它比作了一个“摸彩桶”。[②]

再次，多元信息的组合使所有的传统都具有不确定的性质，正如一只蝴蝶的振翅能发展为飓风，传统的发展并非直线的和永恒的，而是充满了变数。[③] 事实上，篡改传统成为一种必然。因为只有篡改传统才能使其与变化的社会相适应，才能使传统得以留存。对传统的篡改发

---

① Patrick Glenn , *Legal Traditions of the World* : *Sustainable Diversity in Law* , Oxford University Press , 2000 , p. 4.

② Ibid. , pp. 12—14.

③ Ibid. , p. 14.

生在它的最忠诚的信徒中间，为了传统的永恒，这些忠诚的信徒对传统的信息进行了筛选；发生在其最为精力充沛的反对者中，因为他们寻求推翻它；也发生在这两个群体之间。[①] 传统从未达到确定的形式，而只是一系列相互作用的信息综合。可以认为，传统的实现就是一种不断改变的动态的过程。

因此，传统不再与变化相对立，它更像是一种资源，变化的原因可以从中发源。因而传统兼具断裂性与凝聚性的作用，既保存了社会的部分特性，又促成了社会的部分变化。但在此，作者提醒我们必须清醒地认识到，这样的一种变化观念与西方特有的时间观相联系。在西方，时间被理解为前进的、线性的，存在过去、现在和未来之分，变化就发生在过去和现在的边界上。但在其他传统中，由于存在不同的时间观念，就会出现不同的变化观念，甚至不存在变化的观念。因此，在西方，传统被看作是来自于过去的声音，而在别处，传统则可能被看作现在的声音，尽管声音的主人已经不在。[②]

最后，作者考察了腐败与传统的关系。他认为腐败犯罪对一般的传统通常具有更深刻的含义，因为它可以从内部来毁灭较大的传统。其他形式的腐败，如公共机构的腐败和智识的腐败，虽然不是犯罪，但同样也能毁灭传统。对此要予以警惕。[③]

第二章将传统的概念从历史的视角延展至全球舞台，主要探讨了传统之间的关系，作者认为：

首先，与传统内部的不稳定性一样，传统之间的关系也是不稳定的，存在着信息交换。尤其在全球化的当代，这一趋势不断加强。传统

---

① Patrick Glenn, *Legal Traditions of the World : Sustainable Diversity in Law*, Oxford University Press , 2000 ,pp. 18—19.

② Ibid. , pp. 21—25.

③ Ibid. , pp. 25—28.

之间的频繁接触既使各个传统清楚地认识到自身及其他传统的特性，也促成了传统间的信息交换，使得每个传统都包含有其他传统的因素。因而，当今世界不存在具有纯粹特性的传统，各个传统的发展不再纯粹依靠本土信息，而是同时依赖传统的内部与外部的信息。不同的传统因而是相互关联的。由于传统的信息是决定社会特性的基础，因而传统的相互渗透就意味着世界上并不存在性质上根本不同、完全矛盾的社会和文明。在不同的传统之间，总是存在着一些共同的因素和共同讨论的主题。因此，不同的社会之间存在着交流的可能。①

其次，传统的信息流的本质也决定了它只能是一种说服性的权威，缺乏强制的力量，依靠其说服力来吸引信徒，自我保存并影响其他传统。这同时也决定了传统信息与其信徒所构成的认知社会能够超越国家的界限而存在。②

再次，传统的多元信息库的特征及传统之间的信息交换也决定了传统应当能够容忍各种不同的观点，能够与各种不同的传统共存，而非凌驾于其他传统之上，甚至支配、统治其他传统。因而对其他传统，或对自身传统内部的非主流的信息予以压制的传统，是一种不宽容的传统，也是一种腐败的传统。③

上述分析表明，单个传统的发展并非没有边界，我们并非朝着一个单一的、世界性的世界文化前进。传统之间最终将难分胜负，各种传统并立而存。霸权必将失败，涉及传统的汇合和相互尊重的说服才是最终惟一值得做的。

在此，作者还着重分析了国家与传统的关系。他认为国家是西方

---

① Patrick Glenn，*Legal Traditions of the World : Sustainable Diversity in Law* ，Oxford University Press ，2000 ，pp. 30－32，35.

② Ibid. ，p. 38.

③ Ibid. ，pp. 42－43.

理性主义传统的一大表现。它倾向于排除并非以理性形式表现的信息。国家把一个传统制度化，并将其提高到凌驾于其他传统的地位。国家系统无法容忍其他系统在其内部存在的可能性，这是系统思维的本质。但国家的这种排他性正日益减弱，它的概念变得更富于弹性。同一个国家内来自于不同地方的人追忆并建立自己过去的传统，将自己与他人相区别。因此，国家内部容纳了多样的传统，国家正成为多种传统相汇调和的地方。[①] 另一方面，全球化也暗示了传统在国家之上的扩展。因此，国家既从外部的、全球化的力量中，也从内部的、分裂的力量中(尽管两者可能重合)看到它的霸权的衰落。[②] 从这一分析，我们可以更深刻地理解作者在选择理论起点时舍“法律体系”、取“法律传统”的原因。

三、对各种传统的考察

从第三章至第九章，作者由纯理论的构建转入对各种具体的法律传统的微观研究阶段，他依次论述了原始法律传统、塔木德(犹太)法律传统、大陆法法律传统、伊斯兰法律传统、普通法法律传统、印度法律传统、亚洲法律传统七大法律传统。各章均被分为四部分：每个传统的特性，它的潜在的世界观，它的变化观，以及它与其他传统的关系。

由于“法律传统”更注重历史的深度和空间的广度，而不囿于国家法律体系的界限，因此这七大法律传统的选择本身就与传统的法系划分理论的选择有所不同，尤其是原始法律传统和塔木德法律传统。原始法律传统在一般的比较法论著中颇不多见，一则由于原始法律本身与道德、宗教相混合，难以界定，一则也因为它并未制度化为某个国家

---

① Patrick Glenn, *Legal Traditions of the World : Sustainable Diversity in Law*, Oxford University Press, 2000 ,pp. 50—51.

② Ibid. , pp. 49—50.

的法律体系。但就该书作者的角度而言，原始法律传统既是最古老的法律传统，是所有法律传统的发源之所，[①]又作为一个独具特色的亚传统残存于当今世界的许多国家中，因此在诸多法律传统中必然占有一席之地。而塔木德法律传统除了在美国学者威格摩尔的包罗万象的《世界法系概览》一书中得到详细介绍以外，也为大多数的比较法学者所忽视。但事实上，这一法律传统最早从原始法律传统中分离出来，并且对西方法律传统的发展产生了重要的影响，现在也已融入以色列国家法律体系，并为全世界犹太人所遵循，故而该传统也成为作者关注的对象。总体而言，这七大法律体系的选择，尤其是非西方的法律传统在该书中所占的巨大篇幅，表现了作者宽广的世界眼光和深邃的历史洞察力，而这决非那些狭隘地局限于西方中心主义和种族主义的比较法研究者所能比拟的。这样一种独特的眼光以及作者在第一、二章精心构建的理论基础，都使得这一部分的写作具有许多独到之处。

首先，作者致力于发掘非西方传统的优势与长处。西方的理性主义自从17世纪与传统分裂以来，对传统素来抱以批判的态度。而西方中心主义的思想也使西方国家视与其有着不同文化传统的民族为野蛮、不开化的民族，并出于政治统治和经济掠夺的目的对这些民族的文化传统予以摧残打击，同时强制性地推行自己的文化传统，尤其是西方的法律制度。这一态度使得比较法学科研究的重心长期集中于对民法法系和普通法法系的研究，而忽略了其他的法律传统，即使有所涉及，也往往抱着西方人的优越心态，批判多于理解，猎奇多于同情。而作者则极力主张一种从传统的内部进行研究的客观态度，因此就能见前人之所未见，发前人之所未发。

① Patrick Glenn , *Legal Traditions of the World : Sustainable Diversity in Law* , Oxford University Press , 2000, p. 58.

比如就原始法律传统而言,前人往往认为原始法律与宗教的混合是原始文化落后的表现。而作者则别有见解,他认为原始法律秩序不仅仅是与原始宗教相协调,而是充满了原始宗教,它是一个神的法律传统。而原始宗教一般都是多神或泛神的,它认为自然世界是神圣的,它不仅仅是神的礼物,甚至可能是神的本身。而动物作为自然界的一部分,也具有神圣性。因此,原始法建立在尊重自然世界的神圣性,并与其和谐一致的基础上。① 同时,原始传统的时间观也与西方有所不同,它是非线性的时间概念,静止地环绕在人们周围,而非从过去流向未来。因此,没有过去或未来,在死者、生者和尚未出生的人之间不存在有效的时间差别,也就不存在改变。原始法律传统故而是一个世代间平等的法律传统,在静止的时间意义上,死者并未逝去,而未出生者已然存在,社会共同体的组成不考虑生死事件,它包括祖先和后代。这一时间观导致了一个环保主义的传统,即为了那些在我们死后依赖于它的人的利益,我们必须以行动来保护自然世界,使其循环再生。因此,可以认为原始人拥有迄今为止最为环保的世界观。② 这一理论也已成为当代西方环境保护主义和动物保护主义的先声。此外,原始传统在人类和土地间的法律关系问题及犯罪和犯罪抑制问题上都对西方世界产生了影响,为其提供了解决问题的新思路。③

其他的法律传统也都不乏可借鉴之处。塔木德法律传统对西方的权利学说和法律概念提出了批判和挑战。④ 伊斯兰法律传统的社会正义胜于国家利益的观念对世界上大约1500万难民而言更有吸引力,它

---

① Patrick Glenn, *Legal Traditions of the World : Sustainable Diversity in Law*, Oxford University Press , 2000, pp. 68—69.

② Ibid., pp. 71—72.

③ Ibid., pp. 79—80.

④ Ibid., pp. 112—113.

也吸引了自由的西方的移民理论家以及西方的避难鼓吹者。[1] 印度和亚洲的法律传统也都各有其独到之处。

其次，作者能够正视西方法律传统的特殊性及其自身所具有的缺陷，并对西方国家致力于向第三世界国家推行西方法律及其观念的行为进行了批判。从世界近现代史上的西方国家在其殖民过程中推行西方法律，到 20 世纪 60 年代起美国推行法律与发展运动，直至当今第三世界国家有意识地自我移植西方法律，这样一种法律的单向移植和流动背后都潜藏着相同的观念，即假定不论时间和空间，对法律问题都存在普遍有效的解决办法，而西方法律作为最先进文明的法律自然成为其代表。但西方法律是否真正具有这样的一种普适性，是否就完美无缺？作者通过对西方传统中的权利学说和腐败问题的考察予以回答。

权利学说可以被认为是西方法律传统的中心和精髓。权利概念的背后是对人类理性的赞美。这样的一种学说又是如何发展而成的呢？作者认为，权利学说来源于西方法律思想的两大支流。其一是来源于犹太—基督教—伊斯兰教的宗教传统，它把人类看作是上帝的影像和上帝在尘世的代表。另一个则源于希腊（或埃及）的理性学说——这一点并没有被塔木德或伊斯兰教的法律思想接受，或没有被完全接受——这使法律制度或概念的建立以权利为中心。因此，人类的权利在世界上是一个非常特定的概念，一个“偶然的、易变的而且并非永恒的真理”，仅仅因为传统的一个特定的组合而“存在”，它不会发生在世界的其他任何地方。它们可能也被看作对西方内部条件的反映：对中世纪的封建主义的反映，对帝国的种族主义，更近则是对自从第二次世界大战以来的特定国家和国际环境的反映。[2]

---

① Patrick Glenn, *Legal Traditions of the World : Sustainable Diversity in Law*, Oxford University Press , 2000, pp. 195—196.

② Ibid. , pp. 244—245.

事实上，建立于权利基础上的法律传统并非是惟一的保护人类尊严的道路。以亚洲为例，儒教建立在人性本善的基础之上的，它无法被说成是反对人生价值的。近年来，汉学家已经在为中国传统对人权传统的潜在可容性而辩护，它的基础前提已经被说成“在某种程度上类似于”“人类固有的尊严”及“个体固有的价值”。也正是基于此，在1948年中国（非共产主义）代表能够到美国争论，对于人类生活和天生的人类价值的尊重原则在中国已被接受了。[①] 而对西方式的权利学说的推广也并没有起到预期的效果。伊斯兰国家的法学家挑战权利学说的有效性，指出在接受了权利学说的伊斯兰国家中存在对权利学说的广泛的和公然的违反，据说出于对“代表共同利益的社会安排”的需要，这种违反甚至已经成为普遍的地域化和国家化的现象。[②]

因此，对西方以外的世界来说，权利学说可能是有用的，更可能是无用的，尤其是在不存在法律结构和能够使其实行起来的（未腐败的）司法官的情况下。坚持权利的必要的普遍性在现在和将来都被看作帝国主义的一种模式。普遍的权利只是一种将一个特定传统的原理普遍化的形式。它并非是对自由目标的自由追求，而是强迫人们“自由”。如果世人皆平等，都具有同样的人类理性，那么西方世界以外的人们的选择必须被重视。所以，在特定的环境中被特定的人用来对其他学说进行评价的权利学说最终应当终结。[③]

如果权利说是西方法的光明面，腐败就是黑暗面。作者认为，与其他传统相比，西方法更容易招致腐败。在原始世界中没有多少好腐败的；塔木德传统中拉比被看作腐败的，但大多是基督徒这么看，他们这

---

① Patrick Glenn , *Legal Traditions of the World : Sustainable Diversity in Law* , Oxford University Press , 2000, p. 312.

② Ibid. , p. 194.

③ Ibid. , p. 245.

么说另有目的而非致力于内部的改革;伊斯兰教也为金钱或公共机构的腐败提供了很少的机会,尽管一些人,甚至从伊斯兰教内部说,学说上的不尽力也是一种形式的腐败。然而西方的法律传统为所有的腐败提供了各种各样的先决条件。在创造一个大的国家,大的社团结构,大的劳动组织,大的法律职业——总之,大的制度化的各个方面的精英阶层的过程中,西方法在一个温暖潮湿的气候中提供了所有大的木制房屋的不利条件。它可能是漂亮的并且设计得很好,但受到了许多形式的内部的腐烂的侵蚀。[1]

经过长期的演化发展,一些形式的腐败已经在西方法律中得到了有效的处理。种族主义的学说腐败,丧失了任何科学基础,至少现在在法律思想中已经被边缘化了,尽管它仍然在其外富有活力。如果法律机构自身能够免于腐败,法律对防止在一个非法律的公共机构中的腐败能够采取许多有效的措施。因此,在西方国家目前的问题是维持法律职业的潜在道德、其他公共机构的潜在道德,以及使法律职业者(律师和法官)控制并避免其崩溃的相对有限问题。但在那些输入西方法律的国家中,腐败问题要严重得多。因为它们在输入西方法律的同时,并没有也无法输入那些相应的控制因素。由于不存在对实证法的积极服从的现象,西方法只是单薄的、书面的法律,为那些在特定的国家握有权威的人所直接控制,而没有更好的社会基础和道德传统的控制,其结果是普遍的腐败,尤其是警察机构的腐败。因此,西方的发展工作远不能克服西方公共机构和西方法律广泛的腐败问题,尤其当它被移植到国外的时候,因为在海外不存在重构西方对这种类型法律的道德和智力支持的直接方法。因此西方的学说经常给予它自己一个普遍的角

① Patrick Glenn, *Legal Traditions of the World: Sustainable Diversity in Law*, Oxford University Press, 2000, pp. 245—246.

色，但是有效实施它的公共机构的普遍化则是另一回事情。[①]

显然，作者的分析使得西方法律一统天下的神话破灭，还其本来面目。

再次，作者不仅以这种多元化的眼光来看待传统之间的关系，还以多元化的视角来观察单个传统内部亚传统之间的关系，反对在传统内部对不同意见的压制。他观察到，在大传统内部大量存在亚传统的现象（因此，作者又将这种大传统称为复合传统）。比如在塔木德法律传统的历史上，唯理派和圣训派并存，今天则存在正统派、改革派和保守派的分歧。而伊斯兰法律传统中也存在着四大学派的分立。即使是西方的法律传统，如民法传统也存在过市民法传统、万民法传统和原始法律传统的交织，存在着地方传统与欧洲传统的并存。[②] 亚洲法律传统更是多元传统的组合，被作者称为分层的传统。[③] 这些亚传统彼此竞争，互相影响，丰富着法律传统的内容。总之，七大传统都是通过连续的调和过程团结不一致的亚传统的复合机制，其历经千年，经久不息的生命力也正源出于此。

四、作者的结论

作者对西方法律传统的统治其他法律传统的态度的批判引发了应当如何看待这些传统相互间的关系的大问题。第一、二章的理论构建及第三至九章的微观考察，都为作者对这一问题的回答做好了充分的准备。在该书的第十章，作者对这一问题作出了最终的回答。

首先，作者进一步肯定了传统的多样化特征，并指出亚传统中除了

---

① Patrick Glenn, *Legal Traditions of the World: Sustainable Diversity in Law*, Oxford University Press, 2000, pp. 246, 248.

② Ibid., p. 319.

③ Ibid., p. 303.

内部的传统外,也存在横向的传统——横跨多个传统的传统。其中最重要的就是普遍主义的传统和容忍主义的两大传统。普遍主义的传统表现为以一种普世的态度向外传播和巩固特定教导,最明显的例子就是西方法律的扩张。容忍主义的传统则表现为对内能调和多样的亚传统,对外则能与其他复合传统共存的态度。显然这两种传统之间将存在经常性的紧张关系。[①] 从作者的立场来看,他倾向于否定普遍主义的传统,赞成容忍主义的传统。

但容忍主义是否会导致复合法律传统在法律适用时的犹豫不决呢?尤其在面对相冲突的亚传统的时候。对此,作者认为这些复合传统自身都具有一种团结相互间不一致的亚传统的能力。这种能力源于一种与二元相对的多元的思考方式,因为亚传统并非或对或错,不同的多样的(不一致的)方式都可能是对的。传统因而是多元的。多元的逻辑在传统上与印度和其他亚洲地区的思想有关。而二元的思想则与西方的思想有关。然而所有复合的法律传统,亚洲的、西方的和其他的,似乎都建立在多元的思想上。事实上,多元的思想与现实生活更为接近,它比二元思想更精确、更广博、更具体,坚持更多的信息,因而也更能协调冲突。与它相比,二元思想的是非对错的思考逻辑过于简单,在面对矛盾时缺乏足够的斡旋空间。[②]

从这样一种思考方式出发,作者进一步认为复合的法律传统实际上具有的不是容忍,而是超越容忍的性质。因为容忍的概念似乎应当被用于真正是外部的、不同的、异质的,甚至非常错误乃至邪恶的东西上。在西方的观念中,容忍的概念是作为西方宗教冲突的结果而发展起来的,并且最终认为即使其他的信仰具有深刻的错误,甚至邪恶,也

---

① Patrick Glenn, *Legal Traditions of the World : Sustainable Diversity in Law*, Oxford University Press , 2000, p. 322.

② Ibid. , pp. 325—327.

仍然存在着不消灭它们的理由，比如持有它们的人的真挚，或个人信仰的自治（一种扩大的自由的观念），或者对压制暴力的需要。因此西方的容忍的观念最终是非常不稳定的（有人会说是不重要的），因为它宣扬我们可以继续厌恶，尽管我们更珍视自治。它是一个非常西方的观念。对于各种不同乃至冲突的亚传统，复合法律传统并不只是容忍，而是接受。它们在拒绝无条件的谴责和排斥上是绝对多元的。它们为传统建起了一个中间地带，使它的矛盾两极得以调和。作者认为，比容忍更好的概念似乎是相互依存的，或者非分离的概念，它作为最根本的观念出现在现存的主要的复合的法律传统中。它是多元性的根本的、潜在的特征。①

论证了复合的法律传统能在自己内部克服冲突的问题之后，作者进而论证了复合传统之间的冲突依然能被克服。他认为，横向传统穿过各个复合传统，构成了一张水平的网，这证明复合的法律传统的特性并非相互排斥。而复合传统本身所具有的多元性保证了传统之间的信息交换的畅通，不致被排斥和封杀。这就意味着复合性和相互关联性并不是仅局限于复合传统内部的一种现象，它们也必然是复合传统之间的特征。一个复合的传统由多样的相互竞争的亚传统所组成，并与其他复合传统共享横向传统，其存在的理由正是出于对多样的亚传统的包容，它如何能够放弃它的复合性，而赞成单一的普遍的事实呢？因此正统派把一个事实或者一个传统抬高到排他性的地位（甚至采用暴力或侵略的方式）的行为并不反映他们自己的传统的全貌，他们也不代表有潜力变为世界上的主要传统的事实。因为它不具有足够的复合性来吸引人们广泛的支持。复合传统因而在本质上，在它的主流观点中，

---

① Patrick Glenn, *Legal Traditions of the World : Sustainable Diversity in Law*, Oxford University Press, 2000, p. 328.

并不具有普遍化的特征。相反它们提供了许多与其他复合传统迁就融合的理由。传统越大、越复合,它对其他传统就越不具有危险性。正统派运动总是、也必然只是一种有限的现象和威胁。总之,法律传统之间可以相互交流和借鉴,但不存在普适的法律,一种传统的信徒的任何寻求支配或消灭其他法律传统的企图必然会遭受失败的命运。①

经由以上分析,作者得出了一个重要的结论:主要的复合的法律传统的多元性和它们之间的相互依存,必然导致各个传统继续并存的结果。但这并不代表我们无须有任何作为。作者认为法律传统的多样性必须被积极追求,而非消极等待。理由有二:其一是如果有足够多的人决意追求法律普遍化,推行某个单一的法律传统的统治权,那么法律传统的自然和谐的多样性平衡可能被破坏。其二则是各个传统的相互依存会使任何一种法律传统的消失都成为其他传统的损失。事实上,作者确信世界法律中将会存在可持续的多样性,所有的普遍主义者(所有传统的)的一切破坏它的努力都不会成功。因此,与其说与这种历史大势抗争造成无谓损害,不如随潮流而动,以积极的行动来维护世界法律的多样性。② 或许,该书的副标题——法律发展的持续多样性——就是对作者观点的最好表述。

五、该书的学术价值

该书虽非鸿篇巨制,却受到了世界各地的比较法学者的广泛关注,自2000年出版以来被众多比较法学者频频援引,足证其在学界的地位。笔者以为,该书具有以下优点:

其一,该书探讨了比较法发展中的一个新兴的但又至关重要的问

① Patrick Glenn, *Legal Traditions of the World : Sustainable Diversity in Law*, Oxford University Press, 2000, pp. 329—330.

② Ibid., pp. 331—333.

题。全球化是该书最大的写作背景。近十多年来，在西方学术界，全球化已经成为包括法学在内的各人文社会科学的热门话题。比较法学家们也参加到这一问题的讨论中，讨论法律全球化的概念、性质、基本趋势和后果等等。在这一潮流中，作者清醒地认识到了其中的认识危机。有许多比较法学者，如美国的夏皮罗特持一种美国中心主义的全球化观。他认为，法律全球化是指全世界生活在一套惟一的法律规则下的状态，而在他心目中这套惟一的法律规则就是美国的法律规则。[①] 这样的一种法律全球化的思想在实践中很有市场，为西方国家向其他国家推行自己的法律规则以及第三世界国家引进西方法律提供了一个理论基础。但它同时也导致了实践中的冲突，盲目引进的异质法律在第三世界国家水土不服，并未起到预期的效果，反而引发了更大、更多的问题，也助长了西方一些国家的霸权主义倾向。针对这一状况，作者构建了自己的“法律传统”理论，作为对前一种法律全球化观的回应和挑战。

其二，作者所构建的“法律传统”理论极富特色，为比较法研究提供了一个新方向。传统的比较法研究提倡规范比较和功能比较，近年来又在此基础上提出了法律文化比较。虽然法律文化比较比前两者更完善，但它仍是建立在固有的法系论的基础上的，受制于地域疆界的限制。而且，虽然法律文化比较也强调从内在参与者的立场来理解域外法律文化，但它往往在“辨异”的同时忽视“求同”，从而造成了各个法律文化间的隔膜。而作者所提出的“法律传统”理论则摆脱了这些束缚，实现了突破。由于作者把传统界定为“信息库”，从而使其不再受制于国家的界限，而能更灵活地存在于国家之内，或者超出国界。这样的一种动态方式更能解释法律间的相互影响。也就是说，“法律传统”理论打破法律体系的静态框架，使用法律传统的动态概念，不再狭隘地聚焦于国

① 黄文艺：《论当代西方比较法学的发展》，载《比较法研究》2002年第1期。

家的法律体系，而是把国家法律置于更广阔的法律传统的背景中。因此，该书作者通过对动态的“传统”概念的打造，打破法系划分理论基础，实现了对比较法的理论的重铸，为比较法的研究开拓了一条新路。

其三，作者所构建的“法律传统”理论的更大特色在于对待弱势法律传统的理解与宽容，纠正了比较法研究乃至法律实践中的褊狭态度。事实上，理解与宽容是该书的核心，作者不仅把它理解为一种对待其他传统的态度，还将其内化为法律传统的一种本性，认为正是这种宽容和理解使得各种法律传统能够不断地吸收其他传统的长处，具有蓬勃的生命力，而一旦这种精神消失，便是传统的腐朽之日。可以说，“普遍主义”是作者批判的主要对象。但同时作者也非盲目的特殊主义的支持者。他清醒地认识到特殊主义存在着难以解决的矛盾，即它往往倾向于否定不同法系之间的可比性。针对这一问题，作者以“法律传统”理论来调和普遍主义和特殊主义的冲突，即认为作为信息库的法律传统之间并非对立的状态，传统的性质决定了各大传统之间必然彼此交流，相互包容，和谐共存，因而必然存在着诸多的可比因素。因此，“法律传统”理论在批判普遍主义的同时，也弥补了特殊主义的缺陷，这正是该书的一大理论贡献。

其四，作者受现代其他社会科学乃至自然科学的研究方式的变化的影响，广泛吸收了历史、哲学、社会学、宗教和法律等诸多领域的最新研究成果的结果，尤其注重历史研究。事实上，作者之所以能够对各个法律传统抱持理解与宽容的态度并说服读者，与他对历史研究的注重是分不开的，而这则是以往的比较法学者所欠缺的。作者所提出的“传统”概念，本身就具有时间的维度，是“过去向现在的延伸和现在对过去的理解”。因此，历史发展必然是对各个法律传统的考察重点。从作者的内容安排来看，也确实把历史考察安排于每章之首，作为进一步研究的起点。正是通过作者的历史考察，我们才能看清每个传统的发展轨迹,弄清它的特性及形成的原由,进而对它抱以同情之理解。如作者通过对中国传统的儒教、佛教和道教思想的解析,认为中国的传统文化不具备类似于西方文化的普遍化要求,因而中国不太可能像一些西方国家所说的那样进行类似于欧洲的扩张。西方人所谓的"中国威胁论"也就缺乏文化的支撑。① 因此,跨学科的研究方法和对历史研究的注重,也是该书的一大特色之一。

当然,对该书予以高度关注的比较法学者们也提出了一些中肯的批评,香港大学法学院的 Anne Cheung 女士的意见颇具代表性,大致可归结如下:

第一,程女士对该书论述七大法律传统的七个章节的顺序安排提出了疑义,认为作者的安排令人困惑。自第三章至第七章,作者依次论述了原始法律传统、塔木德(犹太)法律传统、大陆法法律传统,以及与其同步发展的伊斯兰法律传统和普通法法律传统,这显然是按照各个传统产生、发展的历史阶段来安排的。在具体的行文中,作者也对处于同一阶段的法律传统进行了一些比照。但作者的这种按照历史阶段安排具体内容的叙述方式并未一以贯之,与此相反,他将具有悠久历史的亚洲法律传统和印度法律传统放到最后讨论,在逻辑结构上很明显地与前面的五章相分离。作者的这种安排也造成了读者在阅读和理解中的困难,比如在讨论大陆法法律传统和普通法法律传统时,尽管作者在文中指出了这两者的种种相似之处,但这些比照却被对伊斯兰法律传统的讨论所分割了。由此,程女士认为,应当将这七大法律传统按照类型来排列,也即将同属宗教类型的塔木德法律传统、伊斯兰法律传统以及印度法律传统放在一起,把都体现了一种整体性的生活方式的原

---

① Patrick Glenn, *Legal Traditions of the World : Sustainable Diversity in Law*, Oxford University Press , 2000, pp. 313—314.

始法律传统与亚洲法律传统放在一起，把具有明显相似性的大陆法法律传统和普通法法律传统放在一起。①

第二，程女士的第二个批评是针对作者在第一、二、十章所提出的法律传统的理论的。她认为，作者所提出的向每个传统学习，抽取其最好的部分，从而制造一种具备各种传统最优良品质的混血儿的实践目标与作者本人所坚持的传统是一种本土现象的本质是相冲突的。因为，由后者所推导出来的结论只能是移植和输出理论的结果必然是徒劳的，因此，法律的持续性和多样性事实上只是对我们世界的简单断言以及一种哲学态度，并不具有现实的可操作性。

第三，程女士认为该书在原始法律传统、印度法律传统以及亚洲法律传统等章节的写作上，过于抽象概括。如为了评论原始法律传统，作者囊括了亚洲、东南亚的习惯法，来自北美及因纽特人②的土著法律传统，其叙述不可避免地过于笼统及总括。这种将万花筒般五彩缤纷的法律风景缩减至一种单一模式的做法是否有意义颇值得怀疑。此外，在撰写印度法律传统、亚洲法律传统时，作者在理解上也出现了一定的偏差。③

针对该书的批评还有许多，可谓仁者见仁、智者见智。不可否认的是，众多比较法学者一致认为该书为比较法理论在21世纪的发展做了一次具有开创性和先导性的探索，代表了比较法发展的一个新趋向。

---

① 事实上，格雷教授的这种将亚洲法律传统及印度法律传统与前五种法律传统相分离的做法，一方面可能是由于对这两种法律传统的生疏与隔阂，另一方面更可能是出于一种西方人本能的思考方式，尽管他一再地否认、反对西方中心主义的观点，但是作为一个西方人，他仍然不自觉地倾向于主要按照西方文明的发展脉络来安排主线，亚洲和印度的法律传统只是作为一个对照系。

② 旧称爱斯基摩人，北极地区的土著民族，分布在从西伯利亚、阿拉斯加到格陵兰的北极圈内外，分别居住在格陵兰、美国、加拿大和俄罗斯，属蒙古人种北极类型。

③ 具体参见 Anne Cheung，*Hong Kong Law Journal*，2001，vol. 31，pp. 345—350。

译名对照表*

A

Abbott, N.　阿伯特
Allott, A. N.　阿洛特
Ames, J. B.　艾姆斯
Amos, S.　阿莫斯
Ancel, M.　安塞尔
Anderson, J. N. D.　安德森
Anglo, A. H.　昂格罗
Annoussamy, D.　阿努萨米
Anzilotti, D.　安切洛蒂
Aristotle　亚里士多德
Arnold, R.　阿尔诺德
Austin, J.　奥斯汀
Ayliffe, J.　埃立弗

B

Bachofen, J. J.　巴赫芬
Bacon, F.　培根
Baker, S.　贝克
Bar, C. V.　巴尔
Baudel, J. M.　布戴尔
Baynast, O.　巴伊纳
Beckmann, V. B.　贝克曼
Bell, J.　贝尔
Bentham, J.　边沁
Bernhardt, R.　伯恩哈德
Bernhöft, F.　伯恩霍夫特
Bermann, G. A.　伯尔曼
Bézard, P.　贝扎尔
Bilinsky　比林斯基
Blanchard, G.　布兰查德
Boissonade, G.　保阿索那特
Bolgar, V.　鲍尔加
Borchard, E. M.　波查德
Bowen　鲍恩
Bracton, H. D.　布莱克顿
Braibant, G.　布莱邦
Brewer, D. J.　布鲁尔
Brown, L. N.　布朗
Brun, V.　布龙
Bryce, J.　布赖斯
Bufnoir　布诺阿尔
Burge　伯奇
Butler, W. E.　巴特勒

C

Caemmerer, E. V.　凯厄默尔
Caen, C. L.　卡昂
Cantero, G. G.　康特雷

* 本表以人名的译名为限，并以西文字母为序。

D

E

F

G

Gutteridge, H. C. 格特里奇

H

Häberle, P. 哈贝尔
Haibronner, K. 海布龙内尔
Hallstein, W. 汉尔斯泰恩
Hamson, C. J. 哈姆森
Harmathy, A. 哈尔马蒂
Haut, F. 奥特
Hegel, G. W. F. 黑格尔
Hegler 黑格勒尔
Heide, H. 海德
Helmhorz, R. H. 海姆侯兹
Holdsworth, W. 霍兹沃思
Holland 霍兰
Holmes, O. W. 霍姆斯
Hondius, E. 洪蒂乌斯
Hunter, W. A. 亨特

I

Irnerius 伊纳留斯

J

Jakobs 雅克布斯
Jenks, E. 杨克斯
Jescheck, H. H. 耶舍克
Johnson, E. L. 约翰逊
Jolowicz, J. A. 乔络维茨
Joseph, A. S. 约瑟夫
Jourdan 乔丹
Jouvan, X. B. 布朗一儒万

K

Kahn, M. 卡恩
Kay, H. H. 凯伊
Keeton, G. W. 基顿
Kegel, G. 克基尔
Kessler, F. 凯斯勒
Klein, M. T. M. 柯兰
Knapp, B. 科纳
Knudsen, H. 科努德森
Kohler, J. 科勒
Kohlrausch 科尔劳什
Kötz, H. 克茨
Kühl, K. 库尔

L

Laboulaye 拉伯莱
Lachau, C. 拉授
Lambert, E. 朗贝尔
Lamèthe, D. 拉麦特
Langdell, C. C. 兰德尔
Larnaude, F. 拉诺德
Lasok, D. 拉索科
Lee, R. W. 李
Legrand, P. 勒康
Leibniz, G. W. 莱布尼茨
Lerminier 勒尔米尼埃
Lioy, D. 里奥
Lioyd 利奥伊德
Lipstein, K. 利普斯坦
Lisfranc, K. 里斯弗朗
Loeber, D. 勒贝尔
Lorincz, L. 罗纶兹
Lucas, C. 吕卡
Lykurgos 来库古

M

Mackenzie 麦肯齐
Maine, H. S. 梅因

N

O

P

R

S

Schnitzer, A. F. 茨尼彻
Schuster, E. J. 舒斯特
Schwarze, J. 施瓦茨
Schwenke, H. 施文克
Scialoja, V. 基亚罗亚
Scott, J. B. 斯科特
Scrutton, E. 斯克拉顿
Sedgwick 塞奇威克
Setalvad, M. C. S. 塞塔尔瓦德
Shapilo, A. 夏皮罗
Smith, M. 史密斯
Solon 梭伦
Spiethoff, A. 斯皮托夫
Stein, E. 斯泰因
Stöffel, W. 斯托菲尔
Stone, H. F. 斯通
Story, J. 斯托里
Street, H. 斯特里特
Strömholm, S. 斯托霍姆

T

Tandon, M. P. 坦顿
Tarde, G. 塔赫德
Tarrade, J. 塔哈德
Thibaut, A. F. J. 蒂堡
Tocqueville, A. D. 托克维尔
Tunc, A. 敦克

U

Ullmann, H. L. 乌尔曼
Unger, J. 昂格尔

V

Vanderlinden, J. 房德兰登
Vico, G. B. 维科

W

Wald, A. 沃尔德
Walton, F. P. 沃尔顿
Watson, A. 沃森
Weber, M. 韦伯
Weir, T. 威尔
Weiss, A. 韦斯
Whittaker, S. 韦泰克尔
Wieacker, F. 维阿克尔
Wieland, K. 维兰德
Wigmore, J. H. 威格摩尔
Williston, S. 威利斯顿
Witzleb, N. 威茨勒
Wolff, M. 沃尔夫
Wood, T. 伍德
Wortley, B. H. 沃特利

X

Xirau, J. 基胡

Y

Yokaris, A. 尤卡瑞斯

Z

Zachariae, K. S. 萨查里阿
Zimmermann, R. 塞默尔曼
Zitelmann, E. 吉特曼
Zuleeg, M. 朱力格
Zweigert, K. 茨威格特

比较法论文索引

(1955—2000)

序号	论文题目	作者	译者	期刊名	卷/期号
1	拿破仑法典初步批判	李浩培		政法研究	1955.2
2	英国大宪章历史分析	喻松青		南开大学学报	1956.1
3	南斯拉夫宪法概述	康树华		华东政法学报	1956.2
4	英国民法中的契约	赫鲁菲娜	刘汉才	华东政法学报	1956.3
5	谈苏伊士运河问题	周子亚		华东政法学报	1956.3
6	巴息力克立法的社会实质	修宪莫夫	毛天佑等	史学译丛	1957.1
7	宗法等级制度是不是封建制度的特征	黄子通		北京大学学报:人文科学版	1957.2
8	1871年巴黎公社的司法委员会		李昌运	政法译丛	1957.2
9	古印度法典中的首陀罗和奴隶	伊林、崔连仲		东北师范大学科学集刊	1957.3
10	法国司法制度	比松	勉力	政法论丛	1957.5
11	巴比伦第一王朝时代(公元前1894—前1595年)的私法文书	张殿光		东北师范大学科学集刊	1957.6
12	新巴比伦法庭判决汇编		刘文鹏	东北师范大学科学集刊	1957.6
13	十二铜表法		陈筠等	东北师范大学科学集刊	1957.6
14	资产阶级法学中的现代英国议会制问题	贝尔逊	王庶	政法译丛	1958.3
15	摩奴法典选译	崔连仲		古代世界史通讯	1958.3
16	1789年法国人权宣言的批判	叶孝信		法学	1958.4
17	汉谟拉比法典中的古巴比伦王国	李季谷		历史教学问题	1958.8
18	美国压迫黑人的法律	龚祥瑞		政法研究	1962.3

19	美国反劳工法律简介		龚祥瑞	政法研究	1963.1
20	从一七八七年美国宪法及其发展论资产阶级民主制的本质	萨师炯		甘肃师范大学学报	1964.4-3
21	"大世界"与法制史研究	宋光、江振良		解放日报	1964.43
22	西方法学流派略论(上)	吴恩裕		社会科学战线	1978.2
23	西方法学流派略论(下)	吴恩裕		社会科学战线	1978.3
24	南斯拉夫的宪法法院	(南)多·J.卡凯		国外法学	1979.1
25	关于1936年苏联宪法审判员独立原则的初步研究(1)	(日)杉浦一孝	康树华	国外法学	1979.1
26	南斯拉夫的联邦法院	(南)古切迪克	余叔通	国外法学参考资料	1979.1
27	南斯拉夫议会制和代表制的基本原理	(南)米奥德拉格·泽切维奇	潘汉典	法学译丛	1979.1
28	南斯拉夫社会主义联邦共和国的新刑法	(南)米罗斯拉夫·卓尔杰维奇	余叔通	法学译丛	1979.1
29	巴黎公社的民主选举制	曹特金、孙耀文		世界知识	1979.1
30	捷克斯洛伐克经济法典简介	江平		国外法学参考资料	1979.1
31	苏联的经济法学派和经济立法	史越		国外法学参考资料	1979.1
32	评纯粹法学说和他的创始人凯尔逊	周子亚		社会科学	1979.1
33	西撒克逊国王伊尼的法典(688—694)		孔令平	世界中世纪史研究通讯	1979.1
34	波兰立法问题委员会的组织和作用	(波)贝·贝鲁道维奇	韩延龙	法学译丛	1979.2
35	罗马尼亚社会主义共和国大国民议会对宪法实施的监督	(罗)图·特拉卡努	王名扬	法学译丛	1979.2
36	南斯拉夫的司法体系	(南)米·约万诺维奇	余叔通	法学译丛	1979.2
37	南斯拉夫宪法法院的决定	(美)安德	吴英	国外法学	1979.2

38	美国宪法的基础：法院与司法复审权、法治	(美)安德普·C.麦克吉克林		国外法学	1979.2
39	关于1936年苏联宪法审判员独立原则的初步研究(2)	(日)杉浦一孝	康树华	国外法学	1979.2
40	南斯拉夫检察制度	(南)乌戈·古切迪奇		法学研究	1979.2
41	罗马法的历史地位和借鉴作用	陈朝璧		厦门大学学报：哲社版	1979.2
42	日本的经济立法	何恩涛		日本问题研究参考资料	1979.2
43	论拿破仑法典	李元明		历史研究	1979.2
44	苏联宪法和刑法发展的趋势	(苏)伊·伊卡尔别茨	张仲林	法学译丛	1979.2
45	论当代社会人民的了解权	(美)托马斯·埃默森	朱文英	法学译丛	1979.2
46	法国法律上对人权的宪法保障	(法)让·里弗罗	王名扬	法学译丛	1979.3
47	当代美国的诉讼浪潮	(美)戴维·派克	朱文英	法学译丛	1979.3
48	论法国专利制度	(日)丰崎光卫、丰田善雄	郭布罗、润麟	法学译丛	1979.3
49	波兰人民共和国的法学与完善法律的规划	(波)A.洛帕特卡	任正	法学译丛	1979.4
50	法国刑事诉讼程序概述	(美)杰拉尔德·L.科克	朱文英	法学译丛	1979.4
51	罗马尼亚劳动改造的法律规定	(罗)安东尼乌	任允正	政法译丛	1979.4
52	一百九十年的美国宪法	(美)杨改生		复旦学报	1979.4
53	南斯拉夫的联合法院	(南)米·曼迪奇	文兵	国外社会科学	1979.4
54	苏联新宪法颁布以来的立法工作	陈宝音		国外社会科学	1979.4
55	日本国会的法律地位与众议院的解散权	董璠舆		吉林师大学报	1979.4
56	美国人民争取西部的斗争与宅地法问题	刘祚昌		世界历史	1979.4
57	刑讯考	粟劲		吉林大学学报	1979.4

58	社会主义南斯拉夫法律体系的建立和发展		文兵编译	国外社会科学	1979.4
59	日本近代刑罚概要		康树华	国外法学	1979.4
60	西德刑事诉讼程序概述	(西德)埃贝哈德·斯密特	周叶谦	法学译丛	1979.5
61	西德刑事制裁的法律与理论	(西德)约阿希姆·赫尔曼	潘汉典	法学译丛	1979.5
62	瑞典集体劳工法的新阶段	(英)艾仑·C.尼尔	刘赓书	法学译丛	1979.5
63	英国刑事诉讼程序:从逮捕到审判	(英)E.C.费里森,I.R.斯科特	朱文英	法学译丛	1979.5
64	泉二新雄的刑法理论	(日)内田文昭	高作宾	百科知识	1979.5
65	略论人权宣言的历史意义	王德祥		世界历史	1979.5
66	人治与法治的历史剖析	张晋藩、曾宪义		法学研究	1979.5
67	法国法律社会学	(苏)C.B.鲍托夫	王兴权	国外社会科学	1979.6
68	公司法及其发展	余能斌		财贸战线	1979.8
69	法国行政法院	(法)莫里斯·拉朗热	张鑫	法学译丛	1980.1
70	富勒教授的法理学和在美国占统治地位的法哲学	(美)罗伯特·S.萨默斯	潘汉典	法学译丛	1980.1
71	英美审判程序的小陪审团制度	(美)耶尔·卡米萨、韦恩·R.拉费弗、杰罗尔德·H.伊斯雷尔	朱文英节译,潘汉典校	法学译丛	1980.1
72	英国中世纪刚正不阿的法官——莫尔	李海镜		法学杂志	1980(创刊号)
73	日本民法和刑法是怎样制定的	齐乃宽		西南政法学院学报	1980.1
74	古巴比伦的两个法律文书	周怡天		社会科学战线	1980.1
75	认真地看待权力问题	(美)罗·德沃金	潘汉典	法学译丛	1980.2
76	法学家与罗马法	懋桦		法学杂志	1980.2
77	世界上最早的一部成文法典	倪世雄		民主与法制	1980.2
78	略论美国宪法	王统		青海民族学院学报	1980.3

79	日本少年司法制度	(日)敷田稔，土屋真一	潘汉典	法学译丛	1980.3
80	社会主义民法典的体系	(苏)E. A. 苏哈诺夫	项前	法学译丛	1980.3
81	略论历史法学派	沈宗灵		法学研究	1980.3
82	略论自然法学说的历史演变	周新铭		西南政法学院学报	1980.3
83	美国总统弹劾制研究	李昌道		社会科学战线	1980.4
84	略论孟德斯鸠的法律思想	刘富起		吉林大学社会科学学报	1980.4
85	略论托马斯·杰弗逊的民主思想	刘祚昌		历史研究	1980.4
86	德意志联邦共和国法律制度的考察报告	中国社会科学院法学考察团		法学研究	1980.4
87	苏联法学研究机构负责人谈研究方向		忠诚、万林	法学译丛	1980.4
88	匈牙利民法典的修改	(匈)格·拉茨	谢怀栻	法学译丛	1980.5
89	卢梭的法律说	刘承学		辽宁师院学报	1980.5
90	美国宪法上的私生活秘密权	(美)杰里米·赫顿	朱文英	法学译丛	1980.6
91	试论罗马法的可继承性	陈朝璧		法学研究	1981.1
92	略论美国最高法院的宪法解释权	潘华仿		法律史论丛	1981.1
93	规范法学派理论浅析	王威		西南政法学院学报	1981.1
94	试论罗马法对英国法的影响	由嵘		法律史论丛	1981.1
95	论英国大宪章产生的社会背景及其性质	郑如霖		华南师范学院学报	1981.1
96	各国宪法的修改程序	木容		人民日报	1981.2.3
97	荷兰法哲学	(荷)G. E. 兰格迈	陈忠诚	国外法学	1981.2
98	美国的司法制度与司法现状	(美)费·桑德		现代外国哲学社会科学文摘	1981.2
99	西方法学理论的新动向：从个人本位到团体本位	龚祥瑞		争鸣	1981.2

100	欧洲资产阶级自然法学派两大思想家洛克与卢梭	江宗植		南充师院学报	1981.2
101	论社会学法学	吕世伦		学习与探索	1981.2
102	美国民事刑事案件审理程序概述	朱文英	刘赓书	法学译丛	1981.2
103	教会法浅说	张观发		北京政法学院学报	1981.2
104	评1846年英国谷物法的废除	张云宜		南京大学学报	1981.2
105	孟德斯鸠的《论法的精神》	赵亮		书林	1981.2
106	现代资产阶级法学中的凯尔逊学派	周新铭		国外法学	1981.2
107	美国犯罪趋势和预防犯罪策略		储槐植	国外法学	1981.2
108	美国法院与公众	(美)H.特鲁宾	刘赓书	法学译丛	1981.3
109	维护司法独立:对法官的要求	(美)欧·R.考夫曼	刘赓书	法学译丛	1981.3
110	美国宪法和法律统治下的黑人遭遇	(美)T.R.琼斯		国外法学	1981.3
111	英国契约法中违约的赔偿	(英)P.S.艾特杨		国外法学	1981.3
112	战后日本公害法的形成与发展	康复		国外法学	1981.3
113	论英国宪法及其发展趋势	康树华		国外法学	1981.3
114	美国法院与公众(续完)	(美)H.特鲁宾	刘赓书	法学译丛	1981.4
115	美国国会的立法程序		朱文英	法学译丛	1981.4
116	社会主义国家公民的权利和义务	(苏)E.A.斯塔罗杜勃斯基	正英	法学译丛	1981.4
117	巴黎公社加强法制的几项重要法令与措施	陈崇武		法国史通讯	1981.4
118	孟德斯鸠的三权分立学说	赵震江		国外法学	1981.4
119	美国总统与国会的相互关系	巴连波姆	黄之英	国外法学	1981.4

120	对国家元首制度的比较研究	王德翔		西南政法学院学报	1981.4
121	日本少年违法行为的现状	(日)卫藤文郎		国外法学	1981.5
122	美国宪法中前例的作用	(苏)M. A. 尼基弗诺娃		国外法学	1981.5
123	美国民事诉讼程序	(美)C. A. 奥尔巴克	罗典荣	国外法学	1981.6
124	资产阶级启蒙思想家怎样看待法律与自由的关系	李步云		国外法学	1981.6
125	美国人的宪法权利与人权	(美)路·亨金	李泽锐	法学译丛	1981.6
126	美国总统的宪法权力及限制	(美)沃·E. 沃尔科默	锡生	法学译丛	1981.6
127	论哈特的新分析法学	沈宗灵		法学研究	1981.6
128	日本的法制史研究概述	中国社会科学院赴日法学考察团		法学研究	1981.6
129	共和国时期罗马公民权的扩展：迄公元前88年	田德全		齐鲁学刊	1981.6
130	英国议会选举制度浅谈	程西筠		外国史知识	1981.7
131	英国的犯罪数字和原因	(英)K. 德里		现代外国哲学社会科学文摘	1981.8
132	汉谟拉比法典与古巴比伦社会	李德仁		外国史知识	1981.12
133	斯堪的纳维亚的法哲学	(瑞典)斯·斯特隆姆、霍尔姆	李泽锐	法学译丛	1982.1
134	英国的犯罪情况和司法制度	(苏)C. 克莉娜		国外法学	1982.1
135	罗马法的形成及其在西欧的影响	董文贵		通化师院学报：社科	1982.1
136	中外宪法有关国家元首设置简况	俊集		政治与法律丛刊	1982.1
137	俄国立宪问题新探	李景治		世界史研究动态	1982.1

138	培养录用文官的法律依据：介绍战后日本的《国家公务员法》	熊达云		世界史研究动态	1982.1
139	亚里士多德法律思想初探	周新铭、陈为典		河南师大学报：社科	1982.1
140	苏联的经济犯罪		林孟乔	世界法学	1982.1
141	阿巴斯王朝的司法制度与伊斯兰教教法	(埃及)哈桑·易卜拉欣·哈桑	马忠杰	中国穆斯林	1982.2
142	美国法的结构	(法)勒内·达维德*、(英)约翰·E.C.布赖尔利	潘汉典	法学译丛	1982.2
143	论美国检察官	(美)乔治·T.费尔肯尼斯	刘赓书	法学译丛	1982.2
144	苏联外贸中有关承揽合同的若干问题	(苏)斯米尔诺夫	徐俊民	世界法学	1982.2
145	关于巴黎公社的选举问题	陈正光		江西师院学报	1982.2
146	查尔斯比尔德与美国宪法	丁则民		东北师大学报	1982.2
147	英国自由大宪章的性质及其历史作用	董国强		北京政法学院学报	1982.2
148	俾斯麦的劳动立法和社会立法	胡毓源		上海师范学院学报	1982.2
149	亨利八世的离婚案与英国宗教改革	季志业		外国史知识	1982.2
150	资产阶级启蒙思想家怎样看待法律与自由的相互关系	李步云		新华文摘	1982.2
151	美国三十年代《中立法》	王贵正		世界历史	1982.2
152	论罗马法的基本特征	谢邦宇		青海社会科学	1982.2
153	美国国会的立法程序	丁中柱		法学杂志	1982.2
154	现代世界各国宪法发展的新趋势：关于公民权利和义务的规定	周新铭		国外法学	1982.3

* 勒内·达维德，也有译作勒内·达维。

155	法国的商业秘密法律：对技术秘诀的保护	(德)克里斯蒂昂·勒·斯汤克	刘书剑、于傧	法学译丛	1982.3
156	洛克立法思想评价	陈世莱		学习与思考	1982.3
157	西方国家违宪审查制度简介	崔卓兰		法学季刊	1982.3
158	明治宪法体制的殉葬品——近卫文麿	金仁芳、周伟嘉		世界史研究动态	1982.3
159	近百年日本政治体制的改变	吕万和		天津社会科学	1982.3
160	评西德新刑法的特点	何鹏、宣林泉		法学季刊	1982.4
161	试论罗伯斯比尔的法律思想	王荣正		法学季刊	1982.4
162	关于各国元首制度的比较	王德翔		国外法学	1982.4
163	宪法与法国的法院	(法)丹尼·塔隆	潘汉典	法学译丛	1982.5
164	卢梭的法律思想研究	郝丽雅		吉林大学社会科学学报	1982.5
165	当代世界各国宪法发展的新趋势：关于保护或培养青少年条款的规定	康树华		国外法学	1982.5
166	瑞典少年违法行为特征及其社会背景	(日)细井洋子	严夏	国外法学	1982.6
167	东欧五国民法典关于民事违法责任的规定	(罗)勒内·萨涅列维奇	理钧	法学译丛	1982.6
168	匈牙利的适用于非居民的税收制度	(匈)T.纳吉	刘慈忠	法学译丛	1982.6
169	论黑格尔的法的客观现实性	刘富超		吉林大学社会科学学报	1982.6
170	近代宪法史略	邱远猷		光明日报	1982.6
171	孟德斯鸠的法律思想简述	黄子鸿		法学	1982.8
172	不列颠北美法案产生的历史背景	王丽芝		外国史知识	1982.8
173	从撒利克法典看法兰克王国初期的法律制度	张希孔		历史教学	1982.8

174	现代英国刊物中对废除谷物法意义的研究	辜燮高		英国史论文集	1982.9
175	十九世纪英国的阶级斗争和议会改革	洪永珊		英国史论文集	1982.9
176	试评英国资产阶级革命时期土地立法的作用及其影响	王铁之		英国史论文集	1982.9
177	四国宪法概要		韩小鹰	现代外国哲学社会科学文摘	1982.11
178	卢梭法律思想	黄子鸿		法学	1982.12
179	法国历史上的宪法	严武		外国史知识	1982.12
180	美国近两年来的暴力犯罪	刘慈忠		社会科学参考	1982.13
181	略论美国宪法的分权与制衡原则	孙卫东		吉林大学社会科学学报	1983.1
182	略论德国民法典及其世界影响	(联邦德国)康拉德·茨威格特、海因·克茨	谢怀栻	法学译丛	1983.1
183	苏联法的体系及其发展前景(一)	(苏)皮斯科京	任允正	法学译丛	1983.1
184	普通法和大陆法的发展	(英)J. A. 约洛维奇	刘慈忠	法学译丛	1983.1
185	美国少年法庭的演变和发展趋势	康树华		法学季刊	1983.1
186	比较法的各种理论问题(待续)	(匈)伊·萨博	潘汉典	法学译丛	1983.1
187	一些国家宪法修改的情况	资皓		经济法规研究资料	1983.1
188	论比较法学的发展	(苏)B. A. 图曼诺夫	梁溪	法学译丛	1983.2
189	论比较法的流派与比较法	(法)莱翁丹—让·康斯坦丁内斯库	理钧摘译	法学译丛	1983.2
190	比较法的各种理论问题(续完)	(匈)伊·萨博	潘汉典	法学译丛	1983.2
191	美国行政法的最近发展	(美)伯纳德·施瓦茨	潘汉典	法学译丛	1983.2

192	苏联法的体系及其发展前景(二)	(苏)皮斯科京	任允正	法学译丛	1983.2
193	美国的司法	美国新闻与世界报道编辑部	周叶谦	法学译丛	1983.2
194	法国的会计法院	(法)伯纳德·贝克		经济与管理译丛	1983.2
195	日本宪法与战后教育	(日)永井宪一		国外法学	1983.2
196	英吉利法的渊源	潘华仿		北京政法学院学报	1983.2
197	罗马法的历史地位和作用	谢邦宇		青海社会科学	1983.2
198	浅谈撒利克法典的刑事法规	徐卫东		法学文稿	1983.2
199	简析罗伯斯比尔的刑法思想	赵秉志		北京政法学院学报	1983.2
200	日本宪法序言的法律效力	(日)佐藤功	于敏译,潘汉典校	法学译丛	1983.3
201	苏联法的体系及其发展前景(三)	(苏)皮斯科京	任允正	法学译丛	1983.3
202	英国依循判例理论与实践的新发展	(英)克里夫·施米托夫	潘汉典	法学译丛	1983.3
203	谈美国刑法的特点	储槐植		国外法学	1983.3
204	伊斯兰法系初探	胡大展		法律史论丛	1983.3
205	约翰·马歇尔对美国宪法的影响	李昌道		法律史论丛	1983.3
206	《圣经》中的法律研究	李昌道		法学文稿	1983.3
207	西欧封建法制史的几个问题:兼谈大陆法系和英美法系的形成	林榕年		法律史论丛	1983.3
208	法国民法典与德国民法典的初步比较	由嵘		法律史论丛	1983.3
209	法经济学研究现象初探	倪继信、任祖耀		法学季刊	1983.3
210	庞德法律思想简评	王威		法学季刊	1983.3
211	关于战后日本修改宪法的几个问题	沈才彬		学习与思考	1983.3
212	孟德斯鸠《论法的精神》的理论基础和研究方法	杨海坤		苏州大学学报:哲社版	1983.3

213	日本班田制与中国均田制的比较研究	赵汝清		宁夏大学学报	1983.3
214	罗马十二铜表法	周枬		安徽大学学报	1983.3
215	西德宪法法院的违宪控诉制度	朱宁		法学杂志	1983.3
216	日本的法律教育	朱奇武		法学杂志	1983.3
217	美国法律发展的回顾与前瞻	(美)格兰特·吉尔摩	采田	法学译丛	1983.4
218	美国司法责任论	(美)汉斯·斯米特	潘汉典	法学译丛	1983.4
219	新英格兰殖民地时期土地制度的形成及其在美国历史上的地位	刘燕		武汉大学学报	1983.4
220	试论卢梭的人权思想	谭永灼		外国哲学	1983.4
221	罗马法中的财产所有权概念与国际法中的国家领土主权概念的含义	王毅		中山大学研究生学刊	1983.4
222	霍布斯在西方法律思想史上的理论贡献	王哲		国外法学	1983.4
223	罗马法学家漫笔	谢邦宇		国外法学	1983.4
224	美国犯罪率日益上升的原因		宋雷	国外法学	1983.4
225	南斯拉夫的专利制度	王正发		发明与专利	1983.4
226	泰国专利法及其实施情况		李浩编译	发明与专利	1983.4
227	英国议会制定的法律的编号和称谓	丘日庆		国外法学	1983.5
228	近十年来美国犯罪状况(16至18岁为犯罪高峰年龄)		叶南客	国外法学	1983.5
229	德意志联邦共和国的青少年犯罪问题	赵可		国外法学	1983.5
230	波兰的新著作权法草案与著作权案例	(波)埃瓦·塞尔乔兹	刘书剑	国外法学	1983.5
231	从新宪法的制定看研究外国法的重要性	王叔文		国外法学	1983.5
232	美国法的忧虑时期	(美)格兰特·吉尔摩	采田	法学译丛	1983.5

233	美国司法部门现状	(美)沃伦·E.伯格	潘汉典	法学译丛	1983.5
234	南斯拉夫比较法研究所		王存学译，董良平校	法学译丛	1983.5
235	美国的总统选举和政党制度	(美)小阿瑟·施莱辛格		世界史研究动态	1983.5
236	略论黑格尔的刑罚学说	吕世伦		法学研究	1983.5
237	佩雷尔曼的新修辞学法律思想	沈宗灵		法学研究	1983.5
238	华盛顿与美国宪法	于志森		世界历史	1983.5
239	苏联法制的理论与实践	张正钊		苏联东欧研究资料	1983.5－6
240	大陆法系探讨	昌道		吉林大学社会科学学报	1983.6
241	斯巴达克早期法律制度考	王敦书		历史研究	1983.6
242	简评约翰·奥斯丁的分析法学	张宏生		国外法学	1983.6
243	梭伦最早提出法律面前人人平等的原则	曹前		法学	1983.8
244	犯罪是社会病症的反映		金德泉编译	国外社会科学快报	1983.8
245	日本明治初期的地税改革	江平		外国史知识	1983.12
246	战后日本青少年犯罪第三次"高峰"的新特点		魏海波编译	上海青少年研究	1983.12
247	西德专利制度的特点	沈尧曾		专利工作动态	1983.52
248	美国法学	(日)碧海纯一		国外社会科学快报	1983.24
249	联邦德国上诉审法院法官的教育训练和选拔晋升制度	(美)丹尼尔·J.米多	刘扬	法学译丛	1984.1
250	略论德国民法典	(美)兰·S.福雷斯特、西蒙·L.戈雷、汉斯麦艾		法学译丛	1984.1

251	孟德斯鸠三权制衡简析	陈淑珍		法学杂志	1984.1
252	从数字看美国司法	储槐植		自修大学（政法专业）	1984.1
253	关于西方违宪审查制度	丁利刚		社会科学	1984.1
254	略论法国的刑法改革	何鹏		法国研究	1984.1
255	美国联邦最高法院：法官的任命与解职	蓝晓玫		河南法学	1984.1
256	现代外国保险制度的状况和特征	刘隆亨、张玲		国外法学	1984.1
257	略论罗马万民法产生的历史条件和思想渊源	米健		厦门大学学报：哲社版	1984.1
258	简述伊斯兰法的特点	齐海滨		法学杂志	1984.1
259	德意志联邦共和国的社会保险法		孙长敏	法学评论	1984.1
260	美国司法审查制度评价	孙谦		河北法学	1984.1
261	苏联法学界关于法的体系的讨论	吴大英、任允正		国外法学	1984.1
262	罗马法律思想剖析	张宏生		国外法学	1984.1
263	美国内战时期两个重要法令	杨立文		外国史知识	1984.1
264	古代罗马的法学教育	张学仁		法学评论	1984.1
265	美国法学史概况	（美）赫思特	达人	现代外国哲学社会科学文摘	1984.2
266	南斯拉夫的财产关系基本权利法	（南）阿洛伊集伊·芬日加	师张	法学译丛	1984.2
267	当代英国刑事法院概述	（英）G.J.汉德、D.J.本特利	刘扬	法学译丛	1984.2
268	发达社会主义法律体系的发展	（苏）卡济米尔丘	尤石湖	世界法学	1984.2
269	日本市民生活与暴力犯罪	（日）和内悠纪	陆青	国外法学	1984.2
270	柏拉图的法律思想初探	杨锡娟		国外法学	1984.2
271	比较宪法的几个问题	陈云生		政治与法律	1984.2

272	巴西专利制度的现代化	迟少杰		拉丁美洲丛刊	1984.2
273	沙里亚法典的产生与影响	韩培基		宁夏大学学报	1984.2
274	美国最高法院的司法审查权	李进进		自修大学（政法专业）	1984.2
275	明治时期日本的官制改革与法制改革	吕万和		日本情况参考资料	1984.2
276	英国的保安处分	全理其		法学季刊	1984.2
277	简编罗斯法典译释	王钺		苏联历史	1984.2
278	智者的政治法律思想及其在古希腊的地位	严存生		西北政法学院学报	1984.2
279	伊斯兰法概说	（联邦德国）康·茨威格特、海·克茨	潘汉典	法学译丛	1984.3
280	瑞士民法典的制定及其特点	（联邦德国）康拉德·茨威格特、海因·克茨	谢怀栻	法学译丛	1984.3
281	苏联旅游的民法调整	（苏）谢尼科娃	罗宝泰	法学译丛	1984.3
282	美国法的忧虑时期（续完）	（美）格兰特·吉尔摩	采田	法学译丛	1984.3
283	日本公法体制	（日）四宫和夫、梅君崇是	孙晓萍	法学译丛	1984.3
284	当代英国刑事法院概述（续完）	（英）G. J. 汉德、D. J. 本特利	刘扬	法学译丛	1984.3
285	美国法律的历史背景	（美）H. J. 贝尔曼	李焕庭	法学评论	1984.3
286	美国法律的制度	（美）J. S. 金米特	孔小江	国外法学参考	1984.3
287	法国的监狱	（苏）H. B. 别良叶娃	张文	国外法学	1984.3
288	略论孟德斯鸠的法学世界观	陈淑珍		天津社会科学	1984.3
289	孟德斯鸠的刑事诉讼思想浅论	陈淑珍		南开大学学报：哲社版	1984.3
290	对苏格拉底的审判说明了什么	杜汝辑		法制建设	1984.3
291	巴黎公社的立法及其历史教训	刘林希、尹天佑		政法学习	1984.3

292	行为主义法学评价	吕世伦、杜钢建		法学杂志	1984.3
293	法国民法典 1979 年版汉译本评价	王工		法学研究	1984.3
294	日本专利法最近修改动向	魏启学		中国专利	1984.3
295	伊斯兰法	由嵘		电大法学	1984.3
296	法国行政法和英国行政法	(法)勒内·达维德	高鸿钧	法学译丛	1984.4
297	美国联邦法院系统中的系统化管理	(美)诺艾尔·V.拉蒂夫	刘慈忠	法学译丛	1984.4
298	美国法官的选拔,训练和撤换,退休制度		刘赓书	法学译丛	1984.4
299	苏联商法是一个综合部门法	(苏)B.A.亚泽夫	李培	外国法学译丛	1984.4
300	试论伊斯兰法的历史作用和影响	曹振远		法学探讨	1984.4
301	拿破仑法典的制定及其基本原则	卢干东		法国研究	1984.4
302	美国三权分立与制约初析	王平		世界政治内参	1984.4
303	中世纪法国法律	由嵘		电大法学	1984.4
304	英国文官制度简介	曾广载		法学评论	1984.4
305	维护古代印度种族制度的摩奴法典简介	张观发		中国政法大学学报	1984.4
306	概述美国联邦党人的法律思想	张宏生		国外法学	1984.4
307	柏拉图《法律篇》一书的政治理论(上)		张宝训编译	国外政治学	1984.4
308	战后关于制作司法判决的美国法学	(美)简·维特尔	刘慈忠	法学译丛	1984.5
309	美国青少年司法系统	(美)罗德·伯斯勒	张晓亭	法学译丛	1984.5
310	欧美国家的产品责任法及其法律适用问题	董立坤		国外法学	1984.5
311	日本明治时代法学教育的建立和特点	聂明		法学探讨	1984.5

312	谈谈美国总统预选制度	杨伯华		外国史知识	1984.5
313	论历史法学的反动本质	张宏生		国外法学	1984.5
314	《乌尔纳姆法典》和乌尔第三王朝早期社会	朱承恩、董为奋		历史研究	1984.5
315	苏联经济犯罪比较：赫鲁晓夫与勃列日涅夫时期	(美)查尔斯·施瓦兹	冯麟	河北法学	1984.5
316	社会主义国家对经济领域犯罪的预防	(苏)B.达什科夫	梁溪	法学译丛	1984.6
317	国外青少年犯罪概况、特征及其处罚	康树华		法学杂志	1984.6
318	美国总统制的建立及其特点	刘向文		河北法学	1984.6
319	西方的宪法分类学说	陈云生		政治与法律	1984.6
320	卢梭的社会契约说	韩承文、徐云霞		史学月刊	1984.6
321	外国自治型地方政府制度浅析	姜明安		国外法学	1984.6
322	美国的行政法官制度	刘曙光		国外法学	1984.6
323	边沁的法律思想	王哲		国外法学	1984.6
324	伊斯兰国家的教法改革	吴云贵		国外法学	1984.6
325	美国法律中的发明发现与技术革命	郑成思		国外法学	1984.6
326	日本明治初期建立近代法制的过程	(日)团藤重光		法制建设	1984.6
327	略论孟德斯鸠的刑法思想	杨少南		内蒙古社会科学	1984.6
328	苏联行政法的几个问题	张正钊		苏联东欧问题	1984.6
329	试论拿破仑的法律思想	段祺华		法学	1984.7
330	论罗马法的本质	谢邦宇		新疆社会科学研究	1984.7
331	日本保护计算机程序的设想	魏启学		中国专利	1984.8
332	新兴的澳大利亚产品责任法	房宇辉		上海外贸调研	1984.13

333	英国普通法	(法)勒内·达维德、(英)约翰·E.C.布赖尔利	曹玉堂	外国法学译丛	1985.1
334	日本民法典的编纂	(日)石井紫郎等	张震利	外国法学译丛	1985.1
335	英国的判例法和制定法	(英)G.J.汉德、D.J.本特利	刘赓书	法学译丛	1985.1
336	论伊斯兰教的婚姻制度	曹振远		法学探讨	1985.1
337	评英国刑罚制度的改革	何鹏		吉林大学社会科学学报	1985.1
338	论庞德社会控制论的主要内容及核心地位	马协华		青年法学	1985.1
339	比较法学的几个基本理论问题	沈宗灵		北京大学学报	1985.1
340	各国宪法监督制的比较研究	王宝明		河北法学	1985.1
341	略谈大陆法系的形成和发展	王振兴		政法丛刊	1985.1
342	加拿大保护消费者利益的联邦法规		武晓岚编译	法学与实践	1985.1
343	国外行政法典的编纂情况和动向	周新铭		法学杂志	1985.1
344	柏拉图《法律篇》一书的政治理论(下)		张宝训编译	国外政治学	1985.1
345	联邦德国《工业产权法》概况	(联邦德国)弗里德里希·卡尔	周海荣、钱陆青	法学译丛	1985.2
346	当代资产阶级宪法的发展趋势及其特征	(南)巴雅尔·尼克里奇	王哲	国外法学	1985.2
347	美国监狱改革的新动向:监狱私营化	储槐植		国外法学	1985.2
348	建立新的比较宪法学刍议	何华辉		中国法学	1985.2
349	英国法院组织系统	刘向文		河南司法	1985.2
350	日本现代法的研究现状及趋势	满达人		兰州大学学报	1985.2
351	黑格尔政治法律思想简论	邵德门		东北师大学报	1985.2

352	从一七八七年美国宪法及其发展论资产阶级民主制的实质	宋子海		贵州大学学报	1985.2
353	简评一七八七年美国宪法	宋子海		贵州大学学报	1985.2
354	警察词考和沿革概说	徐彪、韩凤路		中国人民警官大学学报(哲社版)	1985.2
355	大陆法系是怎样形成和发展起来的	徐炳		河北法学	1985.2
356	外国法官制度简介	徐友军		法学杂志	1985.2
357	从几件判例看美国法律	赵善祥		法学杂志	1985.2
358	浅析孟德斯鸠的国家观与法律观	张世恒		内蒙古大学学报	1985.2
359	试论卢梭的人民主权思想	张秀兰		求是学刊	1985.2
360	美国青少年犯罪真相	(美)惠勒·科特尔		青少年犯罪研究	1985.2
361	美国的立法机构和立法程序	阿米		浙江法学	1985.2
362	美国总统的任期	刘向文		河北法学	1985.2
363	关于美国宪法的一项新权利的法哲学探讨		夏勇编译	国外法学	1985.2
364	发展中国家的犯罪	(美)路易丝·谢利	何秉松	国外法学	1985.3
365	古罗马法学家的争鸣与罗马法	陈鼎海		江西大学学报	1985.3
366	荀子和西塞罗法律思想比较研究	段祺华、刘小兵		法学	1985.3
367	美国司法审查制度在政治生活中的作用	韩大元		法学评论	1985.3
368	梅因的历史方法试析	韦绍英		法学评论	1985.3
369	英美法系的形成和发展	李昌道		社会科学参考	1985.3
370	简评社会法学派	潘华仿		政法论坛	1985.3
371	略论美国的分权理论和实践	舒扬		重庆师院学报	1985.3

372	试论伊斯兰法学派的理论活动方式	万亿		厦门大学学报：哲社版	1985.3
373	西方社会法学初识	王献平		中国社会科学院研究生院学报	1985.3
374	对德国民法典与法国民法典的比较研究	袁长春		中国社会科学院研究生院学报	1985.3
375	试论孟德斯鸠的法学思想	杨海坤		法国研究	1985.3
376	美国立法权的分配	陆伟强		上海司法	1985.4
377	从马歇尔到伯格的司法至上	(美)希·赫尔曼·普里切特	黄正东	法学评论	1985.4
378	美国联邦最高法院的法官们	(美)伊万·托马斯	葛启明	国外法学	1985.4
379	日本行政法的地位及其特点	邱生		国外法学	1985.4
380	拿破仑与拿破仑法典	王兵		法学与实践	1985.4
381	狄德罗法律思想简论	王泽应		衡阳师专学报：社科版	1985.4
382	罗马法人制度及其借鉴意义	吴卫国		法学季刊	1985.4
383	论资产阶级刑事政策的历史沿革与发展趋势	张穹		中国社会科学	1985.4
384	美国统一继承法典概述	周强、刘晓星		政治与法律	1985.4
385	美国的弹劾制度	吕泰峰		司法	1985.5
386	美国的青少年犯罪	孙南申		法制建设	1985.5
387	苏联民法中政府侵权行为的损害赔偿责任	(美)唐纳德·巴里	吴严	法学译丛	1985.5
388	论苏联的著作权立法	(苏)维阿·多佐尔采夫	刘波林	法学译丛	1985.5
389	苏联法的体系与立法体系的相互关系	(苏)布拉图斯	王常青	世界法学	1985.5
390	德国民法典的变化	吴卫国		法学杂志	1985.5
391	亚里士多德法治思想探索	武树臣		法学	1985.5
392	略论英美法的表现形式	徐炳		国外法学	1985.5

393	美国的判例法	(美)E. 阿伦·法恩斯沃思	陶正华	法学译丛	1985.6
394	略论三大空想社会主义者的法律思想	倪健民、万文武		青海社会科学	1985.6
395	浅谈美国产品责任法	周延礼		法学动态	1985.9
396	苏联法学界关于民法对象的讨论	史际春		学术界动态	1985.14
397	古典自然法学派的概况和实际成就	(美)E. 博登海默	晓平	青年法学	1986.1
398	西方两大法系的主要差异究竟何在	古沱		外国法学研究	1986.1
399	当今苏联著作权法的发展趋势	徐晓晴		外国法学研究	1986.1
400	国外法学界对自然法学说的评论	薛伦倬		外国法学研究	1986.1
401	费尔巴哈早期刑法思想剖析	张卫平、邱兴隆		外国法学研究	1986.1
402	国外政治犯罪初探	李波		国外法学	1986.1
403	日本法学界的法人犯罪观	李华		中国法制报	1986.1
404	法国史上的不朽文献:《拿破仑民法典》	杨立文		外国史知识	1986.1
405	浅析英国普通法的渊源	杨联华		法学季刊	1986.1
406	赫梯法典中所见公社土地质疑	易平		世界历史	1986.1
407	摩奴法典评介	郑祝君		青年法学	1986.1
408	波兰保险制度的比较评议	(波)伏依契赫·马莱克	红梅	外国法学译丛	1986.1
409	国外产品责任制度的产生及其发展趋势	王小能		国外法学	1986.2
410	美国法律史的过去与现状	(美)劳·M. 弗里德曼	同心	法学译丛	1986.2
411	南斯拉夫关于遗产继承的法律	(南斯拉夫)德拉甘·科斯蒂奇·斯尔詹·斯托亚		法学译丛	1986.2
412	苏联经济法学派与民法学派五十年的争论及其经验教训	陈汉章		中国法学	1986.2

413	伊斯兰法与伊斯兰教	孔林山		中国政法大学研究生法学	1986.2
414	基督教和教会法对西方近现代法律的影响	贺卫方		外国法学研究	1986.2
415	庞德法律效果说初探	孔小红		外国法学研究	1986.2
416	福泽谕吉的法律思想	刘作翔		外国法学研究	1986.2
417	德国历史法学派评价(一)	薛伦倬		外国法学研究	1986.2
418	黑格尔论法哲学的对象和方法	武步云		西北政法学院学报	1986.2
419	捷克斯洛伐克、罗马尼亚、保加利亚的工业产权与著作权		锱铁	法学译丛	1986.2
420	英国法律的结构	(法)勒内·达维德	曹玉堂	外国法学译丛	1986.3
421	美国的国家犯罪	(美)里查德·奎尼	力言	国外法学	1986.3
422	加拿大消费者保护法综述	(加)史蒂文·N.斯茨	武晓岚编译	国外法学	1986.3
423	南斯拉夫关于遗产继承的法律(续完)	(南斯拉夫)德拉甘科斯蒂奇、斯尔詹斯托亚		法学译丛	1986.3
424	英国刑事犯罪的特征	(英)克罗斯琼斯·卡德	赵秉志	世界法学	1986.3
425	论西方法学流派演变的过程与条件	程燎原		外国法学研究	1986.3
426	当代西方行政法的发展方向	李力		外国法学研究	1986.3
427	德国历史法学派评价(二)	薛伦倬		外国法学研究	1986.3
428	卢梭的《社会契约论》	吕世伦		法律学习与研究	1986.3
429	现代西方法学三大主流派合流倾向初探	吕世伦、王卫平		南京大学学报	1986.3
430	论普通法和衡平法的历史发展和现状	沈宗灵		北京大学学报	1986.3
431	剖析孟德斯鸠的立法和应用法学理论	王哲		北京大学学报	1986.3

432	日本青少年犯罪的新发展	魏久明		青少年犯罪研究	1986.3
433	自然法学说若干理论问题初探	肖宏开		中南政法学院学报	1986.3
434	美国的经济分析法学派	信春鹰		法学研究	1986.3
435	美国囚犯的法律地位		徐步衡	政治与法律	1986.3
436	苏联科学院国家和法研究所简介		锡生	法学译丛	1986.3
437	全苏维埃立法科学研究所简介		史华	法学译丛	1986.3
438	美国与法国刑事司法制度之比较	(美)乔治·W.皮尤	叶逊	法学译丛	1986.4
439	苏联立法进一步完善的基本方面和手段	(苏)古采科	郑里	法学译丛	1986.4
440	法国公司法关于公司有价证券的规定和其它共同规定		王书江	法学译丛	1986.4
441	西方两大法系的主要区别及形成原因	蔡定剑		法学杂志	1986.4
442	美国专利法介绍	刘咏海		外国法学研究	1986.4
443	西方法学思潮发展趋向试析	文振邦、李进		外国法学研究	1986.4
444	德国历史法学派评价(三)	薛伦倬		外国法学研究	1986.4
445	德国历史上的军事审判制度		郑冲	法学评论	1986.4
446	波兰法律体制中的内务部	(波兰)兹·普迪什	王德风	法学译丛	1986.5
447	美国法学中的进化论传统	(美)E.唐纳德埃利奥特	仁堪	法学译丛	1986.5
448	今日美国商事仲裁	(美)弗兰克·C.奥普顿、赫伯特费勒	吴金留	法学译丛	1986.5
449	资本主义制度下的国家和法律秩序	(美)威廉·钱布利斯、罗伯特·塞德曼	潘汉典	法学译丛	1986.5

450	匈牙利的计划体制,计划与合同	(匈)A.哈尔马蒂	徐良	法学译丛	1986.5
451	英国产品责任法概述	(英)安东尼·佩因斯	邓正来	法学译丛	1986.5
452	中国与东欧各国的合资法比较	(日)铃木辉二	陈德民、周以平	世界法学	1986.5
453	美国税收制度(上)	(印)J.N.蒙吉亚	吴留金	世界法学	1986.5
454	一部典型的资产阶级民法典:拿破仑法典	彭万林		民主与法制	1986.5
455	评约翰·马歇尔	孙宝珊		法学评论	1986.5
456	大陆法系和英美法系的主要区别	王兵		法学与实践	1986.5
457	各国宪法监督与宪法诉讼制度的比较研究	吴撷英		复旦大学学报	1986.5
458	略论一七八七年美国宪法	徐玮		学习与探索	1986.5
459	美国产品责任法的若干基本原理	(美)考莱·罗伯特	徐澜波	现代外国哲学社会科学文摘	1986.5
460	正义的基本原则——比较法的考察(待续)	(法)勒内·达维德	泮殿	法学译丛	1986.6
461	美国婚姻法中关于抚养问题的规定	(美)佛朗西斯·W.库奇勒	袁曙宏	法学译丛	1986.6
462	关于保护文化财产的国际刑法措施	(美)詹姆斯·A.R.纳夫齐格	周叶谦	法学译丛	1986.6
463	美国青少年犯罪行为的类型	武晓岚		外国法学研究	1986.6
464	美国税收制度(下)	(印)J.N.蒙吉亚	吴留金	世界法学	1986.6
465	从身份到契约——社会关系的革命:读梅因《古代法》随想	梁治平		读书	1986.6
466	略论三权分立相互制约学说:兼析美国宪法的一项基本原则	熊宗域		政法论坛	1986.6
467	美国专利和商业秘密的保护	裴晓青		经济法制	1986.7
468	法国行政法院的组织和工作	严理		人民司法	1986.7

469	从权力支配法律到法律支配权力	梁治平		读书	1986.8
470	瑞士民法典	由嵘		电大法学	1986.12
471	各国立法中有关新闻出版自由的限制性规定	马岭、刘作翔		外国法学研究	1987.1
472	边沁的功利主义死刑观	邱兴隆		外国法学研究	1987.1
473	分析实证主义法学评介(一)	王威		外国法学研究	1987.1
474	各国公司法律顾问概况	(德)沃尔德·科温伯什	刘信峥	经济与管理译丛	1987.1
475	日本的租税法及租税制度的概况与特征	(日)金子宏	吕文忠	法学译丛	1987.1
476	大陆法系和英美法系的根本区别:两大法系法律观念比较	董茂云		法学研究	1987.1
477	论孟德斯鸠的刑法思想	方庆才、张永彬		政法学刊	1987.1
478	西方国家股份有限公司及其立法概述	郭锋		国外法学	1987.1
479	庞德法律效果论初探	孔小红		社会科学	1987.1
480	研究法国民法典为我国立法工作提供借鉴	陆舒瑞		中南政法学院学报	1987.1
481	战后日本现行刑法全面修改的特点及其争论	满达人		兰州大学学报	1987.1
482	法国1810年刑法典的产生及其主要特点	邵景华		法律学习与研究	1987.1
483	卢梭自然法论新探	张桂琳		政法论坛	1987.1
484	开展比较法制史的研究	张晋藩		光明日报	1987.1
485	保加利亚职务作者的法律地位	(保)乔治·萨拉吉诺夫	杨红	国外法学	1987.2
486	现代版权概念和版权制度的比较分析	(美)E. W. 鲍曼、L. 克拉克·汉密尔顿	刘咏梅	外国法学研究	1987.2

487	美国围绕反补贴税法展开的争论	武晓岚、冯陵		外国法学研究	1987.2
488	波兰民法中的侵权行为	(美)W.J.瓦格纳	夏蔚、谭玲	外国法学译丛	1987.2
489	国外行政法学概览	戴学正		自修大学	1987.2
490	苏联与东欧五国刑法发展概况与趋势	薛瑞麟		法学研究	1987.2
491	《汉谟拉比法典》与古巴伦社会	周盖盛		扬州教育学院学报	1987.2
492	美国版权制度概论	刘咏梅		国外法学	1987.2
493	美国的保险种类(待续)	(美)约翰·多宾	罗玉中	国外法学	1987.2
494	印度的火灾保险	(印)库茨浩、(美)约翰·多宾	徐立达、罗玉中	国外法学	1987.2
495	瑞典的法律制度	(瑞典)斯梯克斯·特罗霍姆	董立坤	国外法学	1987.3
496	伊斯法的历史发展	陈恒森		苏州大学学报	1987.3
497	民法法系和普通法系的主要区别及其形成原因	蒋溪林		法学与实践	1987.3
498	试论黑格尔理性法律观	舒扬		法学季刊	1987.3
499	分析实证法学评价(三)	王威		外国法学研究	1987.3
500	论战后西方法制的发展及其研究	夏处昊		江海学刊	1987.3
501	比较宪法学的对象、方法和体系	张光博		中国法学	1987.3
502	战后西方法哲学的发展和一般特征	张文显		法学研究	1987.3
503	谈谈美国的现实主义法学	(美)威廉·特文宁	仁堪	法学译丛	1987.4
504	试论比较法文化学	(日)野田良之	战宪斌	比较法研究	1987.4
505	略论英国宪法的起源	程汉大		政法论丛	1987.4
506	分析实证法学评价(四):新分析法学	王威		外国法学研究	1987.4

507	从古兰经看宗教与法律的关系	杨玉梅		外国法学研究	1987.4
508	从PRS的公告谈版权法	魏海波		上海法苑	1987.4
509	试论美国宪法的限权政府原则	李道揆		美国研究	1987.4
510	日本保护消费者利益的法律		谢青编译	国外法学	1987.4
511	日本的毒品犯罪	黄景旭		法律与生活	1987.5
512	资本主义国家集会、游行、示威法规评价	景延		政法丛刊	1987.5
513	美国宪法与美国外交	倪世雄		复旦学报	1987.5
514	国外消费者权益保护制度的几种类型	史际春、国世平		国外法学	1987.5
515	迪尔凯姆法律社会学评述	傅再明		国外社会学	1987.5
516	美国税收稽征管理体系和诉讼程序	贾勇		外国经济管理	1987.5
517	西方两大法系国家和古代中国在判例问题上的比较研究	李凌燕		社会科学	1987.5
518	孟德斯鸠论自由与法治	李其荣		决策与信息	1987.5
519	当代西方法学的综合趋向	舒国滢		法学研究	1987.5
520	略论卢梭的立法权思想	王辉		江淮论坛	1987.5
521	美国新税法对外国企业和投资者的影响	王捷		国外法学	1987.5
522	三权分立与议行合一比较研究	许崇德		法学评论	1987.5
523	战后日本文官制度的特征	翟新		现代日本经济	1987.5
524	比较法的某些方法论方面的问题	(荷兰)科基尼—亚特里道	刘慈忠	法学译丛	1987.5
525	存在主义法学概述	张文显		政法丛刊	1987.5

526	资本主义国家的青少年犯罪	卜康		国外法学	1987.6
527	印度的犯罪及其家庭控制	(美)哈吉德·S.桑德休	郭建安	国外法学	1987.6
528	美国与西欧各国产品责任法的比较研究	屈刚		湖南法学	1987.6
529	二十世纪美国的法理学和法哲学	(美)马·P.戈尔丁	同心	法学译丛	1987.6
530	美国严重刑事犯罪的表现形式	(民主德国)T.多奇	周国庆	世界法学	1987.6
531	托马斯·阿奎那的自然法学说	陈淑珍、吴兴怀		河北法学	1987.6
532	论西方违宪审查制度的发展趋势	胡锦光		河北法学	1987.6
533	大陆法系和英美法系的比较	梁秀如		法律学习与研究	1987.6
534	卢梭法律面前人人平等思想评价	罗静川		自修大学(政法专业)	1987.6
535	美国的程序法学派	信春鹰		法学研究	1987.6
536	世界上宪法的历史回顾	张涣光		外国史知识	1987.7
537	美国税收的立法秩序		于治贤	国外社会科学情报	1987.7
538	从苏格拉底之死看希腊法的悲剧	梁治平		读书	1987.8
539	罗尔斯的法律哲学思想	张乃根		法学	1987.11
540	外国消费者立法概况	谢茨昌		经济研究参考资料	1987.117
541	马来西亚的消费者利益保护制度	(马来西亚)霍恩塞	何俊平	外国法学译丛	1988.1
542	新加坡有关保护消费者利益的制度	(新加坡)伊凡西·贝博蒂斯特	戴宏方	外国法学译丛	1988.1
543	杰斐逊与美国宪法	刘祚昌		山东大学学报:社科版	1988.1
544	美国专利诉讼制度概说(上)	方鹏		国外法学	1988.1

545	英美法三国文官制度比较研究	韩小鹰		政治与法律	1988.1
546	古代印度法的渊源及其发展	李启欣		南亚研究	1988.1
547	潘德克顿法学的形成及基本特征	舒武香		外国法学研究	1988.1
548	当代法国法哲学的衰落与复兴	舒扬		外国法学研究	1988.1
549	现代西方法学面面观	王人博		外国法学研究	1988.1
550	美国政府官员行为道德及其法律控制	于安		国外法学	1988.1
551	美国宪法规定的国会征税权	曾尔恕		政法论坛	1988.1
552	哈特的规则分析理论	张乃根		西北政法学院学报	1988.1
553	欧洲产品责任法评述	(荷兰)奥托·巴罗·沃塞内厄、范·凯特威杰克		法学译丛	1988.2
554	从严格责任原则看美国产品责任法的发展趋势	康卫东、张菊辉		深圳大学学报:社会科学版	1988.2
555	美国产品责任法论略	立言、友声		法学评论	1988.2
556	美国宪法与司法审查	徐静琳		外国法学研究	1988.2
557	国外法律社会学研究与教学现状概览	陈学明		外国法学研究	1988.2
558	美国总统立法否决权述评	邹平学		外国法学研究	1988.2
559	谈谈西方国家的文官制度	袁胜华、蒋浩		外国法学研究	1988.2
560	苏联改革条件下的法学与实践	曾明奇、徐晓晴		外国法学研究	1988.2
561	美国民事诉讼中的长臂管辖	朱思东		外国法学研究	1988.2
562	现代世界各国宪法发展新趋势	周新铭		深圳大学学报:人文社会科学	1988.2
563	公司法的历史沿革	(日)田中诚二	江波尔	世界法学	1988.2

564	法律移植与1930年前中国对德国法的接受	(西德)K. W. 诺尔	季立强	比较法学	1988.2
565	英国与美国青少年犯罪的发展	卜康		自修大学	1988.2
566	成文法典与判例法形成效用的差别	董茂云		当代法学研究	1988.2
567	美国专利诉讼制度概说(下)	方鹏		国外法学	1988.2
568	英国的社会犯罪与对策	缴济东		警察技术	1988.2
569	英国所得税的管理机构及其职责	李忠		中国税务	1988.2
570	美国的刑事起诉政策	龙宗智		人民检察	1988.2
571	新加坡经济发展中的税收措施	屈刚、黄赛		湖南法学研究	1988.2
572	西方法律观念的演变与特征	孙南申		政法论丛	1988.2
573	美国公司法掠影	张特生		台、港、澳及海外法学	1988.2
574	现阶段苏联立法的完善	(苏)A. C. 皮戈尔金	梁溪	法学译丛	1988.3
575	国外社会主义宪法的监督实施	宝音、胡日雅克琪		国外法学	1988.3
576	战后美英等国的青少年犯罪	卜康		自修大学	1988.3
577	试析美国宪法的分权与制衡	罗静川		自修大学	1988.3
578	对资本主义国家宪法监督的分析和评介	陈云生		当代法学	1988.3
579	试析德沃金的权利论	张乃根		当代法学	1988.3
580	谈谈美国专利诉讼中非显而易见性的准规则	方鹏		中国专利	1988.3
581	马克思·韦伯的法律社会学评价	傅再明		社会学研究	1988.3
582	论马克思·韦伯的法律社会学	潘大松		比较法研究	1988.3
583	试析日本公务员法	邱生		日本研究	1988.3

584	外国民事诉讼中的督促程序与公示催告程序	李铁钢		外国法学研究	1988.3
585	略论卢梭的平等观	崔林林		外国法学研究	1988.3
586	波斯纳的经济分析法学(上)	张乃根		外国法学研究	1988.3
587	苏联东欧国家检察长参与民事诉讼的理论与实践	张卫平		外国法学研究	1988.3
588	世界上几种不同类型的消费者权益保护之考察	史际春、国世平		经济法学	1988.3
589	加拿大消费者保护法	(加拿大)约翰·A.维尔斯	吴金留	法学译丛	1988.4
590	苏联法学研究现状	(苏)B.H.库德里亚夫采夫	梁溪	法学译丛	1988.4
591	伊斯兰法与伊斯兰教的比较研究	杨振洪		比较法研究	1988.4
592	匈牙利专利诉讼制度	方鹏		政治与法律	1988.4
593	西方法哲学研究趋势管窥	洪川		西北政法学院学报	1988.4
594	拉美宪法的发展及其特征	侯润梅		法学杂志	1988.4
595	西方国家公务员管理机构的特点	蒋鸿雁		法学评论	1988.4
596	韦伯的法社会学思想初探	王志勇		法学评论	1988.4
597	概述法国国家行政法院人员组成		王勇亮摘译	政治与法律	1988.4
598	关于当代西方国家工业化后的犯罪	童颜		犯罪与改造研究	1988.5
599	斯堪的纳维亚法学派述评	王永江、要建春		政法丛刊	1988.5
600	伊斯兰教法及其改革	吴云贵		宁夏社会科学	1988.5
601	论美国联邦宪法稳定性的原因	张定河		山东师大学报:社科版	1988.5
602	美国加强知识产权保护	张帆		律师与法	1988.5

603	苏联法学界讨论改革时期的国家(全民)所有权问题(一)		陈汉章	法学译丛	1988.5
604	在产品责任诉讼中美国对外国公司的管辖权	(美)J.菲利浦·乔丹、佛里德克里·C.雷纳	张新	法学译丛	1988.5
605	日本青少年违法犯罪现状	小兵		国外法学	1988.5
606	日本女性犯罪动向	碧水		现代世界警察	1988.6
607	对自然法的某些思考	(美)菲利浦·E.约翰逊	吴玉章	法学译丛	1988.6
608	苏联法学界讨论改革时期的国家(全民)所有权问题(二)		陈汉章	法学译丛	1988.6
609	美国修改宪法的若干情况	扈纪华		法学评论	1988.6
610	苏联社会法制国家理论浅析	李永庆		苏联东欧问题	1988.6
611	关于当代西方国家工业化后的犯罪(续)	童颜		犯罪与改造研究	1988.6
612	日本的软件立法:对软件立法的研究及修改版权法的背景	王桂兰		版权参考资料	1988.6
613	罗纳德·德沃金与美国当代法理学	信春鹰		法学研究	1988.6
614	西方资本主义国家公务员制度简介	严习兴		法学与实践	1988.6
615	试析英美判例法制度及其可借鉴性	张波		活动家与实践	1988.6
616	加拿大的税收改革	俞书春		中国税务	1988.7
617	美国司法释宪制度的运用:兼论对台湾关系的影响	邵宗海		台、港、澳及海外法学	1988.7
618	美国专利制度之管见	邓中揆		世界科学	1988.8
619	美国反对税收饶让的原因何在	张强		国际贸易与法	1988.8
620	美国宪法与美国国会	张毅		美国研究参考资料	1988.11

621	苏联的法律文化特点	(美)Susan Finder		中外法学	1989.1
622	美国的法律文化特点	(美)Susan Finder		中外法学	1989.1
623	论不同类型法律体系的比较	(苏)B.A.图曼诺夫	潘汉典	比较法研究	1989.1
624	孔子与柏拉图:中西法文化分野之源	夏勇		比较法研究	1989.1
625	法律移植论	(英)A.沃森	贺卫方	比较法研究	1989.1
626	苏联立法结构的发展趋势及其社会前提	(苏)C.B.波列尼娜	徐晓晴	外国法学研究	1989.1
627	自然法与法自然:西方与中国的法理歧义之一	范忠信		外国法学研究	1989.1
628	卢梭的人民主权思想	陈铁水		云南法学	1989.1
629	一些国家制订计算机和软件的新法规	迟少杰、孙亚非		国际贸易与法	1989.1
630	论近代拉美黑奴的法律地位	王肇伟		山东师大学报	1989.1
631	美国社会中的规避纳税问题	吴岚		经济法制	1989.1
632	《乌尔纳姆法典》论略	易宁、徐耀耀		南昌职业技术师范学院学报	1989.1
633	日本产品责任法概论	谭玲、夏蔚		天津政法	1989.1
634	西方女性犯罪研究	辛通生		犯罪与对策	1989.1
635	欧美经济犯罪对策论评析	杨诚		世界法学	1989.1
636	埃及的女性犯罪	(埃及)A.W.EL.ASHMAWI	彭惠	青少年犯罪研究	1989.2
637	国外产品责任诉讼史迹	宋琴娟		法制春秋	1989.2
638	过错在现代侵权行为法中的地位(待续)	(法)安德列·蒂克	王晓萍	外国法学译丛	1989.2
639	苏联法社会学发展评价	陈明华		法律科学	1989.2
640	西方法学认识过程简论	王人博		外国法学研究	1989.2

641	自然法学关于法律评价的思想	严存生		外国法学研究	1989.2
642	略论柏拉图晚年法律观的转变	谢鹏程		山东法学	1989.2
643	美国军法和军事立法的体系	张红孙、叶峰		河北法学	1989.2
644	隋唐律例与日本古代法律制度的关系	(日)池田温		武汉大学学报	1989.3
645	巴黎公社法制建设浅谈	董伯先		政法论丛	1989.3
646	近现代中国法制与西方法律文化:学术研讨会讨论综述	刘旺洪		法学天地	1989.3
647	中美宪法之比较观	浦增元		学术季刊	1989.3
648	古典法律社会学理论概说	周伟		外国法学研究	1989.3
649	比较法与法律制度	(美)麦克斯·罗恩斯泰	梁慧星译,徐炳校	法学译丛	1989.3
650	法国的行政调解员制度		王勇亮编译	政治与法律	1989.3
651	现代西方犯罪学评析	杨诚		政治与法律	1989.3
652	西德青少年犯罪的概况		徐久生编译	犯罪与改造研究	1989.3
653	圣训在伊斯兰法中的地位和作用	万亿		比较法研究	1989.3
654	蒙古法系质疑	徐晓光		比较法研究	1989.3-4
655	苏联的妇女犯罪及其预防	(苏)B.B.乌斯基诺娃等	黄顺康	外国法学研究	1989.4
656	美国宪法修改变化的方式	王玉明		外国法学研究	1989.4
657	从邦联条例到联邦宪法:美国立宪背景浅析	赵向阳		外国法学研究	1989.4
658	从比较法角度看日本最高法院	董皤舆		外国法学研究	1989.4
659	哈特新分析法学评析	江启疆		外国法学研究	1989.4
660	日本专利制度与日本民族精神	聂天贶、朱义坤		外国法学研究	1989.4

661	论自然法观念	吴玉章		外国法学研究	1989.4
662	西方主要法学流派的方法论比较	曾明奇		外国法学研究	1989.4
663	苏联当前暴力犯罪的趋势和斗争前景	(苏)波别加伊洛	李亚南	犯罪与改造研究	1989.4
664	美国统一商法对美方产品品质担保责任之见解	常吉鸿		国际经贸与法	1989.4
665	马来西亚的犯罪预防措施	(马)奥托曼·赛伊德·阿里	杨晓南	世界警察参考资料	1989.4
666	英国人眼中的美国法理学	(英)赫伯特·L. A. 哈特	刘同苏	法学译丛	1989.4
667	英国经济犯罪控制机制初探	杨诚		世界法学	1989.4
668	试论西方国家立法权与行政权的消长	刘宏辉、刘桢		法学天地	1989.4
669	西方两大法系的主要区别	王宏林		南京师大学报	1989.4
670	意大利政治腐败的立法及其实践	王重方		西欧研究	1989.4
671	国外廉政措施及特点	徐志宏		中国行政管理	1989.4
672	西方两大法系判例比较	郑永流		中外法学	1989.4
673	论实证法、自然法及历史法三个法理学派的一体化趋势	(美)哈罗德·J. 伯曼	刘慈忠	法学译丛	1989.5
674	资产阶级国家宪法监督的理论与实践	(苏)C. B. 博博托夫	田丁、晓力	法学译丛	1989.5
675	法典法与普通法的比较	艾德华·麦克威利	梁慧星	法学译丛	1989.5
676	各国修宪做法简析	刘和梅		现代法学	1989.5
677	美国股份公司章程范式研究	杨诚		世界法学	1989.5
678	浅谈美国的产品责任制度	张浪		法学与实践	1989.5
679	论希腊妇女犯罪	(希腊)伊佩帕、(苏)蒙·戈洛德留克		法学天地	1989.6

680	美国产品责任法的理论依据	洪庭展		国际经贸与法	1989.6
681	法学的批判:批判法学理论中的批判是什么意思	(英)阿兰·亨特	吴玉章 邱水平	法学译丛	1989.6
682	美国普通法中行政法的发展	(英)杰佛里·乔威尔	张庆福	法学译丛	1989.6
683	日本法律文化研究的历史与现状	何勤华		中外法学	1989.6
684	日本经济高速增长时期的经济社会立法	张文政		经济与法	1989.6
685	日本战后行政立法述论	中凡、张文政		北方论丛	1989.6
686	当前美国法理学发展的主要趋势	朱景文		中国人民大学学报	1989.6
687	英国的社区预防犯罪战略	(美)丹尼斯·罗森鲍姆	黄祖辕	世界警察参考资料	1989.7
688	新黑格尔主义法学派	公丕祥		社科信息(南京)	1989.7
689	哈特的新分析法学	王宏林		社科信息(南京)	1989.7
690	经济分析法学派	李力		社科信息(南京)	1989.7
691	美国产品责任法与中美贸易	吴庆宝		经济法制	1989.7
692	国外版权保护比较谈	孙建红		法制日报	1989.7.21
693	菲尼斯的新自然法思想	张乃根		外国法学研究	1989.9
694	大陆法系与英美法系	洪庭展		国际经贸与法	1989.11
695	苏联对外著作权关系简介	焦广田		版权参考资料	1989.11
696	谈美国的行政法	(美)路易斯·杰	曹志安	云南法学研究	1990.1
697	西班牙《知识产权法》概说	(西班牙)埃·加西亚	周林	版权参考资料	1990.1
698	美国版权法保护着色影片的可能性	拉·奥曼	贾健	版权参考资料	1990.1
699	英国的比较法	贝·鲁登	潘汉典	比较法研究	1990.1
700	英国普通法中的罗马法因素	梁治平		比较法研究	1990.1
701	伊斯兰法的理论基础	吴云贵		比较法研究	1990.1

702	民主+宪政=理想的政制:比较宪法国际讨论会热点述评	张文显、信春鹰		比较法研究	1990.1
703	日本公务员的分类制度(一)	陈向群		中国人事	1990.1
704	略论西方两大法系主要区别及其原因	邓伟平		广东法学	1990.1
705	联邦德国公司法评介	刘放		政治与法律	1990.1
706	对霍菲尔德法律概念学说的比较研究	沈宗灵		中国社会科学	1990.1
707	从明治宪法到日本国宪法	孙晓萍		江西大学学报	1990.1
708	英美公司法异同比较	王惠安		法制	1990.1
709	伊斯兰法的基本特征	杨联华		现代法学	1990.1
710	马来西亚习惯法之争	张锡胜		云南法学研究	1990.1
711	评美国宪法中的“正当法律程序”条款	曾尔恕		政法论坛	1990.1
712	日本消费者保护立法的探索:兼谈对我国立法的启示	满达人		兰州大学学报	1990.2
713	美国的货物质量保护制度	徐炳		法学研究	1990.2
714	侵权行为法冲突规范选择的历史考察与比较研究	张勇		比较法研究	1990.2
715	论当代美国的法律与发展研究活动(上)	(美)戴维·杜鲁贝克	王力威	比较法研究	1990.2
716	苏维埃比较法学的发展	(苏)M.法伊齐耶夫	廉雅荣	比较法研究	1990.2
717	比较法在中国:回顾与展望	潘汉典		比较法研究	1990.2
718	美国的法学教育	(美)E.艾伦·弗兰斯沃茨		法学天地	1990.2
719	美国的法律评论	(美)罗·克拉姆顿	吴玉章	法学译丛	1990.2
720	70—80年代东欧国家的犯罪状况	(苏)达什科夫	伍元	法学译丛	1990.2

721	日本公务员的分类制度(二)	陈向群		中国人事	1990.2
722	美国版权法的回顾与展望	(美)拉·奥曼	赵秀玲	版权参考资料	1990.2
723	国外廉政制度与实践	李立秋等		法学与实践	1990.2
724	法律实证主义的学术地位	刘同苏		法学研究	1990.2
725	关于古代印度法思想的探讨	孟昭容		南亚研究	1990.2
726	日本行政法史述论	邱生		日本研究	1990.2
727	论十九世纪西欧大陆国家立宪特点	张恒山		安徽大学学报	1990.2
728	新加坡的廉政措施与制度	郑周鹏		政法丛刊	1990.2
729	美国产品责任法的新突破	叶少波		江西法学	1990.3
730	英国对公司集团的管理	(北爱尔兰)汤姆·海登	王保树	法学译丛	1990.3
731	论当代美国的法律与发展研究活动(下)	(美)戴维·杜鲁贝克	王力威	比较法研究	1990.3
732	比较法与法律移植	(英)凯恩·弗伦德	贺卫方	比较法研究	1990.3
733	亚非诸国宪法监督制度初探	陈宝音		中外法学	1990.3
734	日本的复印与著作权	李长声		版权参考资料	1990.3
735	西方各国立法机关地位比较探析	李林		宁夏社会科学	1990.3
736	儒家法学与西方传统法学的比较	刘金德		政法论坛	1990.3
737	塞尔兹尼克的法律社会学	沈宗灵		中外法学	1990.3
738	论波斯纳的经济分析法学	沈宗灵		中国法学	1990.3
739	拉德勃鲁赫的相对主义法学及其后期转变	沈宗灵		社会科学战线	1990.4
740	日本法研究的任务与课题	董皤舆		比较法研究	1990.4

741	对西方法律传统起源的探究:评伯尔曼《法律与革命》	(美)威·巴塞特	阮齐林	比较法研究	1990.4
742	国家领土主权中的罗马法所有权观念	张文彬		比较法研究	1990.4
743	比较还是比较法学	赵海翔		比较法研究	1990.4
744	浅谈西方计算机犯罪的对策	杨文成		现代法学	1990.4
745	罗马法的法人本质说及其法人犯罪问题:兼论我国法人能否成为犯罪的主体	张继孟		政法学刊	1990.4
746	行政法的演变发展及其特征(上)	(英)E.C.S.韦德		政法学刊	1990.4
747	西方古代法的形成及其特性略论	张中秋		南京社会科学	1990.4
748	法律经济学的历史沿革	(美)C.G.维尔杰·诺弗斯基	蒋兆康	法学译丛	1990.4
749	美国《产品责任法》概述	(美)贝蒂芬·J.里柯克	邹海林	法学译丛	1990.4
750	比较法、法律改革和法学理论	(英)乔纳森·希尔	周昭益	法学译丛	1990.4
751	美国关于消费者安全的法律	(英)克里斯廷·A.罗伊斯	梁慧星	法学译丛	1990.4
752	西欧产品责任发展的新趋势:产品责任与智力产品		吕国强编译	政治与法律	1990.5
753	试论美国产品责任的担保责任理论	朱志晟		上海保险	1990.5
754	法律形式主义的兴起	(美)霍顿·霍维茨	吴玉章	法学译丛	1990.5
755	1989年苏联的犯罪情况	(苏)爱德华·L.鲁宾、米尼科夫斯基	于洪	法学译丛	1990.5
756	古代印度社会的犯罪及刑罚观	(日)白井骏		中外法学	1990.5
757	伊斯兰教对亚非国家宪法的影响	陈宝音		法律科学	1990.5

758	日本关于计算机犯罪的对策	何鹏		现代日本经济	1990.5
759	二次大战后日本民事诉讼法学的发展与现状	何勤华		河北法学	1990.5
760	日本对过失公务员的惩处	鲁义		中国行政管理	1990.5
761	卢埃林的现实主义法学	沈宗灵		法学研究	1990.5
762	梅因:历史法学的集大成者	胥波		辽宁大学学报	1990.5
763	美国民事诉讼中的举证责任	(美)詹姆士·哈择德	李祥琴	法学译丛	1990.5
764	古代雅典的法制	安庆征		历史教学	1990.6
765	西方法律思想史建设的十年	谷春德		法律学习与研究	1990.6
766	国际社会的卖淫问题	郭翔		青少年犯罪研究	1990.6
767	英国版权法中的作者	(英)杰里米·菲利浦	成亚伶	版权参考资料	1990.6
768	日本著作权集体管理的情况介绍	王福珍		版权参考资料	1990.6
769	中世纪罗马法复兴原因新论	吴兴怀、楮慧敏		河北法学	1990.6
770	联邦德国行政法特征析论	赵国志		北方论丛	1990.6
771	当代西方经济分析法学原理阐述	赵和旭		江淮论坛(安徽)	1990.6
772	联邦德国新产品责任和立法	徐国建		现代法学	1990.6
773	法制主义和自由权利的行使:对英国和日本集会、游行权利的考察	张文政		政治与法律	1990.6
774	行政特权与美国宪法	张毅		美国研究参考资料	1990.6
775	美国联邦制中的宪法	王树盛		美国研究参考资料	1990.9

776	苏联所有制法		张盛念	经济法制	1990.10
777	美国税收复议的法规程序	潘伟		税务	1990.11
778	苏联的有组织犯罪：问题与展望	(苏)阿纳托利·沃洛布耶夫		世界警察参考资料	1990.11
779	泰国禁缉戒毒的经验	段有志		世界警察参考资料	1990.12
780	澳大利亚的集团犯罪问题	刘建超、张京生		世界警察参考资料	1990.12
781	苏联有组织犯罪的现状	吴开清		世界警察参考资料	1990.12
782	新加坡的公务员	王保畲		中国行政管理	1990.12
783	美、英、法、日、联邦德国有关终止戒严或紧急状态的规定	郑冲		法制参考资料	1990.36
784	苏、美、英、法、日和联邦德国关于戒严紧急状态等的立法情况	郑冲		法制参考资料	1990.139
785	行政法的演变发展及其特征(下)	(英)E.C.S.韦德		政法学刊	1991.1
786	批判的法律研究运动	(加拿大)阿伦·C.哈奇特	刘同苏	法学译丛	1991.1
787	十二世纪的法律宗教与革命	(英)戴维·艾伯特逊	吴玉章	法学译丛	1991.1
788	比较法学和日本的中国法研究	(日)浅井敦	段秋关	法律科学	1991.1
789	日本商法学的历史与现状	何勤华		法律科学	1991.1
790	英国判例法	梁治平		法律科学	1991.1
791	苏联行政处罚制度概观	陈光荣		行政法制	1991.1
792	英国犯罪现状与对策	程味秋、卞建林		犯罪与改造研究	1991.1
793	美国苏联德国英国古巴犯罪动态及分析	邓群、文林		犯罪与改造研究	1991.1
794	哈特法律思想体系论纲	江启疆		政法学刊	1991.1

795	论明治维新前的国家与法	李放		当代法学	1991.1
796	中西方法律思想家法律价值观的比较思考	史彤彪		比较法研究	1991.1
797	美国移民法及其1986年的变革	王可菊		法学研究	1991.1
798	美国总统与国会的项目否决权之争	王树盛		美国研究参考资料	1991.1
799	英美法系司法审查制度的历史起源	王天成		中南政法学院学报	1991.1
800	伊斯兰国家民事审判组织的种类的特征	叶自强		河北法学	1991.1
801	罗马法学家与伊斯兰法学家理论活动特点之比较	殷勇		中南政法学院学报	1991.1
802	西方经济分析法学思想评析	周晖国		法学天地	1991.1
803	双重征税及其避免	(南)耶尔契奇		世界经济文汇	1991.1
804	略论阿根廷的社会保险	侯润梅		山西政法管理干部学院学报	1991.1
805	印尼的外资税收法及其启示	任会中		东南亚纵横	1991.1
806	西方三国有组织犯罪概况	(德)杨·范·奇特芬		世界警察参考资料	1991.1
807	乌尔纳姆法典	林琳		法制日报	1991.2.14
808	普通法与大陆法中发现法律的方法和诉讼程序	(德)康·茨威格特	高鸿钧	法学译丛	1991.2
809	蒙古法中刑罚的变迁	(日)岛田正郎	潘昌龙	蒙古学资料与情报	1991.2
810	有关罗马法特征的几个问题	陈炯		中国人民警官大学学报	1991.2
811	冲突与融合:域外法律文化与中国法制现代化	公丕祥		法律科学	1991.2
812	石井紫郎与日本的传统法律文化研究	何勤华		中南政法学院学报	1991.2
813	战后日本法律社会学的发展及其特征	何勤华		中外法学	1991.2

814	哈特法律思想体系论纲(续)	江启疆		政法学刊	1991.2
815	美国和亚太地区国家的知识产权保护	孔雨泉		引进与咨询	1991.2
816	外国法制史学科地位之我见	李洪欣		政法论丛	1991.2
817	通向文化之路:从历史法学派到法律人类学	么志龙		比较法研究	1991.2
818	当代日本的行政强制与行政处罚	邱生		日本研究	1991.2
819	论英美法上母公司应承担的法律责任	王雪华		国际贸易问题	1991.2
820	论比较法学与历史传统	希声		北京大学研究生学刊	1991.2
821	马来西亚、泰国、印度三国民商法比较	张卫平		东南亚研究	1991.2
822	对外国法人损害赔偿的请求和审判管辖权		李忠诚	研究生法学	1991.2
823	苏联的“有组织犯罪”	常庆		苏联东欧问题	1991.2
824	澳大利亚青少年违法犯罪情况考察综述	刘瑞峰等		青少年犯罪研究	1991.2
825	试论美国宪法中言论自由权利的限度	唐晓		外交学院学报	1991.2
826	美国产品责任法的最新发展	(美)彼得·E.赫佐格	仁堪	法学译丛	1991.3
827	欧洲法律文化的基础	(德)弗朗茨·维亚克	周仲飞	法学译丛	1991.3
828	英美行政程序的比较	(美)伯纳德·施瓦茨	周汉华	法学译丛	1991.3
829	比较法研究应注重判例	(英)巴塞尔·马克斯尼斯	吴玉章	法学译丛	1991.3
830	美国产品责任法的一般索赔和认定产品瑕疵的理论与实践	(美)大卫·迪布斯利		法治论丛	1991.3
831	浅析美国商业活动中保护消费者利益的法律制度	孙小翔		学海	1991.3

832	泰国的税收制度	张文春		国际经济合作	1991.3
833	日本的国内和涉外税收制度	张勇		日本问题研究	1991.3
834	日本近代法制建设的历史经验和教训	徐晓光		日本问题研究	1991.3
835	近代中国的比较法学教育	王立中、马芳城		比较法研究	1991.3
836	作为一个学术科目的比较法	(英)奥·凯恩·弗伦德	高鸿钧	比较法研究	1991.3
837	前近代的日本法	(日)植田信广		中外法学	1991.3
838	当代古巴实体法的几个侧面	(瑞典)米·博格丹	赵海翔	当代世界社会主义问题	1991.3
839	西方有关对权力制约监督的理论介绍	胡弛		法学与实践	1991.3
840	评现代西方法理学	沈宗灵		北京大学学报	1991.3
841	日本行政法中的补救措施		赵振华	政法学刊	1991.3
842	西方自然法思想渊源新探	孙斌		北京大学研究生学刊	1991.3-4
843	西方法律的九个要素	(澳)G.萨维尔	贺卫方	法学译丛	1991.4
844	论欧洲各国的违宪审查(待续)	(法)路易斯·法沃努	郭晓飞	法学译丛	1991.4
845	西方法律传统的主要特征	(美)H.J.伯尔曼	高鸿钧	法学译丛	1991.4
846	印度尼西亚习惯法的研究轨迹	(日)仓田勇	周星摘	民族译丛	1991.4
847	英国法的主要特征	高鸿钧		比较法研究	1991.4
848	普通法的性质和推理的比较研究	(德)汉斯·霍曼	何兰	比较法研究	1991.4
849	英国判例主义的形成、发展及评价	杨丽英		比较法研究	1991.4
850	黑格尔的比较法律文化理论简介	张乃根		比较法研究	1991.4
851	德国专利诉讼中的等同论原则和方法	戈达尔		中国专利与商标	1991.4
852	美国历史上的人权问题	嵇立群		北京大学学报	1991.4

853	比较宪法学研讨会综述	莫纪宏		法学研究	1991.4
854	全国比较法学研讨会综述	莫纪宏、周汉华		法学研究	1991.4
855	论英国星法院的兴衰	孙斌		中外法学	1991.4
856	论《阿奎利亚法》(上):《学说汇纂》第9卷第2章		米健	政法论坛	1991.4
857	日本少年违法犯罪现状及其社会背景		马安众	青少年犯罪研究	1991.4-5
858	略说美国对信用消费关系的法律保护		董开军编译	美国研究参考资料	1991.5
859	世界毒品犯罪及其预防	冯明刚		世界警察参考资料	1991.5
860	日本当前麻醉品、兴奋剂犯罪概况		宋绍荣编译	世界警察参考资料	1991.5
861	论欧洲各国的违宪审查(续完)	(法)路易斯·法沃努	郭晓飞	法学译丛	1991.5
862	国会、最高法院与行政法的静悄悄革命(待续)	(美)A. 夏皮罗、L. 格里克斯曼	周汉华	法学译丛	1991.5
863	作为一个学科的比较法	(美)阿兰·沃森	俗僧	法学译丛	1991.5
864	亚洲宪法与人权思想	(日)铃木敬夫		中外法学	1991.5
865	关于俄罗斯所有权法草案	(苏)E. 苏哈诺夫		苏联东欧问题译丛	1991.5
866	从美国历史经验看制定欧洲联邦宪法的机运	(美)J. 布坎南	齐羽编译	国外社会科学快报	1991.5
867	日本法文化的现代化功能	里赞		法学评论	1991.5
868	西方符号学法律理论述评	吕世伦、徐爱国		江苏社会科学	1991.5
869	比较法·文化·文明	强世功		法律科学	1991.5
870	英国廉政制度评价	杨联华		现代法学	1991.5
871	略论《查士丁尼法典》	郑如霖		史学月刊	1991.5
872	论《阿奎利亚法》(下):《学说汇纂》第9卷第2章		米健	政法论坛	1991.5

873	国会、最高法院与行政法的静悄悄革命(续完)	(美)A. 夏皮罗、L. 格里克斯曼	周汉华	法学译丛	1991.6
874	美国法的未来	(美)L. M. 弗里德曼	贺卫方	法学译丛	1991.6
875	大陆法系的司法判例:两大法系判例拘束力之比较	(美)R. B. 施莱辛格	吴英姿	法学译丛	1991.6
876	西方法律传统的危机	(美)哈洛德·伯尔曼	吴玉章	法学译丛	1991.6
877	苏联的犯罪问题	(苏)戈利克	沙东	法学译丛	1991.6
878	各国行政强制执行制度之比较研究	陈亚平		法律科学	1991.6
879	英美判例法透视	刘杉		法律与社会	1991.6
880	美国反托拉斯立法	曾尔恕		政法论坛	1991.6
881	日本、法国、德国法学家关于宪法解释的讨论综述		鲍荣振编译	法学研究动态	1991.6
882	美国严格产品责任的形成及现状	黄列		法学研究	1991.6
883	美国的欺骗消费者罪的立法与司法概况	桑红华		法学杂志	1991.6
884	日本少年违法犯罪现状与特征		康树华	青少年犯罪研究	1991.7
885	南朝鲜的犯罪特点及其对策		刘少林	世界警察参考资料	1991.7
886	古代日本是如何学习和吸收中华法系的	蒋晓伟		日本问题资料	1991.8
887	中美法行为理论比较	杨一平		法学	1991.8
888	日本的立法体系	张庆华		日本问题研究	1991.11
889	爱德华一世的法律观及其实践	徐轶民、陈立彤		法学	1991.12
890	欧洲毒品犯罪和有组织犯罪现状	(德)波尔特·乔治·泰姆		世界警察参考资料	1991.12
891	比较法学的理论任务和目的	万亿		厦门大学学报:哲社版	1991(法学专号)
892	欧洲产品责任法新发展	冯大同		中国法学	1992.1

893	美国的少年暴力犯罪		刘文娜	犯罪与改造研究	1992.1
894	研析美国产品责任法促进对美进出口贸易	桑滨学		法律学习与研究	1992.1
895	罗马买卖中的默示质量担保和时效期限	(美)芮茨	张林	法学译丛	1992.1
896	论古希腊法哲学的产生与发展	陈金全		现代法学	1992.1
897	德国行政法的本质,范畴和基本特征	郑达轩、徐荣贵		现代法学	1992.1
898	大木雅夫与日本比较法律文化研究	何勤华		法律科学	1992.1
899	比较法律文化的方法论问题	贺卫方		中外法学	1992.1
900	比较法律文化研究的对象和方法	武树臣		中外法学	1992.1
901	试论家族法的成因及其历史影响	林明		山东大学学报	1992.1
902	西方立法思想与立法史略(上)	徐国栋		比较法研究	1992.1
903	当代西方法哲学的研究重点	张乃根		法学研究	1992.1
904	《十二表法》中的"私犯"规定的研究	周枏		安徽大学学报	1992.1
905	德国新《产品责任法》(上)	(德)G.冯·威斯特伐伦	邵建东	法学译丛	1992.2
906	澳大利亚的一人公司	(澳)H.A.J.福特	谢卫民	法学译丛	1992.2
907	中日法律文化现代化之若干比较	陈鹏生、何勤华		中国法学	1992.2
908	比较宪法学研究的目的,对象和方法	董和平		法律科学	1992.2
909	第一部将罗马私法系统化的法学巨著:评盖尤斯的《法学阶梯》	冯卓慧		法律科学	1992.2
909	英国知识产权诉讼与救济	方鹏		知识产权	1992.2
910	美国雇员发明的权利归属问题	胡明正		知识产权	1992.2

911	法国专利审查及有关问题	庞华等		知识产权	1992.2
912	效益——当代法律一个基本价值目标:兼评西方法律经济学	顾培东		中国法学	1992.2
913	罗伯斯比尔的革命法制思想	韩承文、徐云霞		文史哲	1992.2
914	日本实施公务员制度的主要措施	孟伯荣		日本问题研究	1992.2
915	现代日本的行政立法	张庆华		日本问题资料	1992.2
916	日本近代立宪主义产生的源流	韩大元		比较法研究	1992.2-3
917	儒学与当代西方宪政文化	郝铁川		比较法研究	1992.2-3
918	罗马法的哲学透视	李敬冰		比较法研究	1992.2-3
919	西方立法思想与立法史略:以自由裁量与严格规则和消长为线索(下)	徐国栋		比较法研究	1992.2-3
920	论英国法治的几个原则问题	(英)威廉·韦德	徐炳	法学译丛	1992.3
921	论大陆法系的特征	常国刚		法学学刊	1992.3
922	试析西方法学价值取向的实质	卢旺盛		荆州师专学报	1992.3
923	韦伯的法律社会学思想	王晨光		中外法学	1992.3
924	试论美国联邦和州宪法在环境权问题上的发展	王曦		武汉大学学报	1992.3
925	古典自然法思想述评	杨寅		研究生法学	1992.3
926	两大法系与我国判例制度比较	叶英萍		海南大学学报	1992.3
927	美国犯罪学中的犯罪原因探究(二)	郭建安		青少年犯罪研究	1992.3-4
928	日德法学一百年	(日)北川善太郎		中外法学	1992.4
929	川岛武宜与日本当代法律文化研究	何勤华		中外法学	1992.4
930	英国的犯罪	(英)罗斯	力文	现代外国哲学社会科学文摘	1992.4

931	试论中西传统法文化的内在差异及其历史借鉴	陈景良		法学评论	1992.4
932	中西公司法律地位历史考察	方流芳		中国社会科学	1992.4
933	论十六世纪西班牙有关美洲印第安人生存权的立法与现实	龚绍芳		河南大学学报	1992.4
934	唐·布莱克的法社会学	吕世伦、邹烈强		法律科学	1992.4
935	比较法学的一些理论问题	沈宗灵		中国法学	1992.4
936	柏拉图《法律篇》探究	张乃根		学术季刊	1992.4
937	两大法系中产品责任的归责原则	齐章安		法律科学	1992.5
938	伊斯兰的人权	(伊拉克)马吉德·哈杜里	张灵强	法学译丛	1992.5
939	拉美宪法的人权内容	(巴西)胡果·佛罗森	雷蕾	法学译丛	1992.5
940	澳大利亚少年犯罪的趋向	许章润		青少年犯罪研究	1992.5
941	德国对知识产权的法律保护	傅志耕		国际经济合作	1992.5
942	从程序先于权利看英国法	卢云豹		现代法学	1992.5
943	西方国家宪法中人权保障的演变及其实质	张炜		中外法学	1992.5
944	荷兰的犯罪与矫正		赵吉生	犯罪与改造研究	1992.5
945	关于美国、德国及欧共体执行法律(行政管理)式样	(德)贝尔恩德·贝克尔	廖敏、李鸣	法学译丛	1992.6
946	论德国法律中公司的种类	范健		学海	1992.6
947	两德统一后原东德的犯罪问题	顾明康		刑侦研究	1992.6
948	洛克与光荣革命:对洛克政治法律观的再思考	刘惠荣		中外法学	1992.6

949	英国普通法的令状制度	郑云瑞		中外法学	1992.6
950	论康德的法哲学思想	孙守煌		现代法学	1992.6
951	边沁与英国法的现代化	张寿民		法学	1992.6
952	日本暴力团	王名湖		青少年犯罪研究	1992.6
953	澳大利亚青少年犯罪的特点和原因析论		许章润	青少年犯罪研究	1992.6
954	国际比较法学研讨会综述	王晨光		法制日报	1992.6.2
955	美国和日本专利制度差异的比较	彭成		国际经济合作	1992.11
956	西方公务员惩戒制度的比较分析	周宏		社会科学研究参考资料	1992.18
957	美国法律的现实主义	(英)J. W. 哈利斯		中南政法学院学报	1993.1
958	法律浩繁：北大西洋周围的法制化	(英)马克·加兰特	周湘士	外国法译评	1993.1
959	亚洲立宪主义：形成、源流及基本特点	韩大元		外国法译评	1993.1
960	美国公职人员财产申报制度简述	段英屹		行政学刊	1993.1
961	西方诸国廉政立法比较研究	关保英		政法学刊	1993.1
962	美国政府道德法述评	关保英		江西法学	1993.1
963	西方国家行政法的演变和发展趋势	陈泉生		外国法学研究	1993.1
964	马克思·韦伯的法律社会学思想	杜万华		外国法学研究	1993.1
965	行政指导与日本行政法	贺善征		外国法学研究	1993.1
966	罗纳德·德沃金论基于良知的违法及处遇	李常青		外国法学研究	1993.1
967	法国行政合同制度	舒适		外国法学研究	1993.1
968	日本行政法	吴微		行政法学研究	1993.1
969	试评战后的法——经济法	张乃根		外国法学研究	1993.1
970	论梭伦立法改革	谢鹏程		山东法学	1993.1
971	新加坡法初探	杨联华		现代法学	1993.1

972	英国预防犯罪概况		卢奇等编译	青少年犯罪研究	1993.1
973	国际社会关于打击有组织犯罪的措施与建议	郭翔		青少年犯罪研究	1993.1
974	美国税收征管机构设置的特点	曹廷求		涉外税务	1993.1
975	日本民事审判的现状与民事诉讼法修改的动向	(日)积村德重	张弘	外国法译评	1993.2
976	法律价值含义的中西比较	曹翔		南京社会科学	1993.2
977	美国产品责任法中的严格责任原则及其发展趋势	陈平		外国法学研究	1993.2
978	外国法上的破产原因	段庆华		外国法学研究	1993.2
979	试论黑格尔法哲学与古典自然法学的差异	贺信耀		外国法学研究	1993.2
980	德国联邦公务处罚条例简介	宋海军、盛时动		外国法学研究	1993.2
981	近现代西方权利观念的演变	王人博		外国法学研究	1993.2
982	市场经济与现代西方婚姻家庭法	杨遂全		外国法学研究	1993.2
983	论当代西方行政法的发展趋势	陈泉生		特区法制	1993.2
984	世界性宗教寺院习惯法初探	高其才		现代法学	1993.2
985	略论法国行政法的产生	饶艾		中南政法学院学报	1993.2
986	论西方法律哲学史研究对象	张乃根		中外法学	1993.2
987	知情权制度比较研究:当代国外权利立法的新动向	杜钢建		中国法学	1993.2
988	日本行政法(连载)		吴微	行政法学研究	1993.2-4
989	当代法国的公民权利和自由观	(俄)C.B.博博托夫	陈维新	外国法译评	1993.3

990	阿尔诺的“法律确证”理论	刘星		外国法译评	1993.3
991	比较法的方法与今日的课题	(日)真田芳宪	华夏	比较法研究	1993.3
992	康德的法哲学初探:对康德法的形而上学的诠释	曹撰之		中南政法学院学报	1993.3
993	论现时美国的宪政危机	蒋劲松		美国研究	1993.3
994	关于西方分析法学派法律主人思想的研究	马其家		政法学刊	1993.3
995	韩国法与伦理道德	朴秉濠		法学家	1993.3
996	古代东方刑法初探	王立民		法学	1993.3
997	试论日本外来法律文化的输入与传统法律文化的潜流	徐晓光、胡勤		日本问题研究	1993.3
998	法国合同法中的意思自治原则	尹田		外国法学研究	1993.3
999	西方宪政文化浅议(连载)	里赞、赵娓娓		比较法研究	1993.3-4
1000	罗马商法的若干基本原则	(意)阿尔多·贝杜奇	黄风	外国法译评	1993.4
1001	加拿大的法理学	吴玉章		外国法译评	1993.4
1002	认真对待意识形态:批判法学对德沃金《法律帝国》的批判	朱景文		外国法译评	1993.4
1003	简论当代日本经济行政管理法	邱生		日本研究	1993.4
1004	查士丁尼民法大全的历史影响	王明锁		史学月刊	1993.4
1005	美国预防行政官吏腐败的基本制度	王世洲		中外法学	1993.4
1006	澳大利亚行政法概览	肖峋、马怀德		法律适用	1993.4
1007	二十世纪法哲学基本问题	信春鹰		法学研究	1993.4
1008	行政立法研究组考察团赴意大利、瑞士考察报告	行政立法研究组赴意、瑞考察团		行政法学研究	1993.4

1009	西方市场经济与行政法的相互作用史	周卫平		行政法学研究	1993.4
1010	美国行政公开的法律规定		杨士林编译	行政法学研究	1993.4
1011	庞德的社会法学派思想在中国的影响	华友根		政治与法律	1993.5
1012	日本对外国法的移植及其对我国的启示	申政武		中国法学	1993.5
1013	国际上控制重新犯罪思想简述	李学斌		青少年犯罪研究	1993.5
1014	西方黑社会犯罪	武汉		刑侦研究	1993.5
1015	美国青少年犯罪及其相关因素	管应时		青少年犯罪问题	1993.6
1016	美国的税收留置权	杨良		涉外税务	1993.6
1017	德国社会市场经济与法制的评价	张贤钰		中国法学	1993.6
1018	澳大利亚对暴力犯罪的预防和控制(上)	李方方		青少年犯罪研究	1993.10-11
1019	美国的犯罪与刑事司法	周逸飞		青少年犯罪研究	1993.10-11
1020	浅议德国税收法律制度	陈继东、王冬青		外国法学研究	1994.1
1021	美国反垄断司法制度概述	陈晓明		外国法学研究	1994.1
1022	罗纳德·德沃金法哲学思想述要	李常青		外国法学研究	1994.1
1023	西方国家隐私权的法律保护研究	邓瑞平		外国法学研究	1994.1
1024	自然法学派和分析法学派法律评价思想比较研究	马其家		外国法学研究	1994.1
1025	法国合同制度的发展与消费者权益保护	尹田		外国法学研究	1994.1
1026	论当代伊斯兰法复兴	高鸿钧		外国法译评	1994.1
1027	国外行政处罚立法状况	刘烈		行政法学研究	1994.1

1028	近代中国法律的变革与日本影响	李贵连		比较法研究	1994.1
1029	中日古代复仇问题比较	徐晓光		比较法研究	1994.1
1030	试论汉谟拉比法典中商人的社会等级地位	于殿利		比较法研究	1994.1
1031	美国法律的现代渊源	(美)罗尔福·C.霍伯	徐霞	外国法学研究	1994.2
1032	对英美和大陆法系反垄断法的经济分析	邓自立		外国法学研究	1994.2
1033	外国刑法中期待可能性理论评价	宋航		外国法学研究	1994.2
1034	美国刑事强制医疗措施法律制度概述	周述虹、刘利新		外国法学研究	1994.2
1035	法律职业的定位:日本改造权力机构的实践	季卫东		中国社会科学	1994.2
1036	伊斯兰法及其对海湾阿拉伯国家法制的影响及作用(上)	麦秀闵		阿拉伯世界	1994.2
1037	法学研究立法以及古罗马法学著作和近现代法典结构体系中若干问题	(意)桑德罗·史奇巴尼	丁玫	比较法研究	1994.2
1038	中日古代复仇问题比较	徐晓光		比较法研究	1994.2
1039	法国医疗赔偿问题新窥	石河		外国法学研究	1994.2
1040	关于德国行政处罚制度的考察报告	行政立法研究组赴德考察团		行政法学研究	1994.2
1041	德国和欧洲行政法的一般原则:历史角度的比较		于安	行政法学研究	1994.2
1042	法国民法理论有关合同原因问题的论争	尹田		外国法学译丛	1994.2
1043	中美两国专利法比较的研究	周敏		黑龙江财专学报	1994.2
1044	亚洲民主和宪政的变迁		程洁	研究生法学	1994.2

1045	俄罗斯联邦少数民族的法律地位问题		王培英	民族译丛	1994.2
1046	澳大利亚对暴力犯罪的预防和控制(下)	李方方		青少年犯罪研究	1994.2
1047	略论1911年英国的《国民保险法》	丁建定		暨南学报:哲社版	1994.3
1048	伊斯兰法及其对海湾阿拉伯国家法制的影响及作用(下)	麦秀闵		阿拉伯世界	1994.3
1049	日本公务员制度与国家公务员法	满达人		日本问题研究	1994.3
1050	略论美国宪法的联邦主义原则和法律体系	潘华仿		比较法研究	1994.3
1051	英国新《移民法》与行政法原则问题	王桂元		外国法译评	1994.3
1052	论法国行政法中的均衡原则	王桂源		法学研究	1994.3
1053	罗斯法典形成始末:俄国法制史研究之一	王松亭		吉林大学社会科学学报	1994.3
1054	现代日本社会保障法律制度	里赞		外国法学研究	1994.3-4
1055	罗马法的接受和影响	林榕年		外国法学研究	1994.3-4
1056	罗马法上契约自由思想的形成及对后世法律的影响	马俊驹、陈本寒		外国法学研究	1994.3-4
1057	日本税法中的偷税漏税	史仲凯		外国法学研究	1994.3-4
1058	国外消费者法律保护的概况和特点	徐昌波		外国法学研究	1994.3-4
1059	新加坡经济的法律调控:兼论新加坡的经济模式	杨联华		外国法学研究	1994.3-4
1060	西方遗产税制度与贫富悬殊问题	杨遂全		外国法学研究	1994.3-4
1061	日本继承税及赠与税法律实务	张卫平		外国法学研究	1994.3-4
1062	日本继承制度评价	张玉敏		外国法学研究	1994.3-4
1063	德国环境责任法概述	邵建东		外国法学研究	1994.3-4

1064	不同法律文化对英法两国宪政体制的影响	王鲁青		研究生法学	1994.3-4
1065	韦伯法律社会学的若干错误前提		刘东	比较法研究	1994.3-4
1066	罗马私法中的占有制度	任强		比较法研究	1994.3-4
1067	摩奴法典中妇女社会地位的规范	陶广峰、郭全新		比较法研究	1994.3-4
1068	美国有关知识产权边境保护的法律规定	钟建华		国际经济合作	1994.4
1069	法律之昌盛:北大西洋周边国家的法律	(美)格兰特		中外法学	1994.5
1070	西方政治法律史上的司法与公法	陈弘毅		法学家	1994.5
1071	美国政治法律制度基本特征之我见	方龙华、汪小珍		现代法学	1994.5
1072	新加坡政府机构职能与国家公务员制度	李枝葱		甘肃社会科学	1994.5
1073	庞德的法律社会学思想	倪正茂		政治与法律	1994.5
1074	《拿破仑法典》与1789年原则	宋培基		历史教学	1994.5
1075	法律的经济分析:现代北美法学流派之一	郁光华		法学评论	1994.5
1076	奥地利的法律保护机构(上)	班迪翁		法学家	1994.6
1077	市民社会中的市民法:中世纪欧洲城市法述源	郑戈		法律科学	1994.6
1078	论战后日本租税立法的特点	姚秀兰		日本学刊	1994.6
1079	韩国的反逃避税法规	刘元军		涉外税务	1994.7
1080	加拿大青少年杀人犯罪趋势		杜连瑞	青少年犯罪研究	1994.9
1081	传统注释律学发展成因探析	何敏		比较法研究	1994.12
1082	法与改革:读边沁与密尔:《政府论》	龚祥瑞		比较法研究	1995.1

1083	立宪主义与经济发展:亚洲的经验	韩大元		法制与社会发展	1995.1
1084	试论亚洲法的分类与基本特点	韩大元		中外法学	1995.1
1085	俄罗斯走向法学教育新构想评析	王哲		中外法学	1995.1
1086	澳大利亚委任立法制度的理论与实践	姜明安		中国法学	1995.1
1087	英国法律制度的主要特点	兰庆洲		中国律师	1995.1
1088	中美立法权略比	孙振鸿、孙良胜		安徽律师	1995.1
1089	论法律移植与比较法学	沈宗灵		外国法译评	1995.1
1090	美国司法审查制度的起源:马伯里诉麦迪逊案述评	徐炳		外国法译评	1995.1
1091	日本的健康保险制度	张新宝		外国法译评	1995.1
1092	瑞士直接民主制简析	郑传坤		外国法学研究	1995.1
1093	关于提比略·格拉古土地法的几个问题	邹盖		江西社会科学	1995.1
1094	澳大利亚的立法制度		许章润	行政法学研究	1995.1
1095	奥地利的法律保护机构(下)	班迪翁		法学家	1995.2
1096	法与政治:读白芝浩《英国宪法》	龚祥瑞		比较法研究	1995.2
1097	韩国法与西洋法:移植与过程分析	韩大元		比较法研究	1995.2
1098	法国行政法学的形成、发展及其特点	何勤华		比较法研究	1995.2
1099	法律实证主义的哲学基础与方法论特色	顾肃		南京大学学报	1995.2
1100	澳大利亚新行政法的产生及其主要内容	姜明安		中外法学	1995.2
1101	英国判例法与判例规避	李浩		现代法学	1995.2
1102	当代西方法哲学的认识论和方法论	信春鹰		外国法译评	1995.2
1103	俄罗斯未成年人犯罪分析	钟玫		国际观察	1995.3

1104	联邦德国的立法体制和程序	(德)何意志		行政法学研究	1995.3
1105	黑格尔的法哲学与市民社会	陈弘毅		现代法学	1995.3
1106	法律强制力观念的弱化:当代西方法理学的本位论变革	刘星		外国法译评	1995.3
1107	近代中西法律文化冲突概观	陶广峰		法学	1995.3
1108	法国的国政院与行政行为的司法控制	张千帆		中国法学	1995.3
1109	中美专利法的几点比较	张文挺、李辉东		法学杂志	1995.3
1110	美国法文化对日本法律实务的影响	(日)小杉丈夫		中外法学	1995.4
1111	亚洲立宪主义概念初探	韩大元		法律科学	1995.4
1112	试论罗马法从重形式到不重形式的发展	藤淑珍		政法论丛	1995.4
1113	第二次世界大战后日本法律制度的变化	王成伟		日本问题研究	1995.4
1114	法之合理性问题:麦考密克与韦伯之比较	严存生		法律科学	1995.4
1115	英国民事诉讼的中间救济及其瑕疵	叶自强		检察理论研究	1995.4
1116	对西方法律传统的挑战:评美国批判法律研究运动	朱景文		中国法学	1995.4
1117	论美国宪法中的“三权分立”原则	赵德平		宝鸡文理学院学报	1995.4
1118	日本的法律制度略论	潘阿宪、李贵连		中外法学	1995.5
1119	韩国人的法意识	(韩)张台柱		中外法学	1995.5
1120	联邦德国犯罪学家对暴力犯罪的研究	邹淑娴		青少年犯罪问题	1995.5
1121	韦伯的法律现代性思想探微	公丕祥		学习与探索	1995.5
1122	中世纪西欧注释法学派述评	何勤华		法律科学	1995.5

1123	论当代西方法学中的法律推理	王鸿貌		法律科学	1995.5
1124	罗马法与日尔曼法：西方两大法系特点之比较研究	饶艾		法商研究	1995.5
1125	二战后美国法律对民法法系法律的影响	沈宗灵		北京大学学报	1995.5
1126	论美国宪法正当程序条款对自由经济的保护	王继忠		政法论坛	1995.5
1127	判例法与制定法：英美、大陆国家两种选择之原因透视	夏成福		现代法学	1995.5
1128	试论古代日本移植中国封建制法的三大阶段	杨振洪		法学家	1995.5
1129	法兰克福学派法律观点评	蒋新苗		湖南师范大学社会科学学报	1995.6
1130	加拿大妇女与加拿大法律	廖志刚		现代法学	1995.6
1131	美国专利侵权的等同原则	张乃根		比较法研究	1995.6
1132	十九世纪法国注释法学派评述	何勤华		南京大学法律评论	1995.秋
1133	墨西哥工业产权及其法律保护	罗静等		经济与法	1995.11
1134	罗马法与欧洲普通法	(美)H.J.伯尔曼	陈健	研究生法学	1996.1
1135	联邦德国国家公务员制度考察报告	蔡哲人等		行政与人事	1996.1
1136	1882年美国《华工限制法》产生的前前后后	仇华飞		江海学刊	1996.1
1137	伊斯兰法学及主要流派	高鸿钧		外国法译评	1996.1
1138	朴蒂埃与法国民法典	何勤华		外国法译评	1996.1
1139	英国行政法上几种特别的司法救济方法	李湘如		外国法译评	1996.1
1140	实用主义法理学的含混性：波斯纳《法理学问题》与分析哲学	李虎		祁连学刊	1996.1

1141	古希腊与古罗马法律制度的差异及其原因	王加卫		烟台大学学报:哲社版	1996.1
1142	中世纪西欧城市的法秩序	张冠增		华东师范大学学报:哲社版	1996.1
1143	论西方法的精神:一个比较法的初步研究	张乃根		比较法研究	1996.1
1144	阿勒坦汗法典		苏鲁格	蒙古学信息	1996.1
1145	日本行政法的现状与课题		杨建顺	行政法学研究	1996.1
1146	近代英德两国社会保险立法比较研究	丁建定		信阳师范学院学报:哲社版	1996.1
1147	发展中国家的关税改革	韩配徽、王军		涉外税务	1996.1
1148	当前世界税收的几点特点	张楚楠		涉外税务	1996.2
1149	日本民事诉讼法的修改动向	(日)竹下守夫	刘荣军	外国法译评	1996.2
1150	从美国民事诉讼的困境看我国民事审判方式的改革	何兵		中外法学	1996.2
1151	历史法学派述评	何勤华		法制与社会发展	1996.2
1152	边沁刑法思想述评(上)	贾宇		甘肃政法学院学报	1996.2
1153	各国公务员惩戒法律制度比较研究	金伟峰		法学学刊	1996.2
1154	无过错责任在美国侵权赔偿中的扩大应用	吕彦		外国法学研究	1996.2
1155	英美公司法中董事法律地位研究	张民安		外国法学研究	1996.2
1156	日本开发行政管理的几个主要法律问题	邱生		日本研究	1996.2
1157	比较法在社会主义法系的崛起与发展趋势	饶艾、张洪涛		求索	1996.2
1158	宗教和宗教规范对罗马法的影响	(意)阿尔多·贝特鲁奇		法商研究	1996.3
1159	埃利希与现代法社会学的诞生	何勤华		现代法学	1996.3
1160	边沁刑法思想述评(下)	贾宇		甘肃政法学院学报	1996.3

1161	浅析雅典与斯巴达政治法律制度与差异	李游		法学与实践	1996.3
1162	论德国民法中附保护第三人效力的合同	邵建东		比较法研究	1996.3
1163	当代法律文化发展趋向	汤唯		法律科学	1996.3
1164	中华法律与西方法律文化传统比较研究	汤唯、于飞		新疆大学学报	1996.3
1165	当代比较法学研究方法述评	汪太贤		理论与现代化	1996.3
1166	略论罗马查士丁尼立法	王明锁、王建华		殷都学刊	1996.3
1167	东方三大文化圈的法律改革初探	王云霞		法学家	1996.3
1168	自由在法律中的地位——洛克的自由理论与近代西方法治	王哲、杜要忠		吉林师范学院学报	1996.3
1169	论明治宪法体制的内在结构	武寅		历史研究	1996.3
1170	与《罗马法与中国古代契约法》一文作者商榷	徐忠明		法律科学	1996.3
1171	略论西方公务员的权利与义务	郑传坤、谢子传		外国法学研究	1996.3
1172	长庆时期的法制	郑显文、苏丽华		松辽学刊	1996.3
1173	法律文化的冲突——从日本公法的阻力看日本法的冲突	仲力立		天府新论	1996.3
1174	美国与日本的弹劾制比较研究	邓世豹		广东法学	1996.3
1175	西方税法的基本原则及其对我国的借鉴作用	刘剑文		法学评论	1996.3
1176	日本的赠与税金	吴彩霞		法学与实践	1996.4
1177	美国宪法的经济学含义	张宇燕		社会科学战线	1996.4
1178	日本传统法律文化及其历史背景	(日)植田信广		中外法学	1996.4
1179	唐代中日两国地方监察制度的比较研究	胡沧泽		福建师范大学学报	1996.4

1180	德国"社会市场经济体制"的税收宏观调控及几点启示	季尚义		涉外税务	1996.4
1181	传统法律的公法色彩与法律现代化	江旭伟		宝鸡文理学院学报:人文社科版	1996.4
1182	黑格尔的不法论浅析	黎建飞		外国法学研究	1996.4
1183	外国公务员廉政的法律规范	刘俊祥		外国法学研究	1996.4
1184	日本的法律移植与比较法研究	李凌燕		外国法译评	1996.4
1185	国外从政道德立法的趋势和内容	薛木铎、崔扬		外国法译评	1996.4
1186	自然为人立法与人为自然立法:海德格尔与康德的一个对话	刘敬鲁		社会科学战线	1996.4
1187	日本有关元代法制史研究概述	刘晓		中国史研究动态	1996.4
1188	美日专利比较研究初探	戚昌文、邵洋		知识产权	1996.4
1189	近年来俄罗斯法学理论的发展变化	王哲		中外法学	1996.4
1190	试论比较法学的研究对象	许旭、邵明		法商研究	1996.4
1191	试析罗马法学家的哲学	张乃根		复旦学报	1996.4
1192	大陆法系民事诉讼与英美法系民事诉讼(上)	张卫平		法学评论	1996.4
1193	国外立法起草理论的研究和发展	赵庆培		中国法学	1996.4
1194	当前亚太地区各国宪法的发展的基本态势及未来展望	陈云生		政法论坛	1996.5
1195	康德法律哲学初探	邓安庄		湖南师大社会科学学报	1996.5
1196	古罗马五大法学家小传	何勤华		中央政法管理干部学院学报	1996.5
1197	论明治宪法体制下的日本内阁与议会的关系	武寅		世界历史	1996.5

1198	中世纪西欧对私人财产权利的制度性制约	赵文洪		世界历史	1996.5
1199	大陆法系民事诉讼与英美法系民事诉讼(下)	张卫平		法学评论	1996.5
1200	当代日本法哲学研究的新发展	何勤华		法学	1996.6
1201	当代德国的法律哲学	林燕平		法学	1996.6
1202	当代美国法哲学述评	张乃根		法学	1996.6
1203	英美法中的表见合伙	侯雪梅		中外法学	1996.6
1204	亨利二世改革与英国普通法	李红海		中外法学	1996.6
1205	亚洲三国伊斯兰法的改革	沈宗灵		中外法学	1996.6
1206	西方公务员法特点述论	刘俊祥		现代法学	1996.6
1207	试论加拿大的法制传统	刘艺工		社科纵横	1996.6
1208	古希腊法制观念的形成与影响	史光宇		辽宁教育学院学报	1996.6
1209	俄罗斯的犯罪现象、特点原因及对策	王洋、薛瑞麟		政法论坛	1996.6
1210	论西方联邦分税制理论与原则的借鉴意义	凌岚		涉外税务	1996.6
1211	德沃金的权利论法哲学	郑云瑞		法学杂志	1996.6
1212	各国宪法监督的比较与借鉴	杨宗明		国际社会与经济	1996.7
1213	法经济学的思想轨迹与当代发展	易宪容		江西社会科学	1996.7
1214	美国反托拉斯法域外管辖制度	梅新育		国际贸易	1996.9
1215	威廉·布莱克斯通与英美法理学		张志铭	南京大学法律评论	1996.秋
1216	印度经济改革及立法举措研究	温晓莉		天府新论	1996(法学专辑)
1217	判例在日本法律近代化中的作用	(日)后藤武秀		比较法研究	1997.1

1218	法律与正义：读丹宁法官的判决书和他的著作	龚祥瑞		比较法研究	1997.1
1219	传统文化与亚洲立宪主义的产生：以明治宪法制定过程的文化分析为中心	韩大元		比较法研究	1997.1
1220	论公元前四世纪雅典陪审法庭的政治权力	蔡连增		厦门大学学报：哲社版	1997.1
1221	德沃金法官的法律解释	陈金钊		南京大学法律评论	1997.1
1222	中日法律意识比较研究	董璠舆		社会科学探索	1997.1
1223	法律的经济学分析评析	高富平		研究生法学	1997.1
1224	近代法治含义浅析	李瑞强		研究生法学	1997.1
1225	试评“恺撒神话”	郭长刚		史林	1997.1
1226	战后日本政治民主化两大改革及其立法	韩双喜等		法律与社会	1997.1
1227	西方国家犯罪的严重性及其研究的历史现状	康树华		政法学刊	1997.1
1228	资产阶级自然法学派介评	廖克林		当代法学	1997.1
1229	新加坡法制建设的经验与启示	王满春		当代法学	1997.1
1230	论贝卡里亚的刑法思想	马克昌、宋建立		武汉大学学报：哲社版	1997.1
1231	商法的历史沿革	蒙振祥		西北大学学报：哲社版	1997.1
1232	论贝卡里亚刑法思想的正义和功利根基	苗有水		烟台大学学报：哲社版	1997.1
1233	对现实主义法学的反思	彭灵勇		社会科学家	1997.1
1234	新加坡法治独特道路原因浅析	邵芬		现代法学	1997.1
1235	“亲亲相隐”与正义缺失	宋焱		山东法学	1997.1

1236	传统法律在现代社会中的危机：昂格尔的社会批判理论	孙理波		政法论坛	1997.1
1237	从《立法理论——刑法典原理》看边沁的法律思想	向泽选、李伟		法律科学	1997.1
1238	法的分裂与嬗变：自然法与实在法二元结构渊源及其演变	杨云彪		淮阴师专学报	1997.1
1239	大陆法系所有权理论探源	张文政		求是学刊	1997.1
1240	两大法系行政程序法观念之比较研究	章剑生		比较法研究	1997.1
1241	关于哈特法律思想的比较研究	郑强		中外法学	1997.1
1242	近代晚期西欧各国的保险立法	丁建定		济南大学学报：哲社版	1997.1
1243	国际有组织犯罪的现状及发展趋势	卢奇		犯罪与改造研究	1997.1
1244	苏联解体以后的有组织犯罪及影响	卢奇		青少年犯罪研究	1997.1
1245	中日保险法的比较研究	戴国荣等		日本研究	1997.2
1246	罗马法精神与社会主义市场经济	冯卓慧		法律科学	1997.2
1247	近代欧洲法律制度形成的哲学基础	汪素青		淮北煤炭师院学报：社科版	1997.2
1248	关系理论：英、美、法契约理论三论	张文政、赵微		学习与探索	1997.2
1249	国际有组织犯罪理论与实践的焦点问题研讨	名湖		青少年犯罪研究	1997.2-3
1250	柏拉图人治论与法治论矛盾之根源	曹义孙、郑鹏程		山西大学学报：哲社版	1997.3
1251	日本立法的现状及特点	董璠舆		外国问题研究	1997.3
1252	中西法律传统中的“亲亲相隐”	范忠信		中国社会科学	1997.3
1253	论德国行政法的基本观念	高家伟		比较法研究	1997.3

1254	东方宗教法概观：以法律论理学和历史的理论逻辑为视角	胡旭晟		比较法研究	1997.3
1255	民法文化：一个初步的理论解析	苏号朋		比较法研究	1997.3
1256	龙布罗梭及其刑法思想述评	黄俊平		法律科学	1997.3
1257	古罗马大法官制度论述	李辉		中央政法管理干部学院学报	1997.3
1258	德沃金的理论争论说	刘星		外国法译评	1997.3
1259	论龙布罗梭的刑法思想	莫洪宪		中国监狱学刊	1997.3
1260	论古代民族法制中的“因俗而治”	苏钦		法学杂志	1997.3
1261	法学发达的社会条件分析：古代希腊、罗马、中国	孙季萍		烟台大学学报	1997.3
1262	破旧与立新并举、自由与义务并重：德国《多媒体法》评介	唐绪军		新闻与传播研究	1997.3
1263	17世纪至20世纪50年代美国黑人法律地位的演变	邢先进		洛阳师专学报	1997.3
1264	罗马法简析与我国民法的完善	杨丽艳		法学杂志	1997.3
1265	赫梯王权与法	易建平		世界历史	1997.3
1266	论澳大利亚建国初期的国家法制化	张天、张晓虹		社会科学战线	1997.3
1267	中日法律文化源流考略：联结中日两国法律的三个文化圈	赵新华		东北亚论坛	1997.3
1268	制衡的法理学：谈列依斯特的《三种法律思想》	郑强		中外法学	1997.3
1269	韦德的第七版《行政法》和最近英国行政法的发展		王敏编译	行政法学研究	1997.3
1270	关于美国宪法第十四条修正案的三个理论问题	崔之元		美国研究	1997.3

1271	当代西方两大法系主要法律渊源比较研究	潘华仿、高鸿钧、贺卫方		比较研究	1997.3
1272	有组织犯罪的国际状况	(瑞士)尼古拉斯·奎拉斯	周欣	外国法译评	1997.4
1273	有关美国《权利法案》的几个问题	赵凤岚		南开学报	1997.4
1274	试论加拿大的一国两法及其现代意义	陈云生		中外法学	1997.4
1275	论贝卡里亚刑法思想	雷德才		云南学术探索	1997.4
1276	西欧中世纪教会中的婚姻与性	林中泽		历史研究	1997.4
1277	试论古代希腊的法治思想和司法实践	陆霞		法学学刊	1997.4
1278	论比较法学的研究对象	穆易		中央检察官管理干部学院学报	1997.4
1279	西方宪法概念研究	钱福臣		求是学刊	1997.4
1280	古希腊法律文化视野中的《安提戈涅》	徐忠明		中山大学学报:社科版	1997.4
1281	关于日本宪法性质及庄园制崩溃问题的商榷	左学德		世界历史	1997.4
1282	美国知识产权的管理及其发展趋势	陈美章		知识产权	1997.5
1283	评英国犯罪预防的理论,政策与实践	郝宏奎		公安大学学报	1997.5
1284	自然法·规则法·活的法:西方法观念变迁的三个里程碑	严存生、郭军明		法律科学	1997.5
1285	对美国税法第337条款的剖析	李巍		政法论坛	1997.5
1286	美国西部开发的法律环境研究	李芳		兰州学刊	1997.6
1287	日本与中国西南少数民族审判法述论	李若柏、徐晓光		日本学刊	1997.6
1288	论古代希腊的法治思想和司法实践	廖君湘、陆霞		湘潭大学学报	1997.6

1289	论新加坡法制建设的基本特征	徐中起、绍芬		云南学术探索	1997.6
1290	论古典自然法思想对近代宪法与宪政的影响	周叶中、胡伟		法学家	1997.6
1291	美国宪法"正当程序原则"及其人权纪录	潘家铭		西南师范大学学报	1997.6
1292	泰国专利法及其专利制度	辉才		中国专利报	1997.6.9
1293	浅析荷兰民法典关于无效和可撤销合同的规定	沈幼伦		法学	1997.9
1294	西方国家公务员制度的发展趋势及其特点	梁鸣铃		厦门大学学报:哲社版	1997(法学专号)
1295	中日法律人才培养模式比较	陈铁水		云南学术探索	1998.1
1296	英美两国判例法之比较	董茂云		政治与法律	1998.1
1297	非洲法律现代化	洪永红		西亚非洲	1998.1
1298	反思法学的特点	苏力		读书	1998.1
1299	19世纪末20世纪初西欧的社会保障立法的特点	孙君健		河南社会科学	1998.1
1300	法律秩序概念的比较研究	王莉		孝感师专学报	1998.1
1301	查士丁尼与《民法大全》的编纂	王明锁		河南大学学报	1998.1
1302	论印度法文化的变革及价值	夏新华		湘潭大学学报	1998.1
1303	美国厄尔·沃伦法学院的历史贡献西部开发的法律环境研究	赵杰		南都学坛	1998.1
1304	谈罗马法的稳定性与灵活性的有机结合对中国法制建设的启示	周刚		当代法学	1998.1
1305	管仲与卢梭法治观同一论	谷玉梅、李德恩		青岛大学师范学院学报	1998.2
1306	伊斯兰法文化的变革与趋势	汤唯		法律科学	1998.2

1307	西方现代学术界对法律观念的新诠释	唐震熙		上海大学学报	1998.2
1308	论罗马法精神对中国法治近代化的借鉴意义	张锐智		辽宁大学学报	1998.2
1309	古典契约理论的法哲学基础	郑云瑞		学术界	1998.2
1310	中西自然法哲学之比较	崔永东		哲学研究	1998.3
1311	大陆法系法典于普通法系判例法的社会适应力比较	董茂云		法学家	1998.4
1312	中、美、日支撑基础研究和应用基础研究的立法比较	韩文蕾		科技进步与对策	1998.4
1313	拉兹的法律制度分析理论	李桂林		武汉大学学报	1998.4
1314	洛克的法律思想	李进一		中国人民大学学报	1998.4
1315	法律与历史：黑白之间	(澳)彭烙湃·马修、娜丝玛丽·杭特、西拉里·查尔斯沃斯	许章润	比较法研究	1998.4
1316	哈萨克汗国时期的法律初探	申艳红		西北史地	1998.4
1317	世界上第一部成文法《汉谟拉比法典》	余光		内蒙古日报	1998.7.18
1318	罗马法在中世纪欧洲法律制度中的地位和影响	陈恒森		苏州大学学报:哲社版	1998(法学专辑)
1319	规则的失落与升起：兼评哈特教授的《法律的概念》	陈金钊		南京大学法律评论	1998.秋
1320	《法律与资本主义的兴起》前言	(美)汤玛斯·埃默森		南京大学法律评论	1998.秋
1321	关于《汉谟拉比法典》的几个问题	心水		西南民族学院学报	1998.增

1322	论自然法的科学探讨方式	(德)G. W. F. 黑格尔		哲学译丛	1999.1
1323	当代欧洲的法律传统和文化	(瑞典)K. A. 莫戴尔	聂秀时	外国法译评	1999.1
1324	中日两国法制近代化比较研究	陈永胜		甘肃政法学院学报	1999.1
1325	罪刑法定史论	郭婕		河南大学学报:社科版	1999.1
1326	黑格尔《法哲学》之我见	李愿、李建峰		理论导刊	1999.1
1327	罗马法财产构造演变的历史评析	马俊驹、梅夏英		法制日报	1999.1
1328	西方法学思潮的演进对我国法学发展的启示	茅红		山东社会科学	1999.1
1329	亚里士多德与韩非法律思想之比较	万齐洲		荆州师专学报:社科版	1999.1
1330	古代东方法文化的移植问题	王立民		法学	1999.1
1331	阿非利加,一个永恒的话题:21世纪非洲发展前景国际研讨会综述	王智猛		西亚非洲	1999.1
1332	从奥蒂罗案看英国法对非洲法的影响	夏新华、郭兰英		西亚非洲	1999.1
1333	《罗马法原论》给我们的启迪	朱学山		安徽大学学报:哲社版	1999.1
1334	论霍布斯的国家起源思想	艾克文		武汉教育学院学报	1999.2
1335	论民法法系和普通法系的几个问题	郭自立		中国政法大学学报	1999.2
1336	西欧法律传统与资本主义的兴起	侯建新		历史研究	1999.2
1337	法律形式与传统思想:以普通法为例的研究	沈敏荣		江海学刊	1999.2
1338	《莫雷尔法案》的颁布及其历史影响	张国祥、续润华、李建强		河南大学学报:社科版	1999.2

1339	康德刑法思想探微	张绍谦		河南省政法管理干部学院学报	1999.2
1340	柏拉图与亚里士多德法律学说知识论基础比较	丁利、刘远生		现代法学	1999.3
1341	西方法律史的一部力作——论伯尔曼的《法律与革命——西方法律传统的形成》	郭义贵		中外法学	1999.3
1342	日美学者关于清代民事审判制度的论争	易平		中外法学	1999.3
1343	殖民时期加纳的本土法与英国法	洪永红		西亚非洲	1999.3
1344	论非洲习惯法的概念与特征	夏新华		西亚非洲	1999.3
1345	略论康德的法治理论	林道海		云南教育学院学报:哲社版	1999.3
1346	中外刑事诉讼简易程序及比较	王国枢、项振华		中国法学	1999.3
1347	洛克财产权及其起源理论评析	曹义孙		中央政法管理干部学院学报	1999.4
1348	中日韩的法律意识调查及其比较研究举例	董璠舆		法制与社会发展	1999.4
1349	宪政规律论	李龙、汪习根		中国法学	1999.4
1350	道家的“法自然”观及其影响——兼与西方自然法思想比较	丁以升		华东政法学院学报	1999.5
1351	肯尼亚奥蒂罗安葬权案评析	夏新华		河北法学	1999.5
1352	希伯来法论略——古代东方法律文化中的一枝奇葩	叶秋华		法学家	1999.5
1353	德国法上行政行为的构成	于安		中国法学	1999.5
1354	论西方法传统中的自然法思想	张杰		内蒙古大学学报:人文社科版	1999.5
1355	虚实隐里之间——罗马法与希腊精神	赵明		现代法学	1999.5

1356	走向综合性程序价值理论:贝勒斯程序正义理论述评	陈瑞华		中国社会科学	1999.6
1357	民主平等自由——托克维尔评价	罗玉中、万其刚		中外法学	1999.6
1358	世界第一部劳动法——英国工厂法的借鉴作用	姚挺		东南学术	1999.6
1359	关于罗马法的几个理论问题	叶秋华		法商研究	1999.6
1360	论日耳曼人国家的形成和法兰克王国的法律	叶秋华		法学家	1999.6
1361	西欧中世纪法制发展特点论析	叶秋华		南京师大学报:社科版	1999.6
1362	论古希腊法对大陆法私法传统形成的贡献	易继明		中外法学	1999.6
1363	灰色视角下的政制设计:对美国1787年宪法的人文透视	李春成		科学时报	1999.7
1364	简析1889年日本帝国宪法	刘轩		历史学习	1999.7
1365	自然法理论及其在西方文化中的意义	储昭华		江汉论坛	1999.9
1366	西方人对中国法律传统的文化观念	李力		学术研究	1999.9
1367	奥斯丁和他的分析法学	徐爱国		《法律史论集》第二卷	1999.9
1368	亚里士多德的法制与先秦法家的法治	徐祥民		《法律史论集》第二卷	1999.9
1369	日本近代法制:“脱中入西”	孟祥沛、郑志华、姚明铭		探索与争鸣	1999.12
1370	伊斯兰法文化与中国法文化的比较研究	马玉祥		西北民族学院学报:哲社版	2000.1
1371	从英国民族性看英国法特征	滕毅		法学	2000.1
1372	中日法制近代化比较研究	徐立志		外国法译评	2000.1

1373	判例与俄罗斯法的发展	杨亚非		法制与社会发展	2000.1
1374	古代印度法的两大特征	叶秋华		法制与社会发展	2000.1
1375	资本主义民商法的摇篮——西欧中世纪城市法、商法与海商法	叶秋华		中国人民大学学报	2000.1
1376	城市·市场·法律——西方法律史中的“城市法”考察	德全英		法律科学	2000.2
1377	略论孟德斯鸠社会理论中的法律思想:兼谈启蒙思想与理论法律观的建立	葛洪义		国家检察官学院学报	2000.2
1378	评美国统一商法典中译本	孙新强		中外法学	2000.2
1379	本土法与外来法:美国的经验	曾尔恕、郭琛		中国政法大学学报	2000.2
1380	西方法治监督理论的发展逻辑	陈国权		国家行政学院学报	2000.3
1381	程序正义的理论基础——评马修的尊严价值理论	陈瑞华		中国法学	2000.3
1382	东西洋考自主之理——19世纪“议会”、“民主”、“共和”等西方概念之中译嬗变与适用	方维规		中外法学	2000.3
1383	日本法制近代化成功原因的探析	陆梅		南通师范学院学报	2000.3
1384	中西方法律文化中的利益观(权利观)比较研究	罗洪洋		贵州民族学院学报	2000.3
1385	英国侵权冲突法规则的变更	覃有土、刘乃忠、张云鹏		华东政法学院学报	2000.3
1386	早期俄罗斯法哲学评述	杨心宇		复旦学报:社科版	2000.3
1387	西方法哲学中的主体性变迁	张秀英		宁夏社会科学	2000.3

1388	中西传统法律文化的审视	刘一纯		光明日报	2000.4.11
1389	“苏联时代”法治理论的生成及其主要内容	曹南屏		法学评论	2000.4
1390	略论西方法制理论及其思想渊源	李晓峰		法学评论	2000.4
1391	阅读英美行政法的学术传统	包万超		中外法学	2000.4
1392	论罗马法“人格”与秦汉律“名籍”问题	杨师群		华东政法学院学报	2000.4
1393	12—13世纪英国法律制度的革命性变化	程汉大		世界历史	2000.5
1394	美国法国和中国宪法监督模式之比较	付子堂		法学	2000.5
1395	论斯大林个人集权个人崇拜对民主与法治的影响	缪愫生		法学	2000.5
1396	世界各国反贪污对策研究与思考	刘生荣		中国法学	2000.5
1397	西方国家依法行政比较研究——兼论对我国依法行政的启示	袁曙宏、赵永伟		中国法学	2000.5
1398	法兰西民族精神与法国法特征	滕毅		法商研究	2000.5
1399	历史上游牧民族的冲击对世界法制的影响	滕毅		法学评论	2000.5
1400	19世纪美国达特茅斯学院案及其影响	杨捷		河南大学学报:社科版	2000.5
1401	日本司法制度改革之评价	潘剑锋、杨素娟		中外法学	2000.6
1402	古代法中的象征观念及其仪式——俄罗斯法与日耳曼法之比较	滕毅		华东政法学院学报	2000.6
1403	论罗马法复兴对近代西方法制理念的奠定	汪太贤		现代法学	2000.6
1404	美国的法律教育及其对我们的启示	肖永平		河南省政法管理干部学院学报	2000.6

1405	中西法制思想比较	邓晓芒		学术月刊	2000.9

（彭杨整理）

主要参考文献

一、中文论著

著　作

1. 何勤华:《法律文化史论》,法律出版社 1998 年版。

2. 何勤华:《西方法学史》(第二版),中国政法大学出版社 2003 年版。

3. 何勤华:《20 世纪日本法学》,商务印书馆 2003 年版。

4. 何勤华、李秀清:《中国法与外国法——20 世纪中国移植外国法反思》,中国政法大学出版社 2003 年版。

5. 江平主编:《比较法在中国》第一卷,法律出版社 2001 年版。

6. 江平主编:《比较法在中国》(2004·上卷),法律出版社 2004 年版。

7. 米健主编:《比较法学文萃》,法律出版社 2002 年版。

8. 沈宗灵:《比较法总论》,北京大学出版社 1987 年版。

9. 沈宗灵、王晨光编:《比较法学的新动向——国际比较法学会议论文集》,北京大学出版社 1993 年版。

10. 沈宗灵:《比较法研究》,北京大学出版社 1998 年版。

11. 沈宗灵、罗玉中、张骐编:《法理学与比较法学论集——沈宗灵学术思想暨当代中国法理学的改革与发展》(上、下册),北京大学出版社、广东高等教育出版社 2000 年版。

12. 朱景文:《比较法导论》,中国检察出版社 1992 年版。

13. [法]勒内·达维德:《当代主要法律体系》,漆竹生译,上海译文出版社 1984 年版。

14. [法]勒内·达维德:《英国法与法国法:一种实质性比较》,潘华仿、高鸿钧、贺卫方译,清华大学出版社 2002 年版。

15. [法] 勒内·罗迪埃尔:《比较法导论》,徐百康译,上海译文出版社 1989 年版。

16. [德]K.茨威格特、H.克茨:《比较法总论》,潘汉典、米健、高鸿钧、贺卫方译,法律出版社2003年版。

17. [德]伯恩哈德·格罗斯菲尔德:《比较法的力量与弱点》,孙世彦、姚建宗译,清华大学出版社2002年版。

18. [美]艾伦·沃森:《民法法系的演变及其形成》,李静冰、姚新华译,中国政法大学出版社1992年版。

19. [美]埃尔曼:《比较法律文化》,贺卫方、高鸿钧译,清华大学出版社2002年版。

20. [日]穗积陈重:《法律进化论》,黄尊三等译,中国政法大学出版社1997年版。

21. [日]大木雅夫:《比较法》,范愉译,法律出版社1999年版。

22. [日]织田万:《清国行政法》,中国政法大学出版社2003年版。

23. [日]滋贺秀三:《中国家族法原理》,张建国等译,法律出版社2003年版。

论 文

24. 华枫:《从美好的幻想到理性的追求——评米健"从比较法到共同法"一文质疑新共同法说》,载《比较法研究》2003年第2期。

25. 黄文艺:《论当代西方比较法学的发展》,载《比较法研究》2002年第1期。

26. 黄文艺:《法律国际化与法律全球化辨析》,载《法学》2002年第12期。

27. 李桂林:《论全球共同法》,载《法学》2005年第1期。

28. 刘佳:《全球化趋势下比较法的作用》,载《首都师范大学学报(社会科学版)》2002年第4期。

29. 米健:《从比较法到共同法——现今比较法学者的社会职责和历史使命》,载《比较法研究》2000年第3期。

30. 米健:《比较法学与世界法律文化》,载《法学》2004年第10期。

31. 朱景文:《从比较法、法社会学到比较法社会学》,载《环球法律评论》2001年春季号。

32. [法]莱翁丹—让·康斯坦丁内斯库:《论比较法学的流派与比较法》,理钧译,载《法学译丛》1983年第2期。

33. [德]根特·弗兰肯伯格:"批判性比较:重新思考比较法",贺卫方、王文娟译,载梁治平主编:《法律的文化解释》,三联书店1998年版。

34. [德]弗朗茨·维亚克:《欧洲法律文化的基础》,周仲飞译,载《法学译丛》1991年第3期。

35. [英]F. H. 劳森:《罗马法对西方文明的贡献》,黄炎译,贺卫方校,载《比较法研究》1988 年第 1 期、第 2 期。

36. [英]奥·凯恩—弗伦德:《比较法与法律移植》,贺卫方译,载《比较法研究》1990 年第 3 期。

37. [英]奥·凯恩—弗伦德:《作为一个学术科目的比较法》,高鸿钧译,载《比较法研究》1991 年第 3 期。

38. [英]乔纳森·希尔:《比较法、法律改革和法学理论》,周昭益译,载《法学译丛》1990 年第 4 期。

39. [英]巴塞尔·马克斯尼斯:《比较法研究应注重判例》,吴玉章译,载《法学译丛》1991 年第 3 期。

40. [英]贝尔纳德·鲁登:《英国的比较法》,潘汉典译,载《比较法研究》1990 年第 1 期。

41. [英]施米托夫:《比较法律科学》,韩光明译,米健校,载《比较法研究》2001 年第 4 期。

42. [美]拉森菲尔德:《国会和总统在国际关系中的权力》,张健吾、周铭德译,载《法学译丛》1991 年第 5 期。

43. [美]罗恩斯泰:《比较法与法律制度》,梁慧星译,载《法学译丛》1989 年第 3 期。

44. [美]施莱辛格:《大陆法系的司法判例——两大法系判例拘束力之比较》,吴英姿译,载《法学译丛》1991 年第 6 期。

45. [日]真田芳宪:《比较法的方法和今日的课题》,华夏译,载《比较法研究》1993 年第 3 期。

46. [苏]M. 法伊齐耶夫、A. 萨伊多夫:《苏维埃比较法学的发展》,廉雅荣译,载《比较法研究》1990 年第 2 期。

二、外文论著

著　作

1. [日]水田义雄:《英国比较法研究》(上),劲草书房 1960 年版。

2. [日]五十岚清:《比较法入门》,日本评论社 1968 年版。

3. [日]大木雅夫:《比较法讲义》,东京大学出版会 1992 年版。

4. *The Progress of Continental Law in the Nineteenth Century*, by various

authors, Little, Brown, and Company, Boston, 1918.

5. John Henry Wigmore, *A Panorama of the World Legal System*, Library Edition, Washington Law Book Company, 1928.

6. Harold Cooke Gutteridge, *Comparative Law, An Introduction to the Comparative Method of Legal Study and Research*, Cambridge University Press, 1st ed., 1946.

7. John Hazard, *Settling Disputes in Soviet Society*, Columbia University Press, 1960.

8. John Hazard, *Communists and Their Law*, University of Chicago Press, 1969.

9. Max Rheinstein, *Marriage Stability, Divorce, and the Law*, Chicago: University of Chicago Press, 1972.

10. René David, *Le droit comparé Droits D'Hier Droits de Demain*, Econamica, 1982.

11. Bernard Ruden, *Comparative Law in England, Comparative Law and Legal System: Historical and Socio-legal Perspective*, Edited by W. E. Butler and V. N. Kudriartsev, Oceana Publications, IWC, 1985.

12. K. Zweigert & H. Kötz, *An Introduction to Comparative Law* (third edition), translated by Tony Weir, Clarendon Press, Oxford, 1998.

13. Pierre legrand, *Le Droit Comparé*, Presses Universitaires de France, 1999.

14. Patrick Glenn, *Legal Traditions of the World: Sustainable Diversity in Law*, Oxford University Press, 2000.

15. *Rethinking the Masters of the Comparative Law*, edited by Annelise Riles, Northwestern University School of Law Hart Publishing, 2001.

16. Markku Kiikeri, *Comparative Legal Reasoning and European Law*, Kluwer Academic Publishers, 2001.

17. Pierre Legrand and Roderick Munday (ed.), *Comparative Legal Studies: Traditions and Transitions*, Cambridge University Press, 2003.

18. [英]Andrew Harding、[土耳其]Esin Örücü 编著:《21 世纪比较法》(*Comparative Law in the 21th Century*),影印本,中信出版社 2003 年版。

论 文

19. Walther Hug, "The History of Comparative Law", *Harvard Law Re-*

view (1931—32), vol. 45.

20. Roscoe Pound, "Philosophy of Law and Comparative Law", *University of Pennsylvania Law Review*, October, 1951.

21. Roscoe Pound, "Comparative Law in Space and Time", *American Journal of Comparative Law* (1955).

22. Marc Ancel, "Cent ans de Droit Comparé en France (1869—1969)", *Livre du centenaire de la Société de Législation Comparé* (1969).

23. L. Neville Brown, "A Century of Comparative Law in England: 1869—1969", *American Journal of Comparative Law*, 1971, vol. 19.

24. René David, "On the Concept of Western Law", *U. Cin. L. Rev.* (1983), vol. 52.

25. René David, "Two Conceptions of Social Order", *U. Cin. L. Rev.* (1983), vol. 52.

26. Bernhard Grossfeld, "Comparative Law: Geography and Law", *Michigan Law Review* (1984), vol. 82.

27. Christopher Osakwe, "Recent Development: An Introduction to Comparative Law", *Tulane Law Review* (1988), vol. 62.

28. James Q. Whitman, "The Neo-Romantic Turn", in: Joachim Rückert, "The Unrecognized Legacy: Savigny's Influence on German Jurisprudence after 1900", *American Journal of Comparative Law* (1989), vol. 37.

29. Xavier Blanc-Jouvan, André Tunc, "In Memoriam Marc Ancel (1902—1900)", *Revue Internationale du Droit Comparé* (1990—4).

30. Ugo Mattei, "Why the Wind Changed: Intellectual Leadership in Western Law", *American Journal of Comparative Law* (1994), vol. 42.

31. William Ewald, "Comparative Jurisprudence (Ⅰ): What Was It Like to Try a Rat?" *University of Pennsylvania Law Review* (1995), vol. 143.

32. Rudolf B. Schlesinger, "The Past and Future of Comparative Law," *American Journal of Comparative Law*, Summer, 1995.

33. Reinhard Zimmermann, "Savigny's Legacy: Legal History, Comparative Law, and the Emergence of a European Legal Science", *Law Quarterly Review* (1996), vol. 112.

34. Günter Frankenberg, "Stranger than Paradise: Identity & Politics in Comparative Law", *Utah Law Review* (1997).

35. Mathias Reimann, "The Progress and Failure of Comparative Law in the Second Half of the Twentieth Century," *American Journal of Comparative Law*, Fall, 1998.

36. David J. Gerber, "System Dynamics: Toward a Language of Comparative Law?" *American Journal of Comparative Law*, Fall, 1998.

37. Jennifer Widner, "Comparative Politics and Comparative Law", *American Journal of Comparative Law*, Fall, 1998.

38. Mark Van Hoecke & Mark Warrington, "Legal Cultures, Legal Paradigms and Legal Doctrine: toward a New Model for Comparative Law", *International and Comparative Law Quarterly* (1998), vol. 47.

39. Mathias Reimann, "Stepping Out of European Shadow: Why Comparative Law in the United States Must Develop Its Own Agenda", *American Journal of Comparative Law* (1998), vol. 46.

40. Ugo Mattei, "An Opportunity Not to Be Missed: The Future of Comparative Law in the United States", *American Journal of Comparative Law* (1998), vol. 46.

41. Vivian Grosswald Curran, "Cultural Immersion, Difference and Categories in U. S. Comparative Law", *American Journal of Comparative Law* (1998), vol. 46.

42. John Henry Merryman , "The Future of Comparative Law Scholarship Hastings", *International and Comparative Law Review*, Summer, 1998.

43. Ugo Mattei, "An Opportunity not to be Missed: the Future of Comparative Law in the United States", *American Journal of Comparative Law*, Fall, 1998.

44. Bernhard Grossfeld, *Kernfragen der Rechtsvergleichung*, Reviewed by Vivian Grosswald Curran, *American Journal of Comparative Law* (1999), vol. 47.

45. Étienne Picard, "L'État du droit comparé en France, en 1999", *Revue Internationale du Droit Comparé* (1999—4).

46. Hein Kötz, "Comparative Law in Germany Today", *Revue Internationale de Droit Comparé*(1999—4).

47. Pierre Legrand, "John Henry Merryman and Comparative Legal Studies: A Dialogue", *American Journal of Comparative Law*, Winter, 1999.

48. Xavier Blanc-Jouvan, "In Memoriam ANDRE TUNC (1917－1999)", *Revue Internationale du Droit Comparé*(2000－1).

49. Arthur T. Von MEHREN, "ANDRE TUNC (1917－1999)", *Revue Internationale du Droit Comparé* (2000－1).

50. J. A. Jolowicz, "ANDRE TUNC", *Revue Internationale du Droit Comparé* (2000－1).

51. Arnold Wald, "L'homme, le juriste, le professeur", *Revue Internationale du Droit Comparé* (2000－1).

52. Horatia Muir Watt, "La fonction subversive du droit comparé", *Revue Internationale du Droit Comparé*(2000－3).

53. Anne Peters & Heiner Schwenke, "Comparative Law Beyond Post-Modernism", *International and Comparative Law Quarterly* (2000), vol. 49.

54. Bernhard Grossfeld, "Global Accounting: Where Internet Meets Geography", *American Journal of Comparative Law* (2000), vol. 48.

55. David S. Clark, "Nothing New in 2000? Comparative Law in 1900 and Today", *Tulane Law Review* (2001), vol. 75.

56. Rodolfo Sacco, "One Hundred Years of Comparative Law", *Tulane Law Review*(2001), vol. 75.

57. David S. Clark, "Centennial World Congress on Comparative Law: Nothing New in 2000? Comparative Law in 1900 and Today", *Tulane Law Review* (2001), vol. 75.

58. Pierre Legrand, "The Return of the Repressed: Moving Comparative Legal Studies Beyond Pleasure", *Tulane Law Review* (2001), vol. 75.

59. Klaus Peter Berger, "Harmonisation of European Contract Law: the Influence of Comparative Law", *International and Comparative Law Quarterly* (2001), vol. 50.

60. Kyle Graham, "The Refugee Jurist and American Law Schools, 1933－1941", *American Journal of Comparative Law* (2002), vol. 50.

61. Mathias Reimann, "The Progress and Failure of Comparative Law in the Second Half of the Twentieth Century", *American Journal of Comparative Law* (2002), vol. 50.

62. Christophe Jamin, "Saleilles' and Lambert's Old Dream Revisited", *American Journal of Comparative Law* (2002), vol. 50.

63. Samuel J. Astorino, "Roman Law in American Law: Twentieth Century Cases of the Supreme Court", *Duquesne Law Review*, Summer, 2002.

64. Bernhard Grossfeld, "Patterns of Order in Comparative Law: Discovering and Decoding Invisible Powers", *Texas International Law Journal* (2003), vol. 38.

后　记

世纪之交，学术界弥漫着怀旧与憧憬的浓郁情绪，各种冠以“世纪”、“百年”之名的文集或论著不断问世，法学领域也不例外。动念于《20 世纪比较法学》这一课题，最初自然也与此有关。当然，首届国际比较法大会召开于 1900 年的历史巧合，也是促发此起意的直接因素。

从设计提纲到完成定稿，先后历时两年多。

还记得 2002 年腊月的一个午后，我们全体撰稿人首次聚坐在学校东风楼的法律史教研室里就提纲初稿进行的热烈商榷，所有参与者的直言不讳和意气风发所营造出的融融暖意让大家几乎忘却了外面的刺骨寒风；也记得 2003 年上半年，差不多每日留连于牛津大学法律图书馆丰富的藏书丛中，虽然博士论文《日耳曼法研究》紧迫在心，但丝毫不懈怠查阅比较法学的资料，从威格摩尔、庞德到格特里奇、达维德、茨威格特，从著作、期刊到 Lexis Nexis、Westlaw；也记得 2003 年 7 月，从伦敦希思罗机场启程回沪时，为节省英镑计，怀抱这些既花费了我可观的生活费用，又消耗了我不少的精力和体力而觅得的资料匆忙登机的狼狈不堪，不过也是在那时，我才感受到自己具有超乎以往的负重奔走能力；也记得 2004 年春末初夏之际，勘校用心于本课题之后才纳入视野的《比较法律哲学》（意大利 Luigi Miraglia 著，朱敏章、徐百齐、吴泽炎和吴鹏飞译，商务印书馆 1940 年版）①

① 该勘校本已于 2005 年 1 月由中国政法大学出版社列为“中国近代法学译丛”之一种出版。

的那些日日夜夜；也记得 2004 年 6 月中旬，本校法律史研究中心成立，受命担当其下设的比较法研究所时所感受到的那种诚惶诚恐及由此带来的责任感；仍记得在统稿过程中，与撰写人之间频繁的邮件、电话往来及数度当面商榷，并对由此可能带给他们烦扰的那种担忧，及对全稿反复查找、替换和核对而难以自抑的琐碎、厌烦的心念。当然，更不会忘怀的是，从起意到完成的每一环节，我的导师，也是我们所有撰稿人的老师何勤华教授在百忙之中所给予的关注、指点和鼓励。

我国比较法学经过近十数年的发展，已出版一批高质量的论著，也积聚了一些优秀的研究者。它们的问世为推动同领域进一步深入的探讨奠定了基础，他们的努力也为学界同道树立了可资追随的榜样。比较法学研究会的年会，即使是偶尔参加，也已让我感受到其开阔的研讨思维和活跃的学术氛围。而在与当代著名比较法学家、全国外国法制史研究会顾问潘汉典教授的会上会后的交往过程中，体认到的潘老的豁达开朗、孜孜不倦和对晚辈后学的殷切之情，更是令人感动乃至汗颜。

责任编辑王兰萍博士对于本书的费心和尽职，及编务内外的彼此交往，不仅令我心中充满了敬意和谢意，而且更让我感受到暖意和温馨。

本课题的所有参与者都是或曾经是在华东政法学院研习法律史和比较法的硕士、博士或教师，具体分工如下：

导　论：李秀清
第一章：马　贺
第二章：朱淑丽
第三章：王晓锋
第四章：陈灵海
第五章：王　沛

第六章：程　维　黄冬云

第七章：冷　霞

比较法论文索引：彭　杨

两年多的时间，完成了一个课题。对于参与者，这不仅只是意味着一本著作的行将出版，更是意味着我们曾经有过的同时关注同一领域所共同感受到的苦和乐。虽然这一成果凝聚了我们每一位参与人的尽心、尽力，但仍无法避免疏漏和瑕疵，作为主持人——我的才疏学浅，当是个中最主要的因素，希望学界同仁批评和指正。不过，我们也希望，《20世纪比较法学》的完成，能够促进学界对于比较法学在过去一个世纪的演变历程的进一步反思，从而对比较法学在当下的发展及未来的趋势进行更广泛、更有价值的探讨。

李　秀　清

2005年3月16日

于华东政法学院比较法研究所

Postscript

At the beginning of a new century, nostalgia and hope dominates the academic circles. Many collected works and books with the title"a century's change" or"a hundred years' development" were published continuously. Legal science also follows the vogue. For this reason, we began to collaborate on this book which originates in a project named "Comparative law in the 20th century". It is well known that the first international congress of comparative law happened to be held in 1900. This event also urges us to start this work a century later.

It takes us more than two years to accomplish this book. During the time, there are a series of unforgettable moments.

A winter afternoon in December 2002, all the collaborators gathered for the first time at legal history teaching and research section located in Dongfeng Building of our university. We discussed the outline of the book enthusiastically. Everyone was so devoted that nobody had noticed the chilly winds outside.

The first half year in 2003, I was busy in collecting materials at law library of Oxford University. Although my thesis for doctorate "*Germanic Law*" was of much importance, I still worked on the comparative law project from time to time. By reading books, law journals and even using internet such as Lexis Nexis and West law, I came to have more information on the world—famous jurists of comparative law like Wigmore, Pound, Gutteridge, David, Zweigert, etc.

In July 2003, I finally finished my study in Great Britain and left for Shanghai. At Heathrow Airport, I went on board in a hurry. In order to save pounds, I carried so many materials, which cost me a lot of time, money and energy. Until that time did I realize that my strength was much beyond imagination.

In late spring 2004, I undertook a new task on comparative law, namely to collate a book titled "*Comparative Philosophy of Law*". The author is an Italian, named Luigi Miraglia. It was translated by Zhu minzhang, Xubaiqi, Wu zeyan and Wu pengfei. The Commercial Press published the book in 1940. ①For finishing it on time, I often burned the midnight oil.

A few months later, in mid-June, I became the dean of the comparative law research institute, which is a subsidiary body of legal history research center in our university. For me, it's a new challenge. Consequently, I always feel a great pressure and much respon-

① The collated version is published in January 2005 by CUPL Press. It's one of the "translation series of Modern China Legal Science".

sibility as well.

As far as this book is concerned, I frequently contact with the other collaborators in order to give them some guidance and exchange our ideas through e-mail, telephone, or by face to face communication. Sometimes we did suffer from fatigue, but a strong sense of duty let us go on. When writing the book, we were lucky enough to get professor He qinhua's help. He set aside his valuable time to guide us. Being our respectable tutor, Mr. He has given us a great support. Without his care, we could not reach our goal.

Comparative law in China has developed decades of years. The emergence of many famous scholars and their excellent works has contributed a lot to the research. The annual meeting of China Society of Comparative Law is an academic summit of the year. Even though I occasionally participated in the grant meeting, I do appreciate its abundant thoughts and the dynamic air.

Here, I'd like to express my gratitude and admiration to Mr. Pan handian, a distinguished jurist of comparative law and also the adviser of Foreign Legal History Institution of China. His generosity, diligence and encouragement affected me the most.

Besides, I am also grateful to Dr. Wang lanping, the editor of Commercial Press. Her hard work and kindness composed beautiful scenery on the road of publishing this book.

As for the collaborators, they all major in legal history. With master or doctor's degree, they have systematically studied comparative law. Some of them are also teachers in our university. The following is the arrangement.

Introduction	Li xiuqing
Chapter 1	Ma he
Chapter 2	Zhu shuli
Chapter 3	Wang xiaofeng
Chapter 4	Chen linghai
Chapter 5	Wang pei
Chapter 6	Cheng wei Huang dongyun
Chapter 7	Leng xia
Appendix	Peng yang

More than two years for a project, it doesn't only mean a new book to be published, but the painstaking efforts we've made and the happiness shared together. Due to my limited knowledge, there must be some faults in the book. If you find the errors, please don't hesitate to point them out. We welcome any suggestion from you.

Finally, I hope that this book will make you rethink more about a century's change and development of comparative law so that close attention can be paid to both its contemporary state and future tendency.

Li Xiuqing

March 16, 2005

Comparative Law Research Institute

East China University of Politics and Law

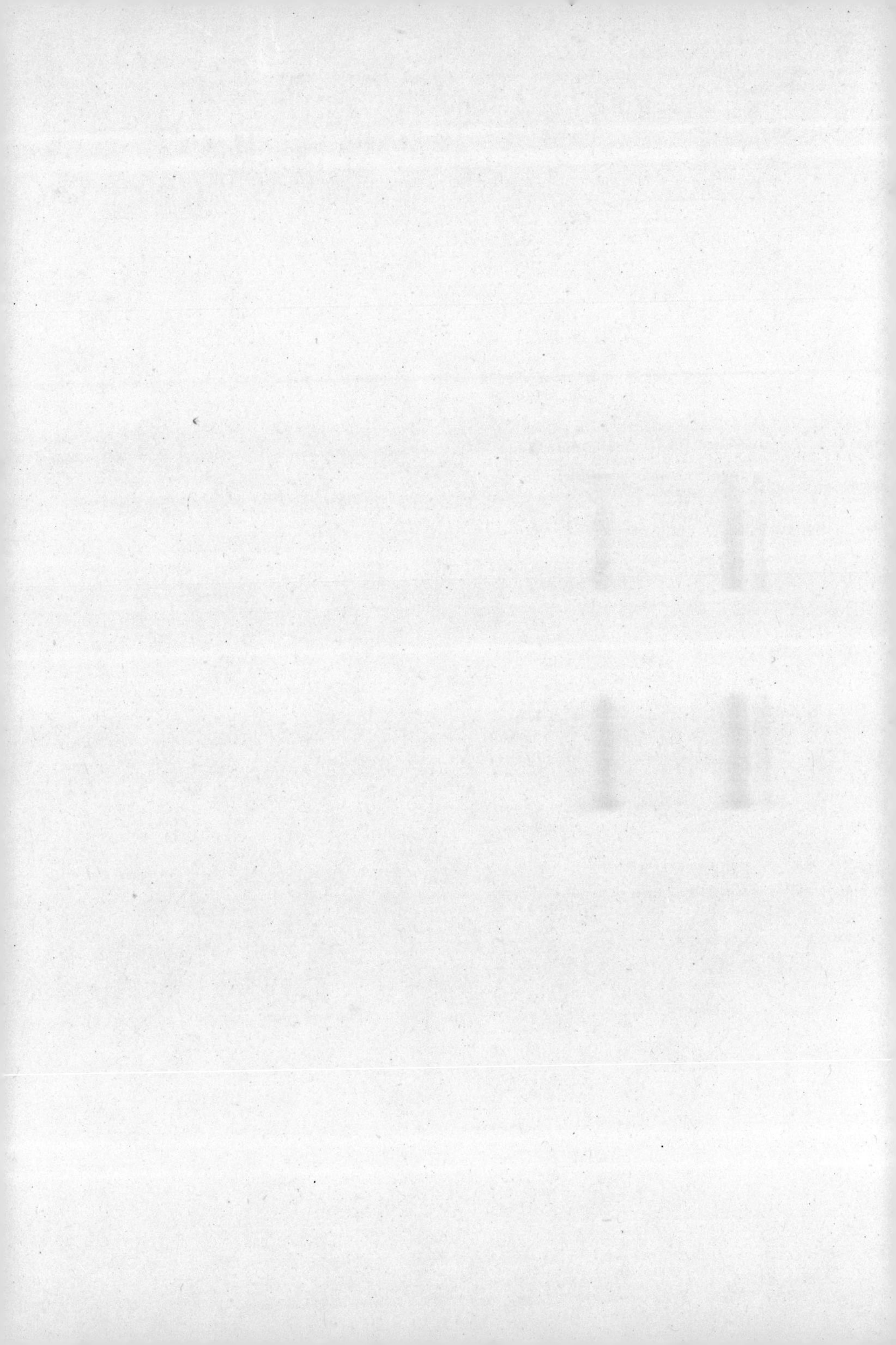